U0474572

西部史学

（第六辑）

邹芙都　赵国壮 ◎主编

西南师范大学出版社
国家一级出版社　全国百佳图书出版单位

图书在版编目(CIP)数据

西部史学.第六辑/邹芙都,赵国壮主编.— 重庆:西南师范大学出版社,2021.6
ISBN 978-7-5697-0997-1

Ⅰ.①西… Ⅱ.①邹… ②赵… Ⅲ.①史学—研究—中国 Ⅳ.①K092

中国版本图书馆CIP数据核字(2021)第127077号

西部史学(第六辑)

邹芙都　赵国壮　主编

责任编辑：段小佳
责任校对：张昊越
书名题签：朱彦民
装帧设计：闰江文化
照　　排：陈智慧
出版发行：西南师范大学出版社
　　　　　网　址:http://www.xscbs.com
　　　　　地　址:重庆市北碚区天生路1号
　　　　　邮　编:400715
　　　　　电　话:023-68868624
经　　销：新华书店
印　　刷：重庆荟文印务有限公司
幅面尺寸：170mm×240mm
印　　张：19.75
字　　数：322千字
版　　次：2021年6月　第1版
印　　次：2021年6月　第1次印刷
书　　号：ISBN 978-7-5697-0997-1

定　　价：68.00元

《西部史学》编委会（按姓氏笔画排序）

王　欣　卢华语　朱　英　李　锦　余新忠

邹芙都　辛德勇　张　文　张　生　陈宝良

郑学檬　郑家福　侯甬坚　侯建新　徐松岩

黄贤全　梁茂信　蓝　勇　黎小龙　潘　洵

目 录

一 先秦秦汉史研究

新刊唐侯作随夫人诸器及有关问题　｜　黄锦前　　003

孔子的日常生活
　　——先秦士人日常生活的典型样本　｜　朱彦民　　015

说秦汉简中的"报日"和"复日"　｜　孔德超　　030

霍去病所到翰海考索　｜　刘振刚　　037

二 古代社会史研究

"切渭阳之分，展扶危之力"
　　——河南安阳出土唐《吕芬墓志》表微　｜　侯振兵　　053

从达可看元代四川地区蒙汉文化的交融　｜　赵路卫　　064

清朝崛起时期的富察氏家族　｜　张明富　张颖超　　075

三 近现代史研究

先锋队中的先锋队：省港罢工纠察队的定位与特质　｜　马思宇　　095

1931年洪湖苏区党群度荒策略的离合　｜　李　里　　111

抗战时期贵州省政府对"匪患"问题的认识及其
　　政策措施探讨　｜　莫子刚　　125

开创与赓续：新中国第一次全国水土保持工作会议
  及其历史贡献 | 邓群刚   138

四 世界史研究
1171年拜占庭"反威尼斯"事件发生原因探究 | 王欣妤 李 强 157
1921—1941伊朗礼萨·沙统治合法性的建构与解构 | 赵 雪 冀开运 168
开启福利国家之门
  ——美国《社会保障法》初探 | 张庆熠   184

五 历史地理研究
论蜀道诗赋文献的整理及意义 | 马 强   209
历史时期小川北路与四川盆地地缘格局演变 | 蓝 勇   222

六 经典译文
伊壁鸠鲁文本译注 | 崔延强   247
百年后的俄国革命历史编纂学 | [英]S.A.史密斯(S.A.Smith)著 王子晖 译 293

一 先秦秦汉史研究

新刊唐侯作随夫人诸器及有关问题

黄锦前[①]

摘　要:唐侯作随夫人鼎、壶、随仲嬭加鼎、加嬭鼎、簋及传世的王子申盏盂盖等,皆系楚共王时或稍后器,"随仲嬭加""嘉嬭""加嬭"系一人,为楚共王之女,王子申之姊妹;随仲嬭加鼎、加嬭鼎及王子申盏盂等系楚共王和王子申为其所作媵器;加嬭簋系其生前自作器或葬器;唐侯作随夫人鼎、壶系唐惠侯为随夫人之丧所作赗器;该组器所自出的墓葬,其墓主为随夫人,即随仲嬭加,系曾侯宝夫人。阳𫵖生诸器及阳小叔赹父鼎的"阳"皆应读作"唐",系姬姓唐国器。传世的叔姬鼎(金父鼎)与阳小叔赹父鼎铭可互勘,系同人之器,前者文字多误摹,阳小叔系唐国公室;参照传世叔姬鼎可知,"阳小叔赹父"应系其即位之前作为公室时的称谓,即位后称"阳伯"。郧县萧家河、乔家院等地出土的唐子诸器器主应系唐国公室,其出自楚墓,系楚灭唐时掠夺所致。由出土和传世文献互证,可知唐国地望应在今随州和枣阳之间。据昭王时的中觯铭可知,姬姓唐国至迟在昭王时已在南土。

关键词:唐侯作随夫人壶;随仲嬭加;曾侯宝;随枣走廊;周昭王

《商周青铜器铭文暨图像集成续编》(以下简称"《续编》")著录有一件私

[①] 作者简介:黄锦前,男,1979年生,安徽桐城人,文学博士,兰州大学历史文化学院教授,研究方向为青铜器、古文字、古代史及考古学。

人收藏的阳侯作随夫人壶,[①]铭作:

> 阳侯作随夫人行壶,其永祜福。

"作"字作 ![字形], 写法颇为特殊, 类似写法又见于唐侯作随夫人鼎、壶等器, 作![字形]、![字形], 似可分析为从木(省)从乍, 即"柞"字。量侯豻簋"量侯豻柞(作)宝尊簋",[②]可以佐证。

《铭续》定其年代为春秋晚期, 云"阳"即阳国, 姬姓, 西周封国, 春秋早期仍存在, 即《春秋》闵公二年(前660年)"齐人迁阳"的"阳", 故址在今山东沂南县南。

近日, 黄凤春先生撰文(以下称"黄文")指出, 该壶年代应为春秋早期偏晚阶段或春秋中期早段, "阳"应读作"唐", 唐侯应是汉东的姬姓唐国, 而非山东的姬姓阳国, 这是一件唐侯为随夫人制作的行壶, 说明此时唐、随关系非同一般。并公布了随州市博物馆所藏铭文与壶铭基本相同的3件唐侯作随夫人鼎等有关材料, 推定这些器物可能都出自随州义地岗的同一座墓葬。[③]黄文所论基本可信, 据上述唐侯作随夫人鼎等有关材料, 壶的国属可以坐实, 下面就在此基础上, 简单谈几个有关问题:一是器主及其身份、此组器物的年代、性质及组合情况;二是过去著录的一些有关器物的归属;三是唐国的地望问题。

一、器主身份及器物年代、性质与组合

除唐侯作随夫人壶外, 黄文公布的该组器物有3件唐侯作随夫人行鼎、以及与之共存3件加嫺簋, 这批铜器是当地公安局于2012年5月8日在随州义地岗盗墓现场收缴所获(该案俗称"5·8大案")。《铭续》还收录的一件加嫺簋,[④]

[①] 吴镇烽:《商周青铜器铭文暨图像集成续编》,0829,第3卷,上海:上海古籍出版社,2016年,第110页。(以下简称"《铭续》")
[②]《殷周金文集成》(中国社会科学院考古研究所:《殷周金文集成》,北京:中华书局,1984—1994年。以下简称"《集成》")7.3908。
[③] 黄凤春:《谈"唐侯制随夫人"壶的国别、年代及相关问题》,复旦大学出土文献与古文字研究中心网站,2018-07-19, http://www.gwz.fudan.edu.cn/Web/Show/4278;武汉大学简帛网,2018-07-19, http://www.bsm.org.cn/show_article.php? id=3193。
[④]《铭续》第1卷,0375,第477页。

原也应属此组器物,这一点黄文和我过去都有小文指出。①还有之前公布的大家都熟知的两件随仲嬭加鼎,②以及《铭编》收录的一件楚王鼎(加嬭鼎),③也应属于此。另外还有传世的王子申盏盂盖,④也与此组器物密切相关。先将有关铜器铭文释写如下:

(1)唐侯作随夫人鼎:唐侯作随夫人行鼎,其永祜福。

(2)唐侯作随夫人壶:唐侯作随夫人行壶,其永祜福。

(3)随仲嬭加鼎:唯王正月初吉丁亥,楚王媵随仲嬭加飤繇,其眉寿无期,子孙永宝用之。

(4)加嬭鼎(楚王鼎):唯正月初吉丁亥,楚王媵加嬭盂鼎,其眉寿无疆,永保用之。

(5)加嬭簠:加嬭之行簠,其永用之。

(6)王子申盏盂盖:王子申作嘉芈盏盂,其眉寿无期永保用之。

加嬭鼎(楚王鼎)为某私人收藏,体呈小半球形,直口平沿,圜底,附耳,三蹄足,腹部有一道箍棱,耳内外及颈部皆饰蟠螭纹。《铭续》云其中漏铸一字,可能是"随"字,不确,应系"加"字。

加嬭簠共4件,形制、铭文相同,现存3件。簠敛口鼓腹,子口,龙首耳,下有垂珥,矮圈足,下连铸三兽面小足;覆钵形盖,上有圈状捉手。盖沿、圈足和器口下均饰窃曲纹,盖面、腹部均饰瓦沟纹。另2件盖沿、口下、圈足饰重环纹,捉手内饰团鸟纹,残破较甚。

随仲嬭加鼎共两件,现分别藏于中国国家博物馆和湖北省博物馆。敛口鼓腹,有子口,盖面隆起,上有8辐轮形捉手,附耳,圜底,三蹄足,盖上有两道绚索箍棱,腹部有一道绚索箍棱。捉手内饰蟠螭纹,盖面第一道箍棱与捉手之间饰三角纹,第二道箍棱内外均饰蟠虺纹,腹部箍棱之上饰蟠虺纹,其下饰三角云雷纹。

王子申盏盂盖直口浅盘,喇叭口形圈足,口沿饰三角云纹。

---

① 黄锦前:《读近刊曾器散记》,《秦始皇帝陵博物院院刊》(第8辑),西安:西北大学出版社,2018年,第65-76页。
② 曹锦炎:《"曾"、"随"二国的证据——论新发现的随仲嬭加鼎》,《江汉考古》2011年第4期;中国国家博物馆、中国书法家协会:《中国国家博物馆典藏甲骨文金文集粹》,69,合肥:安徽美术出版社,2015年,第286-290页;《铭续》0210,第1卷,第251-253页。
③《铭续》0188,第1卷,第210、211页。
④ 集成9.4643;吴镇烽:《商周青铜器铭文暨图像集成》,06071,第13卷,上海:上海古籍出版社,2012年,第332页。(以下简称《铭图》)

随仲嬭加鼎的年代一般认为系春秋中期，[1]我曾有小文加以补充，论证其为楚共王时器，"随仲嬭加"应即见于王子申盏盂盖铭的"嘉嬭"，盏系王子申为嘉嬭出嫁所作媵器。[2]今验之以新见之加嬭簠，可进一步证实加嬭簠的"加嬭"应即王子申盏盂盖的"嘉嬭"，亦即随仲嬭加鼎的"随仲嬭加"[3]；加嬭鼎（楚王鼎）铭文与随仲嬭加鼎所记时间、人物、事件均可吻合，又可进一步证实"加嬭"即"随仲嬭加"。随仲嬭加鼎、加嬭鼎及王子申盏盂分别系楚共王和王子申为嘉嬭出嫁曾国所作媵器，加嬭簠应系其嫁至曾国后所作，或系其后人所作葬器，稍晚于上述二器。王子申盏盂盖铭的王子申系楚共王之子，为春秋中期人，因此，此组器物的年代均为春秋中期偏晚前段，楚共王时或稍后。

唐侯作随夫人壶侈口，长颈内束，龙首半环耳，圆腹，圈足，有阶，内插式盖，上有硕大的圈状盖冠。器口下、上腹以及盖冠饰环带纹，盖沿饰窃曲纹，圈足饰变形夔龙纹。鼎器形未公布，据铭文看应与壶年代相同。其年代据壶的形制纹饰应定为春秋中期，结合器物同出及铭文等情况看，鼎、壶的"随夫人"，应即随仲嬭加鼎的"随仲嬭加"、加嬭鼎及加嬭簠的"加嬭"，因此，鼎、壶也应系楚共王时或稍后器。《左传》宣公十二年："楚子使唐狡与蔡鸠居告唐惠侯曰：'不穀不德而贪，以遇大敌，不穀之罪也。然楚不克，君之羞也。敢藉君灵，以济楚师。'使潘党率游阙四十乘，从唐侯以为左拒，以从上军。"可见唐惠侯与楚共王年代相当，因此，鼎、壶铭文的"唐侯"，或即唐惠侯。

过去铜器铭文中所见类似"×侯作×夫人××"文例者，如黄子鼎[4]、黄子鬲[5]、黄子豆[6]、黄子壶[7]、黄子鑐[8]、黄子盉[9]、黄子器座[10]"黄子作黄夫人（孟姬行）器"，作器者与器主系夫妻关系，但从器物出土地点及铭文称谓看，唐侯作

---

[1] 曹锦炎：《"曾"、"随"二国的证据——论新发现的随仲嬭加鼎》，《江汉考古》2011年第4期；张昌平：《随仲嬭加鼎的时代特征及其他》，《江汉考古》2011年第4期。
[2] 黄锦前：《随仲嬭加鼎补说》，《江汉考古》2012年第2期。
[3] 《铭续》第1卷，"前言"，第13—14页；黄锦前：《读近刊曾器散记》，载《秦始皇帝陵博物院院刊》（第8辑），西安：西北大学出版社，2018年，第65—76页。
[4] 集成5.2566、2567。
[5] 集成3.624、687。
[6] 集成9.4687。
[7] 集成15.9663、9664。
[8] 集成16.9966。
[9] 集成15.9445。
[10] 集成16.10355。

随夫人鼎、壶铭的唐侯与随夫人显然不是夫妻关系，而应系一国君侯为另一国君侯夫人作器，随（曾）、唐皆为姬周同姓宗亲，结合铭文称"行鼎/壶"来看，鼎、壶应系唐侯为随夫人之丧所作赗器，因而以之随葬。这种情况在以前的同类材料中很鲜见，因而很值得注意。这一点若可确定，则至少有两方面重要信息可以确定，一是对铜器铭文中大量称"行器"者的性质的确定可增添新的证据；二是该墓墓主据此就可以确定为随夫人，即随仲嬭加，系曾侯夫人。从器物年代和有关出土器物来看，随仲嬭加之夫很可能就是曾侯宝。曾侯宝之器近年所见甚夥，有鼎[1]、簠[2]、壶[3]、盘匜[4]等，年代为春秋中期，与随仲嬭加组器相当，出土地点也应在随州一带，综合各方面信息来看，曾侯宝夫人很可能即系随仲嬭加。

目前所见，随仲嬭加（随夫人）墓葬所出器物的来源，主要有三部分：一是赗器，有唐侯作随夫人鼎、壶等；二是媵器，有随仲嬭加鼎、加嬭鼎（楚王鼎）及王子申盏盂等；三是其生前自作器。按作器时间，媵器应最早，自作器次之，赗器最晚。

二、有关铜器归属

传世有一件觞仲多壶和一件觞姬簠盖，1983年陕西西安张家坡西周墓地又出土一件西周晚期的觞仲鼎（M319:1），铭文分别作：

(1) 觞仲多壶：觞（觞-唐）仲多作醴壶。

(2) 觞姬簠盖：觞（觞-唐）姬作鬶嫘媵簠，鬶嫘其万年子子孙孙永
宝用。

(3) 觞仲鼎：觞（觞-唐）仲作旅鼎。

"觞"皆应读作"唐"，系唐国器，一般无异议。

觞仲多壶长颈直口，圆腹矮圈足，圈足沿有边圈，兽首衔环耳。颈饰环带纹，腹部和圈足均饰垂鳞纹。形制与伯多父壶近似，[5]年代应为春秋早期，过

---

[1]《铭图》02219、02220，第4卷，第432—435页；中国国家博物馆、中国书法家协会：《中国国家博物馆典藏甲骨文金文集粹》，64，合肥：安徽美术出版社，2015年，第262—265页；《铭续》0185—0187，第1卷，第202—209页。

[2]《铭图》04975、04976，第10卷，第317—320页。

[3]《铭图》12390，第22卷，第303—304页。

[4]《铭续》0942，第3卷，第290—291页。

[5] 集成15.9613；陈佩芬：《夏商周青铜器研究》（西周篇），四一三，上海：上海古籍出版社，2004年，第539—540页。

去一般定为西周晚期，①应偏早。舫姬簋盖盖面隆起，上有圈状捉手，饰垂鳞纹和重环纹。年代也可能为春秋早期，而非西周晚期。②

1977年11月，湖北枣阳县资山公社王城（今枣阳市王城镇）杜家庄出土一批铜器，有簋盖二（枣5）、匜一，现藏襄阳市博物馆，③铭文分别作：

(1) 阳飤生簋盖④：阳飤生自作尊簋，用锡眉寿，万年子子孙孙永宝用享。

(2) 阳飤生匜⑤：阳飤生自作宝匜，用锡眉寿，用享。

"阳飤生"为人名，"阳"系国族名，"飤生"可以理解为人名，或将"飤"理解为国族名，"生"读作"甥"，作器者"阳飤生"系阳国人，飤之外甥，其母为飤女，如山西绛县横水墓地出土的佣番生簋（M2508∶2）的"佣番生"。⑥无论采取哪一种理解方式，作器者阳国族人，皆可肯定。结合上述阳侯作随夫人鼎、壶等有关器物及该组器物出土地点来看，簋和匜铭的"阳"也应读作"唐"，即南土的姬姓唐国。

簋盖面呈球面形，上有圈形捉手，饰瓦纹。匜前有宽流槽，后有兽首鋬，兽口衔匜沿，四条夔形扁足。口沿下饰重环纹，腹饰瓦纹。同类形制和纹饰的器物目前所见甚夥，其年代应系春秋早期无疑，而非过去所说的西周晚期。⑦

与阳飤生诸器同出者还有两件孟姬洎簋，⑧铭曰："孟姬洎自作饎簋，其用追孝于其辟君武公"，刘彬徽推测阳飤生可能是孟姬洎之夫，此系夫妻合制器，⑨待考。簋为弇口鼓腹，兽首衔环耳，矮圈足沿外撇，连铸三圆柱小足。通

---

① 中国社会科学院考古研究所：《殷周金文集成》，第十五册，北京：中华书局，1993年，"铭文说明"，第54页。
② 中国社会科学院考古研究所：《殷周金文集成》，第七册，北京：中华书局，1987年，"铭文说明"，第25页；[日]林巳奈夫：《殷周时代青铜器の研究：殷周青铜器综览一》，图版，簋388，东京：吉川弘文馆，1984年，第131页。
③ 襄樊市博物馆：《湖北谷城、枣阳出土周代青铜器》，《考古》1987年第5期；襄樊市博物馆、谷城县文化馆：《襄樊市、谷城县馆藏青铜器》，《文物》1986年第4期。
④ 集成7.3984、3985；《文物》1986年第4期，第17页图六、七；《考古》1987年第5期，图版叁∶1，第413页图四∶2。
⑤ 集成16.10227；《文物》1986年第4期，第17页图四、五；《考古》1987年第5期，图版肆∶3，第413页图四∶3。
⑥ 陈光祖：《金玉交辉——商周考古、艺术与文化论文集》，台北："中央研究院"历史语言研究所，2013年，第287页图一。
⑦ 中国社会科学院考古研究所：《殷周金文集成》，第七册，北京：中华书局，1987年，"铭文说明"，第30页；第十六册，北京：中华书局，1994年，"铭文说明"，第52页。
⑧ 《文物》1986年第4期，第16页图三，第19页图一五；《考古》1987年第5期，图版叁∶3，第413页图四∶1；集成7.4071、4072。
⑨ 刘彬徽：《湖北出土的两周金文之国别与年代补记》，载《古文字研究》（第十九辑），北京：中华书局，1992年，第179-195页。

体饰瓦沟纹。年代也应为春秋早期,而非西周晚期。①

2002年3月和2006年12月,湖北郧县(今郧阳区)五峰乡萧家河、乔家院等地春秋墓葬各出土一批青铜器,其中有仲瀕儿鉳(M1:2)、仲瀕儿盘(M1:4)、唐子仲瀕儿匜(M1:1)、唐子斨戈(M4:14)等,②铭文分别作:

(1)唐子仲瀕鉳:唯正十月初吉丁亥,唐子仲瀕儿择其吉金,铸其御鉳。

(2)仲瀕儿盘:唯正月咸(弋日)辛亥,唐子仲瀕儿择其吉金,铸其御盘,子子孙孙永宝用之。

(3)唐子仲瀕儿匜:唯正月咸(弋日)己未,唐子仲瀕儿择其吉金,铸其御会匜。

(4)唐子斨戈:唐子斨之用。

据铭文看,器主应系唐国公室。

鉳口呈腰鼓形,横边向外呈弧形,直口长颈,鼓腹平底,肩部有一对环耳,下腹有一环钮。颈部饰蟠螭纹和绚纹。盘口微敛,收腹平底,口沿下有一对附耳和一对小钮衔环耳,附耳上饰浮雕蟠螭组成的兽面纹,下腹有三蟾蜍形足。匜体近桃形,平底,前有圆筒形流,饰浮雕蟠螭组成的兽面纹,后有兽形鋬,两腿外伸,尾上卷。戈直援尖锋,前部较宽,中部有脊,长胡,阑下出齿,阑侧三长穿一小穿,内前部有一横穿,内两面均饰双线鸟头U形纹。此组器物的年代应为春秋晚期无疑。《左传》定公五年(前505年):"秋七月,子期、子蒲灭唐。"《史记·楚世家》:"十一年……楚昭王灭唐,九月,归入郢。"是唐国灭于公元前505年。萧家河、乔家院墓地据出土器物等情况看应系楚墓,因此,唐人贵族之器出自楚墓,很可能应系楚灭唐时掠夺所致,系灭国后之孑遗,这从唐子斨戈所自出的乔家院M4还出土有举子傀戈(M4:4)也可得到验证。③

《铭续》著录有一件日本大阪某私人收藏的阳小叔戜父鼎(《铭续》称"叔戜父鼎"),④铭作:

---

① 中国社会科学院考古研究所:《殷周金文集成》,第七册,北京:中华书局,1987年,"铭文说明",第41页。
② 郧县博物馆:《湖北郧县肖家河出土春秋唐国铜器》,《江汉考古》2003年第1期;黄旭初、黄凤春:《湖北郧县新出唐国铜器铭文考释》,《江汉考古》2003年第1期;黄凤春:《湖北郧县乔家院春秋殉人墓》,《考古》2008年第4期;王红星:《尘封的瑰宝——丹江口水库湖北淹没区文物图珍》,武汉:湖北美术出版社,2004年,第124、125、128页;湖北省文物局:《汉丹集萃——南水北调工程湖北库区出土文物图集》,北京:文物出版社,2009年,第137页。
③ 《考古》2008年第4期,第43页图二三:3,第44页图二五:1;湖北省文物局:《汉丹集萃——南水北调工程湖北库区出土文物图集》,北京:文物出版社,2009年,第138页。
④ 《铭续》0215,第1卷,第264、265页。

唯王正月吉日丁丑，阳小叔斁父作鼙叔姬宝鼎，其万年无疆，子子孙孙永宝用飨。

作器者"阳小叔斁父"，称"小"应与排行有关，所谓"阳小叔"，实即"阳叔"，二者无别；"阳"应系国族名，读作"唐"；"阳小叔"当系阳国公室。①

鼎体呈半球形，口微敛，窄沿方唇，双立耳，圜底，三蹄足。颈饰无目窃曲纹，腹饰环带纹，系典型的春秋早期随枣走廊一带器物。与1957年河南陕县上村岭（今属三门峡市湖滨区）虢国墓地出土的尹小叔鼎（M1819:5）形制近同，②年代应为春秋早期前段。

传世有一件叔姬鼎（或称"金父鼎"）③，原藏梁伯谟（《复斋》），现下落不明。鼎内壁铸铭文过去一般释作：④

金父作叔姬宝尊鼎，其万子孙永宝用。

此铭系摹本⑤，整体上看，所摹文字多失真，且有明显错误，如按照通常的金文文例，"万"字下应有"年"字，而此铭却无，应系误摹或漏摹所致。

将摹本新见之阳小叔斁父鼎铭文对照，可知铭文开头二字摹写或有误。具体而言，""字原摹作，不识，其构形颇为奇特，仔细分析，很可能系"阳叔"二字即、之误摹，下文的"叔"字摹作，亦可佐证；"金"字原摹作，或系"斁"字即之摹误。换言之，作器者即过去所谓的"金父"实应系"阳叔斁父"，与新见之阳小叔斁父鼎的作器者阳小叔斁父系同人。同样，鼎铭的"叔姬"与阳小叔斁父鼎的"鼙叔姬"亦应系同人，为阳叔斁父之妻。按照名从主人的原则，该鼎亦应改称阳叔斁父鼎。

关于该鼎的年代《殷周金文集成》等定为西周晚期，⑥据铭文看或偏早，而

---

① 黄锦前：《由新见阳小叔里父鼎看叔姬鼎等铜器及相关问题》，《东方考古》（第十五辑），北京：科学出版社，2019年，第55—61页。
② 中国科学院考古研究所：《上村岭虢国墓地》，北京：科学出版社，1959年，图版伍捌：1，第37页图三四；集成4.2214。
③ 集成5.2562。
④ 如张亚初：《殷周金文集成引得》，北京：中华书局，2001年，第41页。
⑤ 目前所录拓本系《积古》据《复斋》、《攈古》据《积古》摹入，参见《铭图》02083，第4卷，第262页。
⑥ 中国社会科学院考古研究所：《殷周金文集成》，第五册，北京：中华书局，1985年，"铭文说明"，第5页。

应与新见之阳小叔毁父鼎年代相当,为春秋早期前段。①

传世又有一件叔姬鼎,②原藏费念慈,现藏上海博物馆。《殷周金文集成》定其年代为春秋早期,③据铭文字体看可从。鼎铭作:

> 叔姬作阳伯旅鼎,永用。

"叔姬"与上揭阳叔毁父鼎(叔姬鼎、金父鼎)的"叔姬"及新见阳小叔毁父鼎的"羋叔姬"或即同人。据上下文和有关同类铭文,"阳伯"应系"叔姬"之夫、君;系阳国之君,"叔姬"系其妻,此鼎系叔姬为其亡夫阳伯所作。结合阳叔毁父鼎(叔姬鼎、金父鼎)及阳小叔毁父鼎铭文来看,鼎铭的"阳伯"与阳叔毁父鼎(叔姬鼎、金父鼎)的"阳叔毁父"及阳小叔毁父鼎的"阳小叔毁父"很可能亦系同人,叔姬鼎称"阳伯","伯"应非排行,而应系爵称。阳小叔毁父鼎及传世的叔姬鼎(金父鼎)称"阳(小)叔",应系其即位之前作为公室时的称谓。④

《中日欧美澳纽所见所拓所摹金文汇编》著录有一件扬鼎,⑤铭作:

> 唯王正月初吉丁亥,阳嬭子扬择其吉金,自作飤繁,其眉寿无疆,永保用。

"阳"字作"壃",从"土",与新出唐侯作随夫人诸器的"阳"字写法相同。"阳嬭"应系阳(唐)国夫人,羋姓,据其称谓看可能嫁自楚国。该鼎下落不明,年代为春秋晚期。

总之,据随州新出新刊唐侯作随夫人诸器,可以确定过去一些不能确定的器物的国属。

三、唐国的地望

《国语·郑语》载史伯云:"当成周者,南有荆蛮、申、吕、应、邓、陈、蔡、随、唐。"韦昭注:"应、蔡、随、唐,皆姬姓也。"然则唐在南土,应确定无疑。《汉书·

---

① 详参黄锦前:《由新见阳小叔里父鼎看叔姬鼎等铜器及相关问题》,载《东方考古》(第十五辑),北京:科学出版社,2019年,第55—61页。
② 集成4.2392。
③ 中国社会科学院考古研究所:《殷周金文集成》,第四册,北京:中华书局,1986年,"铭文说明",第102页。
④ 详参黄锦前:《由新见阳小叔里父鼎看叔姬鼎等铜器及相关问题》,载《东方考古》(第十五辑),北京:科学出版社,2019年,第55—61页。
⑤ 巴纳、张光裕:《中日欧美澳纽所见所拓所摹金文汇编》,229,台北:艺文印书馆,1978年,第309页。

地理志》南阳郡"舂陵"县原注:"侯国,故蔡阳白水乡。上唐乡,故唐国。"《左传》宣公十二年(前597年):"楚子使唐狡与蔡鸠居告唐惠侯。"杜预注:"唐,属楚之小国,义阳安昌县东南有上唐乡。"晋安昌县即前汉舂陵县(参阅《水经·沔水注》"洞水"条),两者地望一致,则古唐国位于汉舂陵县(晋安昌县)之东南。①《水经·溳水注》:"石水出大洪山,东北流注于溳,谓之小溳水,而乱流东北,迳上唐县故城南,本蔡阳之上唐乡,旧唐侯国。"以汉晋之上唐乡在溳水上源的西北岸,与今地图对照,当在今随县西境、溳水西(北)岸的溳阳镇至环潭一带。②《史记·楚世家》:"十一年……楚昭王灭唐,九月,归入郢。"正义引《括地志》云:"上唐乡故城在随州枣阳县东南百五十里,古之唐国也。《世本》云,唐姬姓之国。"唐初的《括地志》认为上唐乡故城在当时枣阳县东南150里左右。而从清初起,一般志书就把上唐乡故城定在随州西北的唐城一带,即今随州西北约80里的唐县镇,③成为近世的流行说法。徐少华指出,可见自《水经注》以后,关于古唐国地望的解释是互相矛盾的,《水经注》认为当在随县以西的溳阳、环潭一带;《括地志》认为在枣阳县东南150里(唐里),按道里论之,应在今随州西北不远;清人又认为在随枣之间的唐县镇,均无法统一。④以上各家在具体位置的认定上虽稍有出入,但将唐国的地望定在随州与枣阳之间,大的方向则不误。

上述扬鼎的"阳嬭"系阳(唐)国夫人,嫁自楚国,唐与楚联姻,可见其应与楚相距不远。

包山楚简有"塘君":

(1)包山163⑤:塘(唐)君之人隋惕。

(2)包山176⑥:塘(唐)君之人廊怿。

吴良宝认为"塘"当读作"唐",即西周、春秋时期的唐国故地⑦,可信。

另外,"塘"字还见于楚国铜贝铭文⑧,黄文认为,这极有可能是楚灭唐

---

① 徐少华:《周代南土历史地理与文化》,武汉:武汉大学出版社,1994年,第59页。
② 徐少华:《周代南土历史地理与文化》,武汉:武汉大学出版社,1994年,第59页。
③ 参阅《读史方舆纪要》卷77,德安府随州"唐城"条;《大清一统志》卷267,德安府古迹"古唐城"条。
④ 徐少华:《周代南土历史地理与文化》,武汉:武汉大学出版社,1994年,第59页。
⑤ 湖北省荆沙铁路考古队:《包山楚简》,北京:文物出版社,1991年,图版七四,"释文",第29页。
⑥ 湖北省荆沙铁路考古队:《包山楚简》,北京:文物出版社,1991年,图版八〇,"释文",第30页。
⑦ 吴良宝:《战国楚简地名辑证》,武汉:武汉大学出版社,2010年,第313-316页。
⑧ 杨凤翔:《前所未见的"阳"字蚁鼻钱》,《文物》2001年第9期。

国后在唐邑所铸行的货币，同时这也说明春秋晚期楚灭唐后，已逐步立足于汉东。

总之，将出土和传世文献互证，可知唐国应在随枣走廊一带无疑，而非南阳盆地。①

上述郧县萧家河、乔家院既系楚墓，则其与唐国的关系应该予以排除，这一带应非唐国的地域范围。

上揭1977年11月出土阳飤生诸器的湖北枣阳县资山公社王城（今枣阳市王城镇）杜家庄一带，距离随州安居一带极近，此地在当时应在唐国的地域范围内。

或认为唐在西周前期就已在南土，②所据为西周早期昭王时的中觯铭文。传世的中觯铭云：③

　　王大省公族于唐，④振旅，王锡中马自曾侯四骉（？），南宫贶，王曰：用先，中扬王休，⑤用作父乙宝尊彝。

对照有关材料，"唐"应即唐国，在汉水流域即今湖北随州附近。⑥可见至迟在昭王时期，姬姓唐国已在南土。

四、结语

综上所述，新近盗掘出土的唐侯作随夫人鼎、壶、随仲嬭加鼎、加嬭鼎（楚王鼎）、簠及传世的王子申盏盂盖等，年代皆为楚共王时或稍后，"随仲嬭加""嘉嬭""加嬭"系一人，为楚共王之女，王子申之姊妹；随仲嬭加鼎、加嬭鼎及王子申盏盂等系楚共王和王子申为其所作媵器；加嬭簠系其生前自作器或葬

---

① 石泉：《古代曾国——随国地望初探》，《武汉大学学报》（哲学社会科学版）1979年第1期；后修订稿辑入氏著《古代荆楚地理新探》，武汉：武汉大学出版社，1988年，第84—104页；徐少华：《周代南土历史地理与文化》，武汉：武汉大学出版社，1994年，第59—61页。
② 徐少华：《周代南土历史地理与文化》，武汉：武汉大学出版社，1994年，第56页。
③ 集成12.6514。
④ 李学勤：《盘龙城与商朝的南土》，《文物》1976年第2期；后辑入氏著《新出青铜器研究》，北京：人民美术出版社，2016年，第13—17页。
⑤ "扬"字摹误，旧释"埶""艺"等，不确。
⑥ 李学勤：《盘龙城与商朝的南土》，《文物》1976年第2期；后辑入氏著《新出青铜器研究》，北京：人民美术出版社，2016年，第13—17页。

器;唐侯作随夫人鼎、壶系唐惠侯为随夫人之丧所作赗器;该组器所自出的墓葬墓主为随夫人,即随仲嬭加,系曾侯宝夫人。

枣阳资山出土阳飤生诸器及近出阳小叔夶父鼎(叔夶父鼎)的"阳"皆应读作"唐",系姬姓唐国器。传世的叔姬鼎(金父鼎)与阳小叔夶父鼎铭文可以互勘,系同人之器,前者文字多误摹,阳小叔系阳国公室;与传世叔姬鼎进一步联系可知,"阳小叔夶父"应系其即位之前作为公室时的称谓,即位后称"阳伯"。郧县萧家河、乔家院等地出土的唐子诸器器主应系唐国公室,其出自楚墓,应系楚灭唐时掠夺所致。

将出土和传世文献互证,可知唐国地望应在随枣走廊一带,而非南阳盆地。阳飤生诸器所自出的枣阳县资山一带,应即唐国疆域范围。据昭王时的中觯铭可知,姬姓唐国至迟在昭王时已在南土。

补记:随州市公安局于2012年5月8日在随州义地岗盗墓现场收缴所获的3件唐侯作随夫人鼎现藏随州市博物馆。[①]形制、纹饰、铭文相同,大小有差。侈口,敛腹圜底,附耳,三蹄足。上腹有绚纹一周,颈饰窃曲纹,耳外侧饰重环纹。该组器物所自出的墓葬墓主为随夫人,即随仲嬭加,系曾侯宝夫人。近年随州枣树林墓地发掘表明,M168的墓主系曾侯宝,位于其北侧的M169系其夫人加嬭即随仲嬭加墓,系一组夫妻合葬墓,可予以证实。

2020-12-28

[①] 随州市博物馆、随州市公安局:《追回的宝藏:随州市打击文物犯罪成果荟萃I》,04、05,武汉:武汉大学出版社,2019年,第8-13页;吴镇烽:《商周青铜器铭文暨图像集成三编》,上海:上海古籍出版社,2020年。

孔子的日常生活
——先秦士人日常生活的典型样本*

朱彦民①

摘　要：作为先秦士人的一个超级代表，文献中记载较多、史料丰富的孔子的日常生活，足以成为先秦士人社会日常生活的一个典型样本。从《论语》《史记》《孔子家语》《礼记》《仪礼》等早期文献中，我们可以大致梳理出来孔子的个人相貌、家庭生活和师从交游等相关信息，而《论语·乡党篇》则为我们提供了孔子在社会上、在家庭中日常生活所表现出来的礼仪规范、行为准则和生活习惯，史料价值极高，弥足珍贵。

关键词：孔子；日常生活；士人

一、引言

先秦时期，尤其是到了春秋战国时期，士人作为一个新兴知识分子阶层，逐渐走上了历史舞台。从此之后，士人自成一系，绵延不绝，他们不仅活跃于当时的云诡波谲的争霸国际，出将入相，运筹帷幄，为自己建功立业，扬名立万，也以自己的才智心力影响着天下局势和社会风气；同时也广收门徒，开宗

---
*基金项目：本文系教育部高校人文社会科学重点研究基地南开大学中国社会史研究中心重大项目"制度与生活——王朝秩序下唐五代以前日常生活研究"（项目编号：20JJD770008）的阶段性成果。
① 作者简介：朱彦民，男，1964年生，河南浚县人，南开大学历史学院教授、中国社会史研究中心研究员，研究方向为先秦社会史。

立派,著书立说,承担着继承和光大中国古典文化的历史重任。先秦之士,是那个时代天空上最耀眼的一团星云。

对于"士"阶层的形成,一般学人都认可这样的一个过程:最初的"士"为出身贵族的武士,这些贵族因为接受了正规的文化知识教育,能文能武,后来经过长期的演化逐渐变成了读书人的文士。春秋战国时期的"士"大致分为学士(包括儒、墨、道、法、名等学派学人)、策士(即纵横家)、方士(也称术士,包括天文、历算、地理、医药、农业、技艺、阴阳、卜筮等方术者)、食客等几个种类。这些不同类别的士人,因为境遇不同,表现各异,有的暴得大名,有的则寂寂无闻。不管有无名声,他们大都如过眼烟云,不久就被扬撒在茫茫无际的历史烟尘之中了。

同样作为士人的孔子则不然,他虽然生前潦倒,周游列国,奔波凄惶,赍志而没,但却被后世传颂,尤其是以孔子为代表的儒家学派被汉代以后的专制王朝独尊为意识形态的统治待遇,孔子被后世持续关注,被广泛记载,被尊为千秋圣人、万世师表,形成几千年中国历史上士人的一个超级的典型标杆。

有鉴于此,我们以材料比较丰富、个性比较鲜明的孔子作为一个个案,在此不讲他的儒家思想和政治理念,专门来窥视一下他作为一介先秦士人的陌生而令人神往的日常生活。

二、家族家庭

孔子(公元前551—前479年)的祖上本来是宋国贵族,为子姓的殷商后裔。其先祖中有一位宋国贵族公孙嘉,字孔父,也可称其为孔父嘉。古人的庶族远枝另立姓氏,是可以用先祖的名或字为姓为氏的,因此,孔子这一支就是用孔父嘉的"孔"字作为家族的姓氏了。其曾祖孔防叔因避难逃到了鲁国。孔子父亲叫叔梁纥(叔梁为字,纥为名),以勇力闻名于诸侯,曾屡立战功,官居陬邑大夫。

据《孔子家语》记载,叔梁纥先娶国人施氏之女为妻,生了九个女儿却没有一个儿子。后来又娶了个妾,生了一个儿子叫孟皮,但孟皮身有残疾,是个瘸子。按照当时社会的要求,这样的儿子是不能"继嗣"的。因此,叔梁纥在晚年64岁时又娶了年轻的不到20岁的妻子颜徵在。《孔子家语》对此记载颇为详细:颜氏有三个女儿,最小的一个叫徵在。颜氏问三个女儿说:"陬邑大夫叔梁纥,虽然父、祖为卿士,但他是先圣王裔。此人身长九尺,武力绝伦,我很喜欢他。虽然年龄有点大,性情有些严厉,但这些都没什么问题。你们三个谁愿意做他的妻子?"两个大女儿都默不作声,小女儿徵在上前回答说:"一切听从父亲的安排,父亲不用再问了。"父亲听出了这话的语气,说:"你能行。"于是就将小女儿嫁给了叔梁纥。根据司马贞《史记索隐》云:"徵在笄年适于梁纥",笄年即15岁。张守节《史记正义》云:叔梁纥"婚过六十四矣"。孔子的父母属于典型的老夫少妻型的。

有文献记载,孔子是其父母"野合"而生的。如《史记·孔子世家》称:"纥与颜氏女野合而生孔子。"对此"野合"有许多争论。实际上,这是从上古以来兴起到春秋战国依然流行的一种高禖生育神祭祀礼仪,[①]不能以此推断孔子是野生子、私生子。

孔子出生后,被取名丘,字仲尼。所以名丘字尼,据说是因为当时叔梁纥与小妾颜徵在到曲阜东南的尼丘山拜神求子。果然生下儿子后,夫妻俩认为此子是祈祷天神所赐,遂取丘尼山的"丘"字为名,取"尼"为字,以表示对上苍的感激。也有文献记载说,孔子诞生时"生而首上圩顶"(《史记·孔子世家》),即其头顶中间凹陷四围凸起,形同丘山,所以被命名为"丘"。古人惯于将"伯、仲、叔、季"作为排行取字,用来区别同辈间的长幼次序,孔子在男孩里排行第二,因此取字"仲尼"。其兄长不是正妻所生嫡长子,所以只能成为"孟皮",不能取字"伯皮"。这也是那个时代的礼制所规定而不能违犯的。

至于说"孔子"的这一称谓,则是当时和后人对孔丘的尊称。"子"是古代人们对男子的一种美称或尊称,也含有老师之意。人们对一些有大成就的学问家、思想家,一般不会直接称呼其名字,而敬称其为某子,比如和孔子一样的,春秋战国的老子、孙子、庄子、孟子、墨子、荀子等等,都是这样的尊称。

公元前551年,孔子三岁后,其父叔梁纥不幸去世,葬于曲阜防山。可能因为孔子母子在家庭中地位原因,他们不被允许去父亲墓地送葬。从此,孤儿寡母相依为命,贫苦度日。穷人家的孩子早当家,孔子从小努力学习文化知识,进步很快。大约在他十七岁时,母亲颜徵在因贫病交加,离他而去。

[①] 朱彦民:《商族的起源迁徙与发展》,北京:商务印书馆,2007年,第103—105、449—451页;鲍鹏山:《司马迁"野合"之说考》,《社会科学报》2018年3月27日,第8版。

孔子十九岁那年，前往宋国，娶了宋国复姓亓官家族女子为妻。第二年，亓官氏为孔子生下一子。当时孔子担任为国君管理仓库的委吏，得到鲁昭公赏识。听说孔子生子了，鲁昭公派人送来一条鲤鱼表示祝贺。孔子觉得很有纪念意义，就给儿子起名叫孔鲤，字伯鱼。后来，亓官氏又为孔子生了一个女儿。

公元前485年，亓官氏因积劳成疾逝世，这一年孔子67岁。据说妻子的离世，孔子很伤心，站在妻子墓前，行以头触地的稽颡重礼。但是根据《礼记》的记载："伯鱼之母死，期而犹哭。夫子闻之，曰：'谁与哭者？'门人曰：'鲤也。'夫子曰：'嘻！其甚也。'伯鱼闻之，遂除之。"伯鱼在其母亲逝世一周年时穿着孝服哀哀哭泣，孔子听到后，很不满意，孔鲤听说之后，便脱去丧服不敢再哭。由此可知，孔子夫妻之间的感情并不太好。还有由此推测孔子曾经与亓官氏离异的说法。具体情况不详。

同样是限于材料，我们不知道孔子对他那几个同父异母的姐姐如何，也不知道对他的同父另一异母的兄长孟皮怎样。但他对兄长的女儿即其侄女还是挺关爱的，为其物色了自己的弟子南容（复姓南宫，名括，字子容）为婿："子谓南容：'邦有道，不废；邦无道，免于刑戮。'以其兄之子妻之。"而对自己女儿的婚姻，也是以自己的学生、身陷囹圄的公冶长（复姓公冶，名长，字子芝）为配偶："子谓公冶长：'可妻也。虽在缧绁之中，非其罪也。'以其子妻之。"（《论语·公冶长》）有人以此推测，孔子对待女儿不如对其侄女好呢！

其实对于儿子孔鲤，孔子也没有给予过多的照顾。而是将他与一般的学生一样对待，没有什么差别的，没有对其开小灶。据《论语·季氏》记载：

> 陈亢问于伯鱼曰："子亦有异闻乎？"对曰："未也。尝独立，鲤趋而过庭。曰：'学诗乎？'对曰：'未也。''不学诗，无以言。'鲤退而学诗。他日，又独立，鲤趋而过庭。曰：'学礼乎？'对曰：'未也。''不学礼，无以立。'鲤退而学礼，闻斯二者。"陈亢退而喜曰："问一得三，闻诗，闻礼，又闻君子之远其子也。"

关于孔鲤的生平事迹不见更多记载。有一个流传的虚拟故事，足以说明孔鲤的性情和心态：有一次他们祖孙三人在一起聊天，孔鲤分别对其儿子孔伋和父亲孔子说："你父不如我父，你子不如我子。"即孔伋的父亲（孔鲤）不如孔鲤的父亲(孔子);孔子的儿子(孔鲤)不如孔鲤的儿子(孔伋)!

公元前483年,周游列国却无所建树的孔子回到了鲁国,心灰意冷,也就在这一年,孔鲤因病去世,享年50岁。白发人送黑发人,孔子痛苦至极。但他还是遵循丧葬礼仪,对儿子的葬礼"有棺无椁",不像那些悖乱之人那样僭越礼制。到了第二年,孔子的得意弟子颜回也死了。因为他家里很穷,安葬的时候只有棺,同在孔子门下求学的颜回的父亲颜路于心不忍,就劝孔子变卖他的马车给颜回买椁。孔子断然拒绝:"材不材,各言其子也。鲤也死,有棺而无椁,吾不徒行以为之椁。"意思是说,虽然颜渊和孔鲤一个有才一个无才,但都是各自的儿子。孔鲤死了给他安葬的时候,也是有棺无椁。我不能卖掉自己的车子步行而给他买椁。因为我还跟随在大夫之后,是不可以步行的。

虽然孔鲤早逝,也没有太大出息。但令孔子欣慰的是,孙子孔伋(字子思)却非常聪明,很有向学之志。据《孔丛子·记问》篇记载:

> 夫子闲居,喟然而叹。子思再拜,请曰:"意子孙不修,将忝祖乎?羡尧舜之道,恨不及乎?"夫子曰:"尔孺子安知吾志。"子思对曰:"伋于进膳,闻夫子之教;其父忻薪,其子弗克负荷,是谓不孝。伋每思之,所以大恐而不懈也。"夫子忻然笑曰:"然乎?吾无忧矣!世不废业,其克昌乎!"

果然,孔伋在孔子和孔鲤以及孔子弟子曾子、子游等人的接力教育和持续熏陶下,刻苦学习,逐渐成长为一代儒宗,成就斐然。一生著有《子思子》23篇,虽多亡佚,然其中的《中庸》《表记》《坊记》《缁衣》等篇被收入《礼记》一书,传于后世。后来被尊奉为"述圣公"和"沂水侯"。孔伋不但自己学有所成,而且他还培养了孔子之后的另外一个圣人——亚圣孟子。孔伋上承孔子中庸之学,下开孟子心性之论,被后世称为"思孟学派"代表人物,可以说为儒家学说的延续起到了关键的作用。

三、体格相貌

关于孔子的体态相貌,也是从古至今人们普遍感兴趣的话题。这是因为,中国古人对于他们所崇敬的圣人,往往是需要有一个画像张贴于墙壁,或者需要一尊塑像供奉于庙堂,用来瞻仰和祭拜的。因此从西汉以来,历代画家给我们提供了不少的孔子画像。但是这些画像或塑像,到底能有几分真实呢?

目前我们能够知道的最早的关于孔子的长相描述,是与其同时的郑国人:

> 孔子适郑,与弟子相失,孔子独立郭东门。郑人或谓子贡曰:"东门有人,其颡似尧,其项类皋陶,其肩类子产,然自要以下不及禹三寸,累累若丧家之狗。"子贡以实告孔子,孔子欣然笑曰:"形状,末也。而谓似丧家之狗,然哉!然哉!"(《史记·孔子世家》,《论衡·骨相篇》也有类似记载)

这个故事的另一个出入较大的版本,见载于《孔子家语》:

> 孔子适郑,与弟子相失,独立东郭门外。或人谓子贡曰:"东门外有一人焉,其长九尺有六寸,河目隆颡;其头似尧,其颈似皋繇,其肩似子产;然自腰已下,不及禹者三寸;累然如丧家之狗。"子贡以告,孔子欣然而叹曰:"形状,末也。如丧家之狗,然乎哉!然乎哉!"(《孔子家语·困誓》)

这是一个著名的嘲笑孔子如"丧家狗"的相貌描述。然而这样一个明显具有嘲弄性质的比照式的描述,是不足以形成具体的孔子画像的。我们注意到王充《论衡·骨相篇》也有此文,与《史记》略有出入,比如孔子欣然笑曰:"形状,未也。""末"与"未"字,字形相近易混,然而两者意思大不相同。如果是"末也",表示孔子对郑国人描述的自己的相貌并不在意,认为是不重要的,而对说他是"丧家之狗"则表示赞同。如果是"未也",则表示孔子当时就不认可郑国人这样对他形象的描述,认为不准确。不论从哪个方面来说,郑国人对孔子相貌的这番描述,都无法令我们知道孔子的具体长相如何。

另外两则明确表述孔子相貌的早期记载,见之于《孔丛子》和《韩诗外传》:

> 芊宏语刘文公曰:"吾观孔仲尼有圣人之表:河目而隆颡,黄帝之形貌也;修肱而龟背,长九尺有六寸,成汤之容体也。"(《孔丛子·嘉言》)

> 姑布子卿曰:"得尧之颡,舜之目,禹之颈,皋陶之喙。从前视

之,盎盎乎似有王者;从后视之,高肩弱脊,此惟不及四圣者也。"子贡吁然。姑布子卿曰:"子何患焉!污面而不恶,葭喙而不藉,远而望之,羸乎若丧家之狗。"(《韩诗外传》卷9)

古代没有照相机,古人也不可能给我们留下较为完整准确的形象。我们只能依据与孔子同时代的人或者距离孔子时代较近的人,比如子思、孟子、庄子、荀子等早期学者的相关描述,从中大致体会孔子的外貌形象。

当然,子思等人也没有专门描述过孔子的长相,都是谈论其他问题时,偶尔涉及一点孔子的相貌。至于那些后世对于孔子附会的所谓"四十九表""面有七露"(《路史》《孔氏祖庭广记》)等等,均可以不予理会。

据传最早为孔子塑像的是弟子子贡。子贡在为先师服丧庐墓6年时间里,曾用楷木雕刻了孔子夫妇像,以寄托哀思。这个雕像应该是比较符合孔子原貌的,但早已毁坏不存了。

近年发现的西汉海昏侯墓葬中出土了"孔子衣镜",在镜背面有孔子及其弟子画像和文字。其中孔子画像为一身材高大的布衣士人形象。[1]这被认为是受《史记》记载孔子形象的影响。其实,这与山东济宁一带多见"孔子见老子"画像石中孔子的高大形象,也颇为一致。

对于孔子的长相特征,曾有学者专门就这一问题进行考证,大致可信。[2]在此汇集并修正如下:

(一)身材高大,孔武健硕

孔子在当时就被称为"长人",可见他身材高大,比一般人都高。孔子曾前往周室向苌弘问乐,苌弘是亲自见过孔子的人,他说孔子"长九尺有六寸",当为可信。《荀子·非相》云:"仲尼长,子弓短。"《史记·孔子世家》也记载:"孔子长九尺有六寸,人皆谓之长人而异之。"如果按照周制一尺合今天的19.91厘米计算,九尺六寸约等于现在的191厘米,这就是孔子的具体身高。现在看来,这也是一个高大魁梧的大个子。

其实,孔子不仅身材高大,而且因为少年时代贫贱,"故多为鄙事",能御

---

[1] 杨军、徐长青:《南昌市海昏侯墓葬》,《考古》2016年第7期;王乐意:《南昌海昏侯刘贺墓出土"孔子"形象释读》,《南方文物》2016年第3期。
[2] 李启谦、王钧林:《孔子体态、相貌考》,《齐鲁学刊》1990年第4期;黄怀信:《孔子长什么样子》,中华孔子基金会网站,2019-07-29,http://c.360webcache.com/c? m=5f83f8dd5270e407f3abe51024de3879&q=。

善射。《论语·子罕》:"吾何执?执御乎?执射乎?吾执御矣。"《礼记·射义》记载:"孔子射于矍相之圃,盖观者如堵墙。"所以孔子筋骨强健,膂力过人。《吕氏春秋·慎大》就说:"孔子之劲,举国门之关。"孔子的父亲叔梁纥就是一个力大无穷的勇士,强悍无比的战斗英雄,《左传》襄公十年记载偪阳国之战,叔梁纥曾立于城门之下双手托住正在下落的悬门,救人出城,名传当世。看来孔子确是继承了乃父孔武有力的遗传基因。《淮南子·主术训》:"孔子之通,智过于苌弘,勇服于孟贲,足摄郊兔,力招城关,能亦多矣。然而勇力不闻,伎巧不知,专行教道,以成素王。"这一记载则说明孔子不仅孔武有力,还善于奔跑,"足摄郊兔",能够追得上奔跑中的野兔,可见速度之快。

(二)上身较长,下身稍短

有一个说法是,孔子上身长下身短。比如前记郑人所说,"自要已下,不及禹者三寸",就是说孔子下半身较短。《庄子·外物》言孔子:"有人于彼,修上而趋下,末偻而后耳,视若营四海,不知其谁氏之子。"其中的"修上而趋下",就是说孔子的身体形状。"修"是长义,"趋"借作"促",与"修"为反义词,短义。郭象注:"长上而促下也。"陆德明《经典释文》:"音促,李云下短也。"上身长必然胳膊长,这就是别处文献所说的"修肱"。《孔丛子·嘉言》记苌弘语刘文公曰:"吾观孔仲尼有圣人之表,河目而隆颡,黄帝之形貌也;修肱而龟背,长九尺有六寸,成汤之容体也。"《论语·乡党》中有孔子"趋进,翼如也",记孔子快步走路,就像鸟儿展翅一样,伸长着胳膊,也是对其"修肱"的一个佐证。

(三)弓腰驼背,鞠躬如也

从《孔丛子·嘉言》所记苌弘之言中,我们知道孔子"修肱而龟背"。"龟背",就是像龟的背部那样隆起,又称驼背。这大概是孔子老年时候的身体形状。个子较高的老年人,往往容易驼背。贾谊《新书·容经》记载:"子路见孔子之背,磬折举哀。""磬折"也是弓腰驼背的样子。不过这里的"磬折"之背,可能不是孔子的身体常态,而是孔子遇到了哀丧之礼,弯腰如折磬,深度鞠躬的样貌。

(四)头顶微凹,得名之由

《史记·孔子世家》记孔子"生而首上圩顶,故因名曰丘云",《史记索隐》又说:"故孔子顶如反宇。反宇者,若屋宇之反,中低而四傍高也。"头顶凹陷,这是一个极为少见而突出的体貌特征,并且说这是孔子得名孔丘的原因,应该不假。《白虎通·姓名》云:"孔子首类鲁国尼丘山,故名丘。"《论衡·讲瑞篇》也说:"孔子反宇",《骨相》篇作"反羽",宇、羽音同字通。"反宇"就是向反扣的屋顶那样,正是头顶凹陷的形状。

(五)面相奇异,黑而不丑

关于孔子面相,《荀子·非相》记载:"且徐偃王之状,目可瞻马。仲尼之状,面如蒙倛。周公之状,身如断菑。皋陶之状,色如削瓜。闳夭之状,面无见肤。傅说之状,身如植鳍。伊尹之状,面无须麋。禹跳汤偏。"是说古今大人物都是面有异相。如何理解孔子的"面如蒙倛",一般认为倛是古代驱疫避邪的神像。杨倞注曰:"倛,方相也。其首蒙茸然,故曰蒙倛。……韩侍郎云:四目为方相,两目为魌。""倛"又作"魌"。《说文》:"魌,丑也。……今逐疫有魌头。""魌头"就是古代驱鬼傩舞仪式所戴的面具。《周礼·夏官》:"方相氏:掌蒙熊皮,黄金四目,玄衣朱裳,执戈扬盾,帅百隶而时难,以索室驱疫。"郑玄注:"蒙,冒也。冒熊皮者,以惊驱疫疠之鬼,如今魌头也。"面若蒙倛,就是说脸好像戴着驱邪的面具,形容怪异可怕。

荀子未曾见过孔子,所以"面若蒙倛"可能只是推测,未必准确。而《韩诗外传》所记姑布子卿,曾经亲见孔子,说孔子"污面而不恶",当为可信。也就是说,孔子"污面而不恶",似指面皮较黑,但不丑陋。

关于孔子面相,《孔丛子·嘉言》《孔子家语·困誓》都记载孔子"河目而隆颡"。王肃《家语》注云:"河目,上下匡平而长。""河目"大概是眼窝深邃、眼角细长的意思。"颡",即额头,俗称天庭或珠庭。"隆颡"即额部隆高丰厚的意思。也就是今天俗语说的"天庭饱满"。再加上《韩诗外传》姑布子卿说孔子"得尧之颡",可知"隆颡",就是额头隆起的大脑门,这与孔子的大智慧正相符合。由此也可知,孔子的面相绝对不会丑陋,更不会像傩戏面具那样吓人。

(六)耳轮外露,不留胡须

《庄子·外物》曾记孔子的另一个体相特征"末偻而后耳",郭象注曰"耳却近后",今人译为"耳朵后贴"。[1]指耳朵后贴,露出清晰分明的轮廓。对这样一个面相,我们表示怀疑。因为庄子是道教人物,对儒家和孔子多有贬低戏

---

[1] 陈鼓应:《庄子今注今译》,北京:中华书局,1983年,第714页。

弄的地方。而这一"末楼而后耳",这被后世附会孔子长相"面有七露"之一"耳露轮",更不可靠。

后世所绘孔子画像或塑像,多作飘飘美髯之状。这也可能不大符合历史事实。《孔丛子·居卫》有明确记载:"子思适齐,齐君之嬖臣美须眉立乎侧。且吾先君生无须眉,而天下王侯不以此损其敬。由是言之,伋徒患德之不邵,不病毛鬒之不茂也。"子思孔伋为孔子之孙,是曾亲眼见过孔子本人形象的。他所称"吾先君"即孔子。子思自己说的孔子"生无须眉",当不容置疑。

综上所述,孔子身高在190厘米以上,身材魁梧,胳膊较长;老年时有些驼背,上身较长,下身稍短;面庞黝黑,不留胡须;眼睛深邃,额头高隆;相貌堂堂,威风凛凛,是一个身材高大、孔武有力的武士形象。这与一般人理解的作为一个儒家学者瘦弱文士形象,不大相同。

四、日常生活

限于文献的缺漏,我们很难详述一个先秦时期普通士人的日常家居生活。幸运的是,《论语·乡党篇》则正是这样一个难得的反映孔子作为一个贵族士人日常家居礼仪的文献。

在《论语》二十章中,《乡党篇》是较为特殊的一章,它不像其他章节的内容为孔子师生对话体那样,很少有对话,而是描写孔子日常家居、饮食、穿戴、乘车、外出、会客、办公、饮宴等不同场合的行事做派和待人态度,包括一些日用物品的讲究与配套。朱熹《四书集注》对《乡党篇》评价说:"圣人之所谓道者,不离乎日用之间也。故夫子之平日,一动一静,门人皆审视而详记之。……于圣人之容色言动,无不谨书而备录之,以贻后世。今读其书,即其事,宛然如圣人之在目也。……学者欲潜心于圣人,宜于此求焉。"也正是如此,它主要反映了孔子日常活动中的言谈举止、精神面貌,让我们对孔子有了一个更加丰富和直观性的认识。

然而对于《乡党篇》的内容解读,因为文字的古奥简陋,历来多有争议,甚至也有学者怀疑它的真实性。在此,我们综合历代学者关于论语的注释,参以己意,省却文字词语的烦琐考证,对这一章内容按段落先后进行大意解疏,力图系统地复原孔子日常生活的大致场景,勾勒一个有血有肉、清晰丰满的孔子形象。

> 孔子于乡党，恂恂如也，似不能言者。

这是讲孔子平时在社会上与家乡父老们在一起时的状态。孔子在地方社会上说话时慢且持重，非常恭顺，好像不会说话的样子。这表现了孔子的谦逊态度，不以自己是大学者、大名人而傲视乡里，看不起众人。

> 其在宗庙、朝廷，便便言，唯谨尔。

这是讲孔子在宗庙里祭祀时和在朝堂上办公时的状态。孔子在宗庙里、在朝廷上，明白而流畅地讲话，只是说得谨慎，讲究分寸，不会乱说。

> 朝，与下大夫言，侃侃如也；与上大夫言，訚訚如也。君在，踧踖如也，与与如也。

这是讲孔子在参与朝会之时对君臣不同等级官员对话的情形。和下大夫说话，温和而快乐的样子；同上大夫说话，正直而恭敬的样子。面对君主在座，恭敬而心中不安的样子，行步安详的样子。

> 君召使摈，色勃如也，足躩如也。揖所与立，左右手，衣前后，襜如也。趋进，翼如也。宾退，必复命曰：宾不顾矣。

这是讲国君召孔子去参与接待外宾时，面色矜持庄重，脚步也快起来。向两旁的人作揖，或者向左拱手，或者向右拱手，衣裳随着身体前后一俯一仰，却很整齐。小步快进时，好像鸟儿舒展了翅膀那样轻盈。贵宾告别之后，一定向国君回报说：客人已走，已经不回转了。

> 入公门，鞠躬如也，如不容。立不中门，行不履阈。过位，色勃如也，足躩如也，其言似不足者。摄齐升堂，鞠躬如也，屏气似不息者。出、降一等，逞颜色，怡怡如也。没阶，趋进，翼如也。复其位，踧踖如也。

这是讲孔子入官府办公事时的行事态度。孔子走进官府大门，弯腰鞠躬，敬畏而谨慎的样子，好像没有容身之处。站立时，不站在门的中间。行走时，不踩着门槛儿。经过国君的座位，神色庄重，脚步加快，言语低声，好像中气不足的样子。登堂入室之时，提起衣襟下摆，弯腰鞠躬而行，恭敬、谨慎的样子,憋住气不出声,好像不再呼吸一般。出了厅堂,走下台阶一级,面色慢慢放松,怡然自得的样子。走完了台阶,快速小步地向前走,身体要像鸟儿舒展了翅膀一样轻盈。回到自己的座位上,依然恭敬而内心不安的样子。

  执圭,鞠躬如也,如不胜。上如揖,下如授。勃如战色,足蹜蹜如有循。享礼,有容色。私觌,愉愉如也。

  这是讲孔子参加隆重的祭祀活动时的表现。孔子手执圭璧行礼时,弯腰鞠躬,恭敬谨慎,好像所执之物沉重而举不起来的样子。向上举好像在作揖,向下拿好像在交给别人。面色矜庄,战战兢兢的样子。脚步也紧凑、细碎,好像在沿着一条线走过。敬献礼物之时,满脸和气,神色蔼然。如果是和客人私下会面交谈,则显得轻松愉快,不再拘束。

  君子不以绀緅饰,红紫不以为亵服。当暑,袗绤绤,必表而出之。缁衣、羔裘,素衣、麑裘,黄衣、狐裘。亵裘长,短右袂。必有寝衣,长一身有半。狐貉之厚以居。

  这是讲孔子平时穿衣戴帽的讲究和礼节。孔子严格遵守君子的服饰制度和礼规,不用近乎黑色的天青色和铁灰色作衣服的镶边装饰,不用近乎赤色的浅红色和紫色作平常居家穿的内衣。夏天之时,穿着粗的或者细的葛布单衣,但一定内套衬衫,使葛布衣服露在外面。黑色的衬衫配羔裘,白色的衬衣配麑裘,黄色的衬衣配狐裘。居家的皮袄,要宽大加长,可是右边的袖子要做得短些,以方便做事(可见孔子是右利的)。睡觉一定要穿睡衣,长度合本人身长的一又二分之一为宜,舒适方便。平时用狐貉皮的厚毛作坐垫。

  去丧,无所不佩。非帷裳,必杀之。羔裘玄冠不以吊。吉月,必朝服而朝。齐,必有明衣、布。

  这是讲孔子在居丧或者前去别人家吊唁之时应该穿戴的衣服。服丧其间,不能佩戴玉器装饰等物。到了丧服满后,则什么东西都可以佩戴了。上朝和祭祀穿的礼服,尺寸应该按照礼制足尺足码。不是上朝和祭祀所穿礼物,剪裁时尺码要递减为宜。外出吊丧之时,不能穿羔裘,不能戴黑色礼帽。每逢上朝的日子,一定要穿着朝服去朝贺。每当斋戒沐浴的时候,一定有浴衣,且是用布做的。

> 齐必变食,居必迁坐。食不厌精,脍不厌细。食饐而餲,鱼馁而肉败,不食。色恶、不食,臭恶、不食,失饪、不食,不时、不食,割不正、不食,不得其酱、不食。肉虽多,不使胜食气。唯酒无量,不及乱。沽酒市脯不食。不撤姜食,不多食。

这是讲孔子平时饮食方面的讲究和规则。斋戒之时,一定改变平常的饮食习惯和饮食方式,居处的地方也一定搬移。粮食舂得越精越好,鱼肉切得越细越好。粮食霉烂发臭,鱼肉久放腐烂,都不能吃。食物的颜色难看,不能吃。食物的气味难闻,不能吃。食物没有煮熟,属于烹饪失当,不能吃。食物不到该吃的时候,即所谓反季节食物,不能吃。不是按一定方法砍割、刀法不正的肉食,不能吃。没有一定的调味的酱醋佐餐,不能吃。席上肉虽多,吃它不能超过主食。只有酒不限量,却不要喝醉。随便从路边肉食店买来酒肉,不能吃。姜是平时都可以吃的零食,在撤下主食之后,也可以吃,但容易上火,不能多吃。

> 祭于公,不宿肉。祭肉不出三日,出三日,不食之矣。食不语、寝不言。虽疏食菜羹瓜,祭,必齐如也。

这也是讲孔子饮食方面的注意事项的。参与了国家祭祀典礼,分到的祭肉要马上吃掉,不能过夜。分送的祭肉,如果路途遥远,最多也不超过三天。若是存放过了三天,祭肉就不能吃了。吃饭的时候不交谈,睡觉的时候不说话。虽然是糙米饭、小菜汤、葫芦瓜,也一定要先祭奠一下祖先神,祭奠的时候也一定要恭恭敬敬,好像斋戒一样。

> 席不正、不坐……问人于他邦,再拜而送之。

这是孔子交友待客时的礼仪要求。宴会之上,座席摆的方向不合礼制,就坚决不坐。托人给在外国的朋友问好馈赠时,要向受托者拜两次送行,好像面对那个友人一样。

> 康子馈药,拜而受之,曰:丘未达,不敢尝。厩焚,子退朝,曰:伤人乎?不问马。

这是《乡党篇》中唯一的孔子说话的记录。鲁国执政卿季康子给生病的孔子送药,表达慰问与关切,孔子拜而接受,却说:我还没有达到劳您大驾的地位,所以不敢试服此药。孔子的马厩着火了,孔子从朝廷下班回来,问下人伤了人没有?却不问到马。

　　君赐食,必正席先尝之。君赐腥,必熟而荐之。君赐生,必畜之。侍食于君,君祭,先饭。

这是面对国君赏赐饮食和陪同国君用膳时的礼节规定。如果国君赏赐的是熟食,孔子一定摆正座位先尝一尝,就像现代礼节中的接到礼物当面打开看看,表示惊喜与感谢。如果国君赏赐的是生肉,孔子一定把它煮熟了,先供奉给祖宗神位歆享。如果国君赏赐的是活的动物,孔子一定会好好养着它。陪同国君一道吃饭时,一定要先陪同国君举行饭前祭礼,祭祀"先饭"之神("先饭"神如同先农神、先蚕神一样,是一个专门的神灵)。

　　疾,君视之,东首,加朝服,拖绅。君命召,不俟驾行矣。入太庙,每事问。

这是说孔子对待国君和宗庙的态度。孔子病了,国君来探问,他便头朝东,把上朝的礼服披在身上,拖着大带。国君传令召见孔子,孔子不等车辆驾好马,立即先起身步行。孔子到了供奉周公的鲁国太庙中时,对每个涉及礼仪的事情都要询问清楚。

　　朋友死,无所归,曰:于我殡。朋友之馈,虽车马,非祭肉,不拜。寝不尸,居不客。

这是讲孔子对待朋友和客人的态度。有朋友死了,如果这个人没有亲属负责收敛,孔子就说:由我来安排葬礼好了。朋友有馈赠,即使是贵重的车马,只要接受的不是祭肉,孔子也不拜谢。孔子睡觉,不会直挺挺坐在那里像祭祀时的尸神一样,而是舒服地侧着身体躺着;平日坐着,也不像接见客人或者自己作客一样拘谨,而是很随意的样子。

　　见齐衰者,虽狎必变。见冕者与瞽者,虽亵,必以貌。凶服者式之。式负版者。有盛馔,必变色而作。迅雷风烈必变。

这是讲孔子遇到某种情况必须改变面色的场合。孔子看见穿齐衰孝服的人,就是极亲密的,也一定改变态度,表示同情。看见戴着礼帽的人和盲人,即使常相见,也一定要带出情绪以示礼貌。在车中遇着拿了送死人衣物的人,便把身体微微地向前一俯,手伏着车前横木,表示同情。遇见背负着沉重东西的人,也要手扶车前横木,表示问候。遇到有丰富的菜肴,一定神色变动,站立起来,表示惊喜与感动。遇见疾雷、大风,一定改变态度,表示惊骇不已,对上天敬畏。

> 升车,必正立,执绥。车中,不内顾,不疾言,不亲指。

这是讲孔子乘车时的礼仪。孔子上车,一定先端正地站好,拉着扶手带登车。在车中,不向内回顾,不很快地说话,不用手指指画画,以保证驾车者安全驾驶。

> 色斯举矣,翔而后集,曰:山梁雌雉,时哉时哉!子路共之,三嗅而作。

对于最后这几句,我们认为可能错简误入,与本章没有关系。关于这几句的意思,历来多有争论。本文不再解释翻译。

五、结语

通过对《论语·乡党篇》的解读,我们大略知道了孔子的言谈举止、对人态度、行为准则和生活习惯等等难得的具体细节。这不仅对研究孔子有特殊的价值,充分反映出孔子坚持理性、尊重他人、讲究规则、遵守礼制的可贵品质,可以使我们更加全面、深刻地认识孔子,而且也能够由此推测其他类似的士人所能够享有的日常生活条件和待遇,因此虽然只是一个个案,但颇具典型的社会史价值和代表性意义。

说秦汉简中的"报日"和"复日"*

孔德超①

摘　要：出土秦汉简牍《日书》中有"报日"和"复日"二词,关于二者关系的理解主要集中在"报"和"复"的训诂上。其实,"报"和"复"皆可训为"返还","报日"即"复日",二者为同名异称关系,指具有强烈交感巫术色彩的特定之日。其具体表现是行为人在特定之日所接触的任何事物,无论好坏与吉凶,皆会以同样的方式返还于行为人。而且,后世"报复"一词的"往复"义亦应与此有关。

关键词：报日；复日；返还；同名异称；报复

出土秦汉简牍《日书》中有"报日"和"复日"二词,关于二词的训释以及二者之间的关系学界多有讨论。前辈学者关于"报日"和"复日"的讨论和研究,为我们更好地理解简文提供了帮助,但是仍有进一步解读的空间。本文拟在学界相关研究的基础上,从"报"和"复"的训诂出发,并全面结合出土秦汉简帛材料,对"报日"和"复日"二者之间的关系做一步探讨。不当之处,敬请方家批评指正。

一、报日

出土简牍材料中有"报日"一词,多见于《日书》。"报日"一词首见于香港

---

*基金项目：本文获2020年重庆市"博士后创新人才支持计划"资助。
① 作者简介：孔德超,男,1989年生,山东滕州人,西南大学历史文化学院博士后,助理研究员,研究方向为秦汉简帛。

中文大学文物馆藏汉代简牍《日书·报日》篇简75：

【戊】己｜甲庚｜乙辛｜戊己｜丙壬｜癸丁｜戊己·报日以得，必三以亡，必五以■三｜凡三｜可以畜六畜。①

癸丁，整理者注曰："应是'丁癸'之误倒。《居延新简》所载探方二七第二号简所记的'复日'干支与此相同，即：'复日 甲庚 乙辛 戊己 丙壬 丁癸 未 戊己 甲寅 乙辛 戊己 丙壬 丁癸。'《协纪辨方书》卷五引《历例》云：'复日者，正、七月甲庚，二、八月乙辛，四、十月丙壬，五、十一月丁癸，三、九、六、十二月戊己日也。'据此，我们可以断定，居延简中衍抄了一个'未'字，而本简所写的干支，乃是从六月至十二月的'复日'干支。"②整理者据与简文"报日"类似的《居延新简》"复日"的相关记载，校订香港中文大学文物馆藏汉代简牍《日书·报日》篇"癸丁"为"丁癸"之倒文，以及根据《协纪辨方书》所引《历例》所载"复日"内容认为《居延新简》所载"复日"简文衍抄了一个"未"字，都是没有问题的。

关于"报日"，整理者认为其不见于秦简与文献，并训"报"为"祭"，指出"报日"当为报祭之日。③吕亚虎先生赞成陈先生"报日"即《居延新简》中"复日"的观点。④刘国胜先生则认为"报日"可能是指反得报应、反受报复之日，属凶日。⑤陈炫玮先生则指出："从香港中文大学文物馆藏汉简《日书》的内容上来看，'报日'不一定是凶日，至少简文说'可以畜六畜'，刘国胜先生的说法并不正确。"⑥所以，"报日"的内涵须进一步厘清。由于香港中文大学文物馆藏简牍是2001年公布的，当时出土的其他秦简材料确实未见"报日"的用例。而且，由于《报日》篇只存一支简，简文虽较完整，但我们却不能更深入地了解"报日"一词的具体内涵。值得注意的是，于2000年1月随州孔家坡八号汉墓出土，2006年6月公布的随州孔家坡汉墓竹简《日书》中亦见"报日"的用例，简305叁+306载：

---

① 陈松长：《香港中文大学文物馆藏简牍》，香港：香港中文大学文物馆，2001年，第39页。
② 陈松长：《香港中文大学文物馆藏简牍》，香港：香港中文大学文物馆，2001年，第39页。
③ 陈松长：《香港中文大学文物馆藏简牍》，香港：香港中文大学文物馆，2001年，第40页。
④ 吕亚虎：《出土秦律中的俗禁问题》，《江汉论坛》2020年第9期。
⑤ 刘国胜：《港中大馆藏汉简〈日书〉补释》，武汉大学简帛研究中心主办：《简帛》第1辑，上海：上海古籍出版社，2006年，第344页。
⑥ 陈炫玮：《孔家坡汉简日书研究》，台北："国立"清华大学历史研究所硕士学位论文，2008年，第193页。

辛亥、辛卯、壬午不可以宁人及问疾,人必反代之。利以贺人,人必反贺之,此报日也。①

整理者训"报"为回报、报应。②王强先生认为"报日"之"报"当读为"复",重复之义。③据上,简文是关于宁人、问疾及贺人的择日问题。值得注意的是,其他秦汉简牍材料中亦有与此相近的内容:

(1)辛卯壬午不可宁人,人反宁之。凡【酉、午】、巳、寅、辛亥、辛卯问病者,代之。(睡虎地秦墓竹简《日书乙种》简192贰+193贰)④

(2)□以辛亥、卯、壬午问病□以宁人,必宁之以贺人,⑤必贺之□。寅、卯不可问病者,问之必病。(江陵岳山秦墓木牍《日书》简M36:44正)⑥

(3)辛亥、辛卯、壬午不可以宁人及问疾,人必反代之。利以贺人,人必反贺之,此报日也。(周家寨汉墓竹简《日书》简33+224)⑦

根据以上三例,我们认为孔家坡汉墓竹简《日书》简305叁+306大意是说,辛亥、辛卯、壬午不能去慰问别人,不然的话要反被慰问;不能去慰问病人,不然的话病人的病会转移给自己;去祝贺别人,则反会被人庆贺。发生这些事情的日子,则被称为"报日"。贺璐璐根据破城子探方简EPT50.9"宁日尽",指出"宁人"应该指吊丧或慰问丧家。"人必反代之""人必反贺之",强调的就是因时间因素而产生的注连和反代关系。⑧值得注意的是,岳麓书院藏秦简(五)中亦有两处"报日"的用例:

(4)自今以来,禁毋以壬、癸哭临,葬（葬）以报日。犯令者,赀二甲。(简165正)⑨

---

① 湖北省文物考古研究所,随州市文物考古队编:《随州孔家坡汉墓简牍》,北京:文物出版社,2006年,第171页。
② 湖北省文物考古研究所,随州市文物考古队编:《随州孔家坡汉墓简牍》,北京:文物出版社,2006年,第171页。
③ 王强:《孔家坡汉墓简帛校释》,吉林大学硕士学位论文,2014年,第126页。
④ 陈伟:《秦简牍合集(壹)》,武汉:武汉大学出版社,2014年,第555页。
⑤ 以上两处"宁",整理者释为"宰",其字形分别作■、■,虽字形模糊不清,但据残存笔画并对比秦简"宁"字,如■(《睡虎地秦墓竹简·封诊式》简91)等及其他秦简相关辞例,两字皆应为"宁"。而且,"宰"字在出土秦文字材料中出现次数很少。
⑥ 湖北省江陵县文物局,荆州地区博物馆:《江陵岳山秦汉墓》,《考古学报》2000年第4期。
⑦ 湖北省文物考古研究所,随州市曾都区考古队:《湖北省随州市周家寨墓地M8发掘简报》,《考古》2017年第8期。
⑧ 贺璐璐:《人法与神法:简帛所见秦汉法律与数术的互动》,未刊稿。
⑨ 陈松长:《岳麓书院藏秦简(伍)》,上海:上海辞书出版社,2017年,第123页。

(5)南阳守言：兴(？)吏捕罪人，报日封诊及它诸(？)官□□□□者，皆令得与书史、隶臣、它所与捕吏徒□□令·丞相议：如南阳议，它有等比。(简300正+301正)①

以上两例皆为秦令内容，"报日"作为一个常见日书词汇进入到秦律令中，可见"报日"作为一个特殊的日子亦得到了官方的高度重视。例(4)令文言，从今往后，禁止在壬、癸日行哭临之事，而且禁止在"报日"行葬埋之事。违反法令的人，要被赀罚二甲。例(5)简文残泐不清，应该是南阳守上报给丞相的上行文书，其内容可能是官吏捕捉犯人，在"报日"进行封守查考之类的问题。总之，"报日"作为一个特殊的日子再次被官方所提及。岳麓书院藏秦简整理小组根据孔家坡汉墓竹简简305叁+306之内容，认为"报日"是"秦汉日书中的一种特定的日子，即辛亥、辛卯、壬午三日"。②而根据以上睡虎地秦墓竹简《日书乙种》、江陵岳山秦墓木牍和周家寨汉墓竹简的相关记载，"报日"可能并非只指辛亥、辛卯、壬午三日，可能还包含有其他的日子，如以上简文提到的寅、巳等日。而且，从以上简文可知"报日"不一定是凶日。"报日"一词释读的关键，则须从"报"的训诂入手。

二、复日

《居延新简》所载破城子探方二七EPT27：2云："复日 甲庚 乙辛 戊己 丙壬 丁癸 未 戊己 甲寅 乙辛 戊己 丙壬 丁癸。"③陈松长先生将此与香港中文大学文物馆藏汉代简牍《日书》"报日"合观，认为"'报日'也可能就是'复日'，只是时代早晚不同，称名有异而已"。④据目前出土简牍材料可知，"报日"见于岳麓书院藏秦简、香港中文大学文物馆藏汉代简牍、孔家坡汉墓竹简和周家寨汉墓竹简，而"复日"则只见于居延新简。"报日"和"复日"为一个概念的两种不同称呼，即"同名异称"，而造成"同名异称"的原因，既有可能是古今差异，也就是陈松长先生所言"时代早晚不同，称名有异而已"，也可能是由于地域差异而导致的用词不同。

---

① 陈松长：《岳麓书院藏秦简(伍)》，上海：上海辞书出版社，2017年，第198页。
② 陈松长：《岳麓书院藏秦简(伍)》，上海：上海辞书出版社，2017年，第157页。
③ 孙占宇：《居延新简集释(壹)》，兰州：甘肃文化出版社，2016年，第500页。
④ 陈松长：《香港中文大学文物馆藏简牍》，香港：香港中文大学文物馆，2001年，第40页。

《星历考原》引《天宝历》曰："复日者，为魁罡所系之辰也。其日忌为凶事，利为吉事。"引《历例》曰："复日者，正、七月甲庚；二、八月乙辛；四、十月丙壬；五、十一月丁癸；三、九、六、十二月戊己日也。"曹震圭曰："复者，重见也，为本建之辰与所遇之干同也。假令正月寅即甲也，而又见甲，是复也。又如辰戌即戊也，丑未即己也，而又见戊己，是复也。余仿此。"① 又，《地理新书》云："正月、七月甲庚日，二月、八月乙辛日，三月、六月、九月、十二月戊己日，四月、十月丙壬日，五月、十一月丁癸日，已上名月干重复日，不宜举凶事。"②《星历考原》引《天宝历》"其日忌为凶事，利为吉事"与以上所引孔家坡汉墓竹简、睡虎地秦墓竹简、江陵岳山秦墓木牍和周家寨汉墓竹简中《日书》所载相关简文内容大体一致。人生病，对病人而言是凶事，而同样在特定的日子去看望病人，则病人之病极有可能会转移到自己身上，那么，对于看望病人的人来说也变成了凶事。而去祝贺人，则对方的祝贺亦会返还之，如此对于前去祝贺之人和被祝贺之人皆为吉利之事。

简言之，行为人在特定之日所接触的任何事情，无论好坏与吉凶，皆会以同样的方式返还于行为人。这种特定日子所发生的特定现象和交感巫术中的"接触律"很相似，即凡是接触过的两种东西，以后即使分开了，也能够互相感应，其人将受其影响。③ 这和简文所载慰问人反被慰问，看望病人即致病，庆贺别人反被庆贺的原理其实是一致的。所以，"报日"和"复日"皆指具有强烈交感巫术色彩的特定之日。可能正是基于此，秦律令中才出现了禁止在"报日"下葬等规定。由此可见，秦律令和当时的民风民俗结合很紧密，被认为是社会中下层平民使用的《日书》中所载之"报日"亦引起了中央王朝的重视。

三、"报日"与"复日"之关系

"报日"之"报"和"复日"之"复"，二者不仅读音相近，同为双唇音，而且皆可训为"返还"。首先看"报"用为"返还"的例子，《韩非子·内储说上》："韩昭

---

① 谢路军主编，郑同点校：《星历考原》，《四库全书数术二集》第3册，北京：华龄出版社，2007年，第242页。
② [北宋]王洙等编撰，[金]毕履道、张谦校，金身佳整理：《地理新书校释》，湘潭：湘潭大学出版社，2012年，第302页。
③ 关于交感巫术的相关原理和内容，参见[英]J.G.弗雷泽：《金枝》，汪培基、徐育新、张泽石，译，北京：商务印书馆，2014年，第26页；高国藩：《中国巫术通史》（上册），南京：凤凰出版社，2015年，第84-87页。

侯使骑于县,使者报,昭侯问曰:'何见也?'对曰:'无所见也。'"陈奇猷案:"报,反也。"①《淮南子·天文》:"东北为报德之维也。"高诱注:"报,复也。阴气极于北方,阳气发于东方,自阴复阳,故曰报德之维。"②复,可训为返还。《尔雅·释言》:"复,返也。"③《说文·彳部》:"复,往来也。"段玉裁注:"《辵部》曰:'返,还也。还,复也。皆训往而仍来。'"④《易·泰》:"无往不复。"高亨注:"复,返也。"⑤《左传·桓公五年》:"冬,淳于公如曹。度其国危,遂不复。"杜预注:"国有危难,度无以自救,故出朝而不返国。"⑥皆其例。因此,"报日"和"复日",从本质上来说,是指同样的日子再次返还。值得注意的是,这种特殊的日子可能在殷商时期就已存在,只是名称不同。《库方二氏藏甲骨卜辞》载有编号为985和1106的两片小肋骨刻辞,⑦后经李学勤先生缀合,辞意更为完整,其中有"叀乙?又日。叀辛?又日"一句。⑧曹定云和刘一曼先生认为卜辞中的"又日"就是"复日"。汉代及汉代以后的"复日",与殷代卜辞中的"又日"有着密切的渊源关系:汉代的"复日"实源于殷代的"又日"。它们一脉相承,只不过在不同的时代名称不同而已,但辞意却是一样的。⑨两位先生指出"又日"即"复日"实为创见,但从目前的出土简帛材料来看,在殷商"又日"和汉及汉以后"复日"之间,还存在秦汉"报日"的称呼和用法,三者为历时的同名异称关系。

当"报"和"复"同时训为"返还"时,由二者组成的同义复合词"报复"亦可表示返还。《汉语大词典》"报复"条所收录义项之一为"往复",所引用例为南朝陈徐陵《武皇帝作相时与岭南酋豪书》:"夫否终斯泰,屯极则亨,若日月之回环,犹阴阳之报复。""报复"与"回环"相对,即多次的返还。

地下出土的源源不断的新材料,为我们从事汉语词汇、词汇史的研究提

---

① 陈奇猷校注:《韩非子新校注》,上海:上海古籍出版社,2000年,第610页。
② 何宁撰:《淮南子集释》,北京:中华书局,1998年,第207页。
③ [清]郝懿行撰,王其和等点校:《尔雅义疏》,北京:中华书局,2017年,第283页。
④ [清]段玉裁撰:《说文解字注》,北京:中华书局,2013年,第76页。
⑤ 高亨:《周易大传今注》,济南:齐鲁书社,1979年,第149页。
⑥ 杨伯峻:《春秋左传注》,北京:中华书局,1981年,第108页。
⑦ [美]方法敛摹,白瑞华校:《库方二氏藏甲骨卜辞》,上海:商务印书馆,1935年,第41、53页。
⑧ 参见李学勤:《评陈梦家殷虚卜辞综述》,《考古学报》1957年第3期;李学勤:《论殷代亲族制度》,《文史哲》1957年第11期。
⑨ 曹定云、刘一曼:《殷人卜葬与避"复日"——〈库方〉985+1106辞义辩正》,王宇信等:《2004年安阳殷商文明国际学术研讨会论文集》,北京:社会科学文献出版社,2004年,第298页。

供了大量的第一手鲜活语料。每一个词都有其最初的语义来源和组合形式。正是受到目前出土秦汉简牍《日书》中所见"报日"和"复日"用例的启发,我们才进一步联系到了"报复"一词。"报"和"复"二字不仅读音相近,同为双唇音,而且皆有"返还"义。"报日""复日"应是一词异写,历时语言的关系。"报日"即"复日",指具有强烈交感巫术色彩的特定之日。其具体表现是行为人在特定之日所接触的任何事物,无论好坏与吉凶,皆会以同样的方式返还于行为人。

霍去病所到翰海考索

刘振刚[1]

摘　要：元狩二年夏霍去病击浑邪王是从北地经居延到祁连山，元狩四年春霍去病破左方是从代郡往北进军，这两次战役的路线没有关系。西汉军方应该有匈奴地境的山川地图，当时已置酒泉郡，核诸当时的地理形势，绝无舍弃酒泉而从代郡出兵天山北麓之理。霍去病所部出代郡一两千里与匈奴左方兵作战，其目标是打击漠北的匈奴，显示出所到的翰海只能在代郡以北一两千里的蒙古高原北部偏东求之，不可能在今新疆的天山北麓。

关键词：霍去病；翰海；天山北麓

一、传统上霍去病所到翰海地望的解释

元狩四年（前119年），霍去病统帅五万骑，"出代、右北平千余里，直左方兵"，班师回朝，"天子曰：'骠骑将军去病率师，躬将所获荤粥之士……封狼居胥山，禅于姑衍，登临翰海'"[2]云云。作为专门的地里名词，"翰海"二字出自汉武帝之口，最早见称于此役。事实表明，这次战役不仅是汉匈关系史上的

---

[1] 作者简介：刘振刚，男，1982年生，山西晋中人，内蒙古大学蒙古历史学系讲师，研究方向：历史地理。
[2] 《史记》卷111《卫将军骠骑列传》，北京：中华书局，2014年，第3553–3554页。《史记》卷110《匈奴列传》关于霍去病此役战功的记载，没有《卫将军骠骑列传》详细，完全是对汉武帝所言的概括。

一件大事,在整个中国古代历史上也是划时代的事件。最终决定了汉胜匈败的局面,"是后匈奴远遁,而幕南无王庭"。①也成为后世诗文中典故的重要来源。东汉初,班固撰《汉书·叙传》,述及卫青霍去病功绩:"长平桓桓,上将之元,薄伐猃允,恢我朔边,戎车七征,冲輣闲闲,合围单于,北登阗颜。票骑冠军,猋勇纷纭,长驱六举,电击雷震,饮马翰海,封狼居山,西规大河,列郡祁连。"②然而,对"翰海"性质和地望这一问题,人们却一直存在不同的理解。

今天所见"翰海"最早的解释出自汉魏学者对《汉书》的注释。唐代颜师古注《汉书》时引用,张晏谓"登海边山以望海也。有大功,故增山而广地也",如淳云"翰海,北海名也"。③这话好像就"登临翰海"事作字面解释,没有涉及翰海的方位。唐人司马贞《史记索隐》:"按:崔浩云'北海名,群鸟之所解羽,故云翰海'。《广志》云'在沙漠北'。"④崔浩此说也是就"翰"的字义推求。《说文解字》:"翰,天鸡,赤羽也。"⑤新疆和蒙古高原等地都有沙漠,"在沙漠北"相当广泛,没必要也无法讨论。胡三省注《资治通鉴》也只是引证了这几个学者的看法,⑥表明他没有看到对翰海地望的详细论证。他也没有提出自己的看法。

蒙元时期中西交通密切,这为边疆史地研究提供了便利条件。1218年3月,耶律楚材自永安出发,经居庸关、武川、云中,到达成吉思汗营地。1219年,他随军西行,过阿尔泰山、轮台、和州、虎司斡鲁朵、撒马尔罕等地,到达花剌子模首府。耶律楚材东归后写成《西游录》,他说:"金山之南隅有回鹘城,名曰别石把,有唐碑,所谓瀚海军者也。瀚海去城西北数百里。海中有屿,屿上皆禽鸟落羽毛也。城之西二百余里有轮台县,唐碑在焉。城之南五百里有和州,唐之高昌也。亦名伊州。"⑦这个"瀚海"有"屿",应该是一个湖泊。耶律楚材此处的着眼点是唐代瀚海军与瀚海,并没有道及此"瀚海"与霍去病的关系。岑仲勉所谓耶律楚材"而不知霍去病当日之战功,并不在今天山北路

---

① 《史记》卷110《匈奴列传》,第3517页。
② 《汉书》卷100下《叙传下》,北京:中华书局,1962年,第4254页。
③ 《汉书》卷55《卫青霍去病传》,第2487页。
④ 《史记》卷111《卫将军骠骑列传》,第3555页。
⑤ [汉]许慎《说文解字》,北京:中华书局,1963年,第75页上。
⑥ 《资治通鉴》卷19武帝元狩四年,北京:中华书局,1956年,第643页。
⑦ [元]耶律楚材著,向达校注:《西游录》上,北京:中华书局,1981年,第2页。

也",①不知从何说起？一些元明清时代的著作也提到了新疆的瀚海，基本没有提到与霍去病的关系，如《读史方舆纪要》说瀚海"在柳陈城东北。皆沙碛，若大风则行者人马相失"。②《读史方舆纪要》具有浓厚的历史军事地理特色，其核心在阐明地理形势在军事上的战略价值。顾氏未提霍去病行军到瀚海，表明他没有看到其他典籍中霍去病到此地的记载，他应该也不相信此"瀚海"就是"登临翰海"之地。

清代考据学兴起后，学者对翰海的地望有了新认识。日本学者泷川资言《史记会注考证》征引了两家清代学者的看法：

> 丁谦曰："骠骑出代与左王将战，揆其地望，当在克鲁伦河境。狼居胥山，在宁夏西北沙漠间，今尚有狼居胥山碑遗迹。姑衍，亦山名，未详所在。"齐召南曰："按'翰海'，《北史》作'瀚海'，即大漠之别名。沙碛四际无涯，故谓之'海'。张晏、如淳以大海、北海解之，非也。本文明云'去病出代、右北平二千余里'，则其地正在大漠，安能及绝远之北海哉，塞外遇巨泽大海通称为'海'。"③

丁谦既然说霍去病此役打到了克鲁伦河境，又言狼居胥山"在宁夏西北沙漠间"，④忽而在东，忽而在西，其实糊里糊涂。齐召南一方面认为翰海是"大漠之别名"，又说"塞外遇巨泽大海通称为'海'"，他既以翰海为沙漠又以翰海为湖泊。不过，他所谓"本文明云'去病出代、右北平二千余里'"，似乎偏向于翰海在代郡、右北平以北二千余里的地方。

20世纪50年代，岑仲勉整理旧作，在分析"翰海"这一问题时，发现《史记索隐》征引崔浩所谓群鸟解羽而云翰海是《穆天子传》《竹书纪年》的典故，他同意《蒙古游牧记》作出的翰海是杭爱对译的看法，进一步就突厥语对音等证据，坐实了翰海就是杭爱山。⑤以前，一般认为杭爱山就是汉代燕然山。2017年内蒙古大学蒙古学研究中心与蒙古国成吉思汗大学已初步确认杭爱山南

---

① 岑仲勉：《中外史地考证》，北京：中华书局，1962年，第68页。
② [清]顾祖禹撰，贺次君、施和金点校：《读史方舆纪要》卷65《陕西十四》，北京：中华书局，2005年，第3058页。
③ [汉]司马迁著，[日]泷川资言会注考证：《史记会注考证》卷110《匈奴列传》，北京：新世界出版社，2009年，第4545页。
④ 五原西北的大青山后世亦称狼居胥山，一名狼山，此与霍去病行军路线不符，应该是后起之名。
⑤ 岑仲勉：《中外史地考证》，第71—72页。

麓的一处摩崖石刻就是班固《燕然山铭》，更为燕然山地望的确定提供了依据。从谭其骧主编的《中国历史地图集》可以看出，燕然山在蒙古高原中部偏西。①这与杭爱山南麓发现的摩崖石刻地点完全符合。元朔二年（前127年），西汉军队击败匈奴白羊王、楼烦王，建立朔方郡，②其为北边诸郡中距杭爱山最近的。为何霍去病舍朔方郡，而从远处的代郡出兵呢？永元元年（89年），窦宪率军大败北匈奴，在燕然山南麓勒石记功，由随军的班固撰《燕然山铭》。《燕然山铭》并未提及霍去病的事迹。燕然山"去塞三千余里"，③这应该是从大军出发的朔方鸡鹿塞计算。远远不止"二千余里"。况且，元狩四年之役，霍去病所部"直左方兵"。其时"诸左方王将居东方，直上谷以往者，东接秽貊、朝鲜；右方王将居西方，直上郡以西，接月氏、氐、羌；而单于之庭直代、云中"。④霍去病与左方兵作战，怎么能越过单于辖区打到地处右方王辖境的燕然山呢？

《史记·匈奴列传》说"汉骠骑将军之出代二千余里，与左贤王接战"。⑤《汉书·卫青霍去病传》《汉书·匈奴列传》也说此次出兵二千余里。⑥这与《史记·卫将军骠骑列传》的记载相差一千里。必有一误。史阙有间，未知孰是。⑦总之，霍去病出代郡一两千里与左贤王作战。现代学者关于霍去病所到瀚海的地望主要分为两派。

一派认为在东北部，林干定位瀚海"在今内蒙古锡盟苏尼特左旗北一带"。⑧这个方位与距离，和《史记》记载大体合拍。有人认为瀚海是呼伦湖、

---

① 谭其骧：《中国历史地图集》（第二册），北京：中国地图出版社，1982年，第39页。
②《汉书》卷28下《地理志下》，第1619页。
③《后汉书》卷23《窦融列传》，北京：中华书局，1965年，第814页。
④《史记》卷110《匈奴列传》，第3495–3496页。
⑤《史记》卷110《匈奴列传》，第3516页。学者一般认为霍去病此役出征2000余里，如范文澜《中国通史简编（修订本）》第二编，北京：人民出版社，1958年，第83页；吕思勉《秦汉史》，上海：上海古籍出版社，2005年，第93页。
⑥《汉书》卷55《卫青霍去病传》，第2486页；《汉书》卷94上《匈奴传上》，第3770页。
⑦ 有学者认为"千余里"当为"二千余里"之讹。如，[日]海野一隆著，辛德勇译：《释汉代的瀚海》，《中国历史地理论丛》1991年第1期。
⑧ 林干：《匈奴史》，呼和浩特：内蒙古人民出版社，2007年，第52页。有一种说法，狼居胥山约在今克什克腾旗西北至阿巴嘎旗一带（辞海编辑委员会编：《辞海》，上海：上海辞书出版社，1989年，第2154页）。

贝尔湖，①或者是贝加尔湖，②这应该是迁就"海"字而言。毋庸置疑，代郡到呼伦湖、贝尔湖、贝加尔湖远远不止二千余里。

一派认为在新疆的天山北麓，这更不止二千余里，还有其他破绽，容后文论述。

二、元狩四年霍去病北击匈奴与元狩二年霍去病西征路线无关

2017年李树辉先生在《瀚海新考——兼论〈辞源〉、〈辞海〉相关词条的释义》一文中，重新讨论了《史记》《汉书》所载的"瀚海"，以为"'瀚海'又称作'北海'，均为地道的汉语地名，指位于天山北麓吉木萨尔县以西至乌苏县境断续相连的湖泊沼泽"。李先生断定元狩四年（前119年）霍去病到达的瀚海在新疆天山北麓，其最主要的证据是元狩二年（前121年）霍去病西征路线。③

元狩二年夏，霍去病出北地，事见《史记·卫将军骠骑列传》，其文曰："而骠骑将军出北地，已遂深入，与合骑侯失道，不相得，骠骑将军踰居延至祁连山，捕首虏甚多。天子曰：'骠骑将军踰居延，遂过小月氏，攻祁连山，得酋涂王，以众降者二千五百人，斩首虏三万二百级，获五王，五王母，单于阏氏、王子五十九人，相国、将军、当户、都尉六十三人，师大率减什三，益封去病五千户。……'"④关于这次行军最西端的"祁连山"，唐初颜师古释云："祁连山即天山也，匈奴呼天为祁连。"⑤这话讲得不够清晰，好像天山是祁连山的别名，或是霍去病打到了天山。现代学者，一般认为就是现在的祁连山。⑥然而，"祁连山即天山也"也能理解为霍去病打到了现在的新疆天山一带。唐代贞元年间杜佑编撰《通典》时，便认为霍去病"攻祁连山"在"今交河郡界，一名天山"。⑦唐代交河郡在今吐鲁番一带，"今交河郡界"的天山就是今新疆天山。

---

① 辞海编辑委员会编：《辞海》，第5211页。钱穆《国史大纲》（北京：商务印书馆，1996年，第205页）"汉匈奴对峙形势图"把狼居胥山、姑衍定位在贝尔池附近。
② 傅乐成《中国通史》（北京：中信出版社，2014年，第161页）说霍去病封狼居胥山"当在今外蒙古瀚海沙漠以北"，在地图中把霍去病出兵方向指向贝加尔湖。
③ 李树辉：《瀚海新考——兼论〈辞源〉、〈辞海〉相关词条的释义》，《中国边疆史地研究》2017年第4期。
④《史记》卷111《卫将军骠骑列传》，第3547—3548页。
⑤《汉书》卷55《卫青霍去病传》，第2481页。
⑥ 如，范文澜：《中国通史简编（修订本）》第二编，第83页；翦伯赞主编：《中国史纲要》第一册，《翦伯赞全集》第九卷，石家庄：河北教育出版社，2008年，第132页。
⑦ [唐]杜佑撰，王文锦等点校：《通典》卷194《边防十》，北京：中华书局，1988年，第5316页。

霍去病这次大败匈奴浑邪王,单于大怒,欲召休屠王,浑邪王和休屠王恐惧,遣使与大行李息接洽。其间,休屠王反悔,浑邪王杀休屠王,并其众,霍去病率部渡黄河入匈奴军中,与浑邪王相见,斩杀不愿降汉逃亡者8000余人,将其4万余众渡河。汉武帝表扬霍去病之功,其中有"骠骑将军去病率师攻匈奴西域王浑邪"①一语,似乎也是支持霍去病所部打到了新疆的证据。李树辉认为"霍去病于元狩二年(前121)夏和元狩四年(前119)春两度进击匈奴,均是向西北进军抵达中天山北麓地区的"。②

研究者指出:元狩二年夏的战役中,"匈奴方面被追究的战败责任人是浑邪王和休屠王",进一步研究"可以看出实际浑邪王和休屠王占有整个河西走廊,其西境达罗布泊,即右贤王辖境内以河西走廊为中心的整个南部区域",而结果"从而使汉王朝将河西走廊正式纳入版图,并为西域的经营奠定了基础"。③酒泉郡的设置就是发生在这样的军事地理背景之下。《疏勒河流域出土汉简》有"德侯西域东域北域将尉雍州冀州物西部北部监文德酒泉张掖武威天水陇西西海北地"④文,可见王莽时代犹称西边的雍州在西域。明此可知,所谓"匈奴西域王浑邪",也就犹如"匈奴西边王浑邪"。这和刘进宝所谓"《史记·卫将军骠骑列传》和《大宛列传》中出现的'匈奴西域'应该是'匈奴西方'或'匈奴西边',即'匈奴西域''匈奴西方'和'匈奴西边'都是指匈奴的西部地区",⑤又正相合。《汉书》本传记汉武帝表彰霍去病,其中有言:"骠骑将军涉钧耆,济居延,遂臻小月氏,攻祁连山,扬武乎觻得,得单于单桓、酋涂王,及相国、都尉以众降下者二千五百人,可谓能舍服知成而止矣。"⑥这很明白地透露了出来:霍去病此役也就功成则止,关键性的战果是在觻得取得的。关于"觻得",郑氏曰:"觻音鹿,张掖县也。"师古曰:"郑说非也。此觻得,匈奴中地名,而张掖县转取其名耳。"⑦清人沈钦韩释之云:"《寰宇记》甘州张掖县本汉觻得县。《西河旧事》云本匈奴觻得王所居。《一统志》觻得故城在甘州府张掖

---

① 《史记》卷111《卫将军骠骑列传》,第3550页。
② 李树辉:《瀚海新考——兼论〈辞源〉、〈辞海〉相关词条的释义》,《中国边疆史地研究》2017年第4期。
③ 戴春阳:《祁连、焉支山在新疆辨疑(上)》,《敦煌研究》2009年第5期。
④ 林梅村、李均明:《疏勒河流域出土汉简》,北京:文物出版社,1984年,第64页。
⑤ 刘进宝:《"西城"还是"西域"?——〈史记·大宛列传〉辨析》,《中国史研究》2017年第4期。
⑥ 《汉书》卷55《卫青霍去病传》,第2480页。
⑦ 《汉书》卷55《卫青霍去病传》,第2481页。

县西北。"①近人陈直分析说,"《地理志》及居延全部木简,皆作䚡得,无作鲮得者",他引《隶释》《金石萃编》推断"从鱼之字,隶体皆变作从角,与本文从角之字变为从鱼相同"。②《汉书·地理志》张掖郡有䚡得县。䚡得当即鲮得。既然霍去病"扬武乎鲮得"就"舍服知成而止",自然不可能打到距鲮得西北几千里远的新疆天山了。

更重要的是,《史记·匈奴列传》云:"其夏,骠骑将军复与合骑侯数万骑出陇西、北地二千里,击匈奴。过居延,攻祁连山。"③必须注意,"出陇西、北地二千里"这个数据。西汉军方应该有匈奴地境的山川地图(详后),汉军出征的里程应该很可信。一般把这个"居延"理解为居延泽。④

汉军行程是先"居延"后祁连山。《居延新简》E.P.T50:10记载:"居延鸣沙里家去太守府千六十三里产居延县。"⑤居延鸣沙里应该在居延泽附近。从居延泽附近到张掖郡治所就1063里。谭其骧主编的《中国历史地图集》⑥可以看出,从北地到居延泽远远大于居延泽到张掖郡治所的距离。走北地经居延泽到祁连山一线,无论如何也远远不止2000里。《居延新简》E.P.T59:582记载:

媪围至居延置九十里	删丹至日勒八十七里
居延置至䚡里九十里	日勒至钧著置五十里
䚡里至婿次九十里	钧著置至屋兰五十里
婿次至小张掖六十里	屋兰至氏池五十里⑦

这个居延置在武威一带,当得名于居延。汉武帝时,汉朝使者向天子汇报,说大宛有好马,在贰师城,他们把它藏匿起来,不肯给汉朝使者。汉武帝听到这消息,就派遣壮士车令等拿着千金和金马,去请求大宛王交换贰师城的好马。大宛国已经有很多汉朝的东西,宛王与大臣"相与谋曰:'汉去我远,

---

① [清]沈钦韩等:《汉书疏证》(外二种)卷29,上海:上海古籍出版社,2006年,第3页。
② 陈直:《汉书新证》,天津:天津人民出版社,1979年,第321页。
③ 《史记》卷110《匈奴列传》,第3514页。
④ 如,《资治通鉴》卷19武帝元狩二年胡三省注,第631页;[日]藤田丰八:《西域研究》,杨鍊,译,太原:山西人民出版社,2015年,第98页;翦伯赞主编:《中国史纲要》第一册,《翦伯赞全集》第九卷,石家庄:河北教育出版社,2008年,第132页。
⑤ 甘肃省文物考古研究所等编:《居延新简:甲渠侯官与第四燧》,北京:文物出版社,1990年,第152页。
⑥ 谭其骧主编:《中国历史地图集》(第二册),第33—34页。
⑦ 甘肃省文物考古研究所等编:《居延新简:甲渠侯官与第四燧》,第396页。

而盐水中数败,出其北有胡寇,出其南乏水草。又且往往而绝邑,乏食者多。汉使数百人为辈来,而常乏食,死者过半,是安能致大军乎?'"①陈梦家认为"盐水应指泽西西来之水流",盐水与盐泽的关系"或当如居延水与居延海的关系"。②"居延"可能就是流入居延泽的河流。其范围,应该有很大的弹性。③若尔,从北地经河西走廊到祁连山,才可能是2000里。从距离上看,霍去病出北地二千里的距离也就是西到张掖一带的祁连山,不可能接近天山,更不可能去了新疆的吉木萨尔县以西至乌苏县境。

西汉取得河西走廊后,汉武帝于元狩二年(前121年)设立酒泉郡,后又设立张掖郡、武威郡、敦煌郡,这就是河西四郡。河西四郡最西面的是敦煌郡,敦煌郡西境没有到了天山一带。另外,前引《汉书·叙传》说霍去病"饮马翰海,封狼居山,西规大河,列郡祁连",这里的"列郡祁连"必为在河西走廊置郡。"祁连"只能是河西走廊的祁连山。《史记索隐》引《西河旧事》云:"山在张掖、酒泉二界上,东西二百余里,南北百里,有松柏五木,美水草,冬温夏凉,宜畜牧。匈奴失二山,乃歌云:'亡我祁连山,使我六畜不蕃息;失我燕支山,使我嫁妇无颜色'。"④这应该是元狩二年匈奴失去河西走廊后的哭诉。元朔三年(前126年)张骞从西域归汉后透露:"匈奴右方居盐泽以东,至陇西长城,南接羌,鬲汉道焉。"⑤这是张骞得到的重要消息,已经点明匈奴右方在罗布泊以东。浑邪王降汉后,"而金城、河西西并南山至盐泽空无匈奴"⑥恰印证了张骞这个情报的准确性。《汉书·地理志》"敦煌郡"下班固自注:"武帝后元年分酒泉置。正西关外有白龙堆沙,有蒲昌海。"⑦马雍据此判断:

> 这两处都在今新疆维吾尔自治区境内,东距玉门关还有很大一段距离。根据《地理志》的通例,凡某郡下注有某山、某水之类,这些山水必然属于、或部分属于该郡辖区之内,否则此注便无意义。如

---

① 《史记》卷123《大宛列传》,第3852页。
② 陈梦家:《汉简缀述》,北京:中华书局,1980年,第214页。
③ 陈秀实《汉将霍去病出北地行军路线考:〈汉书〉"涉钧耆济居延"新解》[《西北师范大学学报》(社会科学版)1998年第6期)]认为"居延"为石羊河主河道。石羊河就是汉代的谷水,流入休屠泽。西汉时期,河西走廊籍端水以东,谷水往西的河流,大部分汇入居延泽。
④ 《史记》卷110《匈奴列传》,第3515页。
⑤ 《史记》卷123《大宛列传》,第3837页。
⑥ 《史记》卷123《大宛列传》,第3845页。
⑦ 《汉书》卷28下《地理志下》,第1614页。

果汉代敦煌郡的西境仅止于玉门关,西去白龙堆沙、蒲昌海尚远,何得将此二处注于郡下而称之为有?由此可证,汉代敦煌郡的西境应当达到今天罗布泊的东岸。当然,并不一定要包括全部罗布泊在内,只要滨临此泊,便可谓"有"。①

马先生所论,信而有征。也可以与张骞之说互相印证。张骞得到的情报必然对西汉军方的军事活动有重要影响。《汉书·地理志》亦有相应记载"故匈奴休屠王地"后为武威郡,②"故匈奴昆邪王地"后为张掖郡,③武威、张掖到天山还有几千里,自然与这两个王作战没必要到天山一带了。天山地跨西域诸国,不全是匈奴地境。元狩二年匈奴失去了河西走廊的祁连山,并没有丢掉天山。这就足以证明,匈奴说"亡我祁连山,使我六畜不蕃息"的祁连山,绝不是新疆的天山,而是河西走廊的祁连山,正与"列郡祁连"相应。

《史记·匈奴列传》记载:

> 汉骠骑将军之出代二千余里,与左贤王接战,汉兵得胡首虏凡七万余级,左贤王将皆遁走。骠骑封於狼居胥山,禅姑衍,临翰海而还。

> 是后匈奴远遁,而幕南无王庭。汉度河自朔方以西至令居,往往通渠置田官,吏卒五六万人,稍蚕食,地接匈奴以北。④

李先生分析这段材料说:

> 上文明确称霍去病"出代二千余里"。虽未言明离开代郡(郡治代县,今河北省蔚县西南,下辖十八县)的方向,却明言"汉度河自朔方以西至令居"。"令居"词下,徐广注曰:"在金城。"《索隐》注曰:"《地理志》云:'张掖令居县。'"地当今甘肃永登西北。诸地名亦可证汉兵是向西进军(见图2)。设若"翰海"如《辞源》《辞海》所言在"蒙古高原东北","指今内蒙古之呼伦湖、贝尔湖",则位于代郡正北偏东方向。其战事无论如何也不可能影响到"朔方以西至令居"的

---

① 马雍:《西汉时期的玉门关和敦煌郡的西境》,《中国史研究》1981年第1期。
② 《汉书》卷28下《地理志下》,第1612页。
③ 《汉书》卷28下《地理志下》,第1613页。
④ 《史记》卷110《匈奴列传》,第3516—3517页。

"通渠置田官"和移民。①

对于霍去病此役之行军方向，《史记》本传本有清楚说明："出代、右北平千余里，直左方兵"，而《史记·匈奴列传》明确记载"诸左方王将居东方，直上谷以往者，东接秽貉、朝鲜"。显然，霍去病此次出兵是从代郡往北打（详后）。这与元狩二年霍去病出北地打到河西走廊，方向完全不同。在此八年前西汉建朔方郡；在此两年前，西汉控制了通往西域的河西走廊，置酒泉郡，容后文论述。"汉度河自朔方以西至令居，往往通渠置田官"不过是从经济上和军事上加强对朔方到令居一线的控制，与霍去病此次行军方向没什么关系。在此之前，元狩四年冬，已经"有司言关东贫民徙陇西、北地、西河、上郡、会稽凡七十二万五千口"，②也应该与巩固边防有关。

李树辉先生特别强调指出：

> 设若"瀚海"如《辞源》《辞海》所言在"蒙古高原东北"，"指今内蒙古之呼伦湖、贝尔湖"，则霍去病在"出陇西、北地"后，绝不可能"逾居延，至祁连山"。陇西郡位于今甘肃兰州市东南，北地郡位于今甘肃庆阳西北，居延、祁连山皆在其西北方向，而呼伦湖、贝尔湖则位于其东北方向。另就行军里程"二千里"观之，即便从北地郡算起，直线距离也超过了3600今里。总之，从行军路线和行军里程来看，汉兵都不可能抵达"今内蒙古之呼伦湖、贝尔湖"。③

覆按《史记》《汉书》，可以看到，这种说法存在很大问题。考《史记·匈奴列传》，元狩二年，"其夏，骠骑将军复与合骑侯数万骑出陇西、北地二千里，击匈奴。过居延，攻祁连山"。④而元狩四年，霍去病"出代二千余里，与左贤王接战"。⑤这两次战役的记载，各自独立，并不混淆。所谓"设若'瀚海'如《辞源》《辞海》所言在'蒙古高原东北'，'指今内蒙古之呼伦湖、贝尔湖'，则霍去病在'出陇西、北地'后，绝不可能'逾居延，至祁连山'"云云，完全是把元狩二年霍去病出北地击浑邪王与元狩四年夏霍去病破左方的路线混而为一。从

---

① 李树辉：《瀚海新考——兼论〈辞源〉、〈辞海〉相关词条的释义》，《中国边疆史地研究》2017年第4期。
② 《汉书》卷6《武帝纪》，第178页。
③ 李树辉：《瀚海新考——兼论〈辞源〉、〈辞海〉相关词条的释义》，《中国边疆史地研究》2017年第4期。
④ 《史记》卷110《匈奴列传》，第3514页。
⑤ 《史记》卷110《匈奴列传》，第3516页。

代郡经河西走廊过居延海到天山北麓远不止2000里。说元狩二年霍去病所部去了"翰海",这在《史记》《汉书》中根本找不到根据。李先生对《史记》《汉书》霍去病两次行军路线的解读,不可信从。

元狩二年霍去病击浑邪王路线对于论述元狩四年夏霍去病破左方路线,恐怕起不了什么作用。

三、霍去病所到的翰海不可能在新疆的天山北麓

排除了元狩四年(前119年)春,霍去病出代郡击匈奴路线与元狩二年霍去病出北地路线完全不同之后,我们回过头来,再看看霍去病所到翰海的大致方位。

陈序经以为西汉匈奴的翰海就是荒漠地区,"这个荒漠地区,现在叫作大戈壁,范围很广,几乎占了蒙古高原盆地的全部,包括了现在的内蒙古自治区的大部分,形状好像一个斜置的胡瓜"。[1]日本学者海野一隆引据《尔雅·释地》《荀子·王制篇》"海"有蛮荒之意,谓"从姑衍山上俯视翰海,应当是预先统一安排的祭天祭地仪式的一个组成部分。如果是一时偶然看到了翰海,则未必会留下记载",他以封泰山禅梁父类比,推出姑衍只是一个小丘,再以蒙古语资料类比,进而推断:"但如果假设汉代的翰海是匈奴语中表示水草丰美的高原土地的词汇的音译的话,那么迄今为止一直难于解释的霍去病封禅的记载就会得到合理的说明了。"[2]可以看到,翰海很可能是一个泛指地名,幅员甚为广大。不过,班固《汉书·叙传下》说霍去病"饮马翰海,封狼居山"。[3]既言"饮马翰海",则"翰海"中应该有湖泊或者翰海就是一个湖泊。这与"翰海是匈奴语中表示水草丰美的高原土地的词汇的音译"的假设也能相合。若尔,霍去病也只能去了翰海的一部分地区或姑衍山附近有翰海这么一条小水。翰海是匈奴中地名,其字源不清楚,似乎不宜按照字面意思强解。那么,霍去病此役到底去了那里呢?

首先,从战略目标来说。汉武帝出击匈奴有三次大规模的决定性战争,

---

[1] 陈序经:《匈奴史稿》,北京:中国人民大学出版社,2007年,第63页。
[2] [日]海野一隆著,辛德勇译:《释汉代的翰海》,《中国历史地理论丛》1991年第1期。
[3] 《汉书》卷100下《叙传下》,第4254页。

第一次是前127年卫青率大军击败白羊王、楼烦王,收复河南地,建朔方郡;第二次是前121年霍去病两次出兵河西走廊,结果是浑邪王杀休屠王降汉,建酒泉郡,河西走廊成了汉朝领土;兵锋所向,势如破竹,大大鼓舞了西汉君臣的信心,于是有了元狩四年(前119年)的第三次战役。这年春天,汉朝君臣谋划对付匈奴,谋曰"翕侯信为单于计,居幕北,以为汉兵不能至"。①于是用粟喂马,派出十万骑兵,"负私从马凡十四万匹,粮重不与焉"。②汉武帝命令卫青和霍去病平分军队,"大将军出定襄,骠骑将军出代,咸约绝幕击匈奴。单于闻之,远其辎重,以精兵待于幕北"。③霍去病这次出兵,并非孤立的军事行动。汉武帝让卫青、霍去病分兵出击,互相配合。结果是,大将军"(卫)青至幕北围单于,斩首万九千级,至阗颜山乃还";④汉武帝也说骠骑将军"绝大幕"。⑤幕也就是漠。"幕北"只能在蒙古高原北部。理解此次出征的目标,对认识"翰海"的方向至关重要。汉武帝出兵匈奴,就其战略意图而言,是从北边、西北边、东北边分别击败匈奴,断匈奴左膀右臂。前两次已经在北边、西北边取得了决定性胜利,设郡管理。并且,元狩二年,"(李)广以郎中令将四千骑出右北平,博望侯张骞将万骑与广俱,异道。行数百里,匈奴左贤王将四万骑围广,广军士皆恐,广乃使其子敢往驰之。"⑥此役李广所部出右北平几百里与左贤王相遇。元狩四年霍去病率部出代郡(两)千余里"与左贤王接战",⑦而"诸左方王将居东方,直上谷以往者,东接秽貉、朝鲜"。与上谷郡以北的左部作战,又要在漠北开战,自然翰海只能在蒙古高原北部偏东求之,不可能远达西北万里之外的新疆天山。

其次,去新疆没必要从代郡出发,当时西汉军方出击匈奴用比较准确的地图。天水放马滩出土的秦汉之际地图中的水系、居民点、道路、地貌、关隘等地理要素有比较合理的表示方法。马王堆汉墓出土的西汉初年的《驻军图》《区域图》,除山脉、河流、居民点、道路外,突出表示了驻军名称、布防位

---

① 《史记》卷110《匈奴列传》,第3516页。
② 《史记》卷110《匈奴列传》,第3516页。
③ 《史记》卷110《匈奴列传》,第3516页。
④ 《汉书》卷6《武帝纪》,第178页。
⑤ 《史记》卷111《卫将军骠骑列传》,第3553页。
⑥ 《汉书》卷54《李广苏建传》,第2445页。
⑦ 《史记》卷110《匈奴列传》,第3516页。

置、防区界线、指挥城堡、军事要塞、烽燧点、防火水池等要素;用朱红色突出表现军事方面于第一平面,用浅色表示河流等地理基础于第二平面,与现代专门地图的多层平面表示法非常类似。西汉时期,中国的地图绘制技术已经达到了很高的水平。《史记·匈奴列传》"至浮苴井"句下,臣瓒云:"去九原二千里,见《汉舆地图》。"①据此判断,《汉舆地图》应该有比较详细的匈奴地理位置和距离。李陵出击匈奴,在浚稽山扎营,"举图所过山川地形"。②可以证明西汉军方在出征时携带有匈奴地境的山川地图。元狩四年春,霍去病出兵匈奴有明确方向,必然就近出兵。浑邪王部降汉,西汉"遂开河西酒泉之地,西方益少胡寇"。③元狩二年(前121年)秋,西汉置酒泉郡。④几乎同时,从令居向西修筑亭障。西汉已经控制了通往西域的河西走廊。从酒泉郡向西,直入天山,路途相当便捷。以西汉军方对匈奴地理的了解程度,带着十四万人和粮食辎重,岂有舍弃酒泉而从代郡出兵西域之理?

再次,从距离上说。元狩四年春,汉武帝原计划霍去病出定襄击单于,后来"捕虏言单于东,乃更令骠骑出代郡,令大将军出定襄"。⑤定襄郡治在成乐县(今内蒙古和林格尔县西北)。代郡治桑乾县(今河北省张家口蔚县一带)。卫青出塞千余里大败单于,追到了赵信城。西汉军队出征匈奴有时会"失道",也就是迷路。但霍去病此次出征班师,汉武帝下诏表彰,肯定没有"失道"。从战后单于庭移到漠北,也可以看出此役对匈奴的影响巨大。霍去病所部与匈奴左部兵开战,不可能打到定襄郡以北的西面。西汉名将赵充国上奏说"窃见北边自敦煌至辽东万一千五百余里"。⑥赵充国谙熟边事,况且是上奏,所说必然准确。代郡到天山北麓更在万里以上。这与"汉骠骑将军之出代二千余里"悬殊太大,根本不合拍。

《史记》《汉书》关于元狩四年春霍去病行军路线的记载比较简略。大部分地名搞不清楚,就连行军里程也有1000里的差距。谭其骧主编的《中国历

---

① 《史记》卷110《匈奴列传》,第3518页。
② 《汉书》卷54《李广苏建传》,第2451页。
③ 《史记》卷111《卫将军骠骑列传》,第3562页。
④ 周振鹤:《西汉政区地理》,北京:人民出版社,1987年,第167页。
⑤ 《史记》卷111《卫将军骠骑列传》,第3552页。
⑥ 《汉书》卷69《赵充国辛庆忌传》,第2989页。

史地图集》把狼居胥山和姑衍山定位于乌兰巴托附近。[①]须知霍去病此役"直左方兵",其时"诸左方王将居东方,直上谷以往者,东接秽貉、朝鲜",乌兰巴托一带当时是单于庭辖区。研究者如果不存疑,要求一下子就把这两部书关于霍去病行军路线的每一个地名都讲通,这恐怕也是不合科学规律的幻想。无论如何,霍去病所到的瀚海只能在代郡以北偏东一两千里求之,不可能在今新疆的天山北麓。

---

① 谭其骧主编:《中国历史地图集》(第二册),第39页。

二 古代社会史研究

"切渭阳之分，展扶危之力"
——河南安阳出土唐《吕芬墓志》表微*

侯振兵[①]

摘　要：新出土《唐故银青光禄大夫试世子少詹事兼相州内黄县令吕公（芬）墓志铭》的内容为史籍所不载，可以补史之阙。吕芬是唐德宗初期魏博镇下的相州内黄县令，祖籍幽州。他是原魏博节度使田承嗣的外甥，在德宗平定田悦叛乱的时候，他支持田氏集团，抵抗朝廷，最终战死。墓志中记载的职官，可以与史籍相印证，为我们了解藩镇内部的权力构造提供了一个实例。而墓志在撰写中所流露出来的感情，则体现了在田悦叛乱的后期魏博镇与朝廷之间的政治和军事的张力。

关键词：魏博；吕芬；田悦；河朔藩镇

唐朝自代宗时期以来，形成了河朔三镇割据的局面。代宗广德元年（763年），一个以张忠志为成德军节度，领恒、赵、深、定、易、冀六州；薛嵩为相卫军节度，领相、卫、邢、洺、贝五州；田承嗣为魏、博、德、沧、瀛五州都防御使；李怀仙为幽州卢龙节度使的四节度分镇河北的局面正式形成。[②]到了大历十年（775年），相卫被魏博田承嗣所吞并，[③]至此，"河朔三镇"正式确立。在三镇当中，魏博镇一直是一个不稳定的地区，[④]所谓"藩镇之强，始于河北，而魏博为

---

*基金项目：本文系西南大学2017年度中央高校基本科研业务费专项资金创新团队项目"中国传统文化与经济及社会变迁研究"（项目编号：SWU1709112）的阶段性成果。

① 作者简介：侯振兵，男，1983年生，河南滑县人，西南大学历史文化学院副教授，研究方向为隋唐五代史。
② 李碧妍：《危机与重构——唐帝国及其地方诸侯》，北京：北京师范大学出版社，2015年，第289页。
③ ［宋］司马光编：《资治通鉴》卷225，大历十年正月，北京：中华书局，1956年，第7229页。
④ 付先召：《魏博镇对唐后期政局的影响》，《河南师范大学学报》（哲学社会科学版）2011年第6期，第141-145页，强调了魏博镇是唐代后期藩镇祸乱的主因。

尤。魏博者,天下强悍之区也。"①魏博镇相继由多位节帅执掌,学界有关田氏魏博的研究非常多,其内容多涉及魏博镇自身的构造、权力更迭、与中央政府的关系等方面。②其中,有关魏博镇与中央政府博弈关系的研究,多侧重魏博镇后期的历史;③对于魏博镇前期的历史,论者强调了其自身在最开始并不是由"变易主帅、有同儿戏"的牙兵所主导,④至于这时魏博与中央政府的关系,则往往在"河朔叛乱"的背景下一笔带过。但是,新的墓志资料当中的一些细节,可以丰富我们对这一问题的认识,使一些不见于早期视野中的内容得以彰显。

2018年出版的《西南大学新藏墓志集释》(以下简称《集释》)中收有一方《吕芬墓志》,⑤志主是德宗初期在魏博镇下的贝州、相州任官的吕芬。在德宗平定魏博叛乱的时候,他支持田氏,抵抗朝廷,最终战死。由于其内容不见于传世文献及其他墓志汇编或目录,可以补史之阙,故特为考释,以就正于通识方家。

该墓志出土于河南省安阳市境内。拓片高、宽均40厘米;志文20行,满行20字,正书兼行书;有纵横界格;志石左下角有残缺;志盖阙。全文见下:

唐故银青光禄大夫试世子少詹事兼相州内黄县令吕公墓志铭并序/
公讳芬,字芬,始范阳梁乡县人也。冠盖继世,贤才错/
杂。传芳华夏,莫之为上。曾祖承庆,幽州柘河府折冲。/
祖范敬,当州长史。父蔺西,饶乐大都督府司马,左清/
道率。其成功匡辅,列诸青史,岂能名之?公温良恭俭,/
忠肃明允。刚毅天纵,仁德神假。将纪其行,尽美尽善。/
大魏王田公,列土千里,握兵十万。公其出也,急济时/
之略,分官莅事。公至自蓟门,不翌日而践职。解褐授/
贝州司功参军,累迁勋绩,历官四政,终相州内黄县/
令。属王师济河,四合围魏。公切渭阳之分,展扶危/

---

① [明]王夫之:《读通鉴论》卷27《唐昭宣帝》二"罗绍威听朱温计坑杀牙兵以弱魏博",船山全书编辑委员会编校:《船山全书》第十册,长沙:岳麓书社,1988年,第1075页。
② 比如,韩国磐:《关于魏博镇影响唐末五代政权递嬗的社会经济分析》,《厦门大学学报》1954年第5期,第136-148页;毛汉光:《魏博二百年史论》,《中国中古政治史论》,上海:上海书店出版社,2002年,第349-417页;[日]堀敏一:《藩镇亲卫军的权力结构》,刘俊文主编:《日本学者研究中国史论著选译》第四卷,北京:中华书局,1992年,第585-648页;徐会芳:《试论唐代魏博军——兼论与唐中央的关系》,天津:天津师范大学硕士学位论文,2010年;等等。
③ 比如仇鹿鸣:《长安与河北之间:中晚唐的政治与文化》,北京:北京师范大学出版社,2018年,第174-218页。
④ 比如李碧妍:《危机与重构——唐帝国及其地方诸侯》,第313-335页。
⑤ 毛远明:《西南大学新藏墓志集释》下册173《吕芬墓志》,南京:凤凰出版社,2018年,第514-515页。

之力。躬擐甲胄,亲临矢石。以建中四年九月一日,终/
于鲸敌,享年四十有五。呜呼!宗族泣之,惜其孝也;四/
海哀之,痛其义也;荣厘①颂之,思其惠也;门吏怀之,加/
其仁也。公胤子弱,年未捧雉。弟惠诚,克仍彝典,躬备/
葬礼。以其年十二月十七日,祔于安阳县西十五里,/
先君茔道也。犹悼迁窆之后,人事推移。刊石记文,□/
传厥美。铭曰: 昭昭 明魂,尽善尽美。真□□/
躬,淑人君子。其一。信迈夷齐,德为后则。终始不□,□□□/
国。其二。几稔从事,再佩铜章。贞白莅职,□□□□。其三。/
悠悠松风,凄凄千秋。万岁大邺,□□□□。其四。/

一、吕芬的出身

这方墓志的志主叫作吕芬,字与名同。在《集释》中,点校者将墓志首句断作:"公讳芬,字芬始,范阳梁乡县人也。"笔者认为有误,"始"字应该断于下句。在唐代,人名与字相同的现象并不少,故吕芬字芬是合乎常理的。如作"芬始",则无任何意义可言。"始"字即最开始的意思,这里是说吕芬最初是范阳梁乡人。范阳即幽州,在当时藩镇并立的背景下,交代清楚志主最初的籍贯是有必要的,可以与其以后的仕宦所在地形成对比。

幽州治下有梁乡县,《新唐书》卷二二五上《史朝义传》中说:"朝义至范阳,怀仙部将李抱忠闭壁不受……朝义告饥,抱忠馈于野……朝义流涕骂[田]承嗣曰:'老奴误我!'去至梁乡,拜思明墓,东走广阳,不受。谋奔两蕃,怀仙招之,自渔阳回止幽州,缢死医巫闾祠下。"②而《安禄山事迹》卷下称:"宝应元年,[史朝义]葬思明于良乡东北岗。是月,王师克复洛阳。"③可见,梁乡即良乡,当地属于今北京市房山区。④墓志又称吕芬在前往魏博时,"至自蓟门",蓟门即蓟县,是当时幽州镇的治所,可见他长期生活在幽州镇境内。

吕芬及其父祖之名均不见于史籍,墓志中也仅提供了点滴的信息。由墓

---

① "厘"当为"嫠",指寡妇。
② 《新唐书》卷225上《史朝义传》,北京:中华书局,1975年,第6434页。
③ [唐]姚汝能撰、曾贻芬点校:《安禄山事迹》卷下,上海:上海古籍出版社,1983年,第44页。
④ 有学者已对史思明墓的具体位置进行了考释,认为其位于今天北京市丰台区林家坟,而在唐则属于古良乡界,唐良乡城治所即今房山区窦店古城。参看赵其昌:《唐良乡城与史思明墓》,《中国历史博物馆馆刊》1984年第6期,第60-64页;北京市文物研究所:《北京丰台唐史思明墓》,《文物》1991年第9期,第28-39页。

志可知,吕芬的祖上出身并不高,但后辈的地位逐渐提升。曾祖承庆,幽州柘河府①折冲;祖范敬,当州长史。可见他们都是在幽州供职。父蔄西,饶乐大都督府司马,左清道率。其中,"饶乐大都督府"值得注意。史籍中并无此说法,只有饶乐都督府,可见其仅为普通的都督府,并非大都督府。其实它是唐代众多羁縻府州中的一个,始建于唐太宗时期。《旧唐书》云:"武德中,[奚]遣使朝贡。贞观二十二年,酋长可度者率其所部内属,乃置饶乐都督府,以可度者为右领军兼饶乐都督,封楼烦县公,赐姓李氏。"②由此可知,饶乐都督府最早设置于奚族的本部。但是,到了唐玄宗开元年间,饶乐都督府迁到了蓟县一带。《旧唐书》卷一四二《王武俊传》云:

  王武俊,契丹怒皆部落也。祖可讷干,父路俱。开元中,饶乐府都督李诗率其部落五千帐,与路俱南河袭冠带,有诏褒美,从居蓟。③

  吕芬之父吕蔄西任饶乐大都督府司马、左清道率的时候,应该恰在此时,所以其就在幽蓟任职——这正合前面所说吕芬的籍贯。所以墓志中的"始"字其实是强调了吕芬在最开始的时候,并不是魏博镇的人,而是幽州镇的人。后来他到魏博任职的时候,"至自蓟门,不翌日而践职",同样表明了他来自幽州的身世背景。

  另外,吕芬还有一个非常重要的身份。墓志中说,在"王师济河,四合围魏"的时候,吕芬"切渭阳之分,展扶危之力"。所谓"渭阳之分",其典来自《诗经·秦风·渭阳》中的"我送舅氏,曰至渭阳",这句诗表达的是一种"我见舅氏,如母存焉"的感情。④后世便以"渭阳"作为舅父的代称。"切渭阳之分",意即以甥舅之情为重。于是,吕芬就奋起扶危,投身到解救魏州之围的战斗之中。由此可见,他跟魏博的"大魏王"关系不一般。但是,在建中四年(783年),吕芬四十五岁,"大魏王"田悦三十三岁,后者不可能是前者的舅舅,吕芬的舅舅应另有其人。笔者认为,吕芬之所以要"切渭阳之分",其原因应是为了报答

---

① 按,《新唐书》卷39《地理三》"河北道"云:"幽州范阳郡,大都督府。本涿郡,天宝元年更名……(有府十四,曰吕平、涿城、德闻、潞城、乐上、清化、洪源、良乡、开福、政和、停骖、柘河、良杜、咸宁。城内有经略军,又有纳降军,本纳降守捉城,故丁零州也。西南有安塞军,有赫连城。)"第1019页。
② 《旧唐书》卷199下《奚》,北京:中华书局,1975年,第5354页。又,同书卷3《太宗下》云:"[贞观二十二年]十一月……庚子,契丹帅窟哥、奚帅可度者并率其部内属。以契丹部为松漠都督,以奚部置饶乐都督。"第61页。
③ 《旧唐书》卷142《王武俊传》,第3871页。
④ "渭阳之分"是指对舅父的感情。[宋]王钦若等编纂、周勋初等校订:《册府元龟》卷751《撰总录部·孝》,南京:凤凰出版社,2006年,第8685页:"秦康公之母,晋献公之女。文公遭骊姬之难,未反而秦姬卒,穆公纳文公。康公时为太子,赠送文公于渭之阳,念母之不见也:'我见舅氏,如母存焉。'及其即位,思而作《渭阳》之诗焉。"

魏博前任节度使田承嗣的"甥舅之情"。换言之，吕芬之母很可能是田承嗣的妹妹或者族妹，他与田氏集团之间有着密切的亲属关系。按，吕芬的父亲吕蔺西是饶乐大都督府司马、左清道率，生活在幽州；而在吕芬出生之年（739年）前后，田承嗣也是幽州的前锋兵马使、左清道府率，[①]故吕蔺西与田承嗣家族结亲，是很有可能的。如此推论不误，他就是田承嗣的外甥，这才是他"切渭阳之分"的动机。虽然田承嗣此时已死，但他为了保护田氏集团，必须拼力死战。

二、吕芬与"魏博保卫战"

《旧唐书》卷一二《德宗纪上》云：

> 初，大历中李正己有淄、青、齐、海、登、莱、沂、密、德、棣、曹、濮、徐、兖、郓十五州之地，李宝臣有恒、定、易、赵、深、冀、沧七州之地，田承嗣有魏、博、相、卫、洺、贝、澶七州之地，梁崇义有襄、邓、均、房、复、郢六州之地，各聚兵数万。始因叛乱得位，虽朝廷宠待加恩，心犹疑贰，皆连衡盘结以自固。[②]

这段话交代清楚了自代宗大历年间以来，河朔地区跋扈藩镇的格局。在田承嗣的魏博镇下，有魏、博、相、卫、洺、贝、澶七州之地。吕芬墓志称："大魏王田公，列土千里，握兵十万。"这里的大魏王是继承田承嗣节帅之位的田悦。唐德宗建中二年（781年）正月，成德镇节度使李宝臣死，其子李惟岳请求朝廷批准他做留后，结果遭到了唐德宗的拒绝并发兵讨之。[③]由于朝廷不再奉行"姑息之政"，于是李惟岳与淄青李正己、魏博田悦、山南东道梁崇义联合起来，开始了长达三年的叛乱。在此期间，唐廷派出多道节度使以及神策军前去平叛，双方各有胜负。虽然河朔各地州县不断被朝廷镇压或招降，[④]但在幽

[①]《旧唐书》卷141《田承嗣传》，第3837页云："田承嗣，平州人，世事卢龙军为裨校。祖璟，父守义，以豪侠闻于辽、碣。承嗣，开元末为军使安禄山前锋兵马使，累俘斩奚、契丹功，补左清道府率，迁武卫将军。"

[②]《旧唐书》卷12《德宗纪上》建中二年三月条，第328页。

[③]《新唐书》卷50《兵志》，第1329页云："及范阳节度使安禄山反，犯京师……久之，大盗既灭，而武夫战卒以功起行阵，列为侯王者，皆除节度使。由是方镇相望于内地，大者连州十余，小者犹兼三四。故兵骄则逐帅，帅强则叛上。或父死子握其兵而不肯代；或取舍由于士卒，往往自择将吏，号为'留后'，以邀命于朝。天子顾力不能制，则忍耻含垢，因而抚之，谓之姑息之政。"

[④]建中二年七月，淄青李正己死，子李纳擅袭父位，朝廷又讨平之。次年闰正月，成德兵马使王武俊杀李惟岳降，河北几平。

州朱滔、成德王武俊的援救之下，魏博镇一直负隅顽抗；同时朝廷中也有人像翰林学士陆贽建议"所遣神策六军李晟等及节将子弟，悉可追还"，但德宗"不能用"。①故双方在两河地区长期是胶着状态。《旧唐书》云："[建中三年]六月二十八日，滔、武俊之师至魏州，会神策将李怀光军亦至……禁军大败……马燧等收军保垒……两军相持，自七月至十月，胜负未决。"②

建中三年十一月，朱滔、田悦、王武俊、李纳分别自立为王，即冀王、魏王、赵王、齐王，"筑坛于魏县中，告天受之。滔为盟主，称孤；武俊、悦、纳称寡人。滔以幽州为范阳府，恒州为真定府，魏州为大名府，郓州为东平府，皆以长子为元帅"。③四人称王之后，并未更改年号，仍然尊奉国家正朔。故吕思勉先生说："盖藉此以固辅车，求保其境土也。然其志亦止于此而已。"④称田悦为大魏王，正是建中三年十一月之后的事情，但"列土千里，握兵十万"似乎有点夸张。按，田承嗣时代，魏博的兵力确已达到十万之众。《旧唐书》即云："承嗣不习教义，沉猜好勇，虽外受朝旨，而阴图自固。重加税率，修缮兵甲，计户口之众寡，而老弱事耕稼，丁壮从征役，故数年之间，其众十万。"⑤但田悦继任以后，"建中初，黜陟使洪经纶至河北，方闻悦军七万"，⑥已不足十万，尤其是与官军交战中，损失很重，⑦故其军队不会达到十万。

建中四年六月，唐廷派"河东、泽潞、河阳、朔方四军屯魏县"，⑧这正是墓志所说的"王师济河，四合围魏"。河东指河东节度使马燧，泽潞指昭义军节度使李抱真，河阳指河阳节度使李芃，朔方指朔方节度使李怀光。⑨吕芬正在此时，"切渭阳之分，展扶危之力。躬擐甲胄，亲临矢石"，与官军交战，最终在九月一日战死。可见，他极力地维护魏州也就是魏博镇的利益，实际上，这样做也就是维护了以朱滔为首的河朔藩镇的联盟。一个月后，建中四年十月，泾师之变爆发，德宗逃往奉天，唐廷诸将开始勤王，魏州之围才解除。⑩同时，

---

① 《资治通鉴》卷228，建中四年八月，第7350页。
② 《旧唐书》141《田悦传》，第3844页。
③ 同上书，第3845页。
④ 吕思勉：《隋唐五代史》第七章《德宗事迹》第二节《东方藩镇之变》，上海：上海古籍出版社，2005年，第245页。
⑤ 《旧唐书》卷141《田承嗣传》，第3838页。
⑥ 《旧唐书》卷141《田悦传》，第3841页。
⑦ 《资治通鉴》卷230，兴元元年三月："田悦用兵数败，士卒死者什六七，其下皆苦厌之。"第7412页。
⑧ 《资治通鉴》卷228，建中四年六月，第7346页。
⑨ 早在建中二年六月"癸未，河东节度使马燧，昭义节度使李抱真，神策先锋都知兵马使李晟，大破田悦于临洺"。见《资治通鉴》卷227，第7305页。
⑩ 《资治通鉴》卷228，建中四年十月，第7362页："上遣中使告难于魏县行营，诸将相与恸哭。李怀光帅众赴长安，马燧、李芃各引兵归镇，李抱真退屯临洺"。

唐德宗为了全力对付朱滔之兄朱泚的叛乱，赦免朱滔、田悦等人，于是他们纷纷去王号，归顺朝廷。

三、吕芬的职官

吕芬墓志中有几个与职官制度相关的问题，下面试做探讨。

《资治通鉴》卷二二七建中三年十一月云：

> 田悦德朱滔之救，与王武俊议奉滔为主，称臣事之，滔不可，曰："惬山之捷，皆大夫二兄之力，滔何敢独居尊位！"于是幽州判官李子千、恒冀判官郑濡等共议："请与郓州李大夫为四国，俱称王而不改年号，如昔诸侯奉周家正朔。筑坛同盟，有不如约者，众共伐之。不然，岂得常为叛臣，茫然无主，用兵既无名，有功无官爵为赏，使将吏何所依归乎！"滔等皆以为然。滔乃自称冀王，田悦称魏王，王武俊称赵王，仍请李纳称齐王。是日，滔等筑坛于军中，告天而受之。滔为盟主，称孤；武俊、悦、纳称寡人。所居堂曰殿，处分曰令，群下上书曰笺，妻曰妃，长子曰世子。各以其所治州为府，置留守兼元帅，以军政委之；又置东西曹，视门下、中书省；左右内史，视侍中、中书令；余官皆仿天朝而易其名。①

这段话是解读这篇墓志中职官问题的关键。

首先，吕芬是"试世子少詹事"，意即做田悦长子的少詹事。世子就是王国未来的继承人，其初衷就是模拟太子而设立的。②在行军打仗的过程中，世子就是元帅。③按，詹事是唐代管理太子东宫事务的官员，自汉已有，至唐又增设其副手，称为少詹事。太子府就是整个朝廷机构的缩微版，詹事"凡天子六官之典制，皆视其事而承受焉"。④而田悦等人建立的"王国"，全都是仿"天

---

① 《资治通鉴》卷227，建中三年十一月，第7335—7336页。
② 《资治通鉴》卷190，武德五年十月："[高祖]及为唐王，将佐亦请以世民为世子。"李世民并不是长子，但在"上之起兵晋阳也，皆秦王世民之谋"的前提下，他的功劳就可以冲击嫡长子继承制，第5957页。
③ 《旧唐书》卷141《田悦传》云："皆以长子为元帅。"第3845页。
④ [唐]李林甫等撰、陈仲夫点校：《唐六典》卷26《太子三师三少詹事府左右春坊内官》"太子詹事府"云："太子詹事府：詹事一人，正三品；少詹事一人，正四品上。(皇朝置。龙朔二年改为少尹，咸亨元年复旧。天授中复为少尹，神龙元年复旧。)太子詹事之职，统东宫三寺、十率府之政令，举其纲纪，而修其职务；少詹事为之贰。凡天子六官之典制，皆视其事而承受焉。"北京：中华书局，1992年，第662页。《资治通鉴》卷197，贞观十九年三月胡注云："詹事，秦官，自汉以来，掌东宫内外众务，员一人；后魏置二人，分左右，寻复置一人。至唐又置少詹事一人，正四品上。"第6218页。

朝"而设置的,只是名号不同而已。故唐朝有太子少詹事,魏博有世子少詹事。唐少詹事正四品上,魏博此职或许也是正四品上。只是,吕芬并不是被正式任命此职,而是称为"试",试即代理之意。试官最早出现于武周天授二年(691年),为了笼络人才,"凡举人,无贤不肖,咸加擢拜,大置试官以处之"。①开元年间对此大加改革,"唯皇亲战功之外,不复除授。今则贬责者,然后以员外官处之"。②

其次,吕芬是"唐银青光禄大夫"。按照吕芬的履历,是不可能被唐廷封为银青光禄大夫的,他之所以有此品阶,也是魏博自身为其加封的原因。虽然魏博"余官皆仿天朝而易其名",③但依然按照唐朝通制建立了散官品阶。④以从三品的银青光禄大夫做正四品上的世子少詹事,可以说是比较相当的。但他之所以能够被封为银青光禄大夫,应该是在他"终于鲸鲵"之后,魏博为了进行表彰,才进行赠官。

再次,吕芬去世时的实际职务是相州内黄县令。⑤这一职务是魏博镇任命的。在此之前,他还做过贝州司功参军。⑥墓志中"解褐授贝州司功参军,累迁勋绩,历官四政,终相州内黄县令"云云,说明他一共做过四个官职。但所谓"累迁勋绩",也只是溢美之词,因为铭文中说"几稔从事,再佩铜章",说明他的宦途也只有几年的时间,不可能循资格、按年限进行迁转。而之所以这样,可能还是因为他跟田氏集团关系密切的原因。

墓志中说:"公其出也,急济时之略,分官莅事。"吕芬出仕的时间,恰逢

---

① [唐]杜佑:《通典》卷19《职官一》"历代官制总序"云:"试者,未为正命。凡正官,皆称行、守,其阶高而官卑者称行,阶卑而官高者称守,阶官同者,并无行、守字。太后务收情,其年二月,十道使举人,并州石艾县令王山耀等六十一人,并授拾遗、补阙。怀州录事参军崔献可等二十四人,并授侍御史。并州录事参军徐昕等二十四人,并授著作郎。魏州内黄县尉崔宣道等二十二人,并授卫佐、校书、御史等。故当时谚曰:'补阙连车载,拾遗平斗量。杷推侍御史,碗脱校书郎。'试官自此始也。"北京:中华书局,1988年,第471—472页。
② [宋]王溥:《唐会要》卷67"员外官",上海:上海古籍出版社,2006年,第1390页。
③ 不仅魏博,整个河朔联盟的官职设置,都是将朝廷的官职改名换姓,如将左将军改成虎牙将军、中书舍人改成内史舍人、兵部侍郎改成司武侍郎、刑部员外郎改成司刑员外郎,等等。见《资治通鉴》卷229,建中四年十二月,第7386—7387页。
④ 《唐六典》卷2《尚书吏部》"吏部郎中员外郎"条云:"郎中一人,掌考天下文吏之班、秩、品、命。凡叙阶二十九:从一品曰开府仪同三司……从三品曰银青光禄大夫,(本末与金紫同。晋有银青光禄大夫王翘之。宋、齐之后,或置或省。梁、陈无职。北齐三品。隋正三品,散官;炀帝改为从三品。皇朝因之。然而加金章、紫绶及银章、青绶则尊崇之,合居光禄之上,隋氏定令误,遂因仍不改。)"第29—30页。
⑤ 相州治所在今河南安阳,辖境相当于今河北成安、广平和魏县西南,以及河南汤阴、林县、内黄县等地。
⑥ 贝州是北周宣政元年(578)时分相州置,治所在武城(隋朝改清河,今河北南宫东南)。唐代贝州相当于今河北河清、山东临清以及武城、夏津两县之地。李碧妍认为,贝州可能在田承嗣被任命为魏博节度使之初就已经归属魏博了。《参见李碧妍:危机与重构——唐帝国及其地方诸侯》第三章《河北:"化外之地"的异同》,第308页。

"急济时之略",可见当时事情比较紧急。或许就是在田承嗣死后,他从幽州来到魏博,"不翌日而践职",其时就在大历十三年九月。此时至建中四年只有五年的时间。

四、关于吕芬的评价

吕芬死后,墓志评价他说"宗族泣之,惜其孝也;四海哀之,痛其义也;荥厘颂之,思其惠也;门吏怀之,加其仁也"。极力赞扬他有孝、义、惠、仁四种品德,但是唯独没有忠,这是很值得玩味的。一方面,魏博与王师对抗,确实毫无忠心可言。不过,另一方面,田悦虽然僭称王号,但"不改年号,如昔诸侯奉周家正朔"。①故在这种情况下,对于墓志撰写者而言,他就是非常矛盾的,既要突出"大魏王"田悦,又不能公然貌视朝廷。故其墓志标题作"唐故银青光禄大夫"云云,又称"王师济河";但是在正文中又极力称颂田悦,说"大魏王田公,列土千里,握兵十万",又说吕芬"切渭阳之分,展扶危之力"。体现出了两种互相对立的语气。这种写法与后来魏博地区墓志的处理是不一样的。《集释》中还收录一方魏博镇的墓志《唐魏博故穆府君夫人戴氏墓志并引》,其标题即强调了魏博镇的政治地位。文中称穆府君"河南府人也,因宗叶分流,世居魏邑。为王师失律,属安紥常……公即高道不仕"。②这里突出了朝廷对于魏博的控制不力,实际上也就否定了魏博与唐廷的从属关系。穆氏夫妇和祔于元和三年(808年)四月廿六日,这个时候的魏博节帅是田季安。田季安继承田绪的节帅之位以后,最初因年幼,畏惧其母嘉诚公主,但公主薨后,就开始跋扈起来。史称:"季安幼守父业,惧嘉诚之严,虽无他才能,亦粗修礼法。及公主薨,遂颇自恣,击鞠、从禽色之娱。其军中政务,大抵任徇情意,宾僚将校,言皆不从……季安性忍酷,无所畏惧。"③总体上来说,这一时期的魏博是公开对抗朝廷的。所以就连普通人的墓志当中,朝廷、王师的地位也愈加不显。

另外,《吕芬墓志》中出现这样的矛盾心理,还与当时的军事形势有关。建中四年九月一日,吕芬战死。前文论及,当年十月,泾师之变爆发,魏州之围亦解。但至此时,"大魏王"田悦反叛的决心却发生了动摇,一是连年开战,

---

① 《资治通鉴》卷227,建中三年十一月,第7336页。
② 《西南大学新藏墓志集释》下册185《穆府君夫人戴氏墓志》,第547页。
③ 《旧唐书》卷141《田季安传》,第3847页。

魏博将士损失惨重；①二是田悦、王武俊与盟主朱滔之间已经有隙；②三是至当年十二月，德宗"在奉天，使人说田悦、王武俊、李纳，赦其罪，厚赂以官爵"。于是"悦等皆密归款，而犹未敢绝朱滔，各称王如故"。③直至兴元元年（784年）正月癸酉朔，德宗在改元制书中，大赦李希烈、田悦、王武俊、李纳乃至朱滔之罪，田悦等"见赦令，皆去王号，上表谢罪"。④河朔叛乱才算告一段落。而吕芬下葬的时间，正是建中四年十二月十七日。揆诸当时的情形，从吕芬死到下葬，正是魏博从反叛逐渐倾向于归顺的时期，那么，在吕芬下葬前所撰刻的墓志铭中，就不能过于强调魏博和"大魏王"，而应该突显"大唐"的政治地位和背景，把吕芬还原成唐朝官员的身份。而他死后三个半月才下葬，应该是与当时的战事从紧张到缓和有关。

又，墓志铭文说："信迈夷齐，德为后则。"⑤这样的赞美显得不伦不类。商朝和周朝，是前后两个同等级别的中央朝廷。而如前所说，唐廷和魏博则不是这样的关系，后者没有称帝，仅仅是为了割据和独立，尚没有也不想取唐廷而代之。如把吕芬比作伯夷叔齐，他既没有对魏博节帅进行谏阻，也没有不食魏博之粟，相反，他是全力为魏博服务的。可见，该铭文只是拿一般的谀墓之辞来进行歌颂罢了，并不顾志主真实的生平事迹。

五、结语

综上所述，《吕芬墓志》为我们提供了一个魏博镇对抗朝廷的典型例证。他虽然在最初的时候并不生活在魏博，而是在幽州，但与魏博镇的统治者之间有着密切的亲属关系。后来，在魏博镇与幽州镇、成德镇的联合叛乱中，吕芬以相州内黄县令的身份，身先士卒，亲自上阵，最终被"王师"杀死。

王夫之在《读通鉴论》中说："田悦、李纳、李惟岳、朱滔，皆狂骇躁妄、自取诛夷者也，虽相煽以起，其能如唐何邪！"又说："唐自安、史以后，称乱者相继而起，至于德宗之世，而人亦厌之矣。故田悦、李惟岳、朱滔、李怀光之叛，将吏士卒皆有不愿从逆之情，抗凶竖而思受王命；然而卒为所驱使者，以利哚之

---

① 《资治通鉴》卷230，兴元元年三月："田悦用兵数败，士卒死者什六七，其下皆苦厌之。"第7412页。
② 《资治通鉴》卷228，建中四年十月，第7365—7366页。
③ 《资治通鉴》卷229，建中四年十二月，第7386页。
④ 《资治通鉴》卷229，兴元元年正月，第7391—7393页。
⑤ 这是指周武王举兵讨伐商纣王，伯夷、叔齐叩马谏阻。周武王灭商建周，二人耻食周粟，采薇而食，饿死于首阳山下。

而众暂食其饵也。"①通过吕芬的墓志可知,吕芬并不是"不愿从逆""思受王命"的,相反,是魏博镇田悦集团的铁杆分子。同时,他效命于魏博,并非仅仅是为了"食其饵"的物质利益。虽然他的官职、地位并不高,但为魏博镇对抗中央付出了生命。可见,当时魏博镇内部有比较强的凝聚力。仇鹿鸣认为:"田承嗣时代统治魏博的核心是由田氏子弟构成的,这一基于亲族关系凝聚而成的武装集团,成为魏博与唐廷抗衡的基础。"②这种亲族关系,其实也不光限于田氏子弟内部,还包括与其族有血缘关系的旁系亲属。

附图:

《吕芬墓志》

---

① 王夫之:《读通鉴论》卷24《唐德宗》九"德宗空国以与希烈争"、十五"盗贼以利饵众",第907页、第916页。
② 仇鹿鸣:《长安与河北之间:中晚唐的政治与文化》,第208页。

从达可看元代四川地区蒙汉文化的交融*

赵路卫①

摘　要：书院是元代士人重要的活动中心，同时也是地方社会的文教中心。出于从政治精英向社会文化精英过渡的需要，元代迁居中原的部分蒙古、色目人仿效汉族士人创建书院，为书院的发展注入了新的活力。生长在四川的蒙古人达可，在致仕之后捐尽家赀，创建了石室、墨池和草堂三所书院，并赴江南搜求图书。达可的举措不仅促进了四川地区文教事业的发展，也为元代书院的建设注入了新鲜的血液，更是少数民族士人化的重要表现。

关键词：元代；书院；士人化

元朝是书院发展最为繁盛的时期，后世有"书院之盛，莫胜于元"的说法。出现这种局面有很多原因，除却元朝政府的积极扶持外，更多的是民间"好事之家"的参与。元代是中国历史上空前统一的多民族王朝，其族群的多样性也赋予了书院建设群体多元化的色彩。元朝入主中原后，为了适应新的形势，统治集团面临转变统治方式的现实需要。加之统一后，南北文化的融合，尤其是理学的北传，部分蒙古、色目人自觉接受汉族文化的影响，他们模仿汉族士人家族在地方创建或修复书院，在某些区域的书院建设中甚至成为举足轻重的力量。元代蒙古、色目人仿效汉人创建书院的举措，不仅成为元代少数民族士人化的重要途径，也是推动民族融合的重要途径。四川地区的蒙古

---

* 基金项目：本文系重庆市社科规划博士项目"元代书院与士人之民族认同研究"（项目编号：2018BS14）的阶段性成果。
① 作者简介：赵路卫，男，1984年生，山西长治人，重庆工商大学马克思主义学院讲师，研究方向为社会文化史。

人达可视作这一群体中的典型案例。

就四川地区而言,自南宋端平二年(1235年)至祥兴二年(1279年)宋元之间经历了长达四十多年的战争,兵锋所至,生民涂炭,这极大摧残了当地书院事业的发展。①尽管如此,在进入元代后四川地区的书院还是有所恢复和发展,具体变现为数量上的增长。其中的原因,除了宋代所遗留的历史基础之外,迁居四川地区的蒙古、色目人也在创建书院方面中发挥了重要作用。蒙古人达可是其中的典型代表。他曾担任秘书监大监一职,在退休后回到成都,不仅捐私财参与创设了三所书院的建设,而且倾尽家赀前往江南搜访图书,搜集的数量达三十万卷,在当时的士人群体中引起了反响。他将搜集的图书尽数交给石室书院,使该书院的藏书规模居各宋元时期各书院藏书规模之首。达可修复创建书院的事迹折射出元代迁居汉地的部分蒙古人受汉文化影响后逐渐士人化的轨迹,对其事迹进行考察不仅可以加深对元代少数民族士人化现象的认识,也可以加深对元代蒙汉文化融合问题的了解。虽然达可创建书院的事迹已被学界关注,但多限于其个人事迹的介绍②,而在其士人化的形象以及其对元代蒙汉文化融合的作用等方面,尚有进一步讨论的空间。本文拟从达可的出身与仕宦、创立书院、赴江南搜访图书、与汉族士人的交往等四个方面来讨论这位蒙古军功子弟的士人形象,并以此分析元代四川地区书院的发展与蒙汉文化的融合问题。

一、军功出身与儒学致仕

达可"生长蜀中,承恩入侍三朝,累官至大监(秘书监大监)",③为"蜀帅纽璘(怜)之孙"。④纽璘出自蒙古珊竹带氏,为蒙古军功世家,其先祖曾为成吉思汗(元太祖)的亲军宿卫,追随窝阔台汗(元太宗)灭金,后来戍守河南。纽鄰的父亲为太答尔,曾随蒙哥汗(元宪宗)西征阿速、钦察等国,因功拜都元帅,曾率陕西、西海、巩昌诸军攻宋,进入四川后,病逝于重庆。纽璘在蒙古与

---

① 胡昭曦:《四川书院的发展与改制》,《中华文化论坛》2000年第3期。
② 学界对达可事迹的关注源于对书院史的研究,参见邓洪波:《中国书院史》,武汉:武汉大学出版社,2013年,第132页;胡昭曦:《四川书院的藏书事业》,《中华文化论坛》2003年第3期。
③ [元]刘岳申撰:《西蜀石室书院记》,《申斋集》,《元代珍本文集丛刊》,台北:"国立中央"图书馆编印,1970年,第301—303页。
④ 《文章辩体汇选》,《文渊阁四库全书》第1408册,台北:商务印书馆,1986年,第687页。

宋在四川的战争中曾率军攻陷成都,①作战情况应该非常惨烈,明代尚有人作诗记其在蜀中杀伐之事,有"纽璘元帅征蜀川,数里杀尽无人烟。天开地辟建大国,尚有兵器沉江边"之句。②纽鄰之子,即达可之父耶速达在灭宋的战争中也屡立战功,先后任四川道宣慰使、都元帅。因在平定西南少数民族部落叛乱中立有战功,官拜四川行省平章、云南左丞相等职务。后在南征反叛部落的过程中,感染瘴气而病殁。③由于显赫的家世背景,达可得以"承恩入侍三朝"。据此推测,他开始入朝为官应在泰定帝时期(1323—1328年)。根据元朝选官制度,达可应是先是以功臣子弟身份被选入皇帝的亲军怯薛歹。怯薛歹由蒙古社会中的贵族子弟组成,更被时人视作蒙古高级官吏的"摇篮",成为怯薛歹是达可这样的军功子弟进入仕宦的捷径,时人吴可恭称他:"二十龙头选最贵,三十豸冠名不孤。"④应是指达可二十岁时入选怯薛歹而言。

达可以秘书监大监的身份致仕还乡。秘书监职责是重要的文化机构,其职能为"掌古今图书、国史实录、天文历数之事"。⑤元承宋制也在中央设立此机构,但更多了一层"待遇儒臣"之意,身为秘书监的长官,"无悾偬之务,简牍希阔,公会有期,郎吏陟降,堂序进退,挹诺,礼容甚都,视他职尤为华要"。⑥"华要"是秘书监官员区别于其他部门的显要特点。秘书监的长官秘书大监与副手秘书少监的候选人,都须从世家子弟中推选。⑦除了出身名门,担任秘书监长官还需要有相当的文化素养外,如著名的色目士人巙巙、伯笃鲁丁以及江南汉族士人虞集等,都曾供职于秘书监。由此而言,达可能够担任秘书监大监应是同时具备较高的文化素养和出身名门这两个条件。在秘书监任职期间,达可与书籍结下了不解之缘,以至于后来为书院藏书而不遗余力地遍访各地。可能也因为任职秘书监的经历使得他与汉族士人虞集、吴克恭等人结下了同僚之谊。

达可出身于蒙古军功世家,其祖、父皆以战功居显要之职,至达可则以"世家名臣子弟"的身份充任政府重要文化部门的主管官员,成为一位儒臣。

---

① [明]贺复徵:《文章辩体汇选》,《文渊阁四库全书》第1408册,台北:商务印书馆,1986年,第687页。
② [元]危素撰:《云林集》,《文渊阁四库全书》第1226册,台北:商务印书馆,1986年,第32页。
③ [明]贺复徵:《文章辩体汇选》,《文渊阁四库全书》第1408册,台北:商务印书馆,1986年,第687页。
④ [元]吴克恭、顾瑛辑:《草堂雅集》,卷五第二十《秘书行送达秘监》,北京:中华书局,2008年,第465页。
⑤ 《宋史》卷117《职官志》,北京:中华书局,1977年,第3873页。
⑥ 《元史》卷90《百官志》,北京:中华书局,1976年,第2296页。
⑦ 《元史》,北京:中华书局,1976,第2296页。

这种从尚武之家向文华之士的转变,不仅是当时蒙古、色目人群体中重要的社会风尚,也是出仕任官的具体要求。出身高门的蒙古人尽管可以通过特权获得高官厚禄,但对于管理以汉人为主的中原社会而言,增强汉文化的修养显得愈发重要。因此,除却家世的因素,努力充实汉文化的学识和修养,往往成为许多蒙古、色目子弟出仕之前的重要选择。尤其是元朝延祐年间科举恢复以后,这一趋势更加明显。科举取士使得一些蒙古、色目人家族为了增加子孙后代出仕的机会,积极创建书院,以维系其在汉文化学习上的优势地位,增加子弟出仕的机会和概率。达可创建书院的举动,可视作此种风尚在四川地区蒙古、色目人群体中发挥影响的体现。

二、参与石室、墨池、草堂三书院的创设

根据《秘书监志》推测,达可辞官归蜀的时间应在四十岁以后。在居家赋闲期间,他先后参与了成都地区石室、墨池、草堂三所书院的重建。石室书院最初为驻防蜀地的另外一位蒙古军官万夫长舒噜所建,"其地亢爽宜讲艺,其位深靖宜妥神"。① 由于元代中期以后,政府对书院控制的加强,导致书院的官学化程度比较严重,民间人士或者地方官员若想创建书院须层层上报,获得中央批准后方可施行。舒噜因为身居高位,又是蒙古人、万夫长的身份使他创建书院时多了一份比他人所不能及的便利,他能够直接请允于行省长官,然后又报至中书省,提高申报的效率,最终获准创设石室书院。与汉族士人相比,特殊的族群身份和身居官位,是蒙古、色目人创建书院的优势所在。兴建书院一般所费不菲,除了建材和工本费外,还需要院田等其他形式的资源,若无一定的财力,往往很难支撑书院的建设与后续运营。舒噜将自己的私宅改作书院,一方面大大节省了创建书院所需的费用,降低了书院的建设成本;另一方面也可以看出舒噜这个蒙古人对于书院建设的热忱和对地方文教的支持。

书院在南宋中后期形成祭祀、讲学、藏书和院田的四大规制。石室书院的规制较为完备,除祭孔的大殿之外还设有祭祀当地先贤文翁的专祠。这体现了元代书院"庙学合一"的特点。此外,书院的讲堂、师生的居舍、厨房、仓

---

① [元]王沂撰:《伊滨集》卷18《石室书院记》,《文渊阁四库全书》第1212册,台北:商务印书馆,1986年,第483—484页。

库等设施也一应俱全。舒噜又用自己的俸禄购买书籍来充实书院的藏书,在江南定做祭祀之器以备书院祭祀之用,捐田一百五十亩作为书院的经济来源。如此,石室书院就具备了讲学、祭祀、藏书、院田的完整规制。石室书院建成之后面向当地的求学之士开放,受到士子的极大欢迎。史书记载:"岩材里秀接踵来学。"[1]可见石室书院对于当地兴学具有一定的促进作用。达可在舒噜所开创的基础上,扩建了石室书院的屋舍,增大了院田的规模,进一步丰富了书院的藏书,为石室书院的日常运作和进一步发展注入了后续动力。

除了修复石室书院之外,达可又创建墨池、草堂两座书院。墨池书院位于西汉蜀地文学家扬雄练习书法之处,草堂书院位于杜甫客居成都时的寓所旧址,这与当时书院的选址多在先贤经行之处的风尚有关。达可利用其曾担任中央官员的便利,为这两座书院"求赐额,又为之增益田庐、书籍",[2]都得到了朝廷的允可。墨池、草堂书院的规制一如石室书院。此外,达可在前往江南寻访搜集图书之际,为三书院铸造祭祀的礼器。为了书院的后续发展,达可可谓不遗余力。

达可创建书院的举动在当时的士人群体中引起了相当的关注,不少汉族士人撰文对这种行为进行嘉许。如刘岳申曾撰文称赞其"不羁縻于君臣之恩""不推挽于妻子之计""不市便好田宅以遗子孙""不私宝剑,遗所爱子弟",[3]是为数不多为的贤达之人,称赞达可

> 贤哉秘书,辞荣早退,不田宅于家而书院于其乡,不书籍于家而于书院,盖将以遗乡人子孙孙子于无穷。谓非贤者可乎?谓不贤而能之乎?贤者有不能者矣,故曰贤哉秘书。今又闻秘书能为墨池、草堂二书院求赐额,又为之增益其田庐书籍,是何恢恢有余裕也![4]

达可创建书院并非只是为了满足私人读书之的需要,而是向当地学子开放,也有推进地方教育发展的社会功效。"不书籍于家而于(石室)书院",说明

---

[1] [元]王沂撰:《伊滨集》卷18《石室书院记》,《文渊阁四库全书》第1212册,台北:商务印书馆,1986年,第483-484页。
[2] [元]刘岳申撰:《申斋集》卷6《西蜀石室书院记》,《元代珍本文集丛刊》卷6,台北:"国立中央"图书馆编印,1970年,第301-303页。
[3] [元]刘岳申撰:《申斋集》卷6《西蜀石室书院记》,《元代珍本文集丛刊》卷6,台北:"国立中央"图书馆编印,1970年,第301-303页。
[4] [元]刘岳申撰:《申斋集》卷6《西蜀石室书院记》,《元代珍本文集丛刊》卷6,台北:"国立中央"图书馆编印,1970年,第301-303页。

达可并没有将购置来的书籍作私人收藏之用,而是将其置于(石室)书院中,起到了类似地方公共图书馆的作用,在书籍被当作珍贵文化资源的传统社会,这大大惠及了当地的学子和学者,为他们提供了研读的便利。这种行为在当时的汉族士人看来是非常难能可贵的。因为元朝中期以后,建立书院需要获得政府的许可,达可又利用其身份便利为墨池、草堂两所书院求赐额,并为其增加田舍、书籍,这在刘岳申看更是"恢恢有余裕"的壮举。

刘岳申更认为达可创建书院的事迹可与汉代文翁蜀地兴学之事相相提并论,认为:

> 尚论文翁之功业,比纂业为再开辟,谁忍忘之?孰知汉后历三国、六朝、隋、唐宋,至今又千有余年而然后有石室书院哉?①

文翁在蜀地兴学开创了四川的文教事业的先河,为此后千年四川的人才培养起到了重要作用,刘岳申对达可创建石室书院后,蜀地培养人才的前景进行了展望:

> 蜀自苏氏父子出而相如、子云不得专美,安知书院成而不有名世者出?此天下国家之福也。②

刘申岳认为自汉代文翁在蜀地兴学以来,前有司马相如、扬雄,后有苏洵、苏轼和苏辙父子,达可创建书院也会为四川地区培养优秀的人才做出贡献,并称赞这是"天下国家之福"。这是对达可创建书院给予的极高评价。

另一位汉族士人李祁对此也持类似看法。他撰文称赞达可,并勉励当地的士子,不要辜负达可捐资助学的热情,要使石室书院传之永久:

> 在昔文翁,肇兹戎功。建学立师,惠于蜀邦。维兹达可,宜世作佩。惠兹蜀邦,罔有内外。嗟嗟士子,尚其勉玥。毋负于君,惟千万年。③

他认为文翁兴学与达可建书院都是惠及蜀邦的创举,可以作为后世的典范。

---

① [元]刘岳申撰:《申斋集》卷6《西蜀石室书院记》,《元代珍本文集丛刊》卷6,台北:"国立中央"图书馆编印,1970年,第301-303页。
② [元]刘岳申撰:《申斋集》卷6《西蜀石室书院记》,《元代珍本文集丛刊》卷6,台北:"国立中央"图书馆编印,1970年,第301-303页。
③ [元]李祁撰:《云阳集》卷10《草堂书院藏书铭》,《文渊阁四库全书》第1219册,台北:商务印书馆,1986年,第491-492页。

达可散家财以建书院,除了他对蜀地的桑梓之情外,更多的是出于士人兴学以化民成俗、教化一方的使命感。化民成俗是儒家文化传播过程中重要的内容,书院的兴建是儒学向地方社会的扩展,也是宋元士人完成儒学地域化重要的举措。达可自觉地修复和兴建书院正是同时代汉族士人所热衷的,也从一个角度说明了他已经自觉地完成了士人化。

四川在南宋为边郡,具有重要的战略地位,历来为兵家必争之地。南宋中后期,由于宋蒙之间的战争持续了将近半个世纪,造成"民缠焚剽之毒百余年"。入元之后,经过数十年休养生息,出现了"向之援枹击柝,今则耕田井饮矣;昔之重关复栈,今则东阡南陌矣"的景象。①经济的恢复和民生的安定,使得该地区重新具备了振兴文教、养士育人的基础和氛围。达可参与三书院建设的举动,顺应了四川地区在元中期以后文化教育发展的需要,客观上也达到了"化私财以托不朽"的效果,这为他赢得了相当的声誉。

四川地区在宋代便为文运鼎盛之地,可谓名家辈出。北宋时有范质、"三苏",南宋时有张栻、魏了翁,他们都是蜀地人才的典型代表。然而"三苏"并不以书院作为其讲学之地,张栻、魏了翁则对书院特别重视,分别在南宋时期的"书院运动"和理学与书院一体化进程中发挥了重要作用。即便如此,整个宋代四川地区书院的数量也仅为5所。作为宋元时期儒家文化的代表和象征,书院对于地域文化的发展和儒学的辐射扩散具有十分重要的引领作用。在进入元代后,书院更是成为士人最重要的活动中心。元朝虽为少数民族建立的政权,在其统治不足百年的时间内,四川地区新创设了6所书院,其中蒙古族官绅参与创建的书院便占了4所。达可这位生长在蜀地的蒙古官员,退休之后以一人之力参与了其中3所书院的创设。可见其对元代蜀地书院建设的贡献之大,这也难怪汉族士人要对其大加赞赏了。

三、购书三十万卷

书院藏书的规模大小,客观上会对当地的文化积累和发展产生深远的影响。书院藏书的数量在某种程度上也可视作该地文化发展水平的指向标。达可在参与书院的建设过程中也意识到了这一点,他对元代四川地区书院发展的另外一大贡献便是他为石室书院搜集图书达三十万卷之多(一说二十七

---

① [元]王沂撰:《伊滨集》卷18《石室书院记》,《文渊阁四库全书》第1212册,台北:商务印书馆,1986年,第483—484页。

万卷),创造了宋元书院藏书数量之最的纪录。宋代藏书超过万卷的书院屈指可数,其中比较知名的有四川地区的鹤山书院"讲堂之后为阁,家故有书,某又得秘书之副而传录焉,与访寻于公于私所板行者,凡得十万卷,以附益而尊阁之"[1]。其藏书规模雄踞宋代各书院之首,使得当年国家藏书瞠乎其后。[2]元代书院藏书的规模继续扩大,如太极书院藏书八千余卷、伊川书院藏书万余卷,颍昌书院藏书数万卷,山西平定冠山书院藏书万卷。达可为石室书院所搜集的藏书多达30万卷,在数量上居宋元时期书院藏书之首。

士人李祁在《草堂书院藏书铭》中,对达可藏书的来源、征购及运输过程等都有记述,其铭称:

> 秘阁焦尧,丽于层霄。群公在天,远不可招。圣贤之书,有图有籍。如山如渊,浩不可觊。矧兹蜀都,阻于一隅。去之万里,孰云能徂。惟兹达可,有恻斯念。稽于版籍,询于文献。北燕南越,西陕东吴。有刻则售,有本则书。仆伦肩赪,车栋牛汗。厥数惟何,廿有七万。载之以舟,入于蜀江。江神护河,翼其帆樯。爰至爰至邦人悦喜。藏之石室,以永厥冥。昔无者有,昔旧者新。畀此士子,怀君之仁。[3]

四川由于地处西南,对外交通不便,加之宋蒙之间的长期战争使得该地的书籍多有散失,刻书事业遭到严重破坏,这使得书籍作为一种文化资源愈加珍贵。达可为了搜集图书,不畏辛远,四处搜访,行程达万里之遥,终于购得数十万卷书籍,并经历江河之险,跋山涉水运回蜀地。在古代交通不便的情况下,如此大规模、远距离的搜访图书的举动,不仅所费不菲,以至于"仆伦肩赪,车栋牛汗"而且在返回蜀地的水路上也是充满艰险,连为其作铭的李祁都愿意相信,达可能将这些书籍运回四川是得到了江神的护佑。这些书籍极大补充和完善了石室书院已有的藏书,也促进了蜀地与江南地区的文化交流,使得"昔无者有,昔旧者新",原来没有的书籍现在有了,原来已显破旧的书籍现在有了新的印本。达可的购书善举不仅让"邦人喜悦",而且让士子研习,可谓是"怀君之仁"。

汉族士人张雨也有诗记述达可购书之事:

---

[1] [宋]魏了翁撰:《鹤山集》卷41,《文渊阁四库全书》第1173册,台北:商务印书馆,1986年,第373-375页。
[2] 陈谷嘉、邓洪波主编:《中国书院制度》,杭州:浙江教育出版社,1998年,第131页。
[3] [元]李沂撰:《云阳集》卷10《草堂书院藏书铭》,《文渊阁四库全书》第1219册,台北:商务印书馆,1986年,第491-492页。

> 论卷聚书三十万,锦江江上数连艘。
> 追还教授文翁学,重叹征求使者劳。
> 石室谈经修俎豆,草堂迎诏树旂旄。
> 也知后世扬雄在,献赋为郎愧尔曹。①

诗中首先描述了达可将搜访得来的三十万卷书籍通过水道运回成都的壮观景象,还刻画了石室、草堂两所书院"修俎豆"与"树旗旄"的景象,并展望后人会为达可的事迹写赋称颂。将达可比作文翁,并看好蜀地人才培养的前景。

有关达可搜访图书的数量,李祁认为达可的藏书为二十七万卷,张雨在诗中则称达可"论卷聚书三十万"。此外,其他记载也显示达可购书的卷数达三十万。《元明事类钞》中记载:"元至正初,遣官求书东南,异书颇出,时有蜀帅纽怜之孙,尽出其赀,遍游江南,得数三十万卷,溯峡归蜀。"②《俨山外集》也有记载:"元至正初,史馆遣属官驰驿求书东南,异书颇出,时有蜀帅纽怜之孙,尽出其家赀,遍游江南,四五年间,得书三十万卷,溯峡归蜀,可谓富矣。"③据此可认为达可购书的数量应以三十万卷为准。

此外,对于购得之书的收藏地点,张雨也与李祁的记叙有所不同。李认为达可购得的书籍藏于石室书院;而张雨则认为是藏于石室书院和草堂书院。因为达可创建了石室、墨池和草堂书院三所书院,这些书院又都需要藏书供士人阅读研习,由此推测,达可购得的这30万卷图书可能不是仅收藏于某一书院,可能石室、墨池和草堂这三所书院都有收藏。

相较于传统社会中的官方藏书、私人藏书和佛寺藏书而言,书院藏书的服务群体更能惠及一般读书人,这也是书院藏书的主要目的和基本宗旨。达可将这些以倾尽私财所购得的图书捐赠给其所参与创设的石室、墨池和草堂书院,供士子阅读学习,不仅丰富了书院的藏书数量,更极大支持了书院的教学与研究事业,考虑到进入书院学习者应基本是成都或者四川其他地方人,使得这些藏书在开启蜀地民智、重视文教以及提升地域文化品质方面发挥了重要作用,促进了蜀地文教事业的发展。达可的这一举措,也使得石室、墨池、草堂三书院更好地融入了地方社会文化建设的环节,此举动也深得汉族士人之心。

---

① [元]张雨撰:《草堂雅集》,北京:中华书局,2007年,第617页。
② [明]陆深撰:《俨山外集》卷21《豫章漫抄》,上海:上海古籍出版社,1993年,第117页。
③ [元]虞集撰:《道园类稿》,《元人文集珍本丛刊》卷5,台北:新文丰出版公司印行,1985年,第251页。

四、与汉族士人的交往

元代统一多民族王朝的特性，赋予了士人群体在族群上的多样性。不同族群的士人之间的交往在元代中期以后也成为士林中的寻常现象。达可虽为蒙古人，但这并没有影响他与汉族士人的交往。达可托江西提学范朝宗请刘岳申为石室书院作记，便是士人之间互相交往的常见方式之一。另外一位文人李祁，也曾为达可作《草堂书院藏书铭》，未见资料有提及受人所托之事。李祁曾为元统元年（1333年）左榜进士第三，后被授翰林应奉，后因母亲年老，转仕江南。此时期达可在朝廷任官，且二人都是文职。推测他们可能在共为朝官时已经相识，故而有李祁为草堂书院藏书作铭一事。当然也有可能是因为达可创建书院、搜集图书的事迹在当时整个士人群体之中产生了很大影响，为李祁所闻.

除了与刘岳申、李祁交往之外，达可与张雨和著名士人虞集也有来往。张雨曾作《赠纽鄰大监》一诗，表明其与达可之间有往来。该诗附文中有"虞奎章记其事，邀予（张雨）赋诗如上"。[①]据此可知，张雨为达可写诗，是受曾任奎章阁学士的著名的汉族士人虞集之邀。虞集出面邀请张雨为达可写诗，表明其与达可的关系匪浅。而且，张雨诗中也说虞集也为达可作过记，称赞其功业。虞集（1272—1348年）字伯生，抚州崇仁人，为元代著名文人，早年从吴澄游，受知于元文宗，曾为秘书监少监、翰林直学士，奎章阁侍书学士，工于诗文，为"元四家"之一。虞集曾任秘书监少监，达可曾任秘书监大监，二人可能有同僚之谊，所以才有虞集邀张雨为其作诗之事。虞集对书院的发展也极为关注，他的文集中留下不少有关书院的文字，其中不乏对蒙古、色目官员参与书院事业的称赞，如《屏山书院记》。此外，虞集的先祖南宋名相虞允文为四川人，而达可生长在四川，他们之间的交往也有乡谊之情。

与达可有直接交往的另外一江南士人为吴克恭。吴克恭为毘陵人，以诗体格古淡为时所称。[②]他所作的《秘书行送达秘监》极力称赞达可之贤，如：

> 近者委蛇行秘书，蜀人邵庵目力枯。
> 迄今一代论制作，先生合上明光趋。
> 二十龙头选最贵，三十豸冠名不孤。

[①] [元]张雨撰：《草堂雅集》，北京：中华书局，2007年，第617页。
[②] 王德毅、李荣村、潘柏澄主编：《元人传记资料索引》，北京：中华书局，1987年，第395页。

扬历中外复多载,使预朝政恐所须。
窃当留中赞帝谟,奏列学者陈区区。
送酒况承光禄寺,进食何止步兵厨。
还思昼夜延青琐,莫问君壬乞鉴湖。①

这首诗概括了达可的整个仕宦生涯,属于传统士人之间常有的诗歌唱酬。

达可与虞集的同僚关系,以及李祁、刘岳申等人为其创建书院和搜访藏书的事迹作记、作铭,张雨、吴克恭为其作诗赠别,都可说明达可作为一名蒙古士人与汉族士人之间有着士人间常有的那种情谊。除了这些知名的汉族士人之外,达可创办的三所书院中,书院山长、教习以及前来求学的士子,也应多是汉人。由此可见,达可与汉族士人的交往较为广泛。这种交往,已经超越了族群的藩篱。正如有学者所指出的:"蒙古、色目士人经由姻戚、师生、座主与同年、同僚的关系,与汉族士大夫形成一个超越族群的社会网络。在文化生活方面,蒙古、色目士人则透过唱酬、雅集、游宴、书画品题而参与汉族士人文化活动的主流。"②达可与汉族士人的交往,正是当时不同族群间士人往来现象的缩影。

五、结论

元朝以武力定鼎中原后,大量的蒙古、色目人迁居内地,与占人口绝大多数的汉人共处杂居。随着民族融合的加强,加之汉文化的吸引力以及政治上的原因,有一批蒙古、色目军功子弟,"弃弓马而就诗书",积极投身书院建设,完成了从军功贵族向地方社会和文化精英转变的过程,同时也成为元代书院建设中举足轻重的力量,为书院发展注入了新的活力。达可作为一位蜀地蒙古军功贵族的后代,舍私财而建书院,遍行江南搜访图书,同汉族士人的广泛交往,反映了这种变化和趋势。将达可其人和主要事迹考察清楚,除可帮助我们进一步认识这位为四川地区文教事业做出贡献的蒙古士人之外,还可以增强我们对蒙古军功家族定居汉地后,由弓马之士向诗书之家的转化过程,也加深了我们对元代蒙汉文化融合的认识。

---

① [元]张雨撰:《草堂雅集》,北京:中华书局,2007年,第617页。
② 萧启庆:《元朝多族士人圈的形成初探——内北国而外中国:蒙元史研究》,北京:中华书局,2007年,第479页。

清朝崛起时期的富察氏家族

张明富　张颖超[①]

摘　要：努尔哈赤-皇太极时期是统治中国近三百年的清王朝的崛起时期，也是满族八大姓之一的富察氏家族的兴起阶段。作为清朝历史上的著名的政治军事家族，在这一发展阶段，顺应时势，各支先后投归努尔哈赤和皇太极，为之驱驰扬鞭，东征西讨，出入战阵，做出了不朽的贡献，但尚未进入努尔哈赤-皇太极集团的政治、军事的核心层面，还扮演的是"跟随"的角色，但白山黑水的丰饶资源和肥沃的土地所滋养的、具有坚韧、勇敢、忠诚诸品质的富察氏家族，也已初试锋芒，引起了努尔哈赤-皇太极集团最高统治者的瞩目。

关键词：清朝崛起时期；富察氏家族；努尔哈赤；皇太极；旺吉努

清朝崛起于东北，万历十一年（1583年）至崇祯十七年（1644年）是清朝的崛起阶段。在这61年的时间里，努尔哈赤-皇太极集团完成了对女真各部的统一，挺进辽东，激战辽西，与明角逐，建立起了对较偏远的黑龙江流域、松花江和乌苏里江流域以东至库页岛各部落的稳固统治，并两征朝鲜，斩明左臂，西败林丹汗，完成了对明的战略包围，这对努尔哈赤-皇太极集团政权的巩固和势力的壮大，意义非同寻常。在这一历史过程中，富察氏家族顺应时势，各支先后投归努尔哈赤和皇太极，为之驱驰扬鞭，东征西讨，出入战阵，做出了不朽的贡献。然而在相关的论著中，着墨不多，地位不显，富察氏家族在清朝

[①] 作者简介：张明富，男，1964年生，四川通江人，西南大学历史文化学院教授，研究方向为明清史；张颖超，女，1964年生，吉林四平人，西南大学期刊社编审、历史文化学院教授，研究方向为中国古代史与编辑学。

崛起中的作用湮没于历史的烟尘之中。本文欲在爬梳史料的基础上，客观重现富察氏家族加入努尔哈赤-皇太极集团并为之效忠的历程。

一、"国初"、天聪时，富察氏家族各支纷纷"来归"

清代富察氏，即辽之蒲察氏，历金、元、明，赓续不断，至清为满族八大姓之一，渊远而流长，族大支繁，散居各地。《钦定八旗满洲氏族通谱》载："富察，本系地名，因以为姓。其氏族甚繁，散处于沙济、叶赫、额宜湖、扎库塔、蜚悠城、讷殷、额赫库伦、讷殷江、吉林乌喇、长白山及各地方。"[1]《清朝通志》亦载："富察氏处沙济、叶赫、额宜湖、扎库塔、赛音讷音、额赫库伦、讷殷江、辉发、吉林乌喇、长白山等地方。"[2]《钦定八旗通志》载："富察氏，凡六十三派。一出沙济，一出叶赫，一出额宜湖，一出扎库塔，一出蜚悠城，一出讷殷，一出额赫库伦，一出讷殷江，一出吉林乌喇，一出长白山，一出赛音纳殷，一出辉发，一出席百，一出卦尔察，一出岳克通鄂城，一出马察，一出绥分，一出嘉木湖，一出沙晋和罗，一出苏完，一出打牲乌喇，一出黑龙江，一出界凡，一出伊兰费尔塔哈，一出虎尔哈，一出哈达，一出噶哈里和罗舍林村，一出那丹雅哈，一出登伊尔哈，一出尼雅木山，一出多浑，一出雅哈，一出冲鄂济巴布，一出多尔吉，一出乌喇，一出阿库里，一出富察，一出抚顺，一出塔山堡，一出瓦尔喀，一出辽河，一出那木图，一出塔达，一出沈阳，一出英额，一出伊拉里，一出黑山，一出哈思湖，一出松花江，一出凤凰城，一出巴济，一出扎克丹，一出舍里，一出哈什马和罗，一出囊武，一出吉阳，一出德里倭赫，一出完颜，一出齐宾哈达，一出白都讷，一出费达木，一出公村，一出塔克什城。"[3]富察氏各支、各系归附努尔哈赤—皇太极集团的时间，先后不一。有的较早，在努尔哈赤起兵之初，有的则要稍晚一些。但至迟到皇太极时期，大多皆已前往归附。福敏、徐元梦于雍正时奉命组织编纂，乾隆时正式刊刻的《钦定八旗满洲氏族通谱》，对此记载甚详。《清朝通志》中也有不少记载。兹仅据此两种史籍如实呈现富察氏家族归顺努尔哈赤—皇太极集团的历史图景。

沙济富察氏，因世居沙济而得名。沙济富察氏一支，分为数个支系。旺

---

[1] 福敏：《八旗满洲氏族通谱》卷25《富察氏》，北京图书馆出版社，2003年，第599页。
[2]《清朝通志》卷3《氏族略三》，《万有文库第二集·十通第六种》，1935年，上海：商务印书馆，志第6770页。
[3]《钦定八旗通志》卷55《氏族志二·八旗满洲谱系一》，文渊阁四库全书影印本，史部第665册，第202页。

吉努①，"国初"率族众及属下之人投归，编为半个佐领，让其统领。佐领，即牛录额真。半个佐领，即半个牛录。一个牛录300人，半个牛录，即150人。延珠瑚，"国初"同兄高图、弟噶哈、卫齐等一起投归；本科理，"国初来归"，"初编佐领使统焉"。唐哈思瑚、莽色、拉都哈、雅穆喀、阿尔泰、岱清阿、阿纳海、巴尔奇、尼堪、包衣达拉哈，皆"国初来归"；喀尔喀马、武什泰，皆"天聪时来归"。②

叶赫富察氏，因世居叶赫而得名，亦分若干系。楚隆阿，天聪时，"偕次弟椿布伦、三弟昂古礼来归"；布丹，"国初来归"；阿布岱，"国初来归，授骑都尉"；瑚锡泰，"国初来归"，任三等侍卫；桂森、葛巴库、巴尔赛、萨尔普、元保、布克察、硕本吉、农阿理、萨穆哈、都锡布、额赫纳、葛布库、齐克什喀、包衣阿克敦、吴班、博德讷、乌班泰、吴齐堪、达希布、赫勒、诺音推，皆"国初来归"；穆哈连、琉达理、多赖、恩特恒、布穆布理、包衣恩格布、奇拜，皆"天聪时来归"；额赫图，"来归年份无考"。③

额宜湖富察氏，因世居额宜湖而得名。阿尔都山，"国初时，率族众攻取萨齐库城，斩其部长喀穆苏尼堪，招抚三百余人来归，编佐领，令其长子哈宁阿统焉。"额楚、喀克图、松塞克、珠雅诺、吉玛哈，皆随阿尔都山"国初来归"。④

扎库塔富察氏，世居扎库塔。德楞格，"国初来归"；瓦古理，德楞格同族人，"国初来归"；根图恒，德楞格同族，"国初来归"；其他如纳库、哈普周、禅都喀、雅尔古、布占、布克图，皆"国初来归之人"。⑤

蜚悠城富察氏，世居蜚悠城。艾通阿，"天聪时来归，授骑都尉"；乌珠阿穆巴，"国初来归，编佐领，使统之。后以所任称职，"不违指使"，授骑都尉，加云骑尉；富喀、塔礼，"来归年份无考"；策穆特赫，"原系本处部长"，"国初时，因受乌喇贝勒布占泰之虐，奏请移家内附"，努尔哈赤命贝勒等率兵三千往迎。策穆特赫尽收附近诸村之人，率五百户来归；费雅克塔、积克党阿、雅穆达、阿密禅、舒可式、玛福塔、古扬素、富喀达、乌朗阿、明阿努、和尔弼、殷登、

---

① 《钦定八旗满洲氏族通谱》卷25《旺吉努》，第599页。
② 《钦定八旗满洲氏族通谱》卷25《延珠瑚》，第605—613页。
③ 《钦定八旗满洲氏族通谱》卷25《叶赫地方富察氏》，第615—626页。
④ 《钦定八旗满洲氏族通谱》卷25《额宜湖地方富察氏》，第627—631页。
⑤ 《钦定八旗满洲氏族通谱》卷25《扎库塔地方富察氏》，第633—636页。

皆"国初来归";达哈僧郭"天聪时来归";包衣安楚瑚鲁、迈图、礼萨纳、包衣塞赫讷、包衣迈涂,"系来归年份无考之人"。①

讷殷富察氏,世居讷殷。努尔哈赤征瓦尔喀,经过讷殷,孟古慎郭和"率领子弟及同里壮丁五百名,于国初来归,授以佐领";舒穆鲁、伊郎阿、布哈、纳济、金达锡、拉弼、拖普佳、鄂通果、倭赫讷、哲库讷、钮衡额、玛兰、蒙鄂络、岱济、索诺,"国初来归";库德,同次弟瓦尔党阿、三弟伊萨鲁等"国初"来归;赫锡亨、艾星阿、阿希达、颜岱、阿尔泰、石图、雅瑚、包衣班济哈、都岱、托璞嘉、布克达善、阿济根、满都里、蒙古尔岱、克穆讷、科尔喀果赫、穆瑚纳、玛尔洪阿、阿赖、苏栢赫、舒书、诺音托和、尼克德、包衣苏扎齐费扬古、包衣胡什屯、珠都勒、西哈那,皆"国初来归";伊尔海,"国初来归,编佐领使统之";瓦柱、色克锡、叟文、鄂尔索、鄂和布、纳林、斋色,俱"天聪时来归之人";穆当阿、布占、康恺、苏完、包衣索尔科多、图尔哈、金保住、艾古理、包衣富喀,皆"来归年分无考"②。

额赫库伦富察氏,世居额赫库伦。富塔纳、阿禄、费柱、鄂尔东果、德尔葛色,"国初来归";庆舒、都庆讷、赫尔博古、伊哈齐、吴尔德、嘉隆阿、哲尔蛟、费岳色、库乔、伊柱,"天聪时来归";苏色、佛拖理、瑚济穆,"系来归年份无考之人"③。

讷殷江富察氏,世居讷殷江。爱达汉、图巴哈、济尔海、舒奇墨尔根,"国初来归";翁阿岱、常贵、达巴尔汉、博吉,"天聪时来归"④。

吉林乌喇富察氏,世居吉林乌喇。阿苏喀,"国初来归";瓦星阿,"天聪时来归";阿苏布、吴云珠,"来归年份无考"⑤。

长白山富察氏,世居长白山。苏尔东阿、安锦、枚素、和宁、光东、拉拉、雅清阿、硕色,"国初来归";巴颜,"天聪时来归";包衣坦布、包衣多起、华色,"来归年份无考"⑥。

---

① 《钦定八旗满洲氏族通谱》卷26《蜚悠城地方富察氏》,第637-646页。
② 《钦定八旗满洲氏族通谱》卷26《讷殷地方富察氏》,第657页;《清朝通志》卷3《氏族略三》,《万有文库第二集·十通第六种》,1935年,上海:商务印书馆,志第6770页。
③ 《钦定八旗满洲氏族通谱》卷26《额赫库伦地方富察氏》,第693-697页。
④ 《钦定八旗满洲氏族通谱》卷26《讷殷江地方富察氏》,第699-703页。
⑤ 《钦定八旗满洲氏族通谱》卷26《吉林乌喇地方富察氏》,第705-707页。
⑥ 《钦定八旗满洲氏族通谱》卷26《长白山地方富察氏》,第709-713页。

赛音讷殷富察氏，世居赛音讷殷。殷达瑚齐，"国初来归"①。

辉发富察氏，世居辉发。达金、包衣尼雅哈，"国初来归"；鄂备、彻讷、察穆汉、乌尔瑚，"天聪时来归"；多炳阿、噶汉，"来归年份无考"②。

岳克通鄂城富察氏，世居岳克通鄂城。充顺巴本、巴什、伊拉理，"国初来归"③。

席百富察氏，世居席百。科罗惠、满丕，"国初来归"；④

瓜尔察富察氏，世居卦尔察。博尔钟果，"国初来归"；⑤

马察富察氏，世居马察。博索、刚法费扬古，"国初来归"；⑥

其他地方的富察氏亦多有来归者。富礼塔，世居绥分，"国初来归"；敦都巴，绥分地方人，"来归年份无考"；温普理，世居嘉木湖，"国初来归"；沙济、星额里，世居沙晋和罗，"国初来归"；艾达、鄂和刚泰、满羆，世居苏完，"国初来归"；倭赫、囊果礼、包衣浑巴，苏完地方人，"来归年份无考"。佟阿泰，世居打牲乌喇，"国初来归"；尼喀善、德福，世居黑龙江，"国初来归"；努扎喀，黑龙江人，"天聪时来归"；布森特、雅穆达，黑龙江人，"来归年份无考"；鄂迈，世居多尔浑，"国初来归"；丰讷赫、哈尔吉，世居界凡，"国初来归"；吉山、辉泰、苏布禄、额伊都里、纳喇、包衣胡什塔、叶硕额，哈达人，"国初来归"；内勒，哈达人，"天聪时来归"；包衣他尔布、哈坦、德赫、包衣噶尔图，哈达人，"来归年份无考"；阿宁阿，伊兰费尔塔哈人，"国初来归"；尼雅唐鄂，葛哈里和罗舍林村人，"国初来归"；达巴尔汉，那叫雅哈人，"国初来归"；陈珠瑚，雅哈地方人，"国初来归"；僧苏，冲鄂济巴布人，"国初来归"；瑚图，多尔吉地方人，"国初来归"；伊都里、丰绅，乌喇地方人，"国初来归"；达岱，乌喇地方人，"来归年份无考"；田善、富喀察、皎鉴，阿库里地方人，"国初来归"；达色，富察地方人，"国初来归"；岱资，富察人，"天聪时来归"；官泰，抚顺人，"国初来归"；鄂尔博诺，虎尔哈地方人，"国初来归"；满珠，虎尔哈地方人，"来归年份无考"；莽吉里，塔山堡人，"国初来归"；辽东，辽河人，"天聪时来归"；永福，那木图地方人，"天聪

---

① 《钦定八旗满洲氏族通谱》卷27《各地方富察氏》，第11页。
② 《钦定八旗满洲氏族通谱》卷27《各地方富察氏》，第15—16页。
③ 《钦定八旗满洲氏族通谱》卷27《各地方富察氏》，第18页。
④ 《钦定八旗满洲氏族通谱》卷27《各地方富察氏》第16页。
⑤ 《钦定八旗满洲氏族通谱》卷27《各地方富察氏》，第17页。
⑥ 《钦定八旗满洲氏族通谱》卷27《各地方富察氏》，第19页。

时来归";谟瑚禄、堪锡、锡尔泰,那丹雅哈地方人,"天聪时来归";古尔赛,塔达地方人,"天聪时来归";包衣布尔赛,沈阳地方人,"天聪时来归";博奇、鄂克索、穆楞额,瓦尔喀人,"天聪时来归";罗多理,瓦尔喀人,"来归年份无考";吉尔都,英额地方人,"天聪时来归";珠赫讷,伊拉里地方人,"来归年份无考";萨哈亮,哈思瑚地方人,"来归年份无考";阿奇那、满岱,松花江地方人,"来归年份无考";包衣吴达哈,黑山地方人,"来归年份无考";劳翰,凤凰城地方人,"来归年份无考";都尔琥,巴济地方人,"来归年份无考";达尔苏喀,舍里地方人,"来归年份无考";卢克素,哈什马和罗地方人,"来归年份无考";松果图,吉阳地方人,"来归年份无考";包衣乌隆古,囊武地方人,"来归年份无考";吴札楼、拖赖,德里倭赫地方人,"来归年份无考";瓦巴、哈尔松阿,完颜地方人,"来归年份无考";绰克拖、艾禅、尼堪,齐宾哈达人,"来归年份无考";马克住,原籍无考,"来归年份无考"。

以上记载,时间概念较为模糊,未明载富察氏各支、系"来归"的具体年份。但从其前后行文看,"国初",应为努尔哈赤时期,或为努尔哈赤起兵之初。因为除"来归年分无考"外,其非"国初来归"者,皆记为"天聪时来归"。显然,在该书作者的心目中,皇太极已是清朝第二代皇帝,不再属于"国初"的范畴,这里使用的"国初"一词,系专指努尔哈赤时期。从上面的记载,我们还可以得知,明确记载投归努尔哈赤—皇太极集团的富察氏共56支,占总数63支的88.9%。其中,完全"国初"来归的富察氏有22支:扎库塔、额宜湖、赛音讷殷、岳克通鄂城、席百、卦尔察、苏完、马察、打牲乌剌、绥分、嘉木湖、沙晋和罗、冲鄂济巴布、多尔吉、阿库里、塔山堡、辽河、多尔浑、界凡、伊兰费尔塔哈、葛哈里和罗舍林、雅哈;完全"天聪时"来归的富察氏5支:沈阳、那木图、那丹雅哈、塔达、英额;来归年份完全无考的富察氏14支:囊武、完颜、德里倭赫、齐宾哈达、巴济、舍里、哈什马和罗、吉阳、伊拉里、哈思瑚、松花江、黑山、凤凰城,还有一支原籍无考者;既有"国初"来归,又有"天聪时"来归,还有"来归年份无考"的富察氏15支:叶赫富察氏7系,国初来归4系,天聪时来归2系,来归年份无考1系;沙济5系,国初来归4系,天聪时来归1系;蜚悠城6系,国初来归4系,天聪来归1系,来归年份无考1系;讷殷7系,国初来归5系,天聪时来归1系,来归年份无考1系;额赫库伦3系,国初来归1系,天聪时来归1系,来归年份无考1系;讷殷江2系,国初来归1系,天聪时来归1系;吉林乌喇3

系,国初来归1系,天聪时来归1系,来归年份无考1系;长白山3系,国初来归1系,天聪时来归1系,来归年份无考1系;辉发3系,国初来归1系,天聪时来归1系,来归年份无考1系;乌喇2系,国初来归1系,天聪时来归1系;富察2系,国初来归1系,天聪时来归1系;虎尔哈2系,国初来归1系,来归年份无考1系;瓦尔喀2系,天聪时来归1系,来归年份无考1系;黑龙江3系,国初来归1系,天聪时来归1系,来归年份无考1系;哈达3系,国初来归1系,天聪时来归1系,来归年份无考1系。不知何因,有7支富察氏未载其政治动向。但总体看,富察氏各支系投归努尔哈赤-皇太极集团的历史过程至天聪朝,即1636年前,已经完成,或基本完成。因为在上述的56支富察氏中,绝大部分在努尔哈赤时期就已投归。在天聪时期投归的,只是一小部分。况且在"来归年份无考"者中,也可能有不少是在"国初"或天聪时投归的。

这些富察氏家族各支为什么要纷纷加入努尔哈赤-皇太极集团呢?在努尔哈赤建国以后及皇太极天聪时期,富察氏各支归附的原因还较好理解,因为这时的后金,虽仍面临严峻的形势,要应付不少挑战,但毕竟已是左右东北地方政局的主宰性力量,事业蒸蒸日上。选择"投归",即意味着具有较大的政治发展空间和丰厚的经济利益回报。但在努尔哈赤削平诸部以前,在女真内部是存在多种政治军事势力的,特别是在努尔哈赤起兵之初,力量弱小,局势并不明朗,归附努尔哈赤,就意味着要冒政治风险。那么,促使富察氏各支归附努尔哈赤的原因何在?上引文献中有一条材料颇值得注意:"国初",蕈悠城富察氏策穆特赫部,"因受乌喇贝勒布占泰之虐,奏请移家内附"。就是说,策穆特赫"部长"是因为受到了乌喇贝勒布占泰的欺压而归附努尔哈赤的。归附努尔哈赤,是为了寻求保护!在《钦定八旗满洲氏族通谱》中,这方面的材料虽仅此一条,但揆诸当时的历史形势,因类似原因而投奔努尔哈赤的当不在少数。如果说策穆特赫等投归努尔哈赤-皇太极集团系受外力挤压而被迫做出的选择,具有一定的被动性的话,那么,还有相当一部分是自愿主动投归的,这从下引的大量资料中可以看出。驱使富察氏各支自动归附的原因,应该与努尔哈赤的气度、政策有极大关系。但从本质上讲,终究是利益的权衡促成了他们的行为决策,最终和努尔哈赤走到了一起。

据上引材料,在加入努尔哈赤-皇太极集团的富察氏家族成员中,载有名字的共296人;含有投归人带来人口数信息的记载有4条:(1)沙济富察氏的旺吉努投归时带来的人编为半个佐领；本科里带来的人编为1个佐领。(2)额宜湖富察氏的阿尔都山带来300余人，编一佐领。(3)蕫悠城富察氏的乌珠阿穆巴带来300人，编一佐领；策穆特赫带来500户。(4)讷殷富察氏的孟古慎和率子弟及同里壮丁500名来归，编1个牛录，授佐领之职；伊尔海带来的人编为1佐领。明载投归努尔哈赤-皇太极集团的富察氏人员共编有5.5个牛录。实际上，应不止此数。因为有名字的投归者296人，他们都是率领兄弟、族众、属下之人一同投归的，人数不会太少；策穆特赫带来的500户，人口应在2500人左右，他们编了多少牛录，史料并未记载。我们推测，如按每牛录300人计算，投归努尔哈赤-皇太极集团的富察氏家族人员所编牛录估计应在13个以上。他们的加入无疑增强了努尔哈赤-皇太极集团的实力。

二、富察氏家族与努尔哈赤-皇太极集团统一女真各部

万历初，女真各部蜂起，称王争长，互相残杀，大体分为四大部，即建州部，包括苏克苏浒河、浑河、完颜、栋鄂；长白部，包括讷殷、朱舍里、鸭绿部；扈伦部，包括叶赫、哈达、辉发、乌拉；东海部，包括窝集、瓦尔喀、虎尔哈。明万历十一年(1583年)，努尔哈赤以祖、父13副遗甲起兵，攻打苏克苏浒部图伦城主尼堪外兰，开始统一建州各部。其后，在统一女真各部的军事斗争中，富察家族的将士征战沙场，血染战袍，屡立战功。

本科里，世居沙济。万历二十一年(1593年)十月，努尔哈赤以朱舍里部长纡楞格曾出兵帮助叶赫与己敌对为由，遣其与鄂佛洛总管达赖前往讨伐。朱舍里部为长白山三部之一，拥有较强实力，号称"十三部"。本科里力战，"克服其众"，纡楞格被俘获。本科里因立有战功，赐号"苏赫巴图鲁"，授佐领[①]。

苏尔东阿，世居讷殷，"国初来归"，坚定地效忠努尔哈赤。讷殷七村人叛逃叶赫部，苏尔东阿奋力阻截，面部中箭，但挫败了讷殷七村人投归叶赫部的企图，叛兵不得不回据佛和多城。万历二十一年(1593年)，奉命率兵包围佛和多城，苦战三月，尽歼其众。努尔哈赤予以嘉奖，赏赐四十户，赐予盔甲鞍

[①] 李澍田：《清实录东北史料全集》(一)，长春：吉林文史出版社，1988年，第15-18页；《钦定八旗满洲氏族通谱》卷25《本科里》，第607页；《钦定八旗通志》卷147《敦拜》，史部第666册，第420页。

马及免罪敕书。万历三十六年（1608年），努尔哈赤命长子褚英率兵征讨乌喇，苏尔东阿随往，杀乌喇巴图鲁四十人；万历四十一年（1613年），努尔哈赤率大军征叶赫，苏尔东阿杀敌四十，获赏布三十匹。其后，攻打扎库塔，奋不顾身，身被九伤①。

德楞格，世居扎库塔，"国初来归"。曾孙喀柱，"以办事有能，不违指使，授三等车骑都尉"。后因"从征黑龙江有功"，授为二等车骑都尉②。

艾通阿，世居蜚悠城，天聪时来归，授骑都尉。其三弟鄂穆索科曾官工部理事官，因"考绩称职，加一云骑尉"。"从征松花江，获丁壮六十五人。"③

翁阿岱，世居讷殷江，"天聪时来归，以所仕称职，不违指使，授骑都尉。后征黑龙江有功，加一云骑尉。"④

孟古慎郭和，世居讷殷，"同弟罗团、莽吉图，将讷秦、倭济地方始开为路，征瓦尔喀，从讷殷地方率领子弟及同里壮丁五百名，于国初来归，授以佐领"⑤。既卒，子喀尔喀嘛袭职。不久，喀尔喀嘛因罪罢职，以孟古慎郭和侄鄂屯代之。天聪五年（1631年），鄂屯与佐领武巴海，随副都统蒙阿图征瓦尔喀，"进师额黑库伦及额勒约索，降其部众"⑥。

石图，世居讷殷，初任牛录章京。天聪九年（1635年），"从征虎尔哈，获丁壮八十四人"。⑦

哈珠，世居扎库塔，满洲镶白旗人。同兄哲尔吉纳投奔努尔哈赤，努尔哈赤授哲尔吉纳备御世职。其兄卒后，哈珠袭职。哈珠"办事有能，不违指使"。天聪八年，授三等甲喇章京世职；九年，跟随霸奇兰、萨穆什喀征黑龙江，立有功勋，加世职为二等甲喇章京；崇德五年（1640年）二月，同多里济征兀扎喇部落，俘获甚众。六月，凯旋回京，皇太极命于距京城五里外，设宴迎接。⑧

哈什屯，万济哈长子，初任前锋校，隶正蓝旗。天聪时，改隶镶黄旗，授侍

---

① [清] 鄂尔泰：《八旗通志》（初集）卷201《勋臣传一·苏尔东阿》，李洵、赵德贵，点校，长春：东北师范大学出版社，1985年，第4674页。
② 《钦定八旗满洲氏族通谱》卷25《扎库塔地方富察氏》，第633页。
③ 《钦定八旗满洲氏族通谱》卷25《蜚悠城地方富察氏》，第637页。
④ 《钦定八旗满洲氏族通谱》卷26《讷殷江地方富察氏》，第699页。
⑤ 《钦定八旗满洲氏族通谱》卷26《讷殷地方富察氏》，第657页。
⑥ 《钦定八旗通志》卷167《鄂屯》，李洵、赵德贵点校，长春：吉林文史出版社，2002年，第5册，第2911页。
⑦ [清] 鄂尔泰：《八旗通志》（初集）卷208《石图》，第4795页。
⑧ [清] 鄂尔泰：《八旗通志》（初集）卷208《哈珠》，第4792页。

卫,袭佐领,擢礼部参政。崇德二年,同佐领喀恺等率兵分道征瓦尔喀,俘获甚众。①

阿哈尼堪,椿布伦曾孙,世居叶赫,天聪时来归,隶满洲镶黄旗,初任佐领。崇德五年正月,承政萨穆什喀、索海征虎尔哈部,阿哈尼堪随同领兵助战。在攻克雅克萨城时,乌鲁苏屯的博果尔与乌喇合兵六千袭击正蓝旗后队右翼,索海与阿哈尼堪设伏截击,斩杀甚众。进攻掛喇尔屯,阿哈尼堪奋勇当先,"先入有功"②。

济席哈,满洲正黄旗人,本科里次子,初任佐领。崇德四年(1639年),授护军统领;崇德五年九月,奉命同副都统席特库率护军和蒙古兵,征索伦部。十一月,奏捷,擒部长博穆博果尔,获男妇七百二十五名,马六百五十匹,牛一百二十七头。六年正月,凯旋,皇太极"遣官迎于北驿馆,赐宴劳之。"③

哈宁阿,阿尔都山之子。崇德八年(1643年)三月,与蘸章京阿尔津往征虎尔哈部落之黑龙江部,战果辉煌,获波和里、诺尔噶尔、都里三处男子七百二十五名,小噶尔达苏、大噶尔达苏、绰库禅、能吉尔四处归顺男子三百二十四名,俘妇女幼小一百九十九口,获马三百十七匹,牛四百二头,貂狐等皮张甚多。七月,得胜回朝,皇太极赏赐哈宁阿"貂皮七十张,妇人三口,猎犬一只,银一百两。"阿尔津也得到同样的赏赐。④

以上材料的排比,当未穷尽。仔细搜寻,应还有不少。但由此已可看出,在努尔哈赤、皇太极对东北女真各部及其他少数民族的统一过程中,富察氏家族政治态度鲜明,积极主动地向这一政治集团靠拢,将命运与努尔哈赤-皇太极集团捆绑在一起,出生入死,为其发展壮大竭尽全力。其自身地位也因最高统治者的赏识而不断得到提高,成为统治集团的成员。同时还应看到,16世纪末期以后的东北,烽烟不息,战乱频仍,社会矛盾尖锐。女真内部亦群雄蜂起,互相攻伐,争夺不已,局势一片混乱,民生艰难。女真各部的统一,有利于东北社会的安定。于此,富察氏家族亦有功焉。

---

①《钦定八旗通志》卷136《哈什屯》,史部第666册,第197页。
②《钦定八旗通志》卷136《阿哈尼堪》,史部第666册,第195-196页;[清]鄂尔泰:《八旗通志》(初集)卷145《阿哈尼堪》,第3752页。
③《钦定八旗通志》卷148《济席哈》,史部第666册,第446页;[清]鄂尔泰《八旗通志》(初集)卷148《季什哈》,第3804页;《满汉大臣列传》卷1《济什哈》,近代中国史料丛刊续编(第7辑),台北:文海出版社有限公司,1974年,第22页。
④《钦定八旗满洲氏族通谱》卷25《额宜湖地方富察氏》,第627页;[清]鄂尔泰:《八旗通志》(初集)卷159《哈宁阿》,第3984-3987页。

三、努尔哈赤-皇太极集团对明、对朝、对蒙战争中的富察氏家族

努尔哈赤在势力弱小之时，对明朝示以恭顺，采取隐忍态度。但当诸部渐次削平，实现内部基本统一，建立后金政权后，实力大为增强，始以七大恨誓天，将矛头对准明朝，向辽东大规模进发，明清战争全面爆发。历努尔哈赤-皇太极时期，为取得发展的战略优势，对明、对朝、对蒙战争持续不断。富察氏家族成员又奉命驰骋疆场。攻宁远，克大小凌河，围锦州，战松山，征朝鲜，败察哈尔，毁边墙入明抢掠，在战场的纷飞炮火中、刀光剑影里，无处不有富察氏家族男儿的矫健身影。

努尔哈赤-皇太极集团的对明战争，分为两条战线展开。一是在山海关外。努尔哈赤进占辽东异常迅速，把政治中心也由赫图阿拉迁到了沈阳。但在辽西的宁、锦一线则长期胶着近二十年之久。双方之所以在此激烈争夺，是因为山海关是北京的东大门，而宁远、锦州则是山海关的门户。努尔哈赤-皇太极集团要由山海关进入关内，必须首先扫平锦州、宁远。而明朝为抵御努尔哈赤-皇太极集团入关，在此构筑了坚固的宁锦防线。宁锦防线由宁远，经松山、锦州，北抵大凌河，长数百里。努尔哈赤-皇太极集团对明宁锦防线的进攻，始于努尔哈赤的时代，富察氏家族的战将多有参与。

敦拜，满洲正黄旗人，初任佐领。天命十一年（1626年），随努尔哈赤大军攻打宁远，为前锋，"先驱侦敌"，城内明兵出战，击败之。宁远城防坚固，久攻不克，努尔哈赤受创撤兵，敦拜负责殿后，击退追击明军。崇德五年，擢护军统领，随济尔哈朗围锦州，明守将派兵出城诱战，敦拜突入其队，斩杀三人，余众俱遁，退回城中。明军为打破锦州之围，派兵多次进攻锦州外围，敦拜"并战却之"。六年，清军复围锦州，明朝派总督洪承畴来援，自松山进攻清军两红旗营地，敦拜先后率所部"御却"。明军寻复攻蒙古营，敦拜"趋援败敌"，斩首二百余级，获云梯十四；七年，锦州捷，叙功，加一云骑尉；八年，同护军统领阿济格、尼堪率兵驻防锦州①。

阿哈尼堪，天聪时，任佐领，同蒙古两黄旗将领布哈塔布囊、阿济拜"略明宁远，明兵千人追至，还击败之。"崇德六年四月，"从大兵征明"，围锦州，明松山马兵来援，阿哈尼堪随梅勒章京曹海"奋击败之"。两日后，明总督洪承畴

---

①《钦定八旗满洲氏族通谱》卷25《本科里》，第607页；《钦定八旗通志》卷147《敦拜》，史部第666册，第420页。

"以兵来战",阿哈尼堪随固山额真宗室拜音图击败之,"又败松山步兵"①。

巴希,满洲镶黄旗人,世居纳殷地方。天聪元年五月,以骑都尉随多罗大贝勒代善等征明,攻锦州,城中敌兵出战,清军迎击之,复驱入城。巴希与觉罗拜山不待大兵至,奋勇先登,战殁于阵,恩赐二等轻车都尉世职②。

噶尔哈图,阿哈尼堪子,初管摆牙喇甲喇章京事。崇德五年,围明锦州,明杏山马步兵来战,随昂邦章京拜山等击败其众。又同其他两路清军会击明松山马兵,敌兵夜遁,随纛章京鳌拜巴图鲁追至塔山南海岸,大破其众。七年,随肃亲郡王豪格围松山,敌兵夜犯镶黄旗阿里哈超哈汛地,噶尔哈图同拜山"击却之"③。

济席哈,满洲正黄旗人,本科里次子,初任佐领。崇德四年,授护军统领。五年,随郑亲王济尔哈朗"征明锦州,遇松山兵邀战,同参领布丹、希尔根、囊古等击却之。"同年,复随郑亲王围锦州,屡次击败松山来援敌兵④。

费雅思哈,本科里第三子,满洲正黄旗人,初任护军校。崇德五年,大军围锦州,明兵自松山、杏山赴援,费雅思哈"御战皆捷";六年,复围锦州,同参领哈宁阿"击敌城下,射殪二人"。明总督洪承畴"以步队自松山来犯",费雅思哈力战却之⑤。

哈什屯,万济哈之子,崇德六年,清军包围锦州,皇太极亲临指挥,锦州战役进入最关键的一年。崇祯帝命总督洪承畴率兵13万赴援,驻扎松山,欲解锦州之围。明总兵曹变蛟欲行"擒贼先擒王"之计,率兵夜袭皇太极驻扎的营地,哈什屯"先众捍御,手腕中创,仍裹创力战",直至杀退明军。用生命保卫了皇太极的安全。受到皇太极奖赏⑥。

法特哈,满洲镶黄旗人,初任牛录章京。崇德七年,随大兵围锦州,"两翼兵合击松山马兵",法特哈率领所属甲喇兵"先进克敌"⑦。

---

① 《钦定八旗通志》卷136《阿哈尼堪》,史部第666册,第195-196页;[清]鄂尔泰:《八旗通志》(初集)卷145《阿哈尼堪》,第3752页。
② 《钦定八旗通志》卷209《巴希》,第130页。
③ [清]鄂尔泰:《八旗通志》(初集)卷145《噶尔图》,第3753页。
④ 《钦定八旗通志》卷148《济席哈》,史部第666册,第446页;[清]鄂尔泰:《八旗通志》(初集)卷148《季什哈》,第3804页;《满汉大臣列传》卷1《济什哈》,第22页。
⑤ 《钦定八旗通志》卷149《费雅思哈》,史部第666册,第448-449页。
⑥ 《钦定八旗通志》卷136《哈什屯》,史部第666册,第197-198页。
⑦ [清]鄂尔泰:《八旗通志》(初集)卷201《法特哈》,第4678页。

布丹，努尔哈赤时来归，隶满洲正红旗，授佐领，寻兼任前锋参领。天聪九年，随贝勒多铎征锦州，师旋，敌猝追袭，都统石廷柱部下兵有被困，布丹破敌阵援之出；崇德四年，同前锋参领沙尔瑚达等率土默特兵二百，略宁远北界，以数骑挑战，明兵坚壁不出，乃俘获采樵者以归。崇德五年，大军围锦州，明兵"离城筑台"，布丹同前锋参领纳海色赫、苏尔德驰击，斩四十人；复追斩出城刈草者四十二人。明军以三百骑一再来犯，"并击之遁"。寻与纳海色赫往小凌河，遭遇明总兵祖大寿自锦州派遣而来的蒙古兵，尽斩之；六年，明总督洪承畴集援兵据松山，进攻清军前锋汛地，布丹偕诸参领勠力同心，奋战却敌，追斩十人；寻又击败杏山明骑兵；七年，锦州下，叙功，晋世职为骑都尉①。

鄂屯，崇德元年，授骑都尉世职；三年，任户部理事官；六年，大军围明锦州，明总督洪承畴率兵赴援，清右翼兵击之松山，失利，两红旗及镶蓝旗驻营地为明军所夺，鄂屯率其属三十五人守山巅，力战败敌，"得优赍"②。

硕占，父舒穆禄，太祖高皇帝时，授佐领，仕至游击。父卒仍其任，寻兼参领；天聪八年，以克副任使，予骑都尉世职。崇德五年三月，大军将征明锦州，命硕占赴朝鲜国安州征粮，"艘及水师由旅顺口至大凌河"，还报称旨。同年秋，随大军围锦州，参领禧福率甲士二十四驻守骆驼山，敌以步骑四百乘夜劫掠。硕占闻警赴援，同禧福一起御敌，斩敌二百余人，获马十六匹③。

翁阿岱，满洲镶黄旗人，世居讷殷，归附之初，任分得拨什库，为八旗低级军官，作战勇敢。随大军征辽东，有敌兵以杖击巴图鲁额驸，驰马斩之；至宁远，阿尔泰陷于敌阵，只身杀入将其救出。天聪五年，征大凌河、略中后所，皆有功。崇德六年（1641年），参加松锦之战，"多有擒获"，叙功，授牛录章京世职。寻卒。④

哈宁阿，努尔哈赤时，"从征雅兰、商坚哈达、奉集堡等处"，所向披靡，在统一黑龙江中上游地区的战役中立有功勋。天聪二年，随贝勒岳托等征明锦州，略松山、杏山及高桥诸台堡，奋勇击敌，授护军统领；五年，从征大凌河。

---

① 《钦定八旗通志》卷164《布丹》，史部第666册，第778—779页。
② 《钦定八旗通志》卷167《鄂屯》，史部第667册，第15页；[清]鄂尔泰：《八旗通志》（初集）卷160《鄂屯》，第4001—4002页。
③ 《钦定八旗通志》卷164《硕詹》，史部第666册，第781—782页；[清]鄂尔泰：《八旗通志》（初集）卷157《硕詹》，第3960—3961页。
④ [清]鄂尔泰：《八旗通志》（初集）卷201《翁阿岱》，第4673页。

崇德元年，从攻皮岛俱有功，累加至二等甲喇章京世职。崇德二年四月，擢议政大臣。六年，洪承畴率兵十三万来援锦州，太宗皇太极亲率大军往征之，环松山扎营，谕诸将曰："今夜敌兵必遁。左翼四旗摆牙喇纛章京鳌拜巴图鲁、哈宁阿等，可率本旗摆牙喇至右翼排立。右翼四旗摆牙喇及阿礼哈超哈蒙古兵、噶布什贤兵，俱比翼排列，直抵海边，各固守汛地。"是夜一鼓，明兵果遁，沿海潜奔。哈宁阿等相继追击，大破之。寻进攻松山，追阿尔萨兰败兵，遇敌兵据守山巅，击败之，获马匹甚众[1]。

努尔哈赤—皇太极集团与明对宁、锦地区的争夺，始于天命十一年（1626年）。至崇德七年（1642年），松山、锦州被攻破，洪承畴被俘降清，明朝在关外的土地尽失，只剩下宁远一座孤城，基本廓清了清朝通向山海关的道路。前后参加宁锦一线争夺的富察氏战将达25人次。其中，1人阵亡。参战士卒数量不见记载，应不是小数。明宁锦防线的突破有富察氏男儿的血战之功。

对明战争的第二条战线，是毁边墙，由内蒙古进入明朝腹地。为了逐步削弱明朝，砍倒明朝这个大树，皇太极除在关外战场向明朝频频发起攻击，争夺宁锦，力图摧毁其关外防线外，还从明朝北边毁边墙而入，攻击明朝腹心地带，抢掠明朝人口和财物。富察氏家族亦屡屡奉命入关攻掠。

硕占：天聪五年，同参领杭什木、沙尔瑚达、席特库入明境"捉生"，斩三人，擒哨长1人、士卒五人以归；崇德三年八月，随贝勒岳托征明，由墙子岭毁边墙入，越燕京，略山东。至山东，攻禹城县，率本甲喇兵"不藉云梯，径登城克之"。又克平阴县。崇德四年春，旋师出边，明军袭击后营，硕詹同巴图鲁尼哈里等击却之。叙功，晋三等轻车都尉。九月，擢户部参政[2]。

伊成格：哈宁阿弟，国初任牛录额真。天聪六年，从征大同，与其兄纛章京哈宁阿率二十人前行，遇敌骑二百，即率众击之，斩十余级。崇德三年八月，随扬威大将军贝勒岳托征明，遇山海关丁副将兵三千来拒。即同巩阿岱败其众，追至丰润县斩之。十月，同喀尔塔喇、多尔锦、阿喇密败明兵，斩首七十余级，获纛二杆。四年，以功授半个前程。[3]

---

[1]《钦定八旗满洲氏族通谱》卷25《阿尔都山》，第416页；[清]鄂尔泰：《八旗通志》（初集）卷159《哈宁阿》，第3984-3987页。
[2]《钦定八旗通志》卷164《硕詹》，史部第666册，第781-782页；[清]鄂尔泰：《八旗通志》（初集）卷157《硕詹》，第3960-3961页。
[3]《钦定八旗满洲氏族通谱》卷25；[清]鄂尔泰：《八旗通志》（初集）卷159《哈宁阿》，第3984-3987页。

费雅思哈：天聪六年，清太宗皇太极亲征察哈尔，分兵略大同，至朔州，城中兵出战，费雅思哈与参领道喇等奋勇进击，败之；崇德三年，署护军参领，随岳托征明，入墙子岭，败密云步兵①。

辛泰：满洲镶黄旗人，世居讷殷，入边掠明，冲锋在前，不避矢石。天聪九年，随贝勒阿济格征明，攻安肃县城，第三个登上城垣。崇德元年叙功，授牛录章京世职。子拖纽，颇有乃父之风，出入战阵，置生死于度外，入明边攻掠，作战英勇，奋勇当先，出边复殿后。崇德三年，随扬威大将军贝勒岳托征明，入边之日，同舒恕败明马总兵。至浑河，为桥以渡，明范军门兵"来蹑我后"，拖纽随梅勒章京内尔特击败之。比出边，留殿后，明吴总兵率师来追，复同本固山兵败之。崇德六年，父卒，袭父职②。

布丹：崇德元年，随武英郡王阿济格征明，将入边，击其敌骑，擒其逻卒，连破雕鹗岭、长安岭二城，皆督所部先登。转战至涿州，擒斩无算；既旋军，明军觊觎其辎重，潜出居庸关设伏邀劫，布丹率兵冲击，明军皆溃窜；崇德七年冬，随饶余贝勒阿巴泰征明，入黄崖口，趋蓟州，击败明总兵白腾蛟、白广恩等，斩获甚众③。

哈珠：崇德三年，随扬威大将军贝勒岳托征明，击太监高起潜马兵，败之。师还，将出边，又击败太平寨兵④。

噶尔哈图：崇德八年，从贝勒阿巴泰征明，打到北京附近的通州，有马步兵百余前来窥伺，噶尔哈图同鳌拜巴图鲁击斩之；至山东，布云梯攻蒙阴县，第三个登上蒙阴城头；至沂水县，率本甲喇兵亦以云梯攻克其城。师旋叙功，授半个前程，三遇恩诏，加至三等阿达哈哈番⑤。

吴尔栋阿，满洲镶红旗人，世居费要和屯。崇德八年，随贝勒阿巴泰征明，至山东，攻日照县，"乘颓垣先登，克其城。"叙功，授半个前程世职⑥。

参与入明抢掠的富察氏家族将领共9人：硕占、费雅思哈、伊成格、哈宁阿、辛泰、布丹、哈珠、噶尔哈图、吴尔栋阿；抢掠14次：天聪五年1次，天聪六年3

---

①《钦定八旗通志》卷149《费雅思哈》，史部第666册，第448—449页。
②[清]鄂尔泰：《八旗通志》（初集）卷201《辛泰》，第4676—4677页。
③《钦定八旗通志》卷164《布丹》，史部第666册，第778-779页。
④[清]鄂尔泰：《八旗通志》（初集）卷208《哈珠》，第4792页。
⑤[清]鄂尔泰：《八旗通志》（初集）卷145《噶尔图》，第3753页。
⑥[清]鄂尔泰：《八旗通志》（初集）卷201《吴尔东阿》，第4836页。

次,天聪九年1次,崇德元年1次,崇德三年5次,崇德七年1次,崇德八年2次。

朝鲜是明朝的重要藩属国,与明朝往来密切。明末,后金(清)势力崛起,明朝将其作为一支重要的对后金(清)的牵制力量。皇太极即位,为解除来自右翼的威胁,两次发动对朝鲜的战争。在这场战争中,富察氏家族将领主要参加了第二次。笔者搜集到的材料有三条:阿哈尼堪,崇德二年,从征朝鲜,先右翼众兵,突过朝鲜战舰,遂取江华岛[1];崇德元年,大兵征朝鲜,攻长山岭,伊成格直登山顶,大破朝鲜兵[2];崇德元年,清太宗亲征朝鲜,克其国都,国王李宗遁南汉山城,进师围之,侦知李宗妻子在江华岛,分兵攻取。硕占乘船渡海,冲越朝鲜战舰,继佐领阿哈尼堪登上江华岛,率众攻围,降其城,叙功加一云骑尉。三年七月,兼任刑部理事官[3]。

内蒙古草原也留下了富察氏家族成员的足迹。如,天命八年,伊成格从征扎鲁特代青,先众击敌有功。[4]等等。

努尔哈赤-皇太极时期,征朝鲜,迫使称臣,解除了后顾之忧;收服漠南蒙古,既消除了来自西边的威胁,也方便了从北边攻击明朝;取松、锦,淹有明关外之地,为挺进山海关铺平了道路。这些战略优势的取得,证明富察氏家族是一股不可忽视的力量。

四、结语:富察氏家族在努尔哈赤-皇太极时期的地位

努尔哈赤-皇太极时期是统治中国近三百年的清王朝的崛起时期,也是满族八大姓之一的富察氏家族的兴起阶段。作为清朝历史上的著名的政治军事家族,在这一发展阶段,尚远未进入努尔哈赤-皇太极集团的政治、军事的核心层面,还扮演的是"跟随"的角色,但白山黑水的丰饶资源和肥沃的土地所滋养的、具有坚韧、勇敢、忠诚诸品质的富察氏家族,也已初试锋芒,引起了努尔哈赤-皇太极集团最高统治者的瞩目。在努尔哈赤、皇太极时期,已有不少富察氏家族的精英进入了统治阶层,或获得了较高荣誉和地位。下面仅

---

[1]《钦定八旗通志》卷136《阿哈尼堪》,史部第666册,第195-96页;[清]鄂尔泰:《八旗通志》(初集)卷145《阿哈尼堪》,第3752页。
[2][清]鄂尔泰:《八旗通志》(初集)卷159《哈宁阿》,第3986页。
[3]《钦定八旗通志》卷164《硕詹》史部第666册,第781页;[清]鄂尔泰:《八旗通志》(初集)卷157《名臣列传·硕詹》,第3960-3961页。
[4][清]鄂尔泰:《八旗通志》(初集)卷159《哈宁阿》,第3986页。

就所见资料列表以示。

表1 清朝崛起时期的富察氏家族成员任职及获赐爵名表

姓名	曾任官职	曾获爵名
哈宁阿	佐领、护军统领、议政大臣、囊章京	甲喇章京世职
硕占	户部参政、刑部理事官、参领、游击	骑都尉、云骑尉、轻车都尉
鄂屯	佐领、户部理事官	骑都尉
哈什屯	佐领、礼部参政、前锋校、侍卫	
鄂穆索科	工部理事官	云骑尉
济席哈	佐领、护军统领	
敦拜	佐领、护军统领、前锋校	云骑尉
费雅思哈	护军参领、护军校	
旺吉努	佐领	
廷珠瑚	佐领	
乌珠阿穆巴	佐领	骑都尉、云骑尉
阿哈尼堪	佐领	
孟古慎郭和	佐领	
伊尔海	佐领	
本科里	佐领	
舒穆禄	佐领、游击	
哈珠		甲喇章京世职、备御世职
哲尔吉纳		备御世职
噶尔哈图		阿达哈哈番、甲喇章京世职
翁阿岱		云骑尉、骑都尉、牛录章京世职
艾通阿		骑都尉
布丹	佐领、前锋参领	骑都尉
巴希		骑都尉、车骑都尉
喀柱		车骑都尉
阿布岱		骑都尉
瑚锡泰	三等侍卫	
法特哈	牛录章京	
辛泰	牛录章京世职	
拖纽	牛录章京世职	
伊成格	牛录额真	
吴尔栋阿		半个前程世职

资料来源：《钦定八旗满洲氏族通谱》、《皇朝通志》及《钦定八旗通志》、《八旗通志》（初集）本传

上表所列共31人,他们所任职务多为武职,为带兵打仗的中下级军官,也有进入六部管理政务的,但数量不多。位居议政大臣的,只有哈宁阿1人。这是名副其实的兴起阶段。到顺、康、雍、乾时代,富察氏家族才进入他的发展期和鼎盛期。但富察氏家族主动投归努尔哈赤-皇太极集团是一个智慧的选择,这一选择再加上他的勇敢、忠诚,注定了这个家族一定会载入史册。

三 近现代史研究

先锋队中的先锋队:省港罢工纠察队的定位与特质

马思宇[1]

摘　要:国民革命时期,在反帝群众运动军事化与军事组织政治化的背景下,省港罢工纠察队应运而生。这支武装融合了苏俄工人纠察队、社会团体武装、秘密社会组织的内外经验,冶军队、警察的功能于一炉。纠察队与地方社会融合冲突背后,是国民革命的系统政治下渗过程,武装斗争与群众组织、基层政权的建立,互为表里,与旧有的地方社会体系间的碰撞互动。中共对纠察队进行了政治改造,意在打造、纯化出一支政治过硬的无产阶级武装,显示出革命路径的另一可能。

关键词:国民革命;省港罢工;工人纠察队

20世纪20年代,中国反帝运动呈现出群众运动军事化、军事组织政治化的趋向。1925年6月至1926年10月间爆发的省港大罢工,其范围之广,规模之大,影响之巨,世所罕见。在日益高涨的省港罢工热潮中成立的省港罢工纠察队,正是两种趋向的集中体现。时人多以省港罢工为民族革命运动的先锋队,而省港罢工纠察队可谓先锋队的先锋队,以此区隔罢工纠察队与警察、军队。[2]

---

[1] 作者简介:马思宇,男,1987年生,黑龙江省哈尔滨市人,南开大学历史学院讲师,研究方向为中共党史、民国政治史。

[2] 冼一宇:《粤港罢工纠察队奋斗概况》,武汉:湖北全省总工会宣传部印,1927年。

目前国内学界对于这支工人武装,尚乏系统深入的研究,仅少数学者曾专文讨论。[①]其他相关研究成果,多是以省港罢工为研究对象,间或涉及纠察队[②]。美国学者裴宜理回溯了纠察队之前的公民武装,阐明纠察队这一武装形式是中国群众运动的有机组成部分,同时指出省港大罢工纠察队是中共首次指挥大规模的工人武装力量。[③]以上成果对本文都多有启发,但如何理解省港罢工纠察队在国民革命中的定位,与国内外武装的内在关联,与地方团体、武装、群众的互动关系,这些问题尚有讨论空间。

本文拟以此作为切入点,通过梳理新发现的国民党党史会档案和当事人的口述回忆,探寻纠察队成立的制度渊源和组织经验,突出纠察队的组织特色和发展过程中的关键节点,将其置于更为宏大的反帝运动发展进程中,以便更为深入理解纠察队的角色定位和发展困境。

一、兼采中西:纠察队的建立

纠察队非省港罢工首创。早在安源煤矿工人运动中,纠察队已有先例。近如1925年的五卅运动之中,纠察队更是遍地开花。1925年初的上海纱厂工潮之中,已有组织纠察队之提议,每厂五队每队十人,"以工人代表任之,维持工人秩序"。[④]在五卅惨案中牺牲的顾正红,正是工人纠察队的成员。

纠察队亦非工人群体所独有,上海仁济医院,邮务海关英文专校等学校,均设纠察部,意在强制,但目的有所不同,前者旨在禁止同学自由出校,后者负责查验同学缺席及执行罚金。[⑤]上海学生联合会也在群众运动的过程中,广为推行纠察队的形式,要求各团体须推举纠察员十人,且各校纠察员均须

[①] 已有学者对纠察队的成立过程做了梳理,并指出纠察队由共产党领导,以及纠察队的若干特点,对本文颇具启发。但如何从宏观层面阐释纠察队的角色和意义,笔者以为尚有探讨空间。谭倚云:《省港罢工工人纠察队的组建与改制》,《广东党史与文献研究》,2019年第4期;陈卫民:《中国共产党领导的第一支工人武装——省港罢工工人纠察队》,《军事历史研究》,1991年第2期;任振池:《论省港大罢工中的工人纠察队》,任池、刘寒主编:《省港大罢工研究——纪念省港大罢工六十五周年文集》,广州:中山大学出版社,1991年,第233-247页。

[②] 相关成果有卢权,禤倩红:《省港大罢工史》,广州:广东人民出版社,1997年;曹平:《五卅运动和省港大罢工》,哈尔滨:黑龙江人民出版社,1985年。

[③] Perry, Elizabeth J. Patrolling the Revolution: Worker Militias, Citizenship, and the Modern Chinese State. London: Rowman & Littlefield, 2007, p.41.

[④]《内外纱厂工潮之昨讯》,《申报》1925年5月17日,第13版。

[⑤]《关于死伤者之消息》,《申报》1925年6月3日,第12版。《本埠新闻二》,《申报》1925年6月6日,第11版。

听从学生会指挥。①

群众运动中，游行队伍鱼龙混杂，不乏好事之徒，又往往鼓于义愤，难免有轨外行动。为使运动更为严肃和文明，各地多选择设立纠察队，以保证参与者遵从秩序，服从指挥。无锡纠察队不但事先与警察沟通，保证严守秩序，同时还要踏查路线，详加布置。②长沙纠察队先期布告严禁扯毁衣服，捣毁洋货店等事，故能保证"叫嚣凌乱及各项越轨行动皆绝未发生"。③长沙纠察队亦有相似职能，事先发出布告，凡加入游街之人，须一佩戴带符号，求得队伍整齐，并防止游民混入队伍，嘈杂喧嚷。④

将纠察队打造成具有政治性，专门性的准军事武装力量，应归功于共产党。中共将省港罢工委员会，作为最高执行机关。纠察队则成为拱卫"第二政府"的武装力量。正如邓中夏所言，省港罢工委员会不但是"社会民众团体的总领袖"，更有"独立的政权性质"，因而被称为"第二政府"⑤，或"东园政府"⑥。它有绝对权力，可以处置一切与罢工相关之事，而广东政府不得过问⑦。正因如此，所以它在广东的地位"有举足轻重之势"。⑧罢工委员会下辖纠察队、保管拍卖处、会审处、法制局，均仿效国家暴力机关而设，拥有垄断性权力。外国报纸判断罢工委员会与政府有同等权力，依据就是前者拥有自己的警察和法庭。⑨

1924年以后，纠察队逐渐成为基层工会的标准配置，而这与国民党中央自上而下的布局不无关联。改组后的驳载总工会称，上承国民党的纲领，分教育、慈善、财政、调查、纠察五股，纠察股的设立，为之前所未有。⑩

---

① 《学生会为六三纪念通告》，《申报》1925年6月2日，第14版。
② 《江浙各界对沪惨案之援助》，《申报》1925年6月8日，第6版。
③ 《湘人对沪惨案之大游行》，《申报》1925年6月11日，第6版。
④ 《国内专电》，《申报》1925年6月26日，第5版。
⑤ 《中国职工运动简史》，《邓中夏文集》，北京：人民出版社，1983年，第638页。
⑥ 王克欧：《省港大罢工中的广东学生运动》，广东省政协学习和文史资料委员会编：《广东文史资料存稿选编》，第3卷，广州：广东人民出版社，2005年，第386页。
⑦ 《中国职工运动简史》，《邓中夏文集》，第615页。
⑧ 《中国职工运动简史》，《邓中夏文集》，第638页。
⑨ Memorandum on the Hong Kong-Canton Negotiations for the Teination of the Boycott in Canton, F2790/1/10/1.
⑩ 工会被设计成党吸收工人的基层组织载体。该会上承国民党党部宣传党纲，要求答复会员总数，分会数量，组织状况，所在地，会员识字率，会员生活，可以加入本党人数多少，"凡为驳载工人能入会内规则者，皆得为工会会员，二十人为一组，六十人须设区分部"，统计下来，该会约有千人"情愿入党"，以求党之庇护。《驳载总工会致中央秘书处函》，五部档0366，国民党党史馆馆藏，1925年11月16日。

省港罢工纠察队的筹备，始于1925年7月1日，于5日正式成立。队员是由各工会会员充当，并选出纠察队总队长黄金源、训育长邓中夏、总教练徐成章、总指导施卜、秘书林昌炽。内部职务分为：秘书、庶务、收发、机要、会计五股，共编成5个大队、22个支队，每个支队约140余人，按三三制编成。①大队长可由工会自己推举。

纠察队的设立，系因罢工委员会预见，广东各地"见利忘义"之徒，会擅自以货资敌。为防微杜渐，罢工委员会决议实行组织武装纠察团，严查来往船艇，"如有胆敢运载仇货，或以土货接济敌人者，即予扣留讯究，以征奸顽而维大计"。同时，罢工委员会希望通过成立纠察队，将各地类似的纠察武装统一起来，免滋流弊。②

罢工纠察队身穿黄色制服③，"半似军人的服装"④。绑腿、草鞋，一律穿短裤，冬夏都如此，制服是由各工会出钱缝制的。纠察队头戴有国民党党徽的军帽⑤佩戴臂章，臂章上写一个"纠"字，肩扛来福枪⑥，有时则持一根童子军式的棍棒⑦。队旗是四方的，中间也写一个"纠"字。⑧纠察队员生活虽很艰苦，时常睡地板，住庙堂，但革命斗志很高。⑨

纠察队还有外围组织，即广州各工会的工人自卫队，亦被称为各工会纠察队。他们仿照纠察队的组织模式，装束亦与罢工纠察队有些相似。举行大型游行时，各工会纠察队是重要的参与力量，他们由工会的大旗领导，跟随鼓点，步伐整齐。广州工人自卫队曾举行授旗礼，列队游行，俨然军队一般。⑩

纠察队对香港的封锁范围，按当时自己队员的数量和当地需要而决定。纠察队首先布置在广州附近，后到石龙、太平、江门线，再扩至石岐澳门线，续扩大到阳江、水东、汕头、梧州等线。⑪纠察队在全盛时期有小艇十二只，往来

---

① 周江全：《关于纠察队的回忆》，《广东文史资料存稿选编》，第3卷，第326页。
② 《省港罢工委员会致中央执行委员会函》，汉口档0169.1，国民党党史馆馆藏，1925年10月10日。
③ 周江全：《关于纠察队的回忆》，《广东文史资料存稿选编》，第3卷，第326页。
④ 维什尼娅科娃－阿基莫娃：《中国大革命见闻（1925—1927）——苏联驻华顾问团译员的回忆》，王驰，译，北京：中国社科出版社，1985年，第154页。
⑤ 维什尼娅科娃－阿基莫娃：《中国大革命见闻（1925—1927）——苏联驻华顾问团译员的回忆》，第154页。
⑥ 维什尼娅科娃－阿基莫娃：《中国大革命见闻（1925—1927）——苏联驻华顾问团译员的回忆》，第154页。
⑦ 代英：《广东的青年劳动军人》，《中国青年》，1927年第151期。
⑧ 周江全：《关于纠察队的回忆》，《广东文史资料存稿选编》，第3卷，第326页。
⑨ 甘来：《回忆省港罢工工人纠察队》（二），《广东文史资料存稿选编》，第3卷，第314页。
⑩ 代英：《广东的青年劳动军人》，《中国青年》，1927年第151期。
⑪ 黎子云：《纠察队的训练及其封锁斗争》，《广东文史资料存稿选编》，第3卷，第335页。

巡查缉拿，东至汕头，西至北海，旌旗相望，金鼓相闻。①

纠察队是以俄为师的成果之一。列宁在策划1905年革命时，便提出要废除常备军这一压制人民的"祸根"，提倡工人和士兵融成"统一的全民的民兵"②，把军事知识交给人民，把军营变成自由的军事学校，"把所有的士兵变成公民，把一切能够拿起武器的公民变成士兵"③。当时他鼓励在大城市及郊区，组织几十个25至75人的战斗队，届时工人将会踊跃参加。④列宁希望这样的民兵能够筹措武器弹药，侦察敌情，并能给敌人局部打击，营救俘虏。这一设想，不断实践拓展，衍化出苏俄的工人纠察队。

共产国际执委会东方部根据苏俄经验，指示中共在建立城市的战斗部队时，一定要把工人作为每支纠察队和部队的基础，而且组织原则应按企业组建或附属于工会。⑤东方部的主要负责人之一瓦西里耶夫，还特别强调工人纠察队和工人部队应当设在"可靠的民族革命组织"之中。这些组织的可靠程度取决于党对它们的影响程度。换言之，工人纠察队应由坚强的共产党核心所领导。部队的指挥人员最好是从共产党员中挑选，或从"承认党的威信的非党人员"中挑选。⑥

但若言工人纠察队全然照抄苏俄制度，亦未客观。工人纠察队在形成过程中，同时还加入中国地方团练，及秘密社会的传统经验。时人将广东自卫团体发展分为三期，第一期为清代之更练地保，以乡中子弟相组织。第二期为兴起于1924年的民团保卫，亦系地方绅耆父老所办理，其中翘楚即为广州商团。第三期始于商团覆灭，政府设立广东全省民团统率处，以改组各地民团。省港罢工纠察队即兴起于这一背景之下，为工团军之一种。作者认为上述民团一脉相承，"皆含有一种弹性"，"伸之可为团军，缩之仍为农工阶级之份子"。并盛赞纠察队为"社会主义之结晶"。⑦

---

① 邓中夏：《一年来省港罢工的经过》，省港罢工委员会宣传部编：《省港罢工概观》，1926年，后载于《邓中夏文集》，第278页。
② 列宁：《论无产阶级的民兵制》，中国人民解放军军事科学院编译：《列宁斯大林军事文选》，北京：中国人民解放军总参谋部出版社部，1962年，第237页。
③ 列宁：《军队和革命》，《列宁斯大林军事文选》，第63页。
④ 列宁：《由防御到进攻》，《列宁斯大林军事文选》，第45页。
⑤ 《共产国际执委会东方部关于中国共产党军事工作的指示草案》，中共中央党史研究室第一研究部编译：《联共(布)共产国际与中国国民革命运动(1920—1925)》，第1卷，北京：北京图书馆出版社，1997年，第659页。
⑥ 《瓦西里耶夫给中共中央的信》，《联共(布)共产国际与中国国民革命运动(1920—1925)》第1卷，第639页。
⑦ 刘楚善：《广东自卫团之变迁史》，《申报》1925年10月10日，第23、24版。

上述认识虽与纠察队的理论设计,稍有距离,然可能更与实际情形相符,这反映出相当部分的群众存在朦胧杂糅的实际理解状况。而这样带有本土性的阐释理解,反而有助于纠察队在当地生根发芽。

反帝群众运动广泛兴起,亟待内部约束,以御外敌,革命政党谋求组织带有政治色彩的武装力量,这两者构成了省港罢工纠察队的社会背景。从纠察队身上,可以辨析苏俄工人纠察队的制度移植,以及社会团体武装和秘密社会组织的地方经验。

二、纯化革命队伍:纠察队的改组

纠察队从无到有,由弱变强,必须经历从吸收地方武装,到锻造革命武装的艰难过程。省港罢工纠察队是由传统社会的多种力量组合而成,内部质量参差不齐,不乏秘密社会的成分,如何整顿纪律,清理队伍,成为纠察队蜕变为现代武装,群众运动能否为国家建设服务的关键所在。

纠察队因事起仓促,准备不足,许多队员未经过充分的政治军事训练[1]。同时,工人起初不习惯军事纪律和军事化的生活,纪律也不够严明[2],因此纠察队不免有自由散漫的风气。[3]加之人员混杂,泥沙俱下,因而纠察队成立之初,组织不良,行动亦不佳。各队枪械不足,各支队百人中只有破损的枪支四杆至八杆。海上缉私巡船短缺,仅有的几艘也无防御铁板,难与兵船抗衡。[4]

纠察队领导人选,也存在一定问题。总队长黄金源的任命,是罢委会与香港工人组织妥协的产物。黄金源原为香港持平工会主席,在香港罢工期间为工团总会轮值主席,曾在香港罢工运动中发挥重要作用,在香港工人中有一定影响力,这是他当选总队长的重要原因。然而他本人不堪其任,人称"猪肉佬",品质虽不甚坏,对邓中夏、苏兆征也颇为敬重,但手下宵小颇多,如梁子光、黎赞廷之流。黎赞廷任他的书记,曾劝他贪污克扣,称"武装抓在你手里,其他便可由你分配。"[5]以上诸多主观因素,导致纠察队战斗力不足。

---

[1] 王尚卿:《省港罢工委员会纠察队概况》,《广东文史资料存稿选编》,第3卷,第329页。
[2] 王尚卿:《省港罢工委员会纠察队概况》,《广东文史资料存稿选编》,第3卷,第329、330页。
[3] 甘来:《回忆省港罢工工人纠察队》(一),《广东文史资料存稿选编》,第3卷,第306页。
[4] 《省港罢工一年来之经过》,五部档11360,国民党党史馆馆藏,1926年7月14日。
[5] 陆鉴:《对工人纠察队的点滴回忆》,《广东文史资料存稿选编》,第3卷,第350、351页。

纠察队员本身也是地方社会的成员，由于掌握暴力，有异化成侵凌地方社会新势力的可能。当时尚是清华学生的历史学家张荫麟回乡丁忧时，观察到当时广东工人"俨然成为一阶级"，"位于平民之上"。如有一二工人与市民冲突而不胜，归而纠集大伙"弟兄"至，则此市民之生命财产"立失其保障"。若遇警察执行职权，工人依仗武力，或纠众拒捕，或纠众索还人犯。法院也拿工人毫无办法。舆论慑于工人声势，亦不敢报。张荫麟总结，广东之工会依仗暴力欺压百姓，"有似于昔日之教民，有似于北方之丘八"。[1] 裴宜理也认为，整个广州城已经在纠察队的实际掌控之下，而且纠察队有着自身利益，中共常常发现很难加以规训。[2]

纠察队身居港澳与粤省来往之要津，来往行人均须过这一关，这为少数纠察队员假公肥私提供了便利。1926年，驻唐家湾纠察队与澳门守军发生冲突，起因就在于纠察队设卡营私。该地纠察队侦知梁姓一家及同乡要借道澳门回港，私自向其索要数百元，答应悄悄放其过关。梁家不愿缴纳，趁夜渡河，结果被纠察队发现。纠察队开枪追捕，并与澳门守军交火，双方互有伤亡。[3] 类似事件，还有许多。纠察队总部虽再三纠正，但在巨大的利益面前，仍有队员借以牟利。

纠察队兴起之风潮，一定程度上激化了基层冲突。张荫麟回忆当时广州工人争斗之情形：两部分工人因权利冲突，或意见争持，则诉诸武力，或同类工人，同居一市，而有两工会对峙，"或抵隙暗杀，陈尸通衢，或血肉相搏，刀棍交加，市人闻而远奔，警察见而袖手"，"政府三令五申，莫能制止"。[4]

客观因素方面，租界当局、地方军阀以及土匪奸商，武器精良，且相互串通，给纠察队造成很大伤亡，且不敢拓展纠察区域。东江南路被占之时，纠察队只能在广州、前山、江门、太平等处巡查，其余汕头、南路各处仍能照常输运粮食。及至肃清，各地商贩、土匪及军人，以武力手段对抗各地纠察队，太平、沙鱼浦损失惨重、前山、石岐相继失陷。[5] 东莞太平镇的奸商竟敢勾结不法民

---

[1] 张荫麟：《回粤见闻记》，《清华周刊》1926年第385期，第74页。
[2] Perry E J, Patrolling the revolution: worker militias, citizenship, and the modern Chinese State, Rowman & Littlefield, 2007.
[3] 《粤纠察队与澳门黑兵之冲突》，《大同周报》1926年第1期，第12-13页。
[4] 张荫麟：《回粤见闻记》，《清华周刊》1926年第385期，第74页。
[5] 《省港罢工一年来之经过》，五部档11360，国民党党史馆馆藏，1926年7月14日。

团土匪,枪杀纠察队员,致死伤50余人。宝安、深圳、惠阳、淡水等地也发生枪杀纠察队的事件。①纠察队人员混杂,疏于训练,作战能力不强,往往在战斗中居于下风。

内外交逼之下,改组成为纠察队工作的当务之急。邓中夏、黄金源、徐成章等纠察队领导举行座谈会,认为既有组织事权不易统一,非重新整顿加强训练,封锁任务难收成效。因此,于1925年11月4日正式成立纠察队委员会,其中邓中夏、徐成章、施卜等人均为共产党员,确保了共产党对纠察队的直接领导,同时共产党也在实际上主导了纠察队改组的进程。②纠察队此次明确了组织归属和权力来源,系由代表大会赋予权力,制定各种纪律等权力,以保障罢工胜利。③

纠察队委员会对纠察队员的整编,采取的是轮调休整与纠察封锁并举的方式。除留部分队员仍在白鹅潭执行封锁工作之外,前山、石岐、深圳、江门、太平等处均有队员前往截缉仇货,封锁港口。而被当地土劣匪徒摧残的队伍,则分别调回广州,重新整理,训练补充,以准备再作第二次对香港更严密的封锁。④

中共领导对纠察队的训练非常关心重视。为了使纠察队员实施政治军事的训练,共产党人特意请黄埔军校派出学生若干人分赴各大队、支队去充当教练。纠察队成立后约月余,军校再加派学生来各支队中当支队长或教练职。⑤在东园总队部,建有一个训育亭,可以容纳1000多人上课。军事操练包括参照日本的体操动作、步兵操典、执行勤务、班教练、班对抗、排教练、排对抗、连教练、连对抗等。纠察队出发驻防时,就地仍有训练,采取统一课程表。⑥

除此之外,政治教育也是纠察队教育的一大特色。这顺应了当时军事组织政治化的潮流,与黄埔军校的政治教育相映成趣。上课内容有国际形势、

---

① 王尚卿:《省港罢工委员会纠察队概况》,《广东文史资料存稿选编》,第3卷,第329页。
② 邓中夏负责起草纠察委员会章程,徐成章负责起草纠察队编制法,邓中夏、廖祝三负责起草各级部队办事细则,黄金源、何清海、黎栋轩则负责起草纠察队服务细则。委员会指定徐成章、何清海、黄金源3人为纠察队委员会常务委员,廖祝三为军需委员,施卜为秘书长。王尚卿:《省港罢工委员会纠察队概况》,《广东文史资料存稿选编》,第3卷,第329页。
③ 王尚卿:《省港罢工委员会纠察队概况》,《广东文史资料存稿选编》,第3卷,第329页。
④ 王尚卿:《省港罢工委员会纠察队概况》,《广东文史资料存稿选编》,第3卷,第329、330页。
⑤ 王尚卿:《省港罢工委员会纠察队概况》,《广东文史资料存稿选编》,第3卷,第328页。
⑥ 甘来:《回忆省港罢工工人纠察队》(一),《广东文史资料存稿选编》,第3卷,第307、308页。

对敌斗争、罢工意义、人类进化史、劳动创造一切等基本知识,通过上课,提高工人阶级的觉悟。①邓中夏、熊雄等领导都曾亲自给纠察队讲课。邓中夏政治课讲得最多。东征时熊雄任黄埔军校政治部主任,他因为工作忙,常将每周他任的课目,集中一次讲完。他常穿着大皮靴,腰束皮带,夹着皮包,纠察队员便开玩笑称他"三皮主义"。纠察队员文化水平不高,但都在很努力学习,思想觉悟和文化水平也不断提高。②

纠察队对内加强纪律,发现贪污分子,即将其关禁闭③;对外,则努力塑造良好形象。1925年10月,罢工工人纠察队组织了"模范队",还在原第六、七、八等纠察队中抽调一些优秀队员参加。当事人回忆此举系为辅助纠察队封锁各港口的力量之不足,但从纠察队的选调方式来看,目的不限于此,重点实际放在"模范"二字。因此该队对队员要求极为严格,队员要经过取考手续,并限于省港各工会的会员报考,而且该队械服装完整,队员的文化思想水较其他纠察队员更高。④同时,还成立"特别队",两队合计约400人,是省港罢工工人纠察队的主要骨干力量。这两队训练课目十分严格,基本按照黄埔军校的课目进行军事化训练。⑤

纠察队员的政治参与热情,也十分高涨。1926年,共产党在纠察队中发展了一批优秀队员入党。"模范队"和"特别队"队员均是工人阶级出身,且政治、军事素质均较一般工人为高,理所当然成为党员的合适人选。两队共计约80%都先后参加了共产党组织。

经过整顿改编后之纠察队员,再受政治、军事教育训练,复经几个月的实际封锁工作的锻炼,政治、军事素质都有一定提高,纪律也较以前进步。同时纠察队委员会增设汕头、淡水、阳江等地纠察办事处。⑥

随着实力的不断增强,纠察队有一个从内向到外向,从防御到进取的转变过程。纠察队对内执行的主要是维护治安的任务,与警察相近。当会审处开堂审问犯人时,由纠察队提犯人到庭,遇着巡行示威时,纠察队维持秩序,

---

① 甘来:《回忆省港罢工工人纠察队》(一),《广东文史资料存稿选编》,第3卷,第306、307页。
② 甘来:《回忆省港罢工工人纠察队》(二),《广东文史资料存稿选编》,第3卷,第314页。
③ 甘来:《回忆省港罢工工人纠察队》(一),《广东文史资料存稿选编》,第3卷,第308页。
④ 王尚卿:《省港罢工委员会纠察队概况》,《广东文史资料存稿选编》,第3卷,第331页。
⑤ 甘来:《回忆省港罢工工人纠察队》(二),《广东文史资料存稿选编》,第3卷,第313、314页。
⑥ 王尚卿:《省港罢工委员会纠察队概况》,《广东文史资料存稿选编》,第3卷,第331页。

警戒坏人破坏。罢工代表大会开会时负责维持大会秩序,廖仲恺被刺时,纠察队员负责守卫灵堂。而后,在既有维持秩序、截留粮食、严拿走狗、侦缉工贼任务之外,纠察队还负责查缉仇货、封锁港澳及沙面交通,使纠察效果大大加强,给港英当局以沉重打击。

纠察队在成立之初,鱼龙混杂,部分队员和领导素质较差,当其作为一支占据优势的武装力量,面对普通民众时,若无纪律约束,很有可能异化成压迫社会的新兴势力。张荫麟对此问题的观察,可谓精到:"聚无数未受教育,未受自治训练之人,而予以界限不清之权力,使起而图自身之利益,势必放恣骄纵,乱社会秩序,而妨国家之安宁"。[①]因此,不可否认,纠察队自身产生诸多问题,这也成为中共决心改组、训练纠察队的原因之一。

因纠察队工人武装的特殊性质,所以中共对其抱有很大期望。从纠察队的发展过程之中,可以看出有一个从妥协包容到整顿淘汰的过程。这是一个政治改造过程,意在不断纯化一支政治过硬的无产阶级队伍,以期符合工人直接掌握武装的想象预期。

三、融合与冲突:纠察队与地方社会

纠察队与以往军队不同的一点,在于其与群众组织、地方社会密切的政治联系。当时参与纠察的队员曾回忆,纠察队由训育同志,通过各乡的罢工委员会组织,与当地农民协会或工会联系,但起初各地商民协会因未改组好,不与协作,后经宣传扩大反帝只要打击不法洋货或走私商,不损害他们的利益,当地农民方才放下戒心。[②]

纠察队还利用多种文化形式,吸引群众关注,拉近与群众距离。第二大队曾组织话剧队到北山、南坪等地为群众演出。第七支队队长周文权等在井背、白石二村同群众一起舞龙舞狮。纠察队员和当地群众日益熟悉,通过政治教育使群众提高政治素质,了解纠察队的任务,明白封锁港澳是为了反帝爱国的斗争。因此,以前恶毒咒骂纠察队的群众,也改变了态度,称呼纠察队为"客人""伙计"。[③]

[①] 张荫麟:《回粤见闻记》,《清华周刊》1926年第385期,第74页。
[②] 黎子云:《纠察队的训练及其封锁斗争》,《广东文史资料存稿选编》第3卷,第335页。
[③] 甘来:《回忆省港罢工工人纠察队》(二),《广东文史资料存稿选编》第3卷,第315页。

纠察队的封锁与群众日常生活有碍,如何不引起群众恶感,颇费思量。第二大队对前往香港探亲的群众,采取变通办法,由当地罢工委员会批准,纠察队可以准许其到港澳十天八天。但对粮食及其他东西一概不准带进或带出,牛奶、饼干不准带回来,遇见带东西过境的人,一律叫他将东西带回去,如不便带回去,可留下在检查处给回收据,等他回去时领回去。队员认真负责,不徇私苟且,即便东西沤烂,也不会吃掉,仍旧以原物交还原主,令群众心服口服。①

通过传统乡土社会的组织网络,也是纠察队开展工作的重要途径。第一大队队长陈卓是中山人,在驻防中山期间,利用熟悉风土人情的便利,与乡长等基层组织巩固关系,因而工作得以顺利进行。同时纠察队也试图对当地土匪加以改造利用。第一大队曾与中山的土匪头"大王张"有过接触,以便增加耳目,减少阻力,并获得必要帮助。有一次纠察队巡逻轮在缉捕水陆侦察队包庇走私轮时,遭遇顽强武力抵抗,适遇"大王张"有一轮经过,纠察队长发出一短一长三短汽笛,请求救护。"大王张"当即给予援助,结果缴获该水陆侦察队走私船的枪支12支。②

反之,纠察队有困难,群众也尽力协助解决。如驻珠海县的第六、七、八支队,有一次被当地土匪勾结约1800人包围,当时180多名纠察队员被迫撤到前山、南溪村一带。当地工农群众捐献一个月的粮食给纠察队,后当地地主富农分子威迫撤出村庄,纠察队员移往丛山时,有许多工人贫农群众帮助斩竹搭草棚,妇女送茶水,在生活上给予诸多便利。③

农民对纠察队的拥护,从一个侧面反映出纠察队对地方权力结构的深层介入。纠察队所到之处,往往与地主乡绅所组织的地方武装民团发生冲突。当时从汕头至澳门均有纠察队布防。纠察队和农民自卫队经常与地主武装激战。但在战斗中,纠察队也前后牺牲了二三十人。④广东各县的民团对农民协会十分仇视,特别是花县方面,民团经常枪杀农民,造成武装冲突。⑤走私商与民团常有勾结,东莞太平镇走私商串通民团土匪,枪杀纠察队员,致死

---

① 甘来:《回忆省港罢工工人纠察队》(一),《广东文史资料存稿选编》第3卷,第307、308页。
② 陈卓:《关于发动罢工和纠察队缉私的回忆》,《广东文史资料存稿选编》第3卷,第354、355页。
③ 甘来:《回忆省港罢工工人纠察队》(二),《广东文史资料存稿选编》第3卷,第315页。
④ 彭松福:《会审处的工作情况》,《广东文史资料存稿选编》第3卷,第272页。
⑤ 李甫:《省港罢工斗争中的铁路工人纠察队》,《广东文史资料存稿选编》第3卷,第324页。

伤50余人,还有宝安、深圳、惠阳、淡水等地,时有枪杀纠察队案件发生。①

走私商、地方军阀、民团武装之间,形成了一张利益输送和武装保护的网络。纠察队触犯了多方利益,引起反攻。苏兆征曾上陈纠察队面临的严峻情形:因落港货价低落,粮食昂贵,奸商匪徒乘机图利,偷运甚至公然以民团防军为武装保护,纠察队中山各属被害多者十数人,少亦二三人。淡水商团竟枪毙纠察主任及队员八人,被掳者十余人。纠察队虽曾迭请军事当局借拨枪支,但迄无切实解决。②军队党部理应在政治上与纠察队保持一致,但实际上党部更为所在军队的利益服务。国民革命军三十一团团党部在梅菉市张贴讽刺纠察队为牛王队之画报,令一般市民对纠察队诸多不信任,破坏纠察队与群众关系。③

民团武装与地方军阀,表面对抗,暗中勾结,对纠察队构成巨大威胁。国民党元老林警魂率武装进攻石岐县政府,险些将纠察队一同打垮。当林警魂军追击纠察队时,幸得"大王张"暗中帮助,才免于覆没。当时"大王张"喝叫他们不要穷追,说纠察队不怕死,主张用炮击。但林警魂部开炮打不着,反而被纠察队开炮还击,打死几十人。林警魂攻入石岐不久,李福林的第五军打退林警魂收复了石岐,实际上他们之间是互通声气的,事前林警魂已做好撤退准备。林警魂攻打石岐时,连各乡的农会,都一齐加以打击。李福林的军队对此也放任不管。④

纠察队的纠葛,也体现出省港罢工委员会与国民党地方势力的角逐。1925年10月14日,虎门太平商团攻击纠察队,造成十余人伤亡。省港罢工委员会电呈国民政府,要求惩治元凶。⑤但另一方面,广东省政府方面却表态暧昧,只说"案尚悬隔",对元凶的惩处意见也很和缓,太平民团长仅被免职。省政府方面自承此举是为避免"各走极端,致生意外"⑥,可见有袒护地方之意。

纠察队不断与地方社会发生融合与冲突。一方面,纠察队通过群众动员

---

① 王尚卿:《省港罢工委员会纠察队概况》,《广东文史资料存稿选编》第3卷,第329页。
②《广州市党部上中央工人部函》,五部档14964,国民党党史馆馆藏,1926年8月27日。
③《广东执委会致中执会函》,汉口档9888.1,国民党党史馆馆藏,1926年4月12日
④ 陈卓:《关于发动罢工和纠察队缉私的回忆》,《广东文史资料存稿选编》第3卷,第355页。
⑤《省港罢工委员会等关于虎门太平商团民团鼓动罢市殴击纠察队等文件》,中国第二历史档案馆编:《五卅运动与省港罢工》,南京:江苏古籍出版社,1985年,第318页。
⑥《省港罢工委员会等关于虎门太平商团民团鼓动罢市殴击纠察队等文件》,《五卅运动与省港罢工》,第318、319页。

等手段，拉近与群众的距离，解决群众的实际困难。另一方面，纠察队与地方精英、社会团体以及地方武装摩擦不断，冲突频仍。这一现象不应孤立看待，而应在广东革命政府的宏观发展背景中加以把握。国民革命实际上是一场系统性的政治下渗过程，武装斗争与群众组织，基层政权的建立互为表里。任何一种革命势力的进入，都难免与既有的权力网络，利益网络发生扞格，而最为激烈的表现形式即为武装斗争，因此纠察队代表的是整体性的政治结构力量，它所要面对的亦是整体性的政治结构力量。

除了从军事和社会角度的分析之外，纠察队行动的政治文化意涵也相当丰富。纠察队的首要口号是反帝国主义，而帝国主义已经被塑造成压迫的代名词，所以纠察队敢于直面挑战帝国主义威权的举动，无疑推动了文化结构上的反转，获得了群众的支持。当时沙面外国人进出沙面都配有一个证明国籍的臂章，如"法""美""日""德"等等，英国人则一律不准出来。如有外国人经过东西桥，看见纠察队都必须举手接受检查。有一次两个英国人过界，驻防深圳的十八支队将其抓回。有个印度人看见是英国人，打了他们一耳光。抓回东园后，英国人被押在监仓，和其他犯人待遇一样，并无特殊①，这在以往是无法想见之事。

纠察队员来自底层，对压迫最为敏感和抵触，因而投入热情亦高："我们不是要打倒帝国主义吗？今帝国主义送来打了，我们尚不打他个落花流水，以出出我们肚子里的气吗？"②曾有队员回忆，一个英国人见到他，马上立正敬礼，让队员不禁感慨："你们过去耀武扬威，踢我们的屁股，欺凌我们的同胞，现在只好低头向我们敬礼了。"③

这种文化意义上的反转，同时也是阶级意义上的反转。因纠察队的兴起，广东市面颇有"工人嚣张"之诽。恽代英旗帜鲜明地质问，"嚣张"固然不是好事，但几千年的中国工人总是在极"嚣张"的官厅与东家的压迫之下，无人理会，凭什么工人应当第一个受"嚣张"的制裁？④纠察队既具阶级性，同时也具政治性，因为即便在阶级内部，纠察队也充当着筛查反革命力量，保卫革命力量的作用。机器工会受广东地方保守势力支持，常与新成立的工会为

---

① 周江全：《关于纠察队的回忆》，《广东文史资料存稿选编》第3卷，第326、327页。
② 冼一宇：《粤港罢工纠察队奋斗概况》，湖北省总工会宣传部印，1927年3月30日。
③ 周江全：《关于纠察队的回忆》，《广东文史资料存稿选编》第3卷，第327页。
④ 代英：《广东的青年劳动军人》，《中国青年》，第151期。

难,纠察队前往弹压,机器工会眼见有人前来,问道"来的是军队抑或罢工纠察队?"随即有人答曰"罢工纠察",机器工会的人就应声而散。①

纠察队与内外环境始终关系紧张。英国对纠察队嫉视异常,自不待言。英方对纠察队的举动密切关注,如1926年5月26日,领事布雷曼报告,巡河纠察队装备了来福枪和毛瑟手枪,对企图给英国汽船送水的渔夫开枪,同时渔夫也对其还击,双方各有胜负。②他们对纠察队封锁沙面的举动咬牙切齿,但又无可奈何。而美方立场则相对中立,他们曾评价纠察队封锁十分有效,只有中国船只还在航行,英国和其他国家船只均无法靠港,外国贸易也完全停滞。③

纠察队不仅要承受革命敌对势力之压力,同时也要面对革命阵容内部的分裂。尽管省港罢工的主要领导鲍罗廷对纠察队高度赞扬,称这是控制反帝中心区域的"最好军队"。④然而共产国际执行委员会远东局使团却在同一时段,给出了不同的评价,认为工会的工人纠察队攫取了根本不属于它的警察职能。⑤在1926年5月至7月这段时间,纠察队更是饱受来自共产国际的非议。它被认为是阻碍省港罢工顺利结束的绊脚石,是广东群众的"眼中钉"⑥,其行动甚至有可能招惹香港对广州"公开的进攻"⑦。

1926年秋冬,省港罢工结束封锁,撤回各地纠察队。⑧纠察队着手进行改组。纠察队员兼具政治和军事素养,因而成为策动政治运动,建立工农武装的合适人选。一部分队员转入农村,参加农民运动,顺德大良等地转入农村

---

① 冼一宇:《粤港罢工纠察队奋斗概况》,湖北全省总工会宣传部印,1927年3月30日。
② Acting Consul Breman to Sir R.Macleay, F2246/1/10, Foreign Office Files for China, 1919—1980.
③ The Consul General at Canton (Jenkins) to the Secretary of State, 893.00/6524, Foreign Office Files for China, 1919—1980.
④ 《鲍罗廷在联共(布)中央政治局使团会议上的报告》,中共中央党史研究室第一研究部编译:《联共(布)、共产国际与中国国民革命运动(1926—1927)》(上),北京:北京图书馆出版社,1998年,第117页。
⑤ 《布勃诺夫在广州苏联顾问团全体人员大会上的报告》,《联共(布)、共产国际与中国国民革命运动(1926—1927)》(上),第164页。
⑥ 《共产国际执行委员会远东局使团关于对广州政治关系和党派关系调查结果的报告》,《联共(布)、共产国际与中国国民革命运动(1926—1927)》(上),第463、464页。
⑦ 《共产国际执行委员会远东局使团关于对广州政治关系和党派关系调查结果的报告》,《联共(布)、共产国际与中国国民革命运动(1926—1927)》(上),第485页。
⑧ 《省港罢工委员会关于停止封锁撤回纠察队的布告》,广东哲学社会科学研究所历史研究室编:《省港大罢工资料》,广州:广东人民出版社,1980年,第709、710页。

的纠察队员有几百人之多,他们深入广东各县训练农民自卫军。[①]同年10月间,另一部分纠察队员改编为更为正规的国民政府财政部缉私卫商保卫团,以担负财政部缉拿走私与保卫商旅安全任务。当时邓中夏、苏兆征等同志利用国民党上层中的矛盾,扩大力量,要求发给全体纠察队员枪械和服装。[②]

省港纠察队员军事合格,政治过硬,受各军事力量之觊觎。当时张发奎部为了扩展自己的武装,想接收纠察队,遭到拒绝。省港罢工委员会还组织了"军事队"和"下级干部队"。[③]"三二〇"事件爆发后,中共广东省委已有武装反击之策划,所恃力量即为工人纠察队。军委书记季步高在1927年1月底从纠察队中调出4人,化装成小贩,调查国民党军队情况。[④]

1927年,国民党在广东暴力"清共",工人纠察队首当其冲。国民党二十师钱大钧部包围洋务工会,与纠察队交火,打死打伤不计其数。驻南堤保卫团团本部办公处于4月15日子夜被缴械,翌日驻芳村纠察队亦被缴械。[⑤]工人纠察队中多名干部和革命群众被捕。少数逃离的纠察队干部不得不转移到乡村,以保存有生力量。[⑥]甘来等人随后参与了广州起义,可视为省港罢工纠察队的革命延伸。

四、结论

纠察队的先锋意义在于,这是一支准军事性质的武装力量,与军队关系也很密切,因其接受军事训练,按照军队方式组织,与黄埔教官互动,而成为国民军"最好的作战伴侣"[⑦]。纠察队冶军队、警察的功能于一炉,兼具武装保卫和社会治安之效用。纠察队达到其目的,连外国记者也赞叹,纠察队纪律严明,往返沙面并不会受到西方所传言的肆意刁难。纠察队小而有效,保障

[①] 甘来:《回忆省港罢工工人纠察队》(一),《广东文史资料存稿选编》第3卷,第310页。甘来:《回忆省港罢工工人纠察队》(二),《广东文史资料存稿选编》第3卷,第317页。
[②] 甘来:《回忆省港罢工工人纠察队》(二),《广东文史资料存稿选编》第3卷,第317页。
[③] 甘来:《回忆省港罢工工人纠察队》(二),《广东文史资料存稿选编》第3卷,第317、318页。
[④] 甘来:《回忆省港罢工工人纠察队》(二),《广东文史资料存稿选编》第3卷,第317页。
[⑤] 王尚卿:《省港罢工委员会纠察队概况》,《广东文史资料存稿选编》第3卷,第334页。
[⑥] 甘来:《回忆省港罢工工人纠察队》(二),《广东文史资料存稿选编》第3卷,第318页。
[⑦] 代英:《广东的青年劳动军人》,《中国青年》,1927年第151期。

了抵货的彻底执行。①

同时,纠察队还具有重要的政治意义,其设立的本质,是将政治意义上的主角——工人阶级武装化,是反帝政治运动的一次军事化尝试。它采用政治训练,学习国民革命的政治理论,并在改组过程中,不断加强政治领导,发动队员积极参与革命政党,投身革命事业。这一系列举措,均是政治运动军事化与军事组织政治化融合而一的重要载体。

纠察队不断变动的角色定位,反映出中共在军事组织观念上的重要变化。斯大林曾指出,中国革命与欧洲革命的不同点是"武装的革命反对武装的反革命"。因此苏俄大力支持国民革命军,和旧政府军队对抗。②中共也从苏俄红军经验出发,力图改造旧军队,结果发现"很难使他革命化"。工人纠察队成了新的革命出路。1927年,中共中央在决议案中决定大力发展工人纠察队。反思以往的纠察队限于对付工贼流氓,维持秩序,但现在要将其视作"保障工人、农民、小资产阶级民主政权的武装之一"。工人纠察队成为工会组织的必备配套武装。③以上折射出中共从"军队革命化"到打造革命化军队的方向转折,呈现出革命路径的另一种可能。

---

① George Soholsky, A Visit to Hongkong and Canton, The North-China Herald and SupremeCourt & Consular Gazette, May 1, 1926.
② 斯大林:《论中国革命的前途》,《列宁斯大林军事文选》,第610页。
③ 《职工运动议决案》,中央档案馆编:《中共中央文件选集》第三册,北京:中共中央党校出版社,1983年,第83页。

1931年洪湖苏区党群度荒策略的离合

李 里[①]

摘 要：中共与普通灾民对1931年的长江水灾存在着不同理解。中共将救荒视为深化革命斗争的一部分。而对于洪湖地区灾民而言，水灾是地方社会长期存在的问题，度荒策略延续已久。在1931年的水灾中，中共试图将二者结合起来，将灾民度荒活动引入革命斗争。而二者的结合在不同方面产生了截然不同的效果。尽管逃荒成为苏区救荒的主要方式，但受限于种种原因，逃荒并未完全被中共有效组织起来，逃荒本身也因国共对峙而受到限制。而在苏区内部，灾民传统的分粮抢粮策略则与苏区推行的反富农政策相结合，使反富农斗争发展程度甚至远远超出中共预期。由此来看，洪湖苏区的荒政是中共革命政策与地方社会传统的互动产物，反映了革命进程中地方社会演化的复杂面向。

关键词：洪湖苏区；救荒；度荒策略；1931年长江水灾

近代中国灾荒频仍，相关研究也成为学术界的研究热门。尤其是1931年的长江特大水灾更成为这一领域中的研究重点。然而，在丰富的研究成果中，相比于国民政府、民间组织的赈灾研究，关于地处江汉平原的洪湖苏区的救灾研究一直以来被学界所忽略。而在现有为数不多的洪湖苏区救灾研究中，研究者大多从中共救荒政策的角度予以诠释，将各种救荒效果均视为中

---

① 作者简介：李里，男，1982年生，广西南宁人，天津师范大学历史文化学院副教授，研究方向为中共革命史。

共救灾政策的体现,较少关注灾民自发的度荒策略与中共救荒政策之间的复杂关系,大大简化了苏区救荒的复杂面向。①除了政策因素,当地地理环境与度荒传统是分析洪湖苏区应对1931年特大水灾不可忽视的因素,值得进一步探讨。

本文以1931年长江水灾下的洪湖苏区为案例,试图通过分析中共倡导的灾民斗争与反富农斗争等两项救灾政策与洪湖地区传统度荒策略的复杂关系,及其对洪湖地区救灾效果的影响,以进一步理解乡村社会中农民传统策略与中共革命政策之间的张力。

一、洪湖苏区的水灾灾情

洪湖苏区形成于1929年夏,以荆江两岸的监利、江陵、石首、沔阳等地革命游击武装为基础,以洪湖与白鹭湖为中心。1930年7月,湘鄂边革命根据地与洪湖革命根据地组成湘鄂西革命根据地,在湘鄂西特委的领导下以洪湖为中心巩固与拓展苏区。1930年9月,洪湖苏区一度占据监利、沔阳、石首、华容、潜江、南县与公安七县大部乡村区域,西至沙市,东接汉川。

与大多数立足于山地的苏区不同,洪湖苏区在地形上以湖泽平原为依托。该苏区地处江汉平原,其间长江与汉水两江纵横,使得当地湖泊众多,水网繁密。每到雨季,湖泽即与长江联结,形成广阔的水面,为苏区游击战提供了便利。但同时因地势平坦低洼,当地每到雨季就有堤溃水淹的危险。沿江创建的苏区,同时也是长江水灾频发区域。1930年11月,湘鄂西特委在给中央的报告中提到其呈带状的控制区域:"沿江自白螺至郝穴三百余里一带重镇(如郝穴、藕池、石首、监利、白螺),均为革命势力占据,新堤虽尚未经红军攻过,但是内部恐慌不减他地。"②从郝穴至白螺、新堤,是长江"下荆江"段重镇,也是历年水灾险情的高发段。长江中九曲回肠的荆江段更是贯穿苏区机关所在地监利与石首。据同治《监利县志》记载,自康熙七年(1668年)至同

---

① 代表性成果参见谭克绳:《1931年洪湖苏区人民战胜洪水的英勇斗争》,《历史教学》1964年第3期;赵朝峰:《土地革命战争时期的灾荒与中国共产党的对策研究》,《党史研究与教学》2004年第5期;姜迎春、朱丽霞:《湘鄂西苏区一九三一年水灾应变措施探析》,《中共党史研究》2014年第4期。
② 《中共湘鄂西特委关于政治经济及各种工作情况给中央的报告(第五号)》(1930年11月22日),《湘鄂西苏区革命历史档汇集》甲2,中央档案馆、湖北省档案馆、湖南省档案馆编印,1985年,第47页。

治九年(1870年)两百余年间,监利县就发生过21次大溃决。其中康雍乾时期发生6次,至嘉道咸同时期已高达15次,折射出水灾日益频繁的趋势。①1912—1931年,荆江沿岸诸县更是几乎每年都有水灾。

长期的水灾,使得当地人逐渐积累了丰富的度荒策略。与旱灾不同,水灾既有相对固定的周期便于预测,同时灾荒期间对水路交通影响较小。因此逃荒已经成为当地人的周期性活动。早在1726年,就已经有"湖广沔阳潜江等十州县、被水饥民,逃荒载道"的记录。②随着铁路等现代交通的兴起,逃荒范围甚至更为扩大。一些周期性的逃荒还逐渐演化成长途人口迁移。如清末江汉平原灾民逃荒的足迹已经远至东北,乃至欧洲。③由于水路便利,地近粮食集散地汉口等地,洪湖地区的灾民长期以来形成了流向汉口、宜昌等地的主要逃荒路线。

除了周期性人口流动,灾民的度荒策略既包含吃大户、分粮抢粮、落草为匪等社会对抗型策略,也包括领取赈粮、行乞、卖艺、做工、当兵,以及买卖家庭人口等社会融入型策略。1927年苏联记者巴库林即注意到洪湖地区灾民生存手段多样:"湖北省沔阳县农民每年均遭水灾,去岁尤烈,八十年来没有淹水的地方,去岁淹得一望无涯。一般农民,逃荒的,讨饭的,出外当兵的,入伙为匪的,不下数万人。"④两种类型的度荒策略往往并存,或者因形势变化而相互转化。因此灾民既是政府救济对象,也是政府提防群体。如何引导灾民采取社会融入型策略而非社会对抗型策略显然是政府在救荒中的常见问题。1831年在汉口赈灾的官员周存义即注意到随着灾民聚集,存在灾民更有可能向社会对抗性度荒策略转变的危险:"省垣五方杂处,被灾之后,棚居灾户鳞次栉比,群聚萃处,而每日各州县避水灾民陆续搬运,纷至沓来。往往有棍徒窃匪混迹其中,乘机滋事,或藉称乏食,向商旅富户强索,甚至劫夺拒捕,或暗使妇女哄闹,挟制官长,阻挠赈务,以及鼠窃狗偷,恶丐强讨。"⑤

尽管水灾已经成为当地民众常见的灾害,但1931年的长江特大水灾仍属

---

① 同治《监利县志》卷三《江防志》,第68页。
② 《清实录》第7册《世宗宪皇帝(雍正)实录》,北京:中华书局,1986年,第740页。
③ 参见杜丽红:《宣统年间鄂黑两省"移难民实边"始末》,《近代史研究》2013年第5期。
④ [苏]A.B.巴库林:《中国大革命武汉时期见闻录》,郑厚安,等译,北京:中国社会科学出版社,1985年,第84页。
⑤ [清]周存义:《江邑救灾笔记》,李文海、夏明方主编:《中国荒政全书》第二辑(第四卷),北京:北京古籍出版社,2004年,第577页。

重大水情。关于1931年水灾的成因与灾情研究前人已颇多建树，在此不再赘述。大致而言，1931年夏季的降雨范围与雨量都超出以往，致使长江与汉水同时暴涨。而长期以来江汉平原地区的垸堤修筑又破坏了河道湖泊，影响泄洪，进而形成大水灾。对于处于江汉平原的洪湖苏区而言，荆江、东荆河与汉水构成多重威胁。1931年7月26日，湘鄂西中央分局指出苏区灾情严重："沔阳田亩已被淹十分之八，汉川十分之八，轻者【另一文件为监利——原文注】十分之四，石首也被淹一部分。现时最大问题，就是监利车湾的江堤，如果该堤崩溃，则江左苏区尽成泽国，江右□不方便，这个水灾比较'围剿'还厉害！"[①]1931年7月29日，沔阳新堤溃堤，引起江水倒灌监利洪湖。而至8月8日，湘鄂西中央分局倚赖的监利车湾堤告急。国民党监利县车湾工程处报告指出："抢护虽在进行，但雨下泥泞，甚形困难。除于明日益复加紧工作外，理合续电呈闻。再者，驻军防线止于河王庙，该处以下即匪化区域，交通断绝，逡巡亦属难能，遑言防护！"[②]可见，在赤白对立的形势下，防洪固堤形势更为严峻。8月10日，监利朱三弓堤与一弓堤溃口，上游江水与倒灌江水交汇，使洪湖苏区彻底成为泽国。在国民政府湖北省民政厅统计中，洪湖区域所辖监利、沔阳、汉川各县均为重灾区。监利"堤内积水甚深，朱三弓堤溃口，襄水泛滥，各民垸堤防遭冲溃，人畜禾苗被淹，损失无数"；沔阳"因江襄泛涨，溃决二百二十二垸，冲倒房屋将近万栋，哀鸿遍野，惨不忍睹"；汉川"江西垸堤及废埠尹家等数十垸同时崩溃，北乡大兴等垸概皆沉没"。[③]

从赈济能力来看，形势也颇为严峻。国民党湖北省政府对此次水灾的赈济分配依据的是各县市灾情程度与报灾时间。灾情越重报灾越早，赈济越多。由表1可见，15个受灾最重的县市中有13个集中于7月报灾，反映出灾情在7月突然严峻的趋势。湖北省政府也随之加大赈济，至7月27日赈米已经告罄，不足分配。因此，松滋灾情程度虽仅被列为次重，但由于报灾时间早也获得了较多赈米。而监利、沔阳与汉川三县灾情均属最重，但报灾时间相对较晚，赈济趋少。汉川与沔阳是在赈米发放告罄的最后阶段报灾，监利则迟

---

① 《中共湘鄂西中央分局给中央的综合报告》(1931年7月26日)，《湘鄂西苏区革命历史档汇集》甲1，中央档案馆、湖北省档案馆、湖南省档案馆编印，1985年，第73页。
② 《水利局呈车湾堤工程处河王庙防护工作情形文》(1931年8月8日)，《湖北省一九三一年水灾档案选编》，湖北省水利厅、湖北省档案局(馆)编印，1999年，第415页。
③ 《湖北省水灾报告》，湖北省政府民政厅编印，1931年，第63页，第64页。

至8月,政府已经无米可赈。这也使得三县的灾情尤为严峻。尤其监利县,亟待赈济人数为湖北全省各县市最多,高达28万余人。其中苏区主要控制的地区并不在国民政府赈济之列,赈米仅被运往国民政府控制的县城。

表1 1931年湖北省灾情最重县市赈济表

区别	报灾时间	灾民人数	亟待赈济人数	受灾面积（市方里）	临时救济（赈米石）
汉口市	据8月调查报告	738,169	250,000	483	水灾急赈会设法赈济
武昌	7月27日	367,477	250,000	6,145	现组织急赈会武昌办事处现急赈
汉阳	7月	479,426	230,000	6,848	200(石)
云梦	7月18日	149,566	90,000	1,495	600
孝感	7月25日	347,647	130,000	8,359	600
潜江	7月	317,953	230,000	4,572	600
沔阳	7月21日	826,283	29,000	18,785	600
汉川	7月26日	356,138	200,000	5,184	300
广济	7月	226,001	130,000	2,755	276
黄梅	7月	217,505	130,000	4,075	200
石首	7月27日	124,909	90,000	4,379	600
天门	7月21日	569,645	200,000	6,589	200
江陵	7月	496,089	180,000	9,316	200
鄂城	7月28日	307,042	130,000	4,728	成灾较迟,不及分配赈米
监利	8月3日	372,002	280,000	7,841	成灾较迟,不及分配赈米

资料来源:《湖北省水灾报告》,湖北省政府民政厅编印,1931年,第63-67页。

恰逢反"围剿"的特殊时期,洪湖苏区形成了更大的赈济压力。由于红二军团主力外调,洪湖苏区在国民党"围剿"压力下,已经资源紧张,处境困难。面对新一轮"围剿",洪湖苏区不得不武装全民与敌游击周旋,并以长江为界,分为以监利、沔阳、江陵为主的江左与以石首、华容、公安为主的江右两块区域分别迎敌。进入1931年夏季以来,水患进一步削弱了苏区的资源。至1931年9月,在国民党军队"围剿"与水灾双重压力下,洪湖苏区一度收缩至监利、沔阳、汉川江左三县,苏维埃首府也从洪湖边的瞿家湾迁至周家嘴,江右地区则大部丧失。直到1932年洪湖苏区才逐渐恢复。1932年2月,中央指出,湘鄂西苏区"因去年水灾与军事的吃紧,使党的工作受到很大的影响"。①

二、灾民逃荒与灾民斗争

1931年7月31日,湘鄂西省委发布《中共湘鄂西省委关于水灾时期党的任务紧急决议》,提出武装护堤、抢收、反富农斗争、储粮、生产救济运动、节省政策等应对水灾办法。其中湘鄂西省委只是将逃荒置于末端,提出了有条件的逃荒:"除开以上办法外,老弱妇女以及没有田种、没有工做之灾民可以尽量的到白区□荒。"②可见,当时湘鄂西苏区党组织仍寄希望于苏区内江堤,试图通过开源节流在苏区内部解决灾荒,对灾民逃荒并不积极。而自发的逃荒却成为灾民应对灾情的主要选择。1932年12月,苏区党组织回顾了救灾初期的情况:"组织灾民的工作提出的迟缓,而很多群众却自动的无组织的出去了。"③相关调查显示,1931年水灾中湖北省逃荒人口占全省总人口的48%。④中共湘鄂西特委没有精确的统计,但大致估算逃荒灾民占苏区人口70%,远远大于全省逃荒比重:"群众有百分之七十逃荒在外,还有一部分群众在苏区没有饭吃。"⑤这种自发的逃荒甚至扩展至基层党员,如湘鄂西省委指出:"监沔苏区外出逃荒者达百分之六七十,党员随众外出者亦当百分之七八十。"⑥此外,工会、妇女协会等群众组织也同样因逃荒而陷入涣散。这说明尽管中共力图限制灾民逃荒,但洪湖苏区的灾民依然延续了逃荒的传统,而且以农民为主体的苏区基层党组织自身也受到农民逃荒传统的影响。

随着8月初车湾堤、朱三弓堤与一弓堤的溃决,苏区灾情陡然严峻,逃荒已经成为苏区灾民的重要出路。与此同时,中共中央分别于7月30日与8月

---

①《中共中央给共产国际的组织报告》(1932年2月12日),中共中央文献研究室、中央档案馆编:《建党以来重要文献选编(1921—1949)》第9册,北京:中央文献出版社,2011年,第108页。
②《中共湘鄂西省委关于水灾时期党的任务紧急决议——粮食问题及救济办法等》(1931年7月31日),《湘鄂西苏区革命历史档汇集》甲2,中央档案馆、湖北省档案馆、湖南省档案馆编印,1985年,第99页。
③《关于湘鄂西具体情形的报告》(1932年12月19日),《湘鄂西苏区革命历史档汇集》甲1,中央档案馆、湖北省档案馆、湖南省档案馆编印,1985年,第319页。
④金陵大学农学院农业经济系编:《中华民国二十年水灾区域之经济调查》,《金陵学报》,第2卷第1期,1932年。
⑤《中共湘鄂西中央分局给中央的报告——关于苏区灾荒、军事及党内斗争问题》(1932年2月25日),《湘鄂西苏区革命历史档汇集》甲1,中央档案馆、湖北省档案馆、湖南省档案馆编印,1985年,第145页。
⑥《中共湘鄂西省委组织工作报告——省委成立到四代会,四代会到现在》(1932年2月),《湘鄂西苏区革命历史档汇集》甲2,中央档案馆、湖北省档案馆、湖南省档案馆编印,1985年,第223页。

16日相继发布《中央关于全国灾荒,秋收斗争与我们的策略的决议》与《中央为扩大灾民斗争致各级党部的一封信》,要求各地党组织应动员灾民到白区去斗争。这使得湘鄂西省委逐渐放弃在苏区内部解决灾荒问题的原构想,转而投入领导灾民逃荒的活动中。1931年8月25日,湘鄂西省委承认最初对逃荒重视不足:"对于出外投荒的问题,过去我们以为赤区群众出去易遭敌人打击,所以没有积极领导,并只主张个别的少数人的投荒。现在看来是不正确的。第一,全国水灾怎能分出赤区与白区灾民;第二,苏区水灾这样严重不出外没有办法;第三,应该出外汇合白区灾民发动广大斗争,这才是从斗争中解决问题。"①值得注意的是,除了现实的救灾考虑之外,中共对当时整个革命形势有乐观的估计,将逃荒视为顺应全国革命高潮,深化革命的一部分。如《中央关于全国灾荒,秋收斗争与我们的策略的决议》所言:"我们现在可以断定,在全国革命高涨的形势下,在苏维埃与红军急速发展的过程中,今年普遍全国的灾荒,一定会促进农民斗争的发展。"②在革命斗争的视角下,逃荒是将革命力量输出白区的重要方式。

湘鄂西省委转而支持逃荒后,试图领导组织灾民逃荒,将革命斗争与逃荒传统相结合。1931年8月,湘鄂西省委提出:"党和苏维埃对于出外投荒,应采取积极的领导的态度,组织灾民出外投荒,县委、县政府即须派人到各区去解决领导灾民出外投荒的问题。对于投荒的方向,须按照各县各区的地势和历史上的便利去解决"③现有的相关研究往往根据这些文件内容而推断洪湖苏区的逃荒斗争取得了成功。然而,从实际效果来看,逃荒固然成为苏区民众的主要出路,却并未完全按照中共预期的灾民斗争方向发展。

就逃荒中的目的与策略来看,中共与灾民都并非完全一致。对灾民而言,逃荒的主要目的是生存,与中共提出的推翻国民政府的革命目标存在一定距离。中共虽然在灾民运动中提出"不还租;不纳税;不还债;要求国家给养灾民;要求分粮;要求减低粮食价格;没收一切囤积粮食,分配给灾民;腾出

---

① 《中共湘鄂西省委关于检查水灾时期党的工作的决议》(1931年8月25日),《湘鄂西苏区革命历史档案汇集》甲2,中央档案馆、湖北省档案馆、湖南省档案馆编印,1985年,第110页。
② 《中央关于全国灾荒,秋收斗争与我们的策略的决议》(1931年7月30日),中央档案馆编:《中共中央档选集》第7册,北京:中共中央党校出版社,1991年,第331页。
③ 《中共湘鄂西省委关于检查水灾时期党的工作的决议》(1931年8月25日),《湘鄂西苏区革命历史档案汇集》甲2,中央档案馆、湖北省档案馆、湖南省档案馆编印,1985年,第110页。

一切空房,分配给灾民居住;住到大户家去;吃大户去"等等较为贴近灾民的口号,但更倾向于灾民采取社会对抗型度荒策略,希望"在斗争中把这些口号提高,一直到没收地主土地,平均分配土地,打倒国民党军阀官僚,建立苏维埃政权等基本口号之实行"。①而在具体逃荒过程中,灾民既有吃大户等社会对抗型度荒策略,也存在做工、当兵、乞讨,甚至贩卖家庭成员等社会融入型的度荒策略。因此尽管灾民在吃大户这类传统度荒策略上与中共相契合,但也存在采取社会融入型度荒策略而削弱革命斗争的情况,使中共难以将灾民抗争上升至更高的革命目标。例如湘鄂西省委发现,直到1932年3月,宜昌地区的灾民斗争仅吸引了少数灾民:"现在的饥民斗争的情况,还是停留在几百人的斗争范围以内。"②相反,湘鄂西省委发现,不少洪湖灾民采用了析出家庭女性成员而维系家庭生存的度荒策略:"童养媳在水灾中增加了,但我们的婚姻法令上已经写着禁止童养媳,我们要实行这一条,在水灾条件下,经济上很少有办法……同时赤白交界的地方因生活的不能解决,有将女孩在白区卖了。"③

此外,在水灾的影响下,中共自身的组织动员能力也难以将逃荒行为提升至革命运动。一方面,如上文所示,苏区党组织与群众组织在水灾初期就因灾民自发逃荒而陷入涣散。如中共湘鄂西中央分局委员宋盘铭报告:"自从水灾之后,党对各级党部的领导是削弱了,党员数量是减少了,水灾以前有三万多党员,水灾直到现在组织方面的数量没有一个详细的统计,最近大概的数量有一万三、四千人。"④而相比于固定一隅的村民,灾民的流动性较大,受到生存机会、获赈预期、政府政策、灾情程度等等因素共同影响,本身组织动员难度就大。

另一方面,灾民从苏区到白区,意味着中共需要从公开的军事斗争转换为合法的灾民斗争,存在一个苏区与白区党组织合作衔接的问题。但自1927

---

① 《中央关于全国灾荒,秋收斗争与我们的策略的决议》(1931年7月30日),中央档案馆编:《中共中央档选集》第7册,北京:中共中央党校出版社,1991年,第332页。
② 《中共湘鄂西省委对宜昌特区农民运动的决议》(1932年3月27日),《湘鄂西苏区革命历史档案汇集》甲2,中央档案馆、湖北省档案馆、湖南省档案馆编印,1985年,第291页。
③ 《中共湘鄂西省委妇运工作报告》(1932年4月28日),《湘鄂西苏区革命历史档案汇集》甲2,中央档案馆、湖北省档案馆、湖南省档案馆编印,1985年,第369页。
④ 《宋盘铭关于湘鄂西情况给中央的综合报告》(1931年11月22日),《湘鄂西苏区革命历史档案汇集》甲1,中央档案馆、湖北省档案馆、湖南省档案馆编印,1985年,第114页。

年以来,两湖白区党组织迭遭破坏,而苏区的部分党员"不愿到白区去做艰苦的工作"①。事实上,当灾民到达白区后,本地的党组织很少能与其建立联系,更不用说组织灾民斗争。1932年2月,湘鄂西省委承认白区灾民斗争仅取得有限成果:"灾民对白区去的约七十万,只有十余万有组织的……他们到白区之后,我们所知道的只有到鄂西、沙市、岳阳的灾民团支部稍有作用,如岳阳的××地×发展了党的支部,以及传报白区消息等,其他的简直与原地没有关系,有些已经瓦解了或是形势[式]的保存组织。"②

除了中共的自身组织困难,国民政府的防共举措也使得灾民斗争受到限制。与以往政府主要考虑安置逃荒灾民不同,此时由于灾民的流入地与流出地分处对立政权控制之下,灾民的政治身份对于获赈与否至关重要。自水灾爆发,国民政府就对来自苏区的灾民保持警惕。早在1931年7月末,湖北省政府已经要求"由警备部派队巡查,以免反动匪徒,乘机破坏",并指出"况值剿赤紧张之时,更有凶年多暴之虑。惨状既不忍睹,危机尤应严防"。③8月,武汉警备司令部又指出须提防聚集武昌的外地灾民:"内中有赤党任宣传之徒,混迹其间,希图煽惑,乘机滋扰。遂令武昌区指挥官123旅旅长黄新,派兵一连,驻扎收容所附近",并强调"难民中如有操天门、沔阳、监利、潜江等县口音者,须特别注意观察"。文中所谓"操天门、沔阳、监利、潜江等县口音者"显然指的是来自洪湖苏区的灾民。④据《申报》报道:"现汉口皇经堂附近,由汉川沔阳两县逃来灾民,已三万余,均拥民船数百,要求赈米。当局派兵二营,前往弹压。"⑤据时人陶直夫所述,在汉口的几百名难民因"反动嫌疑"而被处死。⑥当时正在湖北赈灾的路易·艾黎也指出,武汉地区的难民因中共嫌疑而受到驱赶,而来自洪湖地区的灾民经常被当作中共嫌疑犯枪毙。⑦相比于武汉的强硬手段,宜昌与沙市采取了相对缓和的驱散方式。据中共宜昌道委所

---

① 《中共湘鄂西省第四次代表大会政治任务决议案》(1932年1月27日),《湘鄂西苏区革命历史档汇集》甲2,中央档案馆、湖北省档案馆、湖南省档案馆编印,1985年,第211页。
② 《中共湘鄂西省委组织工作报告——省委成立到四代会,四代会到现在》(1932年2月),《湘鄂西苏区革命历史档汇集》甲2,中央档案馆、湖北省档案馆、湖南省档案馆编印,1985年,第224页。
③ 《鄂省水灾实况》,《申报》1931年7月26日。
④ 《湖北省会水灾赈济实录》(1931),《湖北省一九三一年水灾档案选编》,湖北省水利厅、湖北省档案局(馆)编印,1999年,第40页。
⑤ 《蒋主席到汉视察水灾》,《申报》1931年8月29日,第3版。
⑥ 陶直夫:《1931年大水灾中中国农村经济的破产》,《新创造》1932年第1卷第2期。
⑦ 路易·艾黎研究室编译:《路易·艾黎自传》,兰州:甘肃人民出版社,1987年,第59、61页。

述:"最初沙市反动统治驱逐灾民,后以灾民的骗赖斗争(硬不到别处去),沙市反动警备司令部每日发钱一串,发给良民证回家。"①在国民政府的镇压与疏散下,洪湖地区的灾民逃荒范围受到限制,出现了灾民回流苏区的现象。

三、分粮抢粮与反富农斗争

由上文可知,苏区人口除了七成逃荒外,尚有三成留在苏区,加上部分逃荒灾民回流,加重了苏区负担。与逃荒灾民主要致力于获取外界生存资源不同,留在苏区的灾民需要面对如何分配有限资源这一个重要问题。苏区内部哪个群体应该优先获取资源,哪个群体不在此列,受到灾民的传统度荒策略与苏区救荒政策共同影响。

1931年3月,夏曦作为中共中央代表来到洪湖苏区,传达了六届四中全会决议,对洪湖苏区的以往政策进行批判。其中,苏区的富农政策备受批判。尽管洪湖苏区一直存在反富农斗争,但在中共中央眼中,洪湖苏区存在"富农路线",富农仍然占据优势。因此,自1931年春,反富农斗争在洪湖苏区愈演愈烈。这也反映在1931年苏区的救荒政策中。如上文所引,洪湖苏区在水灾初期颁布的《中共湘鄂西省委关于水灾时期党的任务紧急决议》中就提出加紧反富农斗争,通过没收其部分粮食、船只与渔具分给灾民以解决灾荒。②

对于洪湖民众而言,针对富户"聚众乞食,分粮抢粮"即为传统度荒策略之一。以往实施分粮抢粮策略时,灾民往往会受到政府弹压,存在一定风险。如1910年,洪湖地区的沔阳灾民的分粮抢粮活动即受到驻军弹压:"湖北沔阳州,迭遭水灾,饥民困苦。十五日忽有饥民千余人,将本地某富户围抢一空。驻扎沔阳庐梭湖之陆军四十一标二营管带罗某闻讯,派兵十余名,前往弹压。饥民竟敢与抗,格毙副目一名。罗管带遂带全营兵士前往,饥民等又各执土枪鸟枪列队对抗,新军伤者数人,饥民死伤者亦十余人。"③灾民能"各执土枪鸟枪列队对抗",可见其抢粮活动背后存在一定的组织与武装基础。因而清

---

①《中共宜昌道委对中央的第一次报告——目前政治形势、各县工作概况、十一月份工作计划》(1931年10月23日),《湘鄂西苏区革命历史档汇集》甲4,中央档案馆、湖北省档案馆、湖南省档案馆编印,1985年,第429页。
②《中共湘鄂西省委关于水灾时期党的任务紧急决议——粮食问题及救济办法等》(1931年7月31日),《湘鄂西苏区革命历史档汇集》甲2,中央档案馆、湖北省档案馆、湖南省档案馆编印,1985年,第99页。
③《湖北沔阳州饥民滋事》,《东方杂志》1910年第6期。

政府对此一向警惕,以限制灾民在灾荒时期的抢粮活动。而在1931年的水灾中,洪湖苏区推行的反富农政策则消除了政府以往对该行为的限制,反而鼓励了灾民的这一行动。因此,中共水灾时期没收富农部分资源以度荒的政策一经提出,很快就得到灾民的积极响应:"水灾时提更进一步的反富农斗争的口号,得到广大群众的拥护。在这种口号之[下],一般群众都是很积极地参加,表现得最积极的是监、沔、石、华的群众。"①

值得注意的是,中共提出"抑制富农,而不是消灭富农",试图将水灾时期的反富农斗争控制在没收富农部分资源,而非没收其全部资源的范围中。如1931年8月湘鄂西省委即指出:"省委认为沔阳县委对于富农房屋、船只都一律没收是错误的。"②然而,面对灾情,灾民难以做到这种有限度没收,往往采取全部没收的做法。而且富农在整个苏区的比重并不大。根据1932年湘鄂西苏区的粗略统计,包括监利、沔阳、汉川在内的苏区14个县的三百余万人口中,富农仅占7%。③当灾情严重,富农的资源被灾民没收殆尽后,没收的对象即容易随之扩大。

而苏区的成分划分标准也使得反富农的斗争容易从富农扩大至中农。按照洪湖苏区相关决议,富农指的是"凡自耕农土地有余,而兼雇人耕种或以余田出租者,及佃农虽自己无土地、资本,租得大批土地,所收获超过需要,并雇人耕种者",而中农属于"土地仅足自给者"。其中中农又分富裕中农与非富裕中农两种。富裕中农也存在雇佣现象,但因土地基本满足人口需要,因此不列为富农。可见,富农与中农的区别仅仅在于耕种者通过土地、资本、劳动力投入所得收获是否超过自身需要。在实际划分中,富农与中农的界限比较模糊。洪湖苏区同样注意到这一点:"自然,富裕的中农,接近于富农,但不能与富农同等看待。"④虽然二者接近,但在党的政策中则处于截然不同的地位:中农属于小资产阶级,属于党在乡村的同盟;而富农属于资产阶级,是苏

---

① 《宋盘铭关于湘鄂西情况给中央的综合报告》(1931年11月22日),《湘鄂西苏区革命历史档汇集》甲1,中央档案馆、湖北省档案馆、湖南省档案馆编印,1985年,第117页。
② 《中共湘鄂西省委关于检查水灾时期党的工作的决议》(1931年8月25日),《湘鄂西苏区革命历史档汇集》甲2,中央档案馆、湖北省档案馆、湖南省档案馆编印,1985年,第111页。
③ 《关于湘鄂西具体情形的报告》(1932年12月19日),《湘鄂西苏区革命历史档汇集》甲1,中央档案馆、湖北省档案馆、湖南省档案馆编印,1985年,第269页。
④ 《中共湘鄂西特委第一次紧急会议关于土地问题决议案大纲》(1930年9月),《湘鄂西苏区革命历史档汇集》甲2,中央档案馆、湖北省档案馆、湖南省档案馆编印,1985年,第16页。

区消灭地主之后的主要打击对象。但在现实中,甚至苏区宣传部门也认为中农与富农差别不大。早在1930年,邓中夏就在洪湖苏区发现:"党的出版物公开的指出富农、中农均是反革命。"①

与此相似,当中农的资源被没收后,贫农也会难以独善其身。随着运动的推进,灾民的分粮抢粮对象也随着阶级身份的下移而逐步扩大范围,甚至已经突破了苏区成分划分的阶级界限。反富农斗争也随之演变为传统灾民不分阶级的分粮抢粮行动。1932年2月,湘鄂西中央分局承认:"我们[反]富农的工作还很少成绩,相反的在苏区内部以反富农为名向中农、贫农乱斗。"②

这种倾向在赤白交界的游击区或新建立的苏区更为严重。早在1931年8月25日监利水灾灾情初露端倪时,湘鄂西省委即提出"动员群众配合游击队到附近白区没收的工作",并强调"没收的对象是地主、富农,必须配合当地群众,不可造成赤区群众去没收白区群众粮食的现象。"③然而与苏区内部情况相似,实际上灾民根本不会在仔细进行阶级鉴别后再进行没收。如果说苏区内部的反富农斗争还多少牵涉到灾民原有的地缘与血缘关系,对白区的斗争显然无所顾忌。赤白对立在土地革命时期各苏区都颇为普遍,洪湖地区也不例外,但在水灾时期尤其严重。④当红军游击队控制赤白交界的游击区时,原苏区的灾民就涌入当地没收包括贫农在内的白区所有居民的资源。尽管湘鄂西省委最初预见到了水灾时期苏区灾民基于地域而非阶级的乱斗的可能,但打击富农政策、严峻的灾情以及组织控制的削弱等方面因素都推动了这种灾民分粮抢粮活动。1932年2月,湘鄂西中央分局指出:"在苏区附近红军采办给养时,群众就将白区赤农、中农的粮食、财产一概没收,党和苏维埃没有以当地基本群众作柱石去发展新苏区,而只号召灾民到新苏区、白区去,好像殖民地一样,这是现在非常严重的错误。"⑤

---

① 《邓中夏给长江局转中央信——要改变二军团向武汉进攻及赤区反水问题,工作人员腐化等问题》(1930年10月15日),《湘鄂西苏区革命历史档汇集》甲2,中央档案馆、湖北省档案馆、湖南省档案馆编印,1985年,第29页。
② 《中共湘鄂西中央分局关于目前时局估计及湘鄂西党与红军的紧急任务决议案》(1932年2月21日),《湘鄂西苏区革命历史档汇集》甲1,中央档案馆、湖北省档案馆、湖南省档案馆编印,1985年,第141页。
③ 《中共湘鄂西省委关于检查水灾时期党的工作的决议》(1931年8月25日),《湘鄂西苏区革命历史档汇集》甲2,中央档案馆、湖北省档案馆、湖南省档案馆编印,1985年,第110页。
④ 关于赤白对立问题研究可参见黄道炫:《苏区时期的"赤白对立"——阶级革命中的非阶级现象》,《史学月刊》2005年第11期。
⑤ 《中共湘鄂西中央分局关于目前时局估计及湘鄂西党与红军的紧急任务决议案》(1932年2月21日),《湘鄂西苏区革命历史档汇集》甲1,中央档案馆、湖北省档案馆、湖南省档案馆编印,1985年,第141页。

至1931年9、10月,洪湖苏区水势渐退时,苏区内部及其周边的反富农斗争已经成为苏区解决灾情的主要途径。根据湘鄂西总工会1931年10月的报告:"大部分群众生活是由斗争得到解决的。没收了富农的现金和粮食,没收了灰色区域、白色区域豪劣地主的粮米财产等。××在汉川南河一区没收的现金一万余元、粮食六千余石外,耕牛、船只、鸭棚等不计其数。这种斗争在监、沔、汉川有很大成绩,这自然解决了灾民的生活困难。"[1]甚至苏区部分地区为此忽略了中共中央号召党领导灾民到白区斗争的命令。如新建立的苏区荆南县委在解决灾民问题时,"没有很好的把他们领导到白区去,而还是采用在内部反富农斗争来解决,当然在新苏区内反富农斗争,没收甚[其]多余的粮食是对的,但执行的结果,往往侵犯于中农和走到消灭富农的倾向,形成赤白区群众对立的严重现象"。[2]

可见,苏区党组织原本希望依托反富农斗争与游击战巩固拓展苏区,以阶级革命解决灾荒,通过救灾推动阶级革命,实际上却在反富农斗争、游击战的形式下重现了灾民分粮抢粮的传统策略。虽然这的确解决了苏区内的灾荒,但也引起了赤白对立等一系列问题,偏离了苏区党组织的初衷。相关研究往往把灾民不分阶级的抢粮行为归咎于"左"倾的错误思想。从洪湖苏区的救灾政策来看,固然存在"左"倾的一面,但政策同时也提出不少限制要求。问题的关键是为何相比于其他救灾运动,灾民会对此积极响应,甚至主动推进苏区的反富农斗争。需要注意的是,从灾民传统的度荒策略的角度来看,苏区党组织的反富农斗争与灾民分粮抢粮传统策略存在较大叠合,成为该斗争愈演愈烈的一个重要原因。

四、结论

中共党组织与普通灾民对1931年的水灾存在着不同理解。救荒被洪湖苏区领导层视为该时期响应中共中央深化革命,反对富农路线,以及取得第

---

[1]《湘鄂西省总工会给全总的报告——关于工会在平分土地反富农斗争及水灾时期的工作成绩今后的工作任务等》(1931年10月18日),《湘鄂西苏区革命历史档汇集》甲3,中央档案馆、湖北省档案馆、湖南省档案馆编印,1985年,第187页。
[2]《中共湘鄂西省委给荆南县委信》(1932年3月),《湘鄂西苏区革命历史档汇集》甲2,中央档案馆、湖北省档案馆、湖南省档案馆编印,1985年,第296页。

三次反围剿斗争胜利的重要任务。因此我们可以在洪湖苏区的革命文献记述中多次看到"水灾时期"被作为苏区革命发展的一个阶段。可以说，在革命的叙事中，水灾不仅仅是一次自然灾害，也是苏区生死存亡，坚持正确路线政策的考验。对于洪湖地区的灾民而言，水灾则是地方社会长期存在的问题，而度荒策略延续已久。因此1931年的水灾对其而言，不过是传统的生存模式循环。

在1931年的水灾中，中共试图将二者结合起来，通过在灾民的度荒策略中加入党组织的领导，将灾民度荒活动引入革命斗争。而二者的结合在不同方面产生了截然不同的效果。尽管逃荒成为苏区救荒的主要方式，但受限于种种原因，逃荒并未完全被中共有效组织起来。而逃荒本身也因国共对峙而受到限制。以往负责赈济的政府对于苏区灾民采取了严格管理乃至驱逐的方式，造成灾民回流苏区。而在苏区内部，灾民传统的分粮抢粮策略则与苏区推动的反富农政策相结合，使反富农斗争发展程度甚至远远超出中共预期。

洪湖苏区的荒政是中共革命政策与地方社会传统的互动产物，反映了革命进程中地方社会演化的复杂面向。将1931年洪湖苏区救灾活动解读为一场苏区党组织的救灾胜利显然忽视了救灾过程的多面性与曲折性。中共的革命政治形态的确为灾民的度荒策略增添了更多的政治斗争色彩，使其度荒策略在某些方面受到限制，但同样也使其在某些方面得到了加强。然而总的来说，灾民的传统度荒策略在民国社会依然得到了延续。将洪湖苏区的救荒活动完全视为中共政策的实施结果显然忽视了灾民自身的度荒传统，及其与中共政策之间的互动，从而简化了革命的复杂面向。从灾民度荒的角度重新审视中共政策的运作，可以发现中共政策与地方社会传统的碰撞与融合。地方社会传统既可能阻碍政策的推行，也可能促进政策的实施。这种社会传统与革命政策的关联，是我们深入了解革命演进中值得关注的现象。

抗战时期贵州省政府对"匪患"问题的认识及其政策措施探讨

莫子刚[①]

摘　要：抗战时期，贵州地区"匪患"问题严重，对国民政府的统治权威和社会秩序构成严重威胁。有鉴于此，贵州省国民政府采取了剿抚并用、标本兼治的政策措施：对于帮会，先扶植利用，后严加取缔；对于股匪，除"武力清剿"外，还采取了诸如加强户籍管理、严格吏治、禁除鸦片毒瘤、发展民众教育、改进交通通讯等治本的政策措施，这些政策措施虽有可取之处，也取得了一定成就，但由于时局的发展变化、社会环境的不良及乱杀胡为等因素，效用大打折扣。抗战结束前夕，贵州地区的"匪患"又重新陷于泛滥。

关键词：贵州省（国民）政府；抗战时期；匪患；政策措施

目前，有关"匪患"问题，有不少专家学者在研究，而且取得了许多优秀成果。至于有关抗战时期国民政府处置"匪患"的政策措施问题也有所涉及。但大多语焉不详，泛泛而谈。抗战时期是国民政府对"匪患"问题着力最多的时期，而当时各省政府之中，又以贵州在这方面的工作搞得较为积极。以贵州为典型进行研讨，无疑十分有利于对这一问题的进一步深入了解。然而，迄今为止，除了一些通史类专著以及梁家贵《抗日战争时期的贵州秘密社

---

① 作者简介：莫子刚，男，1963年10月生，湖南邵阳人，贵州民族大学商学院教授，研究方向为中国近现代史、贵州地方史。

会》①一文对该问题有所涉及以外,没有其他更好的成果问世。梁文虽然从帮会组织的发展大势、国民政府的相关政策方面对这一问题进行了较好较系统的探讨,但它只仅把这些政策分做两个阶段加以大略的概述,让人看后仍觉印象不深,难以明瞭和把握。实际上,抗战时期国民政府围绕此问题采取了许多方方面面的政策措施,且取得了一定的成就。探讨这一问题,有利于人们通过比照历史上政府对待处理匪患的立场、态度和方法途径,去认识廓清匪患、共赴时艰的重要性与不易性,从而使人们更加深切地认识到解放初期中共所领导进行的剿匪镇反运动之英明伟大,最终形成构建特色社会主义和谐社会的合力与热情。鉴于此,很有必要撰文探讨之。

一、抗战时期贵州匪患之特点

1938年10月,武汉、广州失陷后,国民政府迁都重庆。这时仅有半壁江山的它为了坚持抗战、维护统治,极欲加强和巩固自己的统治后方。虽然这时其治下的西南、西北等地区仍然相当广阔,但无论是从政治成熟、经济发展还是从文化繁荣等方面来看,都难以和原来的东部沦陷区相比。尤为令其忧患的是这些后方的许多地区民心涣散、土匪遍地、社会秩序不稳!

贵州就是这样一个区域,它本是重庆南部重要的天然屏障。但由于国民政府迁都重庆之时,其在贵州地区的统治时间才短短数年,统治权威尚只在省会贵阳及其周围邻近地区有所确立。整体说来,全省仍然还停留在一个经济残破、民不聊生、人力物力奇缺、财政极其困难、土匪丛生、政府统治权威严重缺失的难以想象的落后阶段,国民政府在这里的统治基础极其薄弱。大体说来,抗战时期贵州的匪患有以下特点:

第一,帮会势力很大。辛亥革命后,曾经热闹一时的"贵州会党冰消瓦解,转入偃旗息鼓、埋头蛰伏的状态20余年"。②1935年,为了"围剿"进入黔境内的红军,国民党当局对贵州会党给予扶植,使之得以迅速发展壮大。抗战时期,由于东部国土沦丧,不少帮会积极谋求在西南、西北等后方地区的势力发展,因此湘西、贵州、四川等后方省区之帮会势力相当强大。就贵州而言,"在帮者不尽为匪,而为匪者多属于帮",③据不完全统计,当时在省内活动的

---

① 梁家贵:《抗日战争时期的贵州秘密社会》,《贵州师范大学》(社会科学版)2006年第6期。
② 刘延生:《1911年至1949年的贵州会党》,《贵州档案史》1995年第3/4期合刊。
③ 吴鼎昌:《花溪闲笔初稿》,贵阳:贵州印刷所刊行,1943年,第38页。

会党就有哥老会、归根道、青莲教、一贯道、同善社、新民社等60多种。至于人数,则根本难以数计。1936年仅新民社就形成了以贵阳为中心,并于遵义、安顺、毕节、清镇、平坝、黔西、织金等县设有分社、成员达数万人的庞大组织。"①在镇远地区,一贯道就有36人、同善社72人、归根道40余人。②在兴义,据该区国民党区党部书记长叶道明报告,1940年所谓万全堂邪教徒就有10余万人。③在黔东南,"各县帮会(主要是同善社)势力很大,有不少豪绅参加"④。

第二,匪患多样、难以廓清。"贵州素以地瘠民贫、苗夷杂处、地方难治著称"。⑤很多地方长期形成"兵即是匪、匪即是兵"的局面。若把土匪分类,则"有有形之匪,有无形之匪,有直接之匪,有间接之匪。有形之匪,有股匪和散匪之分,无形之匪,有明团暗匪,敌伪间谍与反动奸伪之分。间接之匪,有贪污与顽劣迷信帮会之分"。⑥

在贵州各地,数十乃至上百人一伙的"股匪",啸聚山林,抢财劫物之事是经常发生的;他们见机行事,临时勾结,出没无常,飘忽不定;在水城,有土匪王安炳,"犷悍奸狡甚于诸匪,杀人劫掠为患近三十载,不仅地方团队不敢撄其锋,即大军屡次进剿亦未损其毫……邻封各县匪徒皆奉之为渠魁,崔符坐啸,闻声而集者,动以千计"。⑦在定番(今惠水)"自民国以来,没有一天无匪患","匪众常流窜山中,出没无常,打家劫舍,杀人放火,在各地骚扰不休。"丁道谦在《贵州经济研究》一书中指出:"在贵州,简直可以这样说,没有一地是没有土匪的",⑧他们"并非豺狼虎豹,而无异于蚊子苍蝇",⑨虽其势力有限,人数不是很多,但最大的特点就是"劫无一定之所,出没亦无一定之时","兵来则散而为民,兵去复聚而为匪,进剿则此击彼窜,不剿则匪势坐大。"⑩如同牛皮癣一般,始终难以根治,往往是兵来则平,兵退又起。

第三,危害严重。关于匪患的危害,最为深有感触的是贵州省主席兼滇黔绥靖公署副主任吴鼎昌,他曾颇有感触地指出:即使在平时,帮匪为害地方

---

① 吴鼎昌:《花溪闲笔初稿》,第38页。
② 镇远县志编纂委员会编:《镇远县志》,贵阳:贵州人民出版社,1992年,第535页。
③ 参见陆钟伟:《中国秘密会社第五卷.民国会道门》,福州:福建人民出版社,2002年,第237页。
④ 尚传道:《对吴鼎昌主黔七年的回忆》,《贵州文史资料选辑》,第31辑,第57页。
⑤ 韩文焕:《我所认识的吴达诠先生》,《传纪文学》(台北),第5卷第34期,1976年。
⑥ 韩文焕:《贵州治安建设》,《贵州日报》,1942年10月14日,第4版。
⑦ 贵州省水城县政协:《水城文史资料少数民族专辑》,贵阳:贵州人民出版社,1989年,第30页。
⑧ 丁道谦:《贵州经济研究》,贵阳:中央日报社,1941年,第170页。
⑨ 韩文焕:《新县制实施中警卫应如何办理》,《贵州日报》,1942年12月《临时专刊》。
⑩ 韩文焕:《贵州治安建设》,《贵州日报》,1942年10月14日,第4版。

者至少也有七项:"(一)逼迫或诱惑商民入会,收取'押贴钱'少者百元,多至千元以上,并有所谓'带粮上山',按月向'粮台'纳粮之事。(二)商店如不在帮,或未得帮会关照者,辄由帮徒滋事,扰害其营业。(三)凡帮会中人宴客多由帮徒'拉网',不付价款。(四)剧院演员登台前,须向帮徒拜客,参加该会,否则以'空子'论,捣乱不休。(五)省垣发生聚赌抽头案,多系帮会包庇,竹市'吃纸码'者达数百人。(六)开设烟馆贩运鸦片私运金银水银及一切违禁物品者多有帮会参杂其间。(七)尤甚者竟有敢串卖枪弹,接济土匪",一旦有事,帮会即勾结土豪劣绅,乘机作乱,总之,他们是"无事时为害如蚊蝇,有事时为害如虎狼"。[1]1939年4月初至7月中旬,水城县政府呈给省府的匪情报告就有28次[2]。在当时的后坪县,好几位县长都为土匪所杀,害得后来几乎没有人敢去那里做县长[3]。整个20世纪二三十年代的黔东地区"大凡险隘深山,多为土匪盘踞,打家劫舍,杀人如麻",政府在无力讨平之后,只好采用"招安封官之策",结果导致"由匪而官"竟成为某些人进入政治领域、逐渐升迁的终南途径。兵匪交织的严重情形使得黔东地区到处呈现出民不聊生的社会景象。有诗为证:"蜂烟惨淡暗黔中,满日疮痍处处同,兵匪二年千里乱,相邻十室九家空,忧民忧世头惊白,争地争城血染红,却怪桃李无意识,春来犹自笑春风"。[4]总之,匪帮之势力几乎渗透到贵州政治、经济、军事乃至社会文化生活等各个领域,他们无时无刻不在对国民政府所希望建立起来的社会秩序起着干扰、破坏作用。

二、匪患的存在与猖獗的不利影响

那么,抗战时期土匪帮会的存在与活动对国民政府的统治到底有何不利呢?

首先,不利于国民政府中心统治地位的进一步形成。贵州历来被视为化外之地,历届中央政府对它的控制相当薄弱。国民政府统一全国以后,直到20世纪30年代中期才逐渐掌控了贵州。土匪帮会的大量存在和猖獗活动无

---

[1] 参见吴鼎昌:《花溪闲笔(续)》,第38—39页。
[2] 吴泽霖:《定番县乡土教材调查报告》,贵州省图书馆,1939年,1965年复制,第13—17页。
[3] 张成达:《宁愿青年人贲事,不用老年人误事》,《传纪文学》(台北),第4卷第34期,1976年。
[4] 参见喻帮林:《黔东神兵斗争与黔东特区的创立初探》,《贵州档案史资料》1996年第3期。

疑对它是一种分权和挑战,帮会活动的长期影响和其势力的盘根错节让很多边区民众心目中甚至只知有帮会不知有"党国",这就严重影响了国民政府在贵州统治的深化与加强。"一旦发生事故,帮会随时可随机作乱,即不作乱,政府偶一疏忽,控制之权将全落于帮会之手,社会秩序不堪言矣。"①贵州是当时重庆国民政府统治的后方中心,国民党中央殷切期望它的治安稳定,决不允许土匪的猖獗横行。

其次,不利于抗战事业的顺利开展。抗战时期是一个极其特殊的时代,要想保证所谓抗战活动进行,打败日寇,建设家园,就必须发动和凝注最广大的民众,使之团结起来积极投入其中。而土匪帮会的结帮拉派、聚众闹事无疑是达成这一目标的重大障碍。吴鼎昌指出:"前线看得见敌人,眼睛里有敌人,我们后方看不见敌人,就要脑子里有敌人。我们更要知道后方对前方的责任是什么?就是要贡献人力物力,使抗战教育施行,抗战物力充实,抗战人力补足、前线部队有补给。要想做到这些事情,必须地方安定,才能够顺利地进行。所以我们眼前的敌人,就是扰乱地方秩序的人。换句话说:就是汉奸与盗匪。如果后方不安宁,不但不能补助前方,并且使得前方还要分一部分力量与精神顾虑后方;这不但减去了我们抗战的力量,并且无形中增加了敌人的侵略力。所以盗匪的行为虽是抢劫,而其危害国家却与汉奸同!"②因此,"到了抗战的时候,剿灭土匪成了后方的第一件工作"。③抗战时期,国民政府倡导"抗建第一""胜利第一"原则,提出改正"醉生梦死之生活"、养成"奋发蓬勃之朝气"、革除"苟且偷生之习惯"、打破"自私自利之企图"、达到国民精神之"充实""集中"④、实行国民精神总动员运动等思想精神方面的要求。而土匪帮会们则到处兜售封建迷信和腐化享乐等没落思想作风,在国民政府看来,他们正是"自私自利"和"苟且偷生"等精神之代表!因此,他们的存在无疑造成民心离散,与政府期望和时代主流大相悖逆,极不利于国民政府抗战活动的正常开展。

---

① 吴鼎昌:《花溪闲笔初稿》,第38页。
② 贵州省政府秘书处编印:《吴主席讲演稿存》,1939年,第1册,第24页。
③ 贵州省政府秘书处编印:《吴主席讲演稿存》,第39页。
④ 参见谷小水:《抗战时期的国民精神总动员运动》,《抗日战争研究》2004年第1期。

三、贵州省政府铲除匪患的政策措施

（一）军事上的围剿与防范

抗战初期，贵州省政府出于团结抗日的考虑及迫于帮会势力之强大，对帮会主要采取扶植、利用的政策策略。吴鼎昌指出，在贵州，如果仅仅靠要军队去消灭土匪强盗，不仅是错误，也是一种耻辱和失职[①]。1939年下半年，陈锡庐担任省党部代主任委员期间，主张利用帮会势力发展国民党组织。他指派黄国桢为指导员，将国民党中有帮会关系的23人组成精忠党团，并联络会党分子组成精忠社。该社成立后，吸收成员近千人[②]。当时许多国民党大员都是清帮成员，如时任贵州国民党步兵学校教育长刘震清、辎重兵学校教育长毛福成、遵镇师管区司令杨勃、监护第五总队队长袁德性、保安团团长杨汉烈等等[③]。据雷山县对82名同善社成员的调查，其中有国民党乡长7名，区长5名，局长2名，保长7名，地主20名，士绅17名，以上共58名，占总数的70.7%，主要首领为国民党贵州省党部执行委员[④]。抗战中后期，随着形势的发展变化、匪患的不断猖獗、难以根治，以及自身对匪患危害认识的深化，国民党政府针对帮会的态度日趋强硬。1940年6月，贵州省永兴区国民党区党部书记叶道明首先颁发对该区万全堂邪教活动的禁令。1941年3月，贵州省政府正式下令取缔精忠社的活动。1942年8月中，下令取缔所有的帮会组织，逮捕扣押了数十名匪首，此举曾使得贵阳等中心地区的会党活动一蹶不振。此外，贵州各地方政府也对帮会、教派加紧取缔。例如，1941年遵义县下令取缔归根道，1943年绥阳县取缔红灯教，同年黔北神兵活动被镇压[⑤]。

在武力围剿方面，吴鼎昌到贵州不久，就要求改变过去的做法，变"等匪打"为"找匪打"、变"临时应付"为"平时应付"、变"各管各"为"互帮互助"，转变消极态度，积极警觉和行动起来。[⑥]各县在剿匪过程中积极响应省政府号召，也想出了不少有效的具体办法。如1942年夏，岑巩县县长张止爱以100

[①] 参见贵州省政府秘书处编印：《吴主席讲演稿存》，第24页。
[②] 参见刘延生：《1911年至1949年的贵州会党》，《贵州档案史料》1995年第3/4期合刊。
[③] 梁家贵：《抗日战争时期的贵州秘密社会》，《贵州师范大学》（社会科学版）2006年第6期。
[④] 欧阳恩良：《民国时期贵州会道门的特征论述》，《甘肃社会科学》2009年第3期。
[⑤] 梁家贵：《抗日战争时期的贵州秘密社会》，《贵州师范大学》（社会科学版）2006年第6期。
[⑥] 参见贵州省政府秘书处编印：《吴主席讲演稿存》，第26页。

元购得情报,派兵剿灭恶贯满盈的土匪龙林格①,并要求匪患比较严重的各毗连乡镇相互制定联合剿匪办法,做到守望相望,"此串彼击",使匪"逃无可逃"。据统计,全省"二十七年度中,剿灭大小股匪四十余股,格毙匪魁三十余名,生擒匪首及伙党数十名,伤毙伙党千余名。二十八年度击溃匪徒大小二百余股,格毙匪徒四千八百四十余名,缴枪三千四百八十枝",②到1940年,黔省内大股土匪,已基本解决。从1938年初到1942年底,全省共击毙匪首734名,匪徒8111名,俘获匪首193名,匪徒1114名,使82名匪首、1037名匪徒投诚;另缴获步枪、手枪、机枪等11042支,子弹数百发。③

在平时,防范对付匪患,主要还是依赖地方警察。1941年新县制实行以前,鉴于财力、人力有限,贵州省国民政府尤其注意加强那些地处要冲、人口稠密县份的警力。在这些县份设置了专门负责全县防剿匪患工作的保警第一分队。新县制实施开始后不久,全省各县分期分批地建立了现代警察制度,并竭力在枪支配备、干部训练方面充实加强。为了弥补警力的严重不足,贵州省政府还在各地设立了保安分队、常备义勇队和壮丁队等后备力量,前两者也属常备武力,而后者则是平时耕种、闲时训练、警时出动的民兵。这样既能避免平时政府的财政负担,又可保证剿匪时较为充分的武力供给。对于这些武力,贵州省政府除了十分注重军事训练以外,还时常召开冬防会议,商讨剿匪办法,提高剿匪防匪意识。当然,由于当时警力十分有限,在面对大股土匪之时,还需要大力依靠国民党地方正规军队。

为了剿灭匪患,贵州省政府除了严格执行国民党中央的有关法令以外,还针对本省省情,制颁了一系列较为完善的法令法规。如《各县公私枪弹验交管理使用办法》《贵州省各县自卫枪炮登记烙印给照办法》《查禁私造私卖枪械办法》《户口总复查、土匪总检举实施办法》《修正黔省清乡条例》《各行政区县联防办法》《各县地方团队越界剿匪会缉证使用办法》《黔省清乡期内土匪自新规程》《黔省民众自卫办法》等。这些法令法规的主要内容大致有:要求管制好枪支弹药、杜绝非法流入民间;民众自卫枪支一律送往各当地县府烙印,编号列册,每住户自卫民枪不得超过五支;各县、乡镇保甲切实做好登

---

① 贵州岑巩县志编纂委员会编:《岑巩县志》,贵阳:贵州人民出版社,1993年,第285页。
② 贵州省政府秘书处编印:《两年来贵州行政、保安》,1940年,第9页。
③ 参见贵州省政府秘书处编印:《黔政五年》,第88页。

记侦查检举工作并详细研究土匪帮会的来源成因种类踪迹及相关对策;有匪警之相邻各县应制定联防措施、合力剿匪,相互不得推诿;对土匪自新手续应特别慎重办理;对被俘之匪应按相关规定办理,不得任意格毙;剿匪行动中绝对禁止"抄掳焚烧情事"发生。①从这些法令法规中,我们也可窥知,贵州省政府是力图采取"剿、缉、清、防"相结合的各种手段,努力达成除匪务尽的目标的。

这些法令的制颁执行,有力地推动了清剿土匪的工作,如规定"严惩通匪庇匪之住户,保障检举匪奸莠民之民"的《户口总复查、土匪总检举实施办法》颁布实施后,广大民众先后检举出匪徒2240余名,莠民250余名。②再如,《黔省民众自卫办法》颁行后,不少地方民众组织日趋严密,他们或以联保或以地形为单位,"设卡设哨,实行守望"。③

(二)加强户籍、官吏等各方面管理的治本举措

除了"武力清剿"等治标措施以外,贵州省政府还采取了其他诸多旨在治本的政策措施。

第一,加强户籍登记和异动管理。自1938年起,贵州省政府陆续整理保甲户籍工作。根据国民党中央颁布的相关文件精神,贵州省政府颁布了《县保甲户口编查办法实施细则》,作为全省办理保甲、清查户口的基本法规,要求各有关负责人员认真填写《户口统计表》《职业分类统计表》《年龄分组统计表》《特编保甲户口表》以及户口异动登记表册等。各乡镇切实制定好户口异动牌,牌上书明各每甲人口的姓名、年龄、性别等情况,遇有异动,则由保长在牌上移动名牌,把它归入异动户内,至每月月底,统计上报。为了简化填表手续,提高管理控制人口的效率,1944年谭克敏担任贵州省民政厅厅长时,又实现了"融保甲户籍为一体"的办法,将保甲与户籍配合实施,"寓户籍登记于保甲编组,寓人事登记寓户口登记",将户口调查表改为既记有"保甲户口之籍贯"又能表明户口异动情况的户籍证,④这实际上是一种集居民户籍证与身份证于一体的办法。为了加强保甲效果,又实行联保连坐切结制度,"以联保为

---

① 参见吴鼎昌:《花溪闲笔续编》,第23-25页。
② 参见贵州省政府秘书处编印:《黔政五年》,第88页。
③ 参见贵州省政府秘书处编印:《黔政五年》,第89页。
④ 参见谭克敏:《贵州民政十讲》,贵阳:《贵阳大刚报》社印行,1946年,第59页。

条件,以连坐为制裁,以切结为凭证",[1]以此达到加强各地保甲长联保主任(1941年实行新县制后,改称乡、镇长)职责、迫使民众主动检举告发土匪的目的。在户籍行政管理方面,一改过去无专门办理户籍事务机构的做法,在民政厅内设置户政科,各县即于民政科之下设立户籍股,各乡镇也设户籍干事或户籍股主任,并两度在省训练团里设立户政班,轮流调训各地户籍人员数百人。另外,贵州省政府尤其注重对户口、保甲的抽查督导工作,规定"无论因何种任务出差时,均应一律附带抽查"这一工作。[2]

第二,慎选地方官员、严格吏治。抗战时期的贵州之所以"匪患"严重,一个极其重要的原因就在于不少基层官吏的昏庸、腐败与残暴。对于匪患问题,他们要么束手无策,要么干脆与之沆瀣一气,狼狈为奸。"大凡匪乱之相循,都由当时负责人昏庸糊涂,福民不足,祸民有余。"[3]"不肖区保,每籍'工兵粮款'寻仇报复,勒索良民,或对民间纠纷,不能公平处理,使一部人民铤而走险者有之;又有无能区保,有匪不能除,又不敢报,惟以妥协苟安为得计,以致匪徒得以乘势坐大。至于挟匪以自重,通匪以自肥,甚至本身即属明团暗匪者,则更不堪问矣。"[4]这种行径无疑直接导致民众对官吏们乃至政府部门的失望和怨恨,从而使他们铤而走险,沦落为匪。鉴于此,贵州省政府采取如下措施:设置为官标准,提高进入门槛,规定把"不庇匪,不抽烟,不敛财"作为担任地方官员的三项基本条件;确定、落实、提高各乡镇保甲长的办公经费,激发其工作热情;设立"府署联合视察室",全面负责对各地各项工作的视察与督导,加强行政过程的监控;设置地方行政干部训练所,加强职业责任培训,努力提高保甲长等现有地方官吏队伍的综合素质。据粗略统计,还在刚开始训练的1938年贵州的联保主任受训率达100%,保长受训率达72%,甲长受训率也有20.28%[5]。到1942年底全省各县仅乡镇干部训练班就办了145个,培训干部14698人,保干培训班251个,培训人员75195人,培训率高达90%以上[6];选用有胆有识、有勇有谋的年轻人为县长,以便和土匪等地方恶势力作

---

[1] 参见谭克敏:《贵州民政十讲》,第63页。
[2] 参见贵州省政府秘书处编印:《黔政五年》,第24页。
[3] 贵州省临时参议会秘书处编印:《贵州省临时参议会第三次大会记录》,1946年,第101页。
[4] 韩文焕:《贵州治安建设》,《贵州日报》,1942年10月14日,第4版。
[5] 国民政府内政部统计处编印:《战时内务行政应用统计专刊》第2种,1938年,第25-26页。转引自冉绵惠、李惠宇:《民国时期保甲制度研究》,成都:四川大学出版社,2005年,第111页。
[6] 参见贵州省政府秘书处编印:《黔政五年》,第149-150页。

斗争,"至于县长之选择,在有匪县份,则偏重有军事及剿匪知识者,无匪县份则偏重有生产教育能力者"。①

第三,禁除鸦片毒瘤,发展正常经济。"鸦片是与土匪息息相关的一种畸形农作物,有学者认为土匪与鸦片是相依相存的两种社会现象,每一个土匪活动频繁的时期即是鸦片种植泛滥时期",②民国时期的贵州情况即是如此。它地瘠民贫,是全国第一穷省,自古"财赋所出,不能当中原一大郡"。抗战以还,后方人口激增,经济波动,而民众均感生活重压,以致"不胜负担而竟破产者有之,终日碌碌而未获一饱者有之,负役过劳而痛苦不堪者有之。"③鸦片种植占用了大量土地,影响粮食作物的正常产出,从而导致灾荒频繁发生,"黔省种烟之区约占全省三分之二","各县种植面积,总计达八百万亩以上,占耕地面积的26%,年产鸦片十余万担"。这种广植鸦片的情形"不但未能富裕农村经济,反而摧毁了原有的脆弱的农村经济基础"。"本省五谷之出产,因受鸦片之影响,产量奇欠。……因闹成数十年来罕见之饥馑,死亡枕藉者,不可胜计",④"自民国初以迄于今,历三十余载",人民因鸦片而"倾家亡身者所在皆是。"⑤而每当灾荒严重之时,就必然会出现抢劫、骚乱乃至道路不清、盗贼蜂起等社会现象。"贵州与三土,实结不解之缘。三土者,土匪、土豪与烟土。有烟土者必有枪,劫风一起,或持枪掠夺他人烟土,或保获自有烟土,均为患之厉阶","本省近年劫案十有八九均为鸦片,故鸦片苟不彻底禁绝,则本省土匪恐无减少之日"。⑥鉴于此,贵州省政府采取了以作物替代分期分批禁种罂粟、多方收缴烟土、严惩贪官污吏、详尽登记烟民限期戒吸以及注重宣传劝导与严刑酷法相结合等禁政措施⑦。当然,设法割祛鸦片毒瘤问题,是为了扫除贵州社会经济全面发展道路上的障碍,绝非仅仅只为了解决"匪患"问题,但禁政的强力推进、鸦片烟祸的一度基本解决,无疑在很大程度上起到了正本清源的作用,有力地遏止了"匪患"蔓延。

---

① 参见:《最近之贵州》(佚名),《大公报》(重庆版),1938年3月1日,第3版。
② 莫代山:《民国时期土家族地区乡村社会匪乱形成的经济背景分析——以酉水流域为中心》,《乌江流域》2012年第1期。
③ 欧元怀:《地方治安与民众教育》,《贵州日报》,1942年12月23日,第4版。
④ 参见蒋德学主编:《贵州近代经济史资料选辑》,第1卷,成都:四川社会科学院出版社,1984年,第245-259页。
⑤ 谭克敏:《贵州民政十讲》,第74页。
⑥ 谭克敏:《贵州民政十讲》,第74页。
⑦ 参见莫子刚:《吴鼎昌与抗战时期的贵州禁政》,《抗日战争研究》2006年第4期。

第四，注重民众教养，提高民众素质。"土匪的出身，百分之九十以上是从农民来的"①，"民国时期，贵州政局动荡，军阀之间屡开战事。要么无暇顾及这些占据穷乡僻壤的土匪，要么派兵进剿，土匪移进山中，则徒劳无益。在某种程度上讲，土匪的'群众基础'远较官兵为好，因为每逢军队开进一个地方，就会扰乱地方，强抢民财，有时甚至乱杀百姓以充战绩。这样，每次进剿之前，总有人先给土匪报信，再加上路途遥远，交通不便，所以官兵屡剿不能奏效"。②在屡次剿匪失利之后，贵州省政府深刻认识到，除了严密保甲及壮丁组织，加强管理以外，还必须"教""养""卫"兼进，设法全面提高民众素质、争取民众支持，实行"以民治民，以民制匪"的策略。在"教"方面，贵州省政府要求各县制定《保安警队参加民众自卫组训办法》《民众自卫组训督导办法》等，要求各地保警队、驻军等协助当地政府加强民众训练，以期达到"化民为兵、化民为警"的目的。③在"养"的方面，要求办理合作社、农业仓库及其他农田水利事业，开源节流，减轻民众负担，积极帮助发展社会经济；在"卫"的方面，普施壮丁及一般民众的精神与身体训练，使其身体强壮，精神健康。为了搞好民众教育，使之不能为匪、耻于为匪，贵州省政府尤其重视培养民众的"自治力、自给力、自学力与自卫力"，使他们明瞭地方政治之真义，学会自己管理自己；使他们明瞭生产目的，自愿而努力地生产；使他们知耻而后学，树立国家民族观念；使他们增强防御力量，自觉抵制土匪。为了发展民众教育，贵州省政府建立健全民教馆等机构，精编民教教材；加强民教人员训练，大量印发法令选刊，免费发给边区民众；举行国民月会、使民众意志集中；劝导实行新生活运动，移风易俗，净化社会环境；实行巡回教育、送教上门；组建边远农村工作团，对边远各县加强进行精神动员、肃清土匪、政府民众合作等方面的宣传工作；广办戏剧、电影、图书宣传，兴办体育、卫生事业等活动。

第五，改进交通通讯，加强地方联系。1942年贵州省政府颁布了《修筑县乡道竞赛办法》，通饬各县利用农闲时间义务征工，修筑县乡道路。规定凡壮丁在5000人以上的县份，每年至少要完成甲种乡村通道20公里。后来又制定全省电话网计划，到1942年底，全省共有57个县完成了全部城乡电话架设

---

① 丁道谦：《贵州经济研究》，中央日报社出版，1941年，第170页。
② 姜汝祥：《市场、政府与社会变迁——平塘研究1911—1993年》，贵阳：贵州人民出版社，1998年，第76页。
③ 参见(佚名)：《最近之贵州》，《大公报》(重庆版)，1938年3月1日，第3版。

计划,线路总长达1590公里①。据统计,整个抗战时期(从1937年7月至1945年8月)贵州总共修建公路32条,全长1935.34公里,是民国时期贵州公路建设的极盛时代。②在各公路区,除像其他各地一样,应严格保甲、厉行连坐外,还要求各地组织护路队,设置瞭望哨及巡查会哨,时常清查公路沿线户口动态,各当地县长或民政科长等应经常到位督饬、检查。公路的大量修建及电话等通讯设施的通达架设,在很大程度上形成了一个有利于消灭土匪的网络,无疑加速了政府对"匪患"问题的最后解决。"最近川黔、湘黔、黔滇、桂黔四大公路干线修筑完成,先后通车,内地股匪,渐告肃清,地方安定"。③

四、简评

如果说抗战爆发以前,国民政府在政治上倾其全力对付的主要是中共所领导的革命力量的话,那么抗战爆发后,这种情况发生了很大变化,抗战初期国民政府所要解决的"匪患"问题基本上不涉及中共。随着第二次国共合作的建立以及大量国土的不断沦丧、自己所能控制的地方日蹙,国民政府从上到下都深感剪除后方匪患的充分必要性和极其迫切性。事实表明,要驱逐外寇,就必须廓清内患。唯有如此,才能全国一心,形成最为坚强的凝注力、团结力,最终取得全民族卫国战争的全面胜利。

应该说战时贵州省国民政府在消除"匪患"方面是采取了不少得力的政策措施的,也取得了一定的成绩,基本上保证了抗战期间贵州成为安稳、巩固的战略后方。尤其是那些发展民众教育的标本兼治措施,的确在很大程度上赢得了民心、增强了凝注、削减了匪患。但土匪问题在贵州是一个长期养成、积重难返的问题,抗战的忙乱形势又不容许贵州省政府全力以赴地去彻底解决之,而且随着抗战形势的日益好转,各种较好政策措施的执行贯彻难免龙头蛇尾、最终流产,加之贵州交通不便、文化落后、社会经济贫困等环境状况一时难以彻底改变,土匪借以滋生的土壤始终存在,难以消除,因而要想最终彻底化解土匪问题也就难如人愿。整个抗战时期,土匪帮会问题始终是困扰贵州省政府及人民群众社会经济生活的重大问题。到了抗战后期,随着抗战

---

① 中国农村生活社编:《中国农村生活》创刊号,1944年第1卷第1期。
② 贵州省史学学会等:《贵州与抗日战争学术讨论集》,贵阳:贵州省史学学会等编印,1995年,第44页。
③ 贵州省档案馆:《贵州经济概况》,MG12-73号卷,第3页。

形势的日益好转,抗战胜利的指日可待,国民政府对"匪患"问题重视程度的随之下降,"匪患"又死灰复燃、重趋猖獗。正如有学者所指出的那样,抗战时期的贵州,由于"推行保甲制度,清剿土匪,匪势及其影响较之军阀统治时期有所好转",但由于苛捐杂税、兵役、力役负担日益加重,民族矛盾激化,地理条件有利于土匪活动,剿匪不利等因素的影响,"匪患"这一问题并未得到根本解决,并随着经济形势的恶化而重新抬头,又出现了"大家尽向深山跑"的现象,到解放前夕,贵州境内土匪到处可见。[①]

当然,毋庸置疑的是,抗战时期贵州省政府处置"匪患"的政策、措施也有不少偏颇和弊端之处。例如,1944年日寇进犯至独山、引起整个重庆国民政府后方震动的黔南事变,在很大程度上就是由于吴鼎昌"误听僚属之议,将自愿投诚抗日之某匪,诱至贵阳,处以极刑",[②]从而激起该匪部属愤怒、主动勾结日寇而发生的。此外,在剿匪过程中还出现了严重的扰民现象,40年代初在贵州西部、西南部一些地方曾流行"匪如梳,兵如篦,保安团来如剃刀"的民谣就表明了这一点。1942年"黔东南事变"那样重大事件的发生,极其重要的原因之一也是由于当地驻军刘伯龙部不分青红皂白对群众任意妄杀、胡作非为,引起民众强烈不满,给人以可乘之机所致。这更是既表明了贵州当时社会矛盾的严重、复杂与尖锐,也折射出抗战初期贵州省政府"剿匪"政策措施的种种弊端和不足。

[①] 曾修伦:《解放初期贵州匪乱原因略探》,《贵州档案史料》1992年第3期。
[②] 梅嶙高:《吴达诠先生座谈会发言要点》,《传纪文学》(台北)1964年第5卷第34期。

开创与赓续：新中国第一次全国水土保持工作会议及其历史贡献[*]

邓群刚[①]

摘　要：新中国成立之初，日益严重的水土流失状况及其危害引起了党和国家的高度重视。基于江河治理和发展山区生产需要，1955年10月10日—19日，水利部、林业部、农业部及中国科学院在北京联合召开了第一次全国水土保持工作会议。此次会议直面当时我国严峻的水土流失状况，讨论确定了我国水土保持工作的原则、方针、政策，明确了会后一段时期水土保持工作的重点和任务。此次会议的召开引发了20世纪50年代中期关于水土保持工作方针的大讨论，推动了一整套水土保持领导机构的建立，促进了新中国第一部水土保持法规的出台，推动了水土保持宣传教育工作的广泛开展，在全国范围内掀起了一股水土保持的热潮。此次会议的召开不仅开创了新中国水土保持事业的新局面，而且拉开了新中国生态环境保护工作的序幕，堪称新中国水土保持史和生态环境保护史上一次具有里程碑意义的会议。此次会议上提出的一些水土保持理念和做法赓续至今，对于当前的水土保持工作和生态文明建设仍具有重要的历史借鉴意义。

关键词：新中国；环境保护事业；第一次全国水土保持会议；历史贡献

---

[*]基金项目：本文系西南大学中央高校基本科研业务费博士启动项目"新中国成立初期中国共产党水土保持理论与实践研究"（项目编号：SWU1909757）的阶段性成果。
[①]作者简介：邓群刚，男，1981年生，河南商水人，西南大学马克思主义学院教授，研究方向为新中国史。

作为当今世界各国共同关注的重要环境问题之一，水土流失是指"在水力、重力、风力等外营力作用下，水土资源和土地生产力的破坏和损失，包括土地表层侵蚀和水土损失，亦称水土损失。"①治理水土流失不仅是生态文明建设的必然要求，而且是国计民生可持续发展的重要保障。水土保持即是指"对自然因素和人为活动造成水土流失所采取的预防和治理措施。"②为了应对日益严重的水土流失状况，1955年10月10日—19日，水利部、林业部、农业部及中国科学院在北京联合召开了为期10天的第一次全国水土保持工作会议。此次会议不仅开创了我国水土保持事业的新局面，而且拉开了新中国生态环境保护工作的序幕，堪称新中国水土保持史乃至新中国生态环境保护史上一次具有里程碑意义的标志性会议。对于新中国史上这样一次重要会议，迄今学界尚鲜有论及抑或语焉不详。③有鉴于此，本文在充分占有史料的基础之上，拟对新中国成立后第一次全国水土保持会议召开的情况及其历史贡献做一考察，以期引起更多专家学者对此问题的关注。

一、第一次全国水土保持会议召开的原因

1955年10月10日，时任水利部部长傅作义在第一次全国水土保持会议上所做的大会报告中论及召开此次会议的目的："研究如何适应农业合作化运动高潮的到来、结合发展山区生产的需要及各主要河流治理，特别是黄河综合治理的要求，开展水土保持工作；并将拟定今后方针任务、工作计划和研究实施办法；及总结交流各地已有的工作经验，以便在全国范围内把水土保持工作大规模开展起来，逐步达到提高山区人民生产、生活水平，改变山区面貌，减免水害，开发水利的目的。"④追本溯源，此次会议的召开主要源于以下四个方面因素：

---

① 中国大百科全书总编辑委员会：《中国大百科全书·水利卷》，北京：中国大百科全书出版社，1988年，第400页。
② 《中华人民共和国水土保持法》，北京：中国法制出版社，2011年，第3页。
③ 相关研究参见王瑞芳：《当代中国水利史（1949—2011）》，中国社会科学出版社，2014年；李荣华：《20世纪五六十年代黄土高原水土保持体系的构建》，《当代中国史研究》2018年第3期；郝平、曹雪峰：《水土保持：大泉山典型的塑造》，《当代中国史研究》2011年第2期；郝平：《山西省柳林县集体化时期梯田建设考察》，《当代中国史研究》2012年第2期；邓群刚：《"治沟"还是"治坡"——20世纪50年代中期关于水土保持的争论述评》，《当代中国史研究》2015年第6期；邓群刚：《新中国成立初期的水土流失及其治理——以河北省邢台县为中心》，《兰州学刊》2019年第7期；等等。
④ 《当代中国的水利事业》编辑部编印：《历次全国水利会议报告文件（1958—1978）》，内部资料，1987年，第735页。

(一)新中国成立后我国日益严峻的水土流失状况及其危害

造成水土流失的原因主要有自然因素和人为因素两大方面:自然因素包括地形特点、土壤类型、植被状况、降水强度、风力大小等自然地理条件的局囿;人为因素包括乱砍滥伐、陡坡垦殖、毁林开荒、过度放牧、矿石开采等人类不合理开发建设活动的破坏。由于我国特殊的自然地理条件和历史上长期人为活动的破坏,至新中国成立之时,我国的水土流失面积已达150余万平方公里,占国土面积的15.6%,即相当于国土总面积的1/6。[1]如此严重的水土流失,不仅会给国计民生的可持续发展造成严重影响,甚至会给很多地方带来巨大生态灾难。

首先,作为一种常见于山区和丘陵区的渐进式自然灾害,水土流失不仅会蚕食耕地、剥蚀土壤,降低土壤肥力,而且会造成山洪、泥石流频发,从而给当地群众的生产生活带来巨大损害。据黄河流域的观测,在黄河中游水土流失严重地区,每平方公里每年约损失土壤1万公吨,地面每年降低1公分,在整个黄河中游地区每平方公里平均被冲刷的土壤约3700吨,冲走的都是表面的肥土和熟土,据分析每吨含氮素0.8～1.5公斤,钾肥20公斤。[2]在河北省邢台县西部之太行山区,仅1948年一场暴雨引发的洪水和泥石流,就冲走和沙压路罗、浆水两川210个村耕地4000余亩,冲毁房屋7000余间,死人27名。位于白云山深处的程子沟,原是一个只有10户人家的山清水秀的小山庄,在这场洪灾中冲走耕地15亩,石房21间,人10口,驴2头。[3]在北京市门头沟区(当时属河北省)清水河流域,1950年汛期降雨669毫米,仅8月1～4日就降雨321.6毫米,最大降雨强度每小时56.5毫米,持续达4小时之久。雨后,从塔河口至军饷一段,各大支沟产生不同程度的泥石流124处。黄塔沟双涧铺出现龙扒皮23处,达摩庄村82户318人中被洪水冲走37人,伤2人,损失惨重。由于这次暴雨影响,永定河三家店水文站8月4日14时出现最大洪峰流量2750立方米每秒,洪水直接威胁首都和京广铁路的安全。[4]由此可见,水土流失不仅会对当地山区群众的生产生活造成严重影响,甚至还会严重威胁到下游平

---

[1] 中国社会科学院、中央档案馆编:《1953—1957中华人民共和国经济档案资料选编·农业卷》,北京:中国物价出版社,1998年,第679页。
[2] 《当代中国的水利事业》编辑部印:《历次全国水利会议报告文件(1958—1978)》,内部资料,1987年,第736页。
[3] 邢台县地方志编纂委员会编:《邢台县志》,北京:新华出版社,1993年,第215页。
[4] 海河志编纂委员会编:《海河志》(第二卷),北京:中国水利水电出版社,1998年,第524-525页。

原地区群众的生命财产安全。

其次,严峻的水土流失不仅会加快干旱、风沙等自然灾害的发生频率,而且还会导致大量泥沙下泄,淤积水库、堵塞河道,最终酿成坝溃堤决、洪涝肆虐的人间悲剧,给江河治理造成巨大困难。据有关资料记载,1949年1—7月,东部旱灾,华东、中南、华北、东北4大区域农田受灾217.4万公顷,人口499万;7—8月,东部淮河、长江、黄河、海河流域发生严重水灾,连同其他灾情,波及21个省区,成灾面积852.46万公顷,成灾人口4555万,179万灾民逃荒。[①] 究其原因,与各大水系上中游流经的一些高原、山区、丘陵地带出现了严重的水土流失密不可分。永定河上游严重的水土流失就给官厅水库带来了巨大威胁。据官厅水库观测数据显示,1953、1954两年淤积泥沙就达1.146亿吨,折合体积约8115万立方米。如永定河上游再不进行水土保持,则官厅水库只能维持二三十年,即失去其综合利用的效能。长江流域部分山区相当严重的水土流失也给洞庭湖造成了严重的负面影响。据历年含沙量测验,长江由松滋、太平、藕池、调弦四口入洞庭湖的泥沙平均每年约1.4亿立方米,入湖随即淤淀,因之淤滩自北逐渐向东南湖中发展。又据湖南各水文站统计,湘、资、沅、澧四水仅1954年总输沙量达5700多万立方米,流入四水下游和洞庭湖内,河床湖身日渐淤高,影响航运交通和长江洪水宣泄。[②]

总之,日益严重的水土流失不但给山区群众的生产生活带来难以估量的损害,而且会给江河治理造成严重困难,严重威胁下游平原地区群众的生产生活。能否治理好水土流失,不仅是一个事关当地山区群众生产生活的局部问题,而且是一个涉及江河治理的全局性问题。因此,为了更好地推动全国的水土保持工作,从根本上上治理好江河,减少自然灾害的发生,为国计民生提供一道生态屏障,很有必要召开一次全国性的水土保持会议。

(二)农业合作化运动的开展带来的新机遇

我国是一个多山的国家,饱受水土流失之苦的山区群众早就产生了强烈的水土保持意识,探索出许多卓有成效的水土保持措施。新中国成立之前,由于土地私有,再加上历代王朝和政府没有设立专门的水土保持机构,专司

---

① 中华人民共和国国家统计局、中华人民共和国民政部:《中国灾情报告(1949—1995)》,北京:中国统计出版社,1996年,第369–370页。
② 《当代中国的水利事业》编辑部编印:《历次全国水利会议报告文件(1958—1978)》,内部资料,1987年,第737页。

水土流失治理，水土保持工作大多分散进行。为蓄水保土，有些山区群众或自愿组织起来，或由地方开明绅士主持，修建了一些谷坊以及其他小型水保工程，但其规模是很小的。大规模治理山区水土流失是在新中国成立以后。①新中国成立后，新型的党和政府把农业合作化作为发展农业生产的重要制度安排，认为"在合作化的基础之上，群众有很大的力量。几千年不能解决的普遍的水灾、旱灾问题，可能在几年之内获得更快发展"。②"组织起来"有利于克服传统小农经济的弱点，为大规模水土保持工作的开展奠定人力、物力、财力基础。在农业合作化运动的初期阶段，由于互助组、初级社规模较小，且水土保持工作以互助组、初级社为单位开展，所以才出现了各自为政、沟坡分离等沟谷治理时期的种种弊端，而大规模水土保持工程的修建特别是综合治理的开展，不但需要更多人力、物力、财力的大力支持，而且还需要在同一流域做跨地区的统一规划，互助组、初级社的规模显然已不能满足水土流失综合治理的需要。早在高级社还没有建立之前，为了开展综合治理的方便，在水土流失严重的地区就采用了联合社的形式，突出地发挥联合社、联乡社的作用，从而出现了空前的"万亩荒山、千亩滩、百亩梯田不算鲜"的巨大建设工程。例如河北省邢台县马河区灯塔联合社，发挥了大社力量，采取大兵团作战，五天营造了大北山万亩林；路罗联合社，组织大社力量，开始了向号称"路罗川七十二道弯，硬的是石头，软的是沙滩"的广阔沙石滩进军，他们依靠大社的集体力量实现了变千亩沙滩为良田的巨大工程。③由此可见，一方面，大型水土保持工程的上马与兴建不仅需要提供强有力的人力、物力、财力的支撑，更需要同一流域的不同地区做统筹考虑、统一规划，这对"大社"有着迫切的需求，这种需求推动着农业合作化运动向更高层次发展。另一方面，层级越来越高的农业合作社的出现，也为大规模水土保持工程的开展提供了人力、物力、财力等多方面的支持。在党和国家的大力推动下，农业合作化运动自新中国成立以来发展至1955年下半年，已经跨越了互助组、初级社，高级社这种合作形式正以风卷残云之势席卷全国。据《竺可桢日记》记载，至第一

---

① 河北省水利厅水利志编辑办公室：《河北水利志》，石家庄：河北人民出版社，1996年，第487页。
② 中共中央办公厅编：《中国农村的社会主义高潮》（上册），北京：人民出版社，1956年，第206页。
③ 邢台县农业增产党委办公室：《山区前半年水土保持工作总结》（1956年6月30日），邢台县档案馆藏，档案号：3-1-49-14。

次全国水土保持会议召开前,全国已成立有153万个合作社。[1]在这一新的历史条件下如何开展水土保持工作,亟需召开一次全国性的水土保持工作会议进行全盘谋划。

(三)党和国家对水土保持工作的高度重视

严重的水土流失不仅会造成旱涝等自然灾害频仍以及耕地减少,土壤肥力下降等问题,而且还会造成江河湖库沙石淤积,对江河防洪安全和群众生产生活构成严重威胁。因此,作为保障农业生产发展和江河治理的一项根本措施,水土保持工作很快就引起了党和政府的高度关注。早在1951年2月2日政务院第70次政务会议通过的《政务院关于1951年农林生产的决定》中就指出,"为了保持水土,还应该分别不同地区,禁挖树根草根"、"垦种生荒免纳公粮3年至5年;但绝对禁止开山荒和陡坡开荒。已开之山荒,必须修成梯田,应反复向干部和群众说明,开山荒和陡坡,是有害全体的,'山地开荒,平原遭殃',是绝不能够提倡的。"[2]这是新中国成立以来第一次在中央文件中提及水土保持,并对山区的水土保持工作提出了明确要求。

在1952年1月28日发布的《中央人民政府政务院关于加强老根据地工作的指示》中,则把水土保持作为恢复和发展老根据农业生产的重要措施正式提了出来,即"从长远与全局打算,应不再开荒,但凡能修成梯田的坡地,要尽快地逐步修成梯田,并集中力量提高现有耕地的单位面积产量。在有条件的地区,修塘、筑坝、开渠、打井、扩大灌溉面积;治河,防洪,闸山沟,修水库,做好水土保持。"[3]明确指出了水土保持与农业生产之间的关系。

在1952年12月政务院第163次政务会议发出的《关于发动群众继续防旱抗旱并大力推行水土保持工作的指示》中则强调:"水土保持是一项长期的改造自然的工作,由于各河治本和山区生产的需要,水土保持工作目前已属刻不容缓。"除此之外,还对如何开展水土保持工作的路线、任务和具体措施进行了系统阐述。除已经开始进行水土保持仍应继续进行的地区以外,"应以黄河的支流无定河、延水及泾、渭、洛诸河流域为全国的重点",创造经验,逐

---

[1]《竺可桢全集》(第14卷),上海:上海科技教育出版社,2008年,第193页。
[2] 中央文献研究室编:《建国以来重要文献选编》(第2册),北京:中央文献出版社,1992年,第30—31页。
[3] 中央文献研究室编:《建国以来重要文献选编》(第3册),北京:中央文献出版社,1992年,第56页。

步推广。①这是新中国成立后,党和国家颁布的第一道水土保持政令。

1955年,在毛泽东主席为《中国农村的社会主义高潮》一书所做的按语中三度提到了水土保持问题。其中在为广东省《台山县田美村农村生产合作社组织开荒生产的经验》一文所写的按语中则着重强调,"必须注意水土保持工作,决不可以因为开荒造成下游地区的水灾"。②由此足见,以毛泽东为核心的第一代中央领导集体对水土保持工作的高度重视。

(四)亟需典型示范,榜样引领

新中国成立后,在党和政府的大力提倡下,在北方干旱地区,特别是黄土高原水土流失严重的地区,水土保持工作已取得了显著成效,涌现出了许多先进典型。1955年,在毛泽东亲自主持编辑的《中国农村的社会主义高潮》一书中就收录了许多水土保持的典型,毛泽东不但对他们的做法给予了充分肯定,而且为之写了按语。其中最引人注目的是山西省离山县制定的水土保持规划以及阳高县大泉山村具体的水土保持做法。

山西省离山县位于黄河中游,全县除少部分山地森林外,大部分是黄土丘陵沟壑区。新中国成立之初,该县自然灾害频繁,水土流失严重。在实现农业合作化后,该县制定的水土保持规划中提出的水土保持措施是:拦泥治沟,植树治坡,沟坡综合治理;山上蓄水保土,大面积植树造林,栽培牧草,发展畜牧业,山沟打坝堰,坡地修梯田。毛泽东在看了该县县委书记刘耀所写的《依靠合作化开展大规模的水土保持工作是完全可能的》报告后,充分肯定了该县制订和实施水土保持规划的情况,并在《中国农村社会主义高潮》中为其所写的按语中指出"离山县委的这个水土保持规划,可以作黄河流域各县以及一切山区做同类规划的参考。"③

大泉山村地处今山西省阳高县境内,解放初期属察哈尔省,处于晋、冀、蒙三省区交界处,是合作化时期在农业战线上因水土保持工作突出而被塑造起来的一个典型。1955年,山西省阳高县县委书记王进把本县的水土保持经验加以总结,写成了一篇题为《看,大泉山变了样子!》的文章,被收入《中国农村社会主义高潮》一书。毛泽东主席对大泉山种植树木、治理荒坡、控制水土

---

① 中央文献研究室编:《建国以来重要文献选编》(第3册),北京:中央文献出版社,1992年,第444-446页。
② 中共中央办公厅编:《中国农村的社会主义高潮》(下册),北京:人民出版社,1956年,第996页。
③ 中共中央办公厅编:《中国农村的社会主义高潮(上册)》,北京:人民出版社,1956年,第217页。

流失的做法非常欣赏,并在为之所写的按语中指出:"有了这样一个典型例子,整个华北、西北以及一切有水土流失问题的地方,都可以照样去解决自己的问题了。并且不要很多的时间,三年、五年、七年,或者更多一点时间,也就够了。问题是要全面规划,要加强领导。我们要求每个县委书记都学阳高县委书记那样,用心寻找当地群众的先进经验,加以总结,使之推广。"[1]

除了阳高县大泉山治理和离山县水土保持规划的典型之外,从新中国成立至此次大会召开前的几年间,在水土流失严重的地区涌现出了许多水土保持的先进典型,如甘肃省武山县邓家堡、河北省邢台县第七区等。这些先进典型的好经验、好做法,引起了《人民日报》的关注,[2]亟须召开一次全国性的水土保持工作会议进行总结,以便发挥其典型示范作用,从而推动整个水土保持工作由重点试办向全国范围展开。

二、第一次全国水土保持会议的召开及其取得的成果

经过精心筹备,1955年10月10—19日,由农业部、水利部、林业部及中国科学院在北京联合召开了第一次全国水土保持会议。参加此次会议的有除新疆、西藏之外的全国24个省(区、市)以及黄河、淮河、长江3个流域机构的相关人员124人,连同中央各有关部门参加会议的代表共180人。10月10日下午,时任水利部部长傅作义在大会上做了《密切结合农业合作化运动,积极开展山区生产,大力推行水土保持工作》的总报告。10月11日上午,林业部部长梁希作了《有关水土保持的营林工作》的报告,中国科学院副院长竺可桢做了《加强普查与科学研究,继续进行重点规划,为完成巨大的水土保持任务而奋斗》的讲话,黄河水利委员会主任王化云作了《黄土丘陵沟壑区水土保持考察报告》。随后几天,各地代表对当地水土保持的先进典型及其经验进行了详细介绍。10月18日,水利部副部长冯仲云做了《全国水土保持工作会议总结》,10月19日,国务院副总理邓子恢到会做了重要指示。自此,原定会议议程全部走完,为期10天的第一次全国水土保持会议圆满落幕。总体看来,此

---

[1] 中共中央办公厅编:《中国农村的社会主义高潮》(上册),北京:人民出版社,1956年,第227页。
[2] 顾英:《邢台七区的水土保持工作有成绩》,《人民日报》1955年2月4日,第2版;吴健:《山西水土保持工作有成绩》,《人民日报》1955年2月28日,第2版;《在社会主义的道路上前进 黄河流域水土保持工作有初步成就》,《人民日报》1955年8月23日,第1版。

次会议在以下几个方面取得了成果：

1.在思想上进一步深化了对水土保持工作重大意义的认识。经过聆听大会报告和充分讨论，与会代表进一步认识到水土保持工作的重大意义，从思想上明确了以下两种观点：(1)水土保持是提高山区人民生产、生活水平，改变山区面貌的有效措施。许多代表从当地水旱灾害，农、林、牧生产各方面的具体情况，说明了水土保持工作的重要性和迫切性。山区土地瘠薄、水旱灾害频繁、农业单位面积产量很低的主要原因就是水土流失。因此，只有做好蓄水保土、改进耕作技术、合理地综合地利用水土资源，使农、林、牧业生产得到全面的发展，才能从根本上改变山区面貌，使山区人民生活大大的富裕起来。山区就永远不再是穷山，而是都可以变成富山。(2)水土保持是根治河流水害、开发河流水利的重要手段。做好水土保持工作，发展农、林、牧业生产，是结合了山区人民的当前利益，而根治各大河流水患和综合开发水利资源，更是全国人民的长远利益，特别是关系着下游城市、工矿和亿万人民生命财产的安全。"治河必须治山，保土必先保水的原则是十分正确的。只有这样做，才能既保了上游的'利'，又除了下游的'害'。各河流的巨大水库工程，也只有在上游拦住了泥沙，才能延长它的寿命，才能发挥它应有的作用。过去有些地区，没有充分认识到水土保持对治河及综合开发水利的重大作用，因而只能从治标上进行防洪排涝，而没有结合治本来大力进行水土保持工作。为了根治河流水害、开发河流水利，必须在各河流的上、中游大力开展水土保持。"①总之，"水土保持工作在我国社会主义建设中具有重大的意义，它是一项群众性的改造自然的巨大工作，是提高山区人民的生产和生活水平，改变山区面貌和减免平原水涝灾害的有效措施，是根治河流水害开发河流水利的基本方法。"②这些观点在生态文明建设已经纳入中国特色社会主义"五位一体"总体发展布局的今天，仍具有理论指导和现实启示意义。

2.肯定了新中国成立以来全国水土保持工作所取得成绩。新中国成立以来，党和政府对我国水土流失的状况及其带来的严重危害有着深刻的认识，对水土保持工作高度重视，"几年来由于各级党政的领导，群众和干部的努力，随着互助合作运动的开展，全国水土保持工作已取得一定成绩。根据不

---

① 《当代中国的水利事业》编辑部编印：《历次全国水利会议报告文件(1958—1978)》，内部资料，1987年，第751-752页。
② 《农业部、林业部、水利部和中国科学院联合举行全国水土保持工作会议》，《人民日报》1955年10月29日，第1版。

完全的统计,全国已完成各种谷坊180万多座,大小留淤坝2230座,田间工程961万亩,封山育林7318万多亩,造林1357万多亩,种草490多万亩。以上措施,共控制水土流失面积7.18万多平方公里。"①这些成绩为后面水土保持工作的开展提供了物质基础和宝贵经验。

3.确立了因地制宜的水土保持工作原则。由于我国幅员辽阔,地貌多样,地形复杂,气候、降雨、地面物质组成和植被等与水土流失相关的自然条件差异很大,各地的水土流失状况也不尽相同。通过对相关材料的分析,此次大会把全国的水土流失地区按北方、南方大致划分为以下几类:黄土丘陵沟壑区、黄土高原沟壑区、土石山区、为害主要河流的风沙区、南方地区。同时指出,水土保持是治河的治本方法,也是根据上述自然条件所决定的。②大会还指出,千百年来,饱受水土流失之苦的各地群众在和大自然作斗争的过程中积累了丰富的水土保持经验,创造出了各种因地制宜的好方法。必须加以科学系统的总结,使之发展、提高并因地制宜地加以推广。通过大会专题报告、典型经验介绍,不但使参会代表对全国水土流失地区的情况有了进一步的了解,并获得了不同地区治理水土流失的多种有效办法。而且强调各地要结合自身实际学习、消化和吸收,因地制宜地制定水土保持措施。根据因地制宜这个水土保持工作原则,此次大会还指出,"群众有力举办的田间工程和其他小规模工程应依靠合作社和群众自办;群众生活困难或劳力少,不能负担全部工料费者可采取'民办公助'的方式由国家给予适当的投资或贷款扶助;凡迫切需要而群众力所不及的工程或大面积的造林,由国家投资举办。"③总之,就是要把因地制宜的原则贯彻到水土保持工作的各个方面,这种认识在生态文明建设正如火如荼进行的今天,仍具有现实指导意义。

4.确立了会后水土保持工作的方针。此次大会在总结了各地水土保持工作所取得成绩的基础上,确立了会后一段时期水土保持工作的方针,即"在统一规划、综合开发的原则下,紧密结合农业合作化运动,充分发动群众,加强科学研究和技术指导,并因地制宜大力蓄水保土,努力增产粮食,全面地发展农林、牧业生产,最大限度地合理利用水土资源,以实现建设山区、提高人民

---

① 《农业部、林业部、水利部和中国科学院联合举行全国水土保持工作会议》,《人民日报》1955年10月29日,第1版。
② 《当代中国的水利事业》编辑部编印:《历次全国水利会议报告文件(1958—1978)》,内部资料,1987年,第756页。
③ 《当代中国的水利事业》编辑部编印:《历次全国水利会议报告文件(1958—1978)》,内部资料,1987年,第742-743页。

生活、根治河流水害,开发河流水利的社会主义建设的目的。"①此次会议对总结报告中所提出的今后全国水土保持工作方针做了深入讨论,除基本同意报告精神外,还提出了一些修正和补充意见,主要有以下几个方面:有些代表认为在统一规划、综合开发的原则下,应将以农业为主合理利用土地,增加粮食生产的意义贯穿进行;有的代表提出水土保持的目的除了发展山区生产以外,还有配合流域治理,拦截泥沙,保护水库,减少径流,减免下游洪水威胁的效果,在黄河中、上游各省尤应突出的强调此项意义;有的代表认为水土保持是一个综合性、群众性的工作,应当强调结合群众当前利益和因地制宜的原则,有的代表希望在方针和措施中适当照顾南方地区水土保持工作的特点。②通过这些讨论,使参会代表对今后水土保持的方针有了较为深刻的理解和认识,为以后水土保持工作的开展指明了方向。

5. 形成了"农、林、水、牧紧密配合,统一规划、综合开发"的水土保持方法。此次会议强调:"必须农、林、牧、水紧密配合,统一规划、综合开发,才能达到水土最大限度的合理利用。过去由于缺乏全面观点,各部门虽然在各自的业务范围内做了不少的工作,也起了一定的作用但不如综合开发的作用大。而且往往开荒、放牧和封山育林互相矛盾,停耕还林和封山育林又影响群众的粮食和燃料、饲料、肥料问题的解决。群众对这种农、林、牧、水互不配合各自单干的做法是有意见的,如内蒙古的同志反映当地群众的意见说:'你们叫我们合作化,你们农、林、水怎么不合作呢?'这次农、林、水各部门和科学研究机关的干部共同参加了这个会议,研究了互相配合统一步调的工作方法,对今后开展工作有很大的帮助。"③

6. 明确了禁止陡坡开荒、保护现有地表被覆的政策。新中国成立初期,山区群众为了生产生活的需要,烧木炭、采矿、挖药材、挖树根、揭草皮、盲目开荒、乱砍滥伐树木等破坏地表被覆加重水土流失的现象十分严重。如广东省1954年造林180万亩,而同年烧毁的林地即达20多万亩,又如佛子岭水库,由于上游地区的开荒,1954年到1955年一年间库内即淤积900万立方的泥沙。原计划准备20年淤满的设计时库容,照此情况4年即将淤满。④为了解决这

① 《当代中国的水利事业》编辑部编印:《历次全国水利会议报告文件(1958—1978)》,内部资料,1987年,第742页。
② 《当代中国的水利事业》编辑部编印:《历次全国水利会议报告文件(1958—1978)》,内部资料,1987年,第756—757页。
③ 《当代中国的水利事业》编辑部编印:《历次全国水利会议报告文件(1958—1978)》,内部资料,1987年,第752页。
④ 《当代中国的水利事业》编辑部编印:《历次全国水利会议报告文件(1958—1978)》,内部资料,1987年,第761页。

一问题，在此次会议上通过的总报告中明确了25度以上禁止开荒的原则，要求各地进行山区生产规划时，要合理划分宜农、宜林、宜牧区域，减免破坏地表被覆的现象。

7.对今后的水土保持工作进行了部署。此次会议不但对新中国成立以来我国的水土保持工作所取得的成绩给予了充分肯定，而且对以后的水土保持工作进行了部署，明确了以后水土保持的工作重点，对1956年全国水土保持工作的任务进行了安排。会议指出经过几年的造坝、造林、种草等措施，已控制水土流失面积71800多平方公里。会议强调以后的水土保持工作要以黄河、永定河流域为重点，确定1956年全国水土保持工作的任务为33524平方公里的控制面积，会议要求全国水土保持重点治理区和有水土保持任务的省在1956年底以前做好水土保持规划和分年实施计划。①同时要求建立健全各级水土保持机构。

8.采用了榜样引领、典型示范带动水土保持的工作方法。此次会议不仅树立了很多水土保持的典型，表彰了一批水土保持先进县、先进乡，而且在会议闭幕后，还把参会人员组成了两个参观团，分赴山西省阳高县和甘肃省天水专区参观当地的水土保持工作。②其中，到天水参观的19个省（区）市及两个流域机构共64人，在1955年10月23日至31日的9天时间里，共参观了梁家坪试验场、吕二沟、田家庄等，给他们以很大的鼓舞和震动。③树立的水土保持典型充分发挥了榜样引领作用，从而带动了全国水土保持工作的开展。

9.讨论了水土保持机构的设立及其分工问题。此次会议认为，水土保持工作是一项涉及农、水、林、牧等各方面的综合性工作，各级政府要成立一个跨部门跨领域的水土保持机构，专职负责水土保持工作。《竺可桢日记》记录了当时的讨论情况："决定中央成立全国水土保持委员会，将来如何分工是问题。重点省成立水土保持局，负责各省区了解情况，总结工作，领导实验研究场，并负责做农业水利措施。试验研究工作的技术指导由科学研究部门负责。造林、封山育林归林部，大型水利由水部，农业措施由农部。"④这些讨论

---

① 《当代中国的水利事业》编辑部编印：《历次全国水利会议报告文件(1958—1978)》，内部资料，1987年，第744页。
② 《农业部、林业部、水利部和中国科学院联合举行全国水土保持工作会议》，《人民日报》1955年10月29日，第1版。
③ 甘肃省水利志编辑部，甘肃省水利志编纂领导小组编纂：《甘肃省志·水利志》，兰州：甘肃文化出版社，1997年，第212页。
④ 《竺可桢全集》(第14卷)，上海：上海科技教育出版社，2008年，第199页。

为后来水土保持机构的逐级设立以及如何分工指明了方向。

此次会议的召开,对新中国成立几年来的水土保持工作进行了肯定,对各地在水土流失治理中积累的经验和做法进行了科学的总结和提炼,明确了今后水土保持工作的原则、方针、方法,为会后一段时期水土保持工作的开展指明了方向,有力推动了全国各地水土保持工作的开展。

三、第一次水土保持会议后水土保持事业的发展

第一次全国水土保持会议闭幕后,会议精神通过发达的宣传网络迅速传遍大江南北,大会的决策部署也迅速得到了贯彻实施,主要体现在以下几个方面:

1.引发了20世纪50年代中期关于水土保持工作方针的大讨论,为水土保持工作方针的修订完善起到了至关重要的作用。这场争论首先是从《新黄河》杂志开始的。在1955年第12期的《新黄河》杂志上分别刊登了时任中国科学院副院长竺可桢和黄河水利委员会主任王化云在全国第一次水土保持会议上所作的《加强普查与科学研究继续推进重点规划,为完成巨大的水土保持任务而奋斗》和《黄土丘陵区水土保持考察报告》两篇讲话稿,针对这些文章中有关水土保持的某些观点,胡树德在1956年第2期《新黄河》杂志上发表了《对水土保持工作中几个问题的认识》一文提出了质疑。从而一石激起千层浪,双方以《新黄河》《人民黄河》《科学通报》等刊物为阵地,你来我往,针锋相对展开了一场激烈的争论。"当时的这场争论,焦点主要集中在水土保持工作是以工程措施为主,还是以生物措施为主,是先治沟还是先治坡这两个问题上。"[1]这场关于水土保持的争论,对于后来我国水土保持工作方针的修改完善起到了巨大的推动作用。这种作用首先体现在1956年12月8—14日黄河水利委员会在郑州召开的黄河流域第一次水土保持会议上。在这次会议上明确提出了"全面规划,综合开发,坡沟兼治,集中治理,积极发展,稳步前进"[2]的黄河流域水土保持工作方针。彭立星认为"这是一个比较完整的工作方针,如果没有前一阶段的讨论,是不会提出这样完整的工作方针的。"[3]其

---

[1] 王化云:《我的治黄实践》,郑州:河南科学技术出版社,1989年,第320页。
[2] 黄河水利委员会、黄河中游治理局编:《黄河水土保持志》,郑州:河南人民出版社,1993年,第97页。
[3] 彭立星:《水土保持争论中几个问题的我见》,《人民黄河》1957年第7期。

次体现在1957年12月4~21日召开的全国第二次水土保持会议上。这次会议提出了"预防与治理兼顾,治理与养护并重;在依靠群众发展生产的基础上,实行全面规划,因地制宜,集中治理,连续治理,综合治理,坡沟兼治,治坡为主"①的水土保持工作新方针,其中蕴含的生态智慧至今仍受其益。

2. 推动了一套完整的水土保持领导机构的建立。为加强对水土保持工作的领导,按照此次会议提出的要建立健全水土保持机构的要求,1956年3月国务院办公厅批转了水利部《关于全国各省(自治区)水土保持机构、编制的报告》。一些水土流失比较严重的省份相继建立了水土保持领导机构,如黄河中游各省的陕西、甘肃、山西等省份都相应成立了水土保持委员会。福建省水土保持委员会也于1956年6月23日正式设立,由省水利局、农业厅、林业厅等部门的领导组成。②随着各地水土保持机构的建立,为加强对全国水土保持工作的领导,1957年5月24日,国务院全体会议第49次会议通过决议,决定成立全国水土保持委员会,负责统管水土保持工作。并任命陈正人为主任委员,傅作义、梁希、竺可桢、刘瑞龙为副主任委员,罗玉川、李范五、张林池、何基沣、冯仲云、魏震五、屈健、马溶之为委员。③从理论上讲,水土保持是一项涉及农、林、牧、水等多个部门的综合性工作。而在新中国成立初期,水土保持工作却大多归水利部门管辖,从而出现了各个部门之间信息沟通不畅,相互扯皮的现象,进而影响到水土保持工作的顺利开展。而由此次会议推动设立的水土保持机构,无论是全国水土保持委员会,还是各省、地、县成立的各级水土保持委员会,都是一个跨水、农、林、牧多个部门的机构,农、林、牧、水等部门都归其领导,从而大大提高了水土流失治理的效率,推动各地的水土保持工作开始由点到面扎扎实实地开展起来。

3. 推动了我国第一部关于水土保持的法规性文件——《中华人民共和国水土保持暂行纲要》的制定与颁布。"为了开展水土保持工作,合理利用水土资源,根治河流水害,开发河流水利,发展农、林、牧业生产,以达到建设山区、建设社会主义的目的",④1957年5月26日国务院第49次全体会议通过了《中

---

① 《当代中国的水利事业》编辑部编印:《历次全国水利会议报告文件(1958—1978)》,内部资料,1987年,第845页。
② 水利部、中国科学院、中国工程院编:《中国水土流失防治与生态安全总卷》(下册),北京:科学出版社,2010年,第953页。
③ 《开展全国水土保持工作 国务院通过"水土保持暂行纲要"》,《人民日报》1957年5月25日,第1版。
④ 《中华人民共和国水土保持暂行纲要》,《中华人民共和国国务院公报》1957年第33期。

华人民共和国水土保持暂行纲要》。①该《暂行纲要》共21条,明确了各级水土保持部门和农、林、水、牧、交通、科研、工矿等有关部门对水土保持工作的职责和分工,规定了坡地开荒、林木采伐、副业生产、基本建设等都必须在保持水土的原则下进行,对水土保持机构的设置、主要措施和奖惩政策等有关水土保持工作方方面面的内容都做了明确的规定。《暂行纲要》转发给地方后,各省水土保持委员会根据《纲要》精神,结合当地情况,纷纷研究制定了当地的水土保持实施细则。《中华人民共和国水土保持暂行纲要》的正式颁布实施,使我国的水土保持工作开始走上制度化、法治化轨道。

4.推动了水土保持宣传教育工作的广泛开展。此次会议指出,"水土保持工作是一个需要动员千千万万群众来参加的一项社会主义事业,但同时又是一项新的工作,因之,必须进行一系列的、广泛的、深入的、细致的宣传教育工作。总结推广全国当地群众行之有效的保水保土经验,向他们宣传水土流失的危害,与做好水土保持增产实例,使他们不但了解水土保持关系自己的切身利益,并且认识到对国家社会主义建设,根治黄河、长江、淮河,改变自然面貌的重要意义。同时还要告诉他们,在进行工作时应当注意些什么,防止些什么,那些是应当作的,那些是不应当作的。"②此次会议结束后,各地通过发社论、专论以及典型经验介绍,搞示范组织参观以及书刊、广播、图片、电影、模型、幻灯等多种多样的方式,把此次会议有关水土保持的方针、政策、技术知识广泛地传播到群众中去,特别是在一些水土流失地区特别严重的地区基本做到了家喻户晓。

5.涌现出了许多水土保持的新典型。"典型示范、先进引路"既是中国共产党的优良传统,也是其开展工作的宝贵经验,推动工作的重要方法,水土保持部门充分运用了这一工作方法。为了发挥榜样引领、典型示范的作用,第一次全国水土保持会议召开后,及时总结了甘肃省武山县邓家堡、河南省济源县漭河、山东省莒南县历寨乡、四川省遂宁县西宁乡、江西省兴国县荷岭乡等治理水土流失的先进经验,并作为典型进行推广,③从而有效地带动了全国水土保持工作的开展。

---

① 《开展全国水土保持工作 国务院通过"水土保持暂行纲要"》,《人民日报》1957年5月25日,第1版。
② 《当代中国的水利事业》编辑部编印:《历次全国水利会议报告文件(1958—1978)》,内部资料,1987年,第761-762页。
③ 《当代中国的水利事业》编辑部编印:《历次全国水利会议报告文件(1958—1978)》,内部资料,1987年,第778-784页。

总之,全国第一次水土保持会议的召开,迅速把我国的水土保持工作由重点试办提升到向全国范围推广阶段,从而掀起了一股全国性的水土保持热潮。据《人民日报》的相关报道,无论是在西北的黄土高原,还是在东北的白山黑水,各地都制定了详细的水土保持计划,开展了大量的水土保持工作,极大地改善了当地的生产生活条件和生态环境。[①]

结语

检视目前学界关于新中国生态环境史的研究成果,[②]大多把1973年8月5日—20日在北京召开的第一次全国环境保护会议作为新中国环境保护事业的序幕和开端。这是狭义的把生态环境问题理解为环境污染所致。广义的环境问题除了环境污染之外,还有生态破坏。即除了水污染、大气污染以及固体废弃物污染等环境污染问题之外,环境问题还包括森林退化、土地荒漠化以及水土流失等生态破坏问题。其中的水土流失破坏水土资源,加剧自然灾害,对人类的生存环境和经济、社会的可持续发展构成威胁,因而作为重大环境问题之一,受到世界各国的普遍关注。[③]水土保持是山区发展的生命线,是国土整治、江河治理的根本,是国民经济和社会发展的基础,是我们必须长期坚持的一项基本国策。[④]能否治理好水土流失,不仅事关一个国家经济社会可持续发展的全局,甚至关系到整个人类社会的福祉。也就是说,做好水土保持工作既是生态文明建设的题中之义,也是国计民生可持续发展的重要生态保障。从这个层面上来审视新中国成立以来召开的第一次全国水土保持会议及其历史贡献具有特别重要的现实意义:

首先,此次会议的召开开创了新中国水土保持事业的新局面,拉开了新中国环境保护事业的序幕。20世纪50年代召开的第一次全国水土保持工作

---

① 《黄河等流域加紧开展水土保持工作》,《人民日报》1956年1月13日,第2版;《一万多个乡制定了发展山区的生产规划,山西省加紧进行秋季水土保持工作》,《人民日报》1956年10月24日,第3版;《坡地梯田化、台地水利化、荒山荒地都绿化,辽宁山区大力开展水土保持工作,黄河中游地区掀起冬季水土保持高潮》,《人民日报》1957年12月2日,第2版。

② 翟亚柳:《中国环境保护事业的初创——兼述第一次全国环境保护会议及其历史贡献》,《中共党史研究》2012年第8期;张连辉:《新中国环境保护事业的早期探索——第一次全国环保会议前中国政府的环保努力》,《当代中国史研究》2010年第4期;雷洪德、叶文虎:《中国当代环境保护的发端》,《当代中国史研究》2006年第3期。

③ 长江水利委员会水土保持局:《长江志·水土保持》,北京:中国大百科全书出版社,2007年,第1页。

④ 中国法律年鉴社编辑部:《中国法律年鉴1994》,北京:中国法律年鉴出版社,1994年,第480页。

会议,直面当时我国严峻的水土流失状况,讨论确定了我国水土保持工作的原则、方针、政策,明确了会后一段时间水土保持工作的重点和任务,并对会后一段时间的水土保持工作进行了详细安排和部署。由此引发了关于水土保持工作方针的大讨论、推动了一整套水土保持领导机构自上而下的建立、促进了我国第一部水土保持法规的出台,推动了水土保持宣传教育工作的广泛开展。自此,我国的水土保持工作被正式列入党和国家的重要议事日程,水土保持概念日渐为全社会所广泛接受,水土保持实践的范围日益扩大,迅速把我国的水土保持工作由重点试办提升到向全国范围推广阶段,从而在全国范围内掀起了一股水土保持热潮。总之,此次会议的召开不仅开创了新中国水土保持事业的新局面,而且拉开了新中国生态环境治理工作的序幕,堪称新中国水土保持史和生态环境保护史上一次具有里程碑意义的会议。

其次,此次会议上形成的一些水土保持理念和做法赓续至今,为当今的水土保持工作和生态文明建设奠定了理论和制度基础。时至今日,全国水土保持工作会议已经先后召开过六次,《中华人民共和国水土保持法》也已经颁布实施了30余年,生态文明建设也于2012年召开的中国共产党第十八次全国代表大会上被列入中国特色社会主义事业"五位一体"总体布局之中。综观如今的水土保持工作以及生态文明建设理念,仍然能够看到20世纪50年代中期召开的第一次全国水土保持工作会议的影子。此次会议上提出的"水土保持是山区生产的生命线""水土保持是治理江河的根本""因地制宜的水土保持原则""统一规划、综合治理"以及重视水土保持制度化、法治化建设的做法赓续至今,对于今天的水土保持工作和生态文明建设仍具有重要的历史借鉴意义。

四 世界史研究

1171年拜占庭"反威尼斯"事件发生原因探究

王欣妤 李 强[①]

摘 要:科穆宁王朝时期,拜占庭与威尼斯因争夺东地中海的控制权而不断产生矛盾,进而演化为1171年的"反威尼斯"事件。该事件虽是拜占庭因不满其皇帝权威受到威尼斯挑战而采取的具体行动,但却从一个侧面反映出拜占庭意识到其统治在商业贸易、边疆控制、领土扩张、社会秩序等方面受到了威尼斯的全面威胁。事件发生之后,本是盟友的拜占庭和威尼斯关系迅速恶化,双方中断交往十余年,直至威尼斯于1204年参与第四次十字军东征,协助十字军攻陷君士坦丁堡,自此拉开了拜占庭走向衰亡的序幕。

关键词:拜占庭;威尼斯;曼努埃尔一世

拜占庭建立于古罗马帝国的遗产之上,首都君士坦丁堡扼黑海进入地中海的咽喉,亚非各地的奢侈品,如香料、香水、宝石、丝织品等,由此中转进入欧洲,国内的农产品和手工制品也由此前往东西方,得天独厚的地理位置使君士坦丁堡一度成为东方与欧洲贸易的唯一中介者,是地中海最大的商业贸易中心。查士丁尼时代,拜占庭帝国年收入为11万金镑,9、10世纪时达到了58.4万金镑,10世纪初曾达到64.2万金镑,处于鼎盛状态,[②]政府对进出口商品一律课以10%—12%的海关关税,各口岸还对过往商人征收交通税和港口税,并获得相当可观的利润,商品贸易成为拜占庭繁荣经济的重要组成部分。

[①] 作者简介:王欣妤,女,1997年生,内蒙古包头人,东北师范大学历史文化学院硕士研究生,研究方向为拜占庭学;李强,男,1982年生,山东省日照人,博士研究生,东北师范大学历史文化学院副教授,研究方向为拜占庭学。

[②] Steven Runciman, *Byzantine Civilization*, London:University Paperbacks Methuen, 1959, p.96.

科穆宁王朝曼努埃尔一世时期（Manuel Ⅰ,1143—1180年），威尼斯凭借前两任皇帝阿莱克修斯一世（Alexius Ⅰ,1081—1118年）和约翰二世（John Ⅱ,1118—1143年）签署的条约，逐步掌握了拜占庭商业贸易的主动权，甚至还在君士坦丁堡拥有了自己的辖区。为了争夺对东地中海的控制权，威尼斯和拜占庭发生了多次摩擦，其中影响较为深远的便是1171年的"反威尼斯"事件。

1171年3月12日，"反威尼斯"事件爆发于君士坦丁堡。时任拜占庭皇帝曼努埃尔一世下令逮捕帝国境内所有的威尼斯人，仅在君士坦丁堡就有超过10000人被捕——就连修道院都临时充当监狱来关押威尼斯人，他们的商店、房屋、船只等财产统统被没收。[1]由于监狱过度饱和，一些握有资本的威尼斯人可以获得假释，条件是留在拜占庭听候处置。获得假释的罗曼诺·迈拉诺（Romano Mairano）却利用自己的声望和财富获得了一艘停泊在金角湾的船只，联合其他缴纳了担保金的威尼斯人趁夜色登船返回家乡。因为风向的影响，他们成功逃脱了拜占庭军队的追捕，并将发生该事件的消息一并带回威尼斯。该事件发生的消息在威尼斯引起了极大震动，几乎所有的居民都聚集在圣马可广场进行请愿，希望总督多梅尼克·康塔里尼（Domenico Contarini,1043—1071年）能为受到迫害的威尼斯人讨回公道。在接连几次派遣大使谈判失败之后，威尼斯集结了大批舰队企图攻打拜占庭，希望能让拜占庭皇帝受到惩罚而收回成命，但是因为在征讨途中受到疫病袭击，这次出征无功而返，威尼斯深受打击。此后，双方断绝交往十余年。[2]

1171年"反威尼斯"事件发生突然，其力度之大和涉及范围之广在历史上绝无仅有。相较于后来的奥斯曼土耳其帝国、西方的罗马教会和西欧国家，以威尼斯为代表的意大利海上共和国与拜占庭有着更密切和更复杂的联系，也在地中海势力格局的演变过程中发挥着重要的作用，鉴于此，对于该事件发生原因进行细致梳理，将有助于厘清拜占庭与威尼斯之间错综复杂的脉络关系，并且有助于揭示威尼斯在拜占庭帝国走向衰落过程中扮演的重要角色。

一、皇帝权威受到挑战

拜占庭在1171年采取严厉措施打击威尼斯，与当时在位的皇帝曼努埃尔

---

[1] Donald Nicol, Byzantium and Venice: A Study in Diplomatic and Cultural Relations, London: Cambridge University Press, 1988, p.97.

[2] Thomas Madden, Venice: a New History, London: Penguin Books, 2012, p.66.

一世紧密相关。他虽是亲"拉丁人"的皇帝,倾慕于西方的文化,[1]但是当帝国统治受到严峻威胁、皇帝权威遭到挑战之时,曼努埃尔无法再继续容忍。因此,"报复"威尼斯的行动谋划已久,并非一时兴起。即位之初,曼努埃尔就试图收回之前拜占庭授予威尼斯的特权,但是1147年科孚岛战争迫使他承诺给予威尼斯更多的特权来换取援助以对抗诺曼人。尽管得到诸多好处,威尼斯还是无法服从于拜占庭的指挥。在战争过程中发生的一场嘲讽闹剧,使得皇帝在怒火中切身体会到了威尼斯人的逾矩和难以"管教",因此他一直在等待合适的时机来惩罚他们。直到威尼斯人袭击君士坦丁堡热那亚区的事情发生,曼努埃尔一世决定立刻采取行动。这两件事情虽然发生间隔长达二十余年,却紧紧联系在一起,成为1171年拜占庭"反威尼斯"事件的直接导火索。

(一)科孚岛冲突

1147年的夏天,一支诺曼舰队穿过亚得里亚海占领了拜占庭的科孚岛。皇帝曼努埃尔一世请求威尼斯协助,作为回报,他首先于1147年10月颁布诏令,确认之前拜占庭授予威尼斯的特权继续生效,并且额外承认威尼斯在克里特岛和塞浦路斯岛的免税特权。[2]随后,他又在1148年的3月颁布另一道诏令,扩大君士坦丁堡的威尼斯区,给予其第四个登陆港口。最终,在威尼斯的帮助下,拜占庭于1149年收复科孚岛。[3]

但是在收复科孚岛的过程中,拜占庭和威尼斯的矛盾逐渐暴露。在军队驻地,双方爆发冲突,他们并没有满足于争辩或破口大骂、相互贬低,而是拿起武器进行攻击。当发生争执的消息扩散开后,越来越多的人加入各自的阵营作战,演变为一场殊死搏斗。即使拜占庭和威尼斯的官员进行了干预和调停,仍有大批的威尼斯人冲出他们的战船加入战斗。当拜占庭的陆军指挥官发现安抚根本不起作用后,就派遣了自己的精锐部队进行镇压,这极大地激怒了威尼斯人。他们撤回到了战舰上,在海上袭击了从埃维厄岛驶来支援的拜占庭战船,并纵火将其烧毁。他们甚至抢占了拜占庭皇帝的旗舰,用皇族特有的紫色和金色装饰以示身份,还在甲板上安排了一名身材矮小的埃塞俄比亚黑人,演出一场滑稽的加冕闹剧,借此来嘲讽曼努埃尔的深色皮肤。这

---

[1] 徐家玲:《拜占庭文明》,北京:人民出版社,2006年,第122页。
[2] Thomas Madden, Venice: a New History, p.64.
[3] Donald Nicol, Byzantium and Venice: A Study in Diplomatic and Cultural Relations, pp.86-87.

场闹剧引起了皇帝对威尼斯人的憎恨,同时也促使他考虑是否应该容忍越来越多的威尼斯人在君士坦丁堡定居。①根据同时代史家尼基塔斯·侯尼亚迪斯的记载,事件发生之后,拜占庭皇帝本想立刻惩罚威尼斯人,但他担心会引起一场两败俱伤的战争,影响对科孚岛的收复。于是他特意派遣了自己的亲信颁布对威尼斯人的特赦,"尽管曼努埃尔吞下了愤怒,但他从未忘记仇恨,就像余烬中的星火,只需要适当的时机就会再次引燃"。②

(二)君士坦丁堡热那亚区遭袭

1171年的年初,旅居拜占庭的威尼斯人袭击了君士坦丁堡的热那亚区,这成了曼努埃尔宣泄怒火的"适当时机"。随着威尼斯的实力迅速膨胀,拜占庭尝试扶持威尼斯的贸易竞争者比萨和热那亚来限制其发展,分别于1111年和1156年与比萨、热那亚签订协议。③但是骄傲自负的威尼斯人自视为拜占庭的盟友,一再要求独享所有的贸易特权,所以威尼斯对拜占庭的"新宠"比萨和热那亚怀有很深的敌意。1111年,比萨人得到了在君士坦丁堡的贸易权;1156年,热那亚取得了同样的权利,④他们在君士坦丁堡内获得的商业区紧挨着威尼斯区,这导致威尼斯的妒火进一步增强。于是一群居住在君士坦丁堡的威尼斯人闯入热那亚区,摧毁房屋、掠夺财产,直到帝国卫队到来才平息这场暴乱。皇帝命令他们为此负责,重建热那亚区,归还掠夺的财产。但威尼斯人拒绝服从命令,并且以惩罚性的进攻来威胁皇帝曼努埃尔一世,试图让他回忆起威尼斯曾在约翰二世统治时期入侵拜占庭的"先例",那次进攻迫使约翰二世放弃抵抗的政策,重新恢复威尼斯的贸易特权。⑤

这场公然发生在"天子脚下"的挑衅使得皇帝坚信如果不采取行动,威尼斯将会极大地损害拜占庭的利益。于是一场针对威尼斯人的惩罚行动悄然开始,秘密诏令抵达了帝国的每个角落,命令各省官员准备逮捕境内的威尼斯人,并没收他们的财产,这个诏令得到了很好的执行,并没有走漏风声。为

---

① Donald Nicol, Byzantium and Venice: A Study in Diplomatic and Cultural Relations, p.87.
② Nicetas Choniates, O City of Byzantium, Annals of Nicetas Choniates, trans. by H. Magoulias, Detroit: Wayne State University Press, 1984, pp.50-51.
③ Donald Nicol, Byzantium and Venice: A Study in Diplomatic and Cultural Relations, p.94.
④ Roger Crowley, City of Fortune: How Venice Ruled the Sea, New York: Random House, 2013, p.37.
⑤ John Kinnamos, Deeds of John and Manuel Comnenus, trans. by Charles M. Brand, New York: Columbia University Press, 1976, pp.211-213.

了使威尼斯人放松警惕,曼努埃尔还曾在几个月前向威尼斯的总督维塔勒·迈克尔(Vitale Michiel II,1155—1172年)派出的使节保证,威尼斯人在帝国境内一切安好。①

二、帝国统治受到威胁

1171年,拜占庭"反威尼斯"事件更深层次的原因,是拜占庭为了摆脱威尼斯对帝国统治形成的巨大威胁,这种威胁渗透到经济、政治、军事等方方面面,严重地削弱了帝国的实力,这主要体现在:

(一)贸易主权被削弱

12世纪的拜占庭君士坦丁堡是东西方贸易的中转站。相较于拓展自己的商贸航线,拜占庭更希望商人主动将财富带到君士坦丁堡,这些外来者聚集在金角湾,其中就有威尼斯人的身影。自10世纪起,威尼斯就凭借提供军事援助来获得贸易特权。作为成功抵抗诺曼军队的奖励,瓦西里二世在992年签署的条约中降低了威尼斯进出达达尼尔海峡支付的通行税。这种优势有利于威尼斯人在帝国进行商业活动,经过一段时期的发展,威尼斯控制了拜占庭的谷物市场。②1082年阿莱克修斯一世颁布的金玺诏书(chrysobull),是威尼斯成为贸易强国的重要基石。1081—1085年,在威尼斯人的协助下,诺曼人罗贝尔·吉斯卡尔(Robert Guiscard,1059—1085年)的入侵被击退,皇帝颁布了金玺诏书,免除了威尼斯价值商品10%的关税,允许其在帝国境内除克里特和塞浦路斯之外的所有港口自由通商;取消了威尼斯人经商的时间限制,允许他们可以居留超过三个月;甚至还赋予了威尼斯人不受普通拜占庭官员管理的特权,其中包括专职负责关税的官员。③不仅如此,他们还获权在君士坦丁堡的金角湾建立自己的居住区,商店、仓库、领事馆、治外法权等一应俱全。④因此,威尼斯获得了商业的垄断权,可以在包括色雷斯、马其顿、希腊以及小亚细亚到叙利亚的几乎整个东地中海地区自由行商,经济也随之

---

① Thomas Madden, Venice: a New History, p.65.
② [美]A.A. 瓦西列夫:《拜占庭帝国史》,徐家玲,译,北京:商务印书馆,2019年,第348页。
③ 罗春梅:《1204年君士坦丁堡的陷落》,北京:人民出版社,2012年,第43页。
④ Donald Nicol, Byzantium and Venice: A Study in Diplomatic and Cultural Relations, p.61.

飞速发展。①这一行为树立了范例,随后帝国给予了比萨和热那亚类似的贸易特权,大大增加了帝国境内拉丁人的数量,使得拜占庭的商业贸易落入拉丁人之手。

在帝国之外,威尼斯的贸易空间也得到扩展。依靠第一次十字军东征的胜利,威尼斯得到了丰厚的"战利品"。他们不仅打开了东方的港口、建立了贸易航线,而且依靠着运送一批批的朝圣者和小支的十字军前往耶路撒冷获得新的税收来源。②1111年,威尼斯舰队援助了耶路撒冷国王鲍德温一世(Baldwin I,1065—1118年)对西顿的占领,获得阿卡的部分地区;1124年,威尼斯与地中海东岸的法兰克骑士合力攻下穆斯林占领的提尔城,得到了三分之一的城区。此外,威尼斯在意大利北部和亚得里亚海也享有特权地位。10世纪末,德皇奥托三世(Otto Ⅲ,996—1002年)授予威尼斯许多贸易特权,几乎使威尼斯垄断了北部意大利的东方贸易。1126年,约翰二世被迫继续承认威尼斯的贸易特权,威尼斯的贸易空前繁荣。③他们打开了东方贸易的宝库——除了运送商品到欧洲市场,他们还游走于拜占庭、十字军及其敌人埃及法蒂玛王朝之间,狂热地开展着三角贸易。威尼斯的人口开始飞速增长,新的富商阶层崛起。④至12世纪,威尼斯形成了贸易网,沟通了亚得里亚海、君士坦丁堡和地中海所有重要的穆斯林中心。⑤1167—1170年,威尼斯在拜占庭的商业达到鼎盛。⑥

与同时期活跃的威尼斯经济形成鲜明对比的是逐渐衰落的拜占庭贸易。12世纪,东方的阿拉伯人逐渐占领了拜占庭的领地,西方的十字军占领了利凡特的一些港口,威尼斯也在叙利亚的港口获得了商贸权利,东方与西方的贸易不再经过君士坦丁堡,这座都城的贸易垄断地位摇摇欲坠,地中海的商路逐渐落入意大利人手中,帝国的国库收入大大减少,拜占庭的贸易总量比之前减少了二分之一到三分之一,⑦受此迁染,拜占庭的金币也逐渐被威尼斯

---

① Anna Comnena, The Alexiad, trans. by Elizabeth A.S.Dawes, London: Cambridge University Press, 2000, p.104.
② Thomas Madden, Venice: a New History, p.55.
③ Thomas Madden, Venice: a New History, p.58.
④ [法]迈克尔·卡普兰:《拜占庭:东罗马帝国的辉煌岁月》,郑克鲁,译,上海:上海书店出版社,2004年,第27页。
⑤ 罗春梅:《1204年君士坦丁堡的陷落》,第45页。
⑥ Donald Nicol, Byzantium and Venice: A Study in Diplomatic and Cultural Relations, p.96.
⑦ 沈敏华、程栋:《十字军东征》,上海:上海书店出版社,2009年,第166页。

和热那亚的金币所替代。①通过一系列条约,拉丁人获得了众多特权,能够控制拜占庭的贸易并从经济上剥削帝国。②君士坦丁堡仍是地中海的一艘贸易巨轮,但是掌舵的已然是以威尼斯为首的意大利海上共和国。

(二)丧失达尔马提亚控制权

通过获得的经济利益,威尼斯扩大了自己的政治影响,帝国对于西部海疆的控制力被逐步蚕食殆尽。据同时代史学家教士约翰记载,11世纪初,威尼斯人打败了克罗地亚海盗,取得了对亚德里亚海的实际控制权,时任威尼斯总督的皮耶特罗·奥西奥罗(Pietro Orseolo, 991—1009年)及其继任者获得了"达尔马提亚领主"的新头衔,达尔马提亚沿海各城镇,包括萨拉、拉古萨等在内,虽然名义上属于拜占庭,但必须向威尼斯纳贡,③这标志着地中海东部的海权局势发生了巨大而深刻的变化。在科孚岛以北大部分地区、亚德里亚海入口以及意大利海岸的教堂里,威尼斯总督的名字紧跟在拜占庭皇帝的名字之后出现。④1075年,威尼斯在成功击败了南下的诺曼人之后,向几个达尔马提亚城镇正式派遣了代表,强化了效忠与保护的"附庸"关系。到11世纪60年代,拜占庭在达尔马提亚的权威已经基本被威尼斯所取代。1143年,威尼斯从陆上和海上控制了整个亚德里亚海北部。⑤

除了政治上的控制之外,威尼斯还从宗教上对达尔马提亚地区进行统治。12世纪中期,威尼斯完成了自己的"宗教改革",教会摆脱政府的控制获得了自由,同时获得了主教选举自由。教皇阿德里安四世(Adrian Ⅳ, 1154—1159年)将达尔马提亚沿岸的萨拉大主教(archbishop)置于威尼斯格拉多教区的宗主教(patriarch)管辖之下,⑥从而将威尼斯的格拉多大主教区变成仅次于罗马的高级别主教区,甚至连罗马教皇英诺森三世(Innocent Ⅲ, 1198—1216年)随后也写道,"威尼斯的教会很明显获得了大主教区的尊严,不仅仅是在于其名号,还在于其拥有全部的权力"。⑦

---

① 陈志强:《拜占庭帝国史》,北京:商务印书馆,2003年,第240页。
② [英]M.M.波斯坦、H.J.哈巴库克:《剑桥欧洲经济史》(第3卷),王春法,译,北京:经济科学出版社,2002年,第51页。
③ Paul Stephenson, A Political Study of the Northern Balkans, 900-1204, Cambridge: Cambridge University Press, 2000, pp.197-203.
④ Donald Nicol, Byzantium and Venice: A Study in Diplomatic and Cultural Relations, p.44.
⑤ Donald Nicol, Byzantium and Venice: A Study in Diplomatic and Cultural Relations, p.56.
⑥ Thomas Madden, Venice: a New History, p76.
⑦ Thomas Madden, Venice: a New History, p.64.

(三)帝国扩张受限

拜占庭在意大利的扩张行为遭到了威尼斯的抵制。威尼斯在亚德里亚海域出兵帮助拜占庭是为了保护自身的利益，维持威尼斯对达尔马提亚的实际控制，战争胜利之后，帝国皇帝赠予的丰厚谢礼，进一步促进了威尼斯经济发展。但当拜占庭主动进行扩张，威胁到威尼斯对亚德里亚海北部的统治时，威尼斯反而通过笼络拜占庭的敌人、挑拨蛮族雇佣兵反叛等手段，来削弱拜占庭对外扩张的力量，以制衡各方势力，继续维持统治。

1149年科孚岛收复之后，塞尔维亚和匈牙利重新归顺，拜占庭意图在意大利扩张势力范围。1154年，曼努埃尔决定进攻意大利，次年，帝国舰队抵达安科纳，实施对诺曼人的进攻，重新夺回巴里，阿普利亚的大部分都被拜占庭军队占领。与此同时，威尼斯却与诺曼人签订条约，以换取在南意大利和西西里岛的通商自由权，随后又与神圣罗马帝国缔约，来显示自己的中立性。[①] 随着诺曼国王威廉一世召集同盟反抗，拜占庭企图夺回意大利的愿望破灭。威尼斯并没有按照惯例帮助运送军队来履行其对帝国的义务。不仅如此，威尼斯甚至还挑唆抵达维约萨河的拜军先头部队塞尔维亚人反叛，这是导致拜占庭在意大利的收复活动失败的又一重要原因。

拜占庭帝国遭到匈牙利王国的反叛则是另一个鲜明的例子，在利益面前，威尼斯再次阻止了拜占庭的扩张。达尔马提亚海岸位于亚得里亚海东岸，酒、木材、盐和奴隶等贸易繁荣，整个11、12世纪，沿岸城市因贸易更加富裕，一直以来，威尼斯、拜占庭都因争夺亚德里亚海岸而与匈牙利为敌，拜占庭依靠着威尼斯来维持对于达尔马提亚海岸的控制权。1167年，拜占庭对匈牙利取得了决定性的胜利，匈牙利国王斯蒂芬三世(Stephen III, 1162—1172年)被迫承认达尔马提亚和克罗地亚地区重新成为拜占庭的归属地，这使得拜占庭的国土紧邻威尼斯，限制了威尼斯对北亚得里亚海的控制。于是威尼斯转而帮助匈牙利对抗拜占庭，迫使其势力退出亚得里亚海，这一行为使得拜占庭和威尼斯关系迅速恶化。[②]

影响更为深远的是，拜占庭的军事实力因为过度依赖雇佣兵而下降，这同样打击了帝国的对外扩张意图和自我防御体系。起初拜占庭将威尼斯视

---

① Donald Nicol, Byzantium and Venice: A Study in Diplomatic and Cultural Relations, p.90.
② Donald Nicol, Byzantium and Venice: A Study in Diplomatic and Cultural Relations, p.96.

为重要的军事伙伴,当亚得里亚海域有战争发生,威尼斯会提供船只与士兵协助拜占庭海军作战。公元820年,阿拉伯人在地中海进行了大规模的侵略,克里特岛被占领后成了海盗的据点,皇帝迈克尔二世(Michael the Stammerer, 820—829年)及其后任者们第一次请求威尼斯总督出兵驰援,保证意大利海域的安全。从此,拜占庭的海军越来越依靠于雇佣外国舰队的方法来应对临时出现的海上威胁。当威尼斯逐渐成为拜占庭海防的重要盟友时,帝国海军的发展受到了严重的忽视,再也无力守护广阔的东地中海,为日后受人压制却无法还击埋下了伏笔。①皇帝阿莱克修斯一世在位时期为抵抗诺曼海军的进攻而雇佣威尼斯舰队,这一做法为拜占庭帝国带来了灾难性的后果,其中就包括帝国海军的衰落。至1204年,第四次十字军东征时,拜占庭已无海军可以御敌。②

(四)社会秩序混乱

曼努埃尔最切身的体会莫过于威尼斯人对帝国日常秩序造成的混乱,他们张扬的个性极易带来管理上的麻烦。根据约翰·金纳莫斯的记载,皇帝曾在给威尼斯总督的信件中斥责威尼斯人的傲慢无礼,他将其视作忘恩负义的得志小人,从拜占庭帝国中攫取财富,却损害帝国的利益。③

利益的冲突使矛盾凸显,社会关系变得紧张。在此之前,以君士坦丁堡为据点的拜占庭商人们与威尼斯商人们隶属于买方和卖方的关系,又有待遇上的不同,并无对立矛盾,但阿莱克修斯的金玺诏书颁布后,双方转变为竞争对手。由于威尼斯大力支持商业发展,拜占庭商人处于劣势,所以对异族的威尼斯人难以产生好感。自从拜占庭授予威尼斯贸易特权后,帝国境内的威尼斯人数量逐渐增加,尤其君士坦丁堡已经有超过万数的威尼斯人经商和定居,皇帝阿莱克修斯一世便在金角湾划定一片区域,允许威尼斯人自由保有房屋建筑和使用港口,即威尼斯区。1148年条约扩大了君士坦丁堡威尼斯区的自治权利,曼努埃尔希望借此将威尼斯人集中起来,约束其活动范围以便于管理,其他来自比萨、热那亚、阿马尔菲等的意大利商人也被限定在特定的区域。但是一些威尼斯人却要求获得威尼斯区之外的房屋仓库等财产,给城

---

① Anna Comnena, The Alexiad, p.46.
② 陈志强:《拜占庭帝国史》,第453页。
③ Thomas Madden, Venice: a New History, p.68.

市的秩序和安全造成威胁。从同时代评价负面的史料中，可以窥得威尼斯带来的巨大社会影响。约翰·金纳莫斯评价其为"道德败坏、举止粗鄙、难以信任，拥有航海民族的一切恶习，财富使他们傲慢贪婪，甚至于辱骂攻击拜占庭的皇亲国戚们，还有部分威尼斯人与拜占庭妇女通婚，在限定区域之外建立房屋定居"，[1]尼西塔斯·侯尼亚迪斯也气急败坏地写道："威尼斯人荒淫无德，庸俗不堪，他们疯狂地购置地产、扩张地盘；唆使希腊妇女放弃东正教信仰；偷窃圣徒的遗物……"[2]

　　威尼斯人引起的社会危机不仅仅局限于拜占庭和威尼斯之间，他们与同是异族的比萨、热那亚之间，也时常爆发激烈的对抗。三个意大利海上共和国都在拜占庭获得了属于自己的辖区、减税优惠和码头，金角湾毗邻而建的商业区加剧了竞争和冲突。1162年，1000名比萨人曾闯入热那亚区进行袭击，虽然被击退，但几天之后，在威尼斯人和少数希腊人的帮助下，他们毁坏了大量的热那亚财产，还导致一名热那亚人死亡。[3]1171年，威尼斯袭击了热那亚区，造成了更严重的破坏，闹事者不仅拒不伏法，甚至威尼斯还以发动战争来威胁曼努埃尔一世。在帝国的首都竟然发生这样的闹剧，威尼斯人引起的社会问题之严重可见一斑。

三、结语

　　拜占庭发动1171年"反威尼斯"事件意在削弱威尼斯对帝国统治的不利影响。该事件的导火索来自拜占庭皇帝权威受到了威尼斯的挑战，即科孚岛战役中曼努埃尔遇到不合礼法的嘲讽，以及首都内热那亚区遭到违反法律的袭击。但究其根本，拜占庭在经济、政治、军事等方面的统治已经受到威尼斯的严峻威胁，不得不采取措施回击。在经济方面，帝国的贸易主权被迫让渡给以威尼斯为首的拉丁人；在政治方面，帝国丧失了对亚得里亚海沿岸部分城镇的实际控制权；在军事方面，帝国的扩张计划面临阻碍，军事实力逐步下降；君士坦丁堡的社会秩序也因为行为逾矩的威尼斯人而变得混乱。从表面看，1171年"反威尼斯"事件是成功的，威尼斯一蹶不振，被迫休养生息，对东

---

[1] John Kinnamos, Deeds of John and Manuel Comnenus, p.201.
[2] Nicetas Choniates, O City of Byzantium, Annals of Nicetas Choniates, p.97.
[3] Donald Nicol, Byzantium and Venice: A Study in Diplomatic and Cultural Relations, p.95.

地中海贸易的支配权被严重削弱,直到12世纪末,才有大批威尼斯人重新返回君士坦丁堡。[1]但从长远看,该事件收效甚微,衰落的帝国急需帮手来保卫边疆,拜占庭的皇帝们与威尼斯签署了更多条约,不仅承认之前的特权继续生效,还提高了威尼斯的国家地位,[2]甚至授予其除谋杀和暴动外的治外法权,[3]拜占庭阻止威尼斯扩张失败。

　　1171年,拜占庭的迫害事件使得威尼斯利益受挫,地中海、爱琴海与黑海地区的贸易特权令威尼斯人心动,因而威尼斯人抓住教皇呼吁东征的机会,和十字军一起于1204年攻陷了君士坦丁堡。威尼斯拥有了新建立的拉丁帝国八分之三的领土,形成了一条从威尼斯到黑海的贸易链,加强了威尼斯在地中海的主导地位——"全帝国境内,凡是威尼斯的敌对国家,其商人不得在帝国境内从事商业活动",[4]这成功地将以热那亚为首的竞争对手踢出了帝国领域。随着拜占庭帝国的衰落,地中海各地区的贸易格局发生了巨大变化,东西方的商品直接由威尼斯人进行中转交易,拜占庭失去了大量的海关税收。最终,1204年君士坦丁堡的陷落使得拜占庭四分五裂、元气大伤,成为帝国由盛转衰的转折点。[5]

---

[1] Roger Crowley, City of Fortune: How Venice Ruled the Sea, p.87.
[2] Donald Nicol, Byzantium and Venice: A Study in Diplomatic and Cultural Relations, p.112.
[3] Thomas Madden, Enrico Dandolo and the Rise of Venice, Baltimore: The Johns Hopkins University Press, 2003, p.116.
[4] Thomas Madden, Venice: a New History, p.105.
[5] [英]西里尔·曼戈:《牛津拜占庭史》,陈志强、武鹏,译,北京:北京师范大学出版社,2016年,第267页。

1921—1941伊朗礼萨·沙统治合法性的建构与解构*

赵 雪 冀开运[①]

摘 要：伊朗是一个有着古老历史的国家，国家长期相对统一，有着漫长的政权更迭历史，这些政权更迭往往有着相似的规律，"合法性"是任何君主在即位之初都需要谋求的名义，巴列维王朝的开国国王礼萨·沙也是如此。1921—1941年，是伊朗巴列维王朝第一任国王礼萨·沙的统治时期，在这短短的20年里，礼萨·沙从一个无名小卒到独裁者，再到下台，合法性的获得与失去贯穿其中。本文通过分析礼萨·沙在位期间的作为，总结伊朗的历史轨迹和规律，多方面多领域探讨礼萨·沙统治合法性的建构路径，分析合法性解构历程，评估礼萨·沙的所作所为对伊朗历史和现代民族国家建构的深远影响。

关键词：巴列维王朝；礼萨·沙；合法性；现代化改革

伊朗的政治中一直存在着合法性的构建，统治的存续与政权的合法性息息相关，并且表现出被统治者塑造的特点，政治合法性至关重要，而这种合法性的构建与解构的特色在伊朗巴列维王朝开国君主礼萨·沙统治期间表现出十分鲜明的特色。

---

*基金项目：本文系2018年度国家社会科学基金国别史重大专项支持课题"伊朗多民族统一国家的构建与治理研究"（项目编号：2018VJX085）的阶段性成果。

① 赵雪：女，1996年生，西南大学历史文化学院硕士研究生，研究方向为伊朗史；冀开运：男，1966年生，西南大学历史文化学院教授，博士生导师，西南大学伊朗研究中心主任，研究方向为伊朗史。

一、政治合法性

(一)政治合法性的含义以及重要性

政治合法性,在人类发展过程之中存在于任何一种政权的统治与维系之中,不论是古代还是现代。这个概念首先由马克斯·韦伯进行了第一次系统的探讨,韦伯认为,社会系统的正常运转取决于命令与服从,而在命令的发出与服从之间的执行,依靠的是人对于命令发出者的信念与忠诚,而这种情感正是建立在一种合法性之上。因此,这种合法性就包括两个部分:统治的正当性与对统治的认同。对于一种统治的认同取决于统治的正当性,而统治的正当性又植根于社会公众的心理情感之中,因此政权的存续就要求统治者为了维持统治而争取获得合法性,韦伯认为:"对于统治来说,这种说明其合法性理由的方式,不是一种理论或哲学推论的事情,而是对经验的统治结构的现实差异进行阐述,其原因就在于任何权力、甚至任何一般的生存机会都十分普遍地存在着进行自我辩护的需要。"[1]在以合法性为基础的视角下,存在即合法,毁灭即合法性的失去,理性建构主义合法性理论家罗尔斯加入了正义理论,他认为政权的正义建立在一种功利性的政策基础上,在他看来,一个政权进行合法性统治的基础是这个政权本质的正义性,他说:"正义是社会制度的首要价值,正像真理是思想体系的首要价值一样。某些法律和制度,不管它们如何有效率和有条理,只要它们不正义,就必须加以改造或废除。"[2]哈贝马斯在总结了经验主义与理性主义合法性研究的基础上认为,由于可以把国家理解为拥有合法权利的一种制度,所以国家的合法性与政治制度的合法性是等义的。他认为:合法性意味着某种政治秩序被认可的价值。[3]合法性这一概念是只与政治制度相联系的,只有在谈到政治制度时,我们才能谈合法性。"任何一种政治系统,如果它不能保持合法性,那么它就不可能永久地保持住群众对它所持有的忠诚心,这也就是说,无法永久保证它的成员们紧紧地跟随它前进。"[4]对于合法性的追寻与渴望,在王权统治下的社会显得更加迫切,王权统治的本质是国王个人实行的统治,由国王一人及其国家机器

---

[1] [德]韦伯:《经济与社会》(下卷),林秉远,译,北京:商务印书馆,1997年,第276-277页。
[2] [美]约翰·罗尔斯:《正义论》,北京:中国社会科学出版社,1998年,第3页。
[3] [德]哈贝马斯:《交往与社会进化》,张博树,译,重庆:重庆出版社,1989年,第212-213页。
[4] 李涛:《哈贝马斯合法性理论探析》,《陇东学院学报》2011年第1期。

操纵社会的运转,这种情况下社会及个人对于统治者的信念成为统治存在的基础。国外对礼萨·沙合法性的研究主要集中在对其后期形成独裁政权的批判,"认为礼萨·沙后期实行独裁后完全丧失其合法性,他的所有改革措施也被废止,认为他导致了伊朗日后的混乱与革命"。①国内对礼萨的评价呈现出三种观点,通常在礼萨·沙时期改革所带来的社会影响中提及,一种是带有批判性地认为礼萨·沙的改革方式片面单一,并没有长远可行性,更多的是破坏性,礼萨·沙的部落政策并没与为其带来长久而有效的有益变化,扰到其原先的生活方式,激起反抗;②他的教育政策忽视教育质量,更多的是传播一种价值观念,并且存在教育失衡,职业教育欠缺,急功近利等问题;③其次是对其在伊朗的改革进行客观辩证地对待,为人所诟病的是他后来陷入的独裁,但前期的改革也有着一定的积极意义,在社会的各个方面也带来了现代化的风气。④最后在经济与社会文化现代化方面对礼萨·沙进行肯定,礼萨·沙在伊朗进行的西化与现代化改革,虽然在其退位后被废止,但改变已经发生,即使是礼萨国王独裁时期的伊朗,也已经不同于此前的封建王朝。⑤本文在借鉴这些研究成果的基础上,通过分析礼萨·沙在位期间的作为,总结伊朗发展的历史轨迹和规律,探讨他在位到下台之间的合法性。

(二)伊朗传统合法性构建的一般规律

伊朗是一个有着漫长君主统治传统的古国,国家有着连续的王朝更替历史,而在其历史上以合法性作为某个政权的基础的例子显得比比皆是。拥有"上帝的恩典"⑥使古代统治者在英雄传说时代和历史时代的地位合法化。对

---

① Stephanie Cronin, The Making of Modern Iran, State and society under Riza Shah.1921—1941; Homa Katouzian: State and Society in Iran; Foran, J., FragileResistance, Social Transformation in Iran from 1500 to the Revolution; Banani.A: The Modernization of iran: 1921—1941 等.
② 丁雨婷.礼萨·汗时期伊朗部落社会研究,西安:西北大学硕士学位论文,2018年;王国兵.伊朗巴赫蒂亚尔部落研究,西安:西北大学硕士学位论文,2016。
③ 张翔.礼萨·汗与伊朗教育现代化研究:1921—1941,山西:山西师范大学硕士学位论文,2012年。
④ 彭树智:《礼萨汗在伊朗的改革》,《历史教学》1988年第1期;马丽萍:《伊朗巴列维王朝的世俗化改革》,《云南民族学院学报》(社会科学版)2006年第3期;王磊.礼萨·汗与伊朗的政治现代化,重庆:西南大学硕士学位论文,2007年;何磊.伊朗礼萨·汗世俗化改革探析:河北:河北师范大学硕士学位论文,2008年;李赛.伊朗礼萨汗时期政教关系演进探析(1921—1941),陕西:陕西师范大学硕士学位论文,2018年。
⑤ 吴杨.伊朗礼萨·汗时期经济与社会文化现代化研究(1921—1941),重庆:西南大学硕士学位论文,2008年。
⑥ 法拉赫-伊扎迪,有时字面上翻译为神圣的光辉。

费尔多西的《王书》①中这一主题的深入研究表明，国王的恩典是被赐予的，他不必是王位的第一继承人，甚至不必是皇室成员。而且，不管是不是王室成员，在大多数情况下，人们并不清楚统治者是如何获得这种恩典的，除非他成功地赢得了权力：因为这个人掌握了权力，所以他获得这种恩典。"法拉"一词也被用来为后伊斯兰时代的统治者们宣称神圣的合法性（例如，费多西对加兹纳的马哈茂德的描述），但它的内容和含义后来在类似于"全能神的影子"和"宇宙的轴心"等标题中表达得更为频繁。"公正统治者"的理想概念成为对统治者合法性的考验。有证据表明，符合理想理念的正义统治者是治理好国家、维护国内外和平与安全、合理任用官员（并因其不公正而惩罚他们——即统治者自己不允许的行为），从而促进了和平与繁荣。6世纪的胡斯劳一世（Anushiravan）和16世纪的阿巴斯一世在这个意义上是"公正统治者"的原型（尽管在其他方面他们几乎称不上公正统治者）。

"简单地说，伊朗是一个专制的国家和社会，国家本身并没有扎根于任何根深蒂固的法律或传统。它没有欧洲国家所享有的那种社会基础和合法性。"②在欧洲历史上，"很难找到像萨布廷基（Sabuktigin）③、纳迪尔沙（Nadir）④、卡里姆汗（Karim Khan）⑤或阿迦·穆罕默德·汗（Aqa Muhammad）⑥那样的人物，更不用说像伊斯玛仪一世和马哈茂德（Mahmud）⑦这样的人物"。⑧从原则上讲，反抗与专制统治一样"合法"，而对"合法性"的最终检验是能否夺取和维持权力。"所以即使是那些没有太多冲突和争议就接任的统治者也必须

---

① 又译《列王纪》，是古代波斯民间文学的总汇。出于反对阿拉伯人的思想需要，波斯地方政权的统治者曾大力提倡写王书。在菲尔多西创作之前，已有5部王书问世，其中3部为散文体，2部为诗体。

② Stephanie Cronin, The Making of Modern Iran: State and society under Riza Shah.1921-1941, London : RoutledgeCurzon, 2003, p.17.

③ 阿布·曼苏尔·萨布廷基（942—997），也被拼写为 Sabuktigin, Sabuktakin, Sebuktegin 和 Sebuk Tigin，也被称为 nasir-u-din Sabuktigin，在10世纪后期被认为是 Ghaznavid 加兹纳维德帝国的创始人，在现在的阿富汗。

④ 纳迪尔沙（Nader Shah; 1688—1747），波斯阿夫沙尔王朝皇帝（1736—1747年在位）。

⑤ 卡里姆汗·赞德（Karim Khan zand）。伊朗桑德王朝第一代统治者。出身微贱，初为阿夫沙尔王朝沙阿纳迪尔沙的将军。

⑥ 阿迦·穆罕默德·汗 Agha mobam-mad khan（1742—1797），伊朗恺加王朝缔造者和第一代统治者。他重新统一了萨法维王朝崩溃后分裂的波斯，他以一个伟大的战士和残忍的统治者闻名。

⑦ 伽色尼王国的苏丹（998—1030），最初包括现在的阿富汗和伊朗东北部，但通过他的征服，最终包括印度西北部和伊朗大部分地区。他把他的首都加兹纳（现在的加兹尼，阿富汗）变成了一个文化中心，与巴格达（现在的伊拉克）相匹敌。

⑧ Homa Katouzian, State and Society in Iran, The Eclipse of the Qajars and Emergence of the PahlavisLondon and New York: I.B.Tauris, 2000, p 147.

建立自己的个人权力和个人合法性。正是他们自己的行为和他们与社会的关系决定了文职和军事官员对他们的态度。"[1]伊朗与欧洲不同,欧洲的社会和历史有一个连续的、长期的贵族统治传统,这种贵族统治不仅独立于国家,而且国家倾向于依赖于它和其他有影响力的阶级,除此之外还有基于血统的合法性和被其他重要阶级认可,这对于一个成功的新君主或新政权来说是必要的。但在伊朗专制的国家和社会中不存在这种情况,而现存的贵族和社会各层级在任何时候都非常清楚游戏规则,以及他们作为个人和在集体机构中的地位的短暂性。从欧洲的经验来看,合法的政权是不会存在抵抗的。但伊朗的统治者,即使是"合法地"取得了成功,通常也都需要通过巩固权力来建立自己的合法性。这就是为什么奥列芬特会说,一些古老家族的亲王非但没有反对礼萨·沙(Riza Shah)的即位,反而积极为之奔走,而其他一些人即使不算低声下气,也平静地接受了。因此,出身从来就不是礼萨·沙缺乏合法性的一个重要原因。尽管后来有人嘲笑他是"马僮之子",用巴哈尔的诗句来说,他来自"马厩深处",这表明他不再受欢迎,也标志着他失去了合法性,这种合法性在他政治生涯的早期以一种非常传统的伊朗风格建立起来。而当绝大多数不同肤色和信仰的人都坚定地认为他不过是英帝国主义雇佣的代理人时,对礼萨·沙合法性的攻击就更加有力了,尽管这是不正确的。但是这种认为他是帝国主义代理人的想法以及以此进行攻击的行为,很大程度上是由于他的极度不受欢迎,这种不受欢迎是由专横和严厉的统治导致。但就伊朗统治者合法性塑造的历史来看,这些并不能成为礼萨·沙合法性缺乏的证据,在伊朗内忧外患的当时,他是国家的唯一选择。

二、礼萨·沙统治合法性的建构

(一)政界对于强人的呼唤

19世纪末20世纪初,英国与俄国在伊朗的势力日益增长,他们争夺中亚的霸权地位并深刻影响着当时的恺加王朝政策,恺加王朝统治下的波斯实际上已经成为半封建半殖民地,中央政府失去权威,虽然在1906—1907年确立

---

[1] Homa Katouzian, State and Society in Iran, The Eclipse of the Qajars and Emergence of the Pahlavis London and New York: I.B.Tauris, 2000, ch.1.

了宪法,建立了政府、选举了议员,但国家依旧混乱并沉沦。"第一次世界大战时期,土耳其、俄国和英国军队占领了波斯大片地区,更加剧了国家的混乱。"[1] "在19世纪最后的10年和20世纪初最初的10年间,伊朗反对外来统治、独裁统治和公共生活腐败作风的各种力量,朝着民族复兴方向迈出了勇敢的第一步,但结果只是眼看着自己被更大的耻辱无情拖向相反的方向。"[2]最初的宪政革命未能在国内形成和建立新的良好的秩序,这为外国势力对伊朗内政横加干涉提供了完美的借口,这导致了第一次世界大战期间对伊朗的实际占领。这一局势加剧了这一期间普遍存在的部落混乱,以致部落的自治倾向和部落与地方权力相对于中央政府的力量达到了空前的程度。"在这方面,考虑到过去十年发生的事件和动乱,军队的现代化和中央政府对国家权力的重新建立优先于当时所有其他的同时期的问题。"[3]1919年的协议是这种情况的直接产物。除英国外交部之外,在英国政府内部,伊朗几乎没有坚定的支持者,同时还受到俄罗斯、法国、美国和伊朗公众的普遍谴责。之后,阿塞拜疆发生了希亚巴尼起义,布尔什维克入侵吉兰,乌苏尔·道莱政府的垮台,"1919年使伊朗人民面临亡国痛苦的协议的达成,以及布尔什维克政府和北方武装分子威胁着德黑兰中央政府等种种因素的交织使得大多数中产阶级,无论是传统的还是现代的,对宪政革命已经完全不抱幻想了,并将他们自己的革命归因于英国的阴谋。"[4]1921年的政变就是这一切的结果。这种情况要求这个国家做出改变,1921年的政变给了人们一丝希望,使得出身微贱的礼萨·沙成为国家军队总司令,"与赛义德·齐亚丁许多空洞的许诺相反,礼萨汗采取了具体的行动证明他是有能力恢复秩序和国家统一的。……礼萨汗在军事上的成功提高了他自己的威望,也提高了他在公众和伊朗许多政治派别眼中的地位"。[5]与此同时,他与所有类型的政治家建立了友谊,在政治中扮演一个诚实的中间人,并使自己看起来是不可或缺的秩序和稳定的守护者。他与外国大使还建立了良好的关系,英国外交官雷恩认为礼萨·汗是结

---

[1] [美]米夏埃尔·比尔冈:《古代波斯诸帝国》,李铁匠,译,北京:商务印书馆,2015年,第171页。
[2] [美]埃尔顿·丹尼尔:《伊朗史》,李铁匠,译,上海:东方出版中心,2016年,第120页。
[3] Stephanie Cronin, The Army and the Creation of the Pahlavi State in Iran, 1910 – 1926, London and New York, 1997.
[4] Homa Katouzian, State and Society in Iran, chs 3 – 6, and "The Revolt of Shaykh Muhammad Khiyabani", Iran, Journal of the British Institute for Persian Studies, 1999.
[5] [美]埃尔顿·丹尼尔:《伊朗史》,李铁匠,译,上海:东方出版中心,2016年,第138页。

束混乱不可或缺的人物，苏联外交官将礼萨·汗看作是一个会尽全力镇压"封建反动派"的资产阶级民族主义者，那些封建反动派大多数都是帝国主义的代理人。在通往权力的道路上，礼萨·汗能够巧妙地进行政治周旋。1923年11月，礼萨·汗取代穆希尔·道莱成为首相。他推翻了穆希尔的政府，并通过对他最有威胁力的对手卡万姆尔·萨拉塔纳提起刑事指控，一举拿下了首相职位。之后他所进行的一系列维护伊朗国家领土完整、打击部落分裂势力的军事行为，以及其对英国的强硬态度大大提高了他在国人心中的威望。第五届议会后，议会批准了他一直想要实现的义务兵役制法案和其他许多政策，并开始与穆斯塔法的激进派改革靠拢，宣传废除君主制度，建立共和国，但这个想法在礼萨汗从激进派身上得到他想要的支持后放弃了。"最终恺加王朝废除，君主制得到保留，1925年2月14日，礼萨汗成为军队总司令，1925年12月12日，制宪会议授予其君主地位并于次年4月25日在德黑兰加冕。"[1]从1921年到1941年这段时间是礼萨·沙任期内中最受支持的时期。然而，他的合法性的强弱不应完全或主要由这种自发的民众反应来衡量。与其他任何地方的类似情况一样，而是由有影响力的阶层和社会群体来衡量。在成为国王的道路上，他击败了所有的反对派。他直接控制着军队，而这支军队很大程度上是他自己组织建立的，他享有军队的完全忠诚。他得到了议会多数派和大多数记者的支持。中产阶级和上层阶级的年轻人期待着一个和平、繁荣和现代化的时期。"他几乎被大多数年轻人和受过外国教育的人崇拜。"[2]实际上更重要的是几乎每一个机构和社会精英中的大部分人的钦佩、支持、善意，或至少是默许或服从，包括一些主要的恺加贵族。这在很大程度上是由于他实现了国家的和平，提供了现代化的前景，以及人们缺少建立一个强大、稳定和现代化的政府的其他选择。1928年，伊朗国王的专政开始转变为专制，不久之后就变成了独裁。独裁统治可以追溯到礼萨·沙担任首相期间，伊朗宪法的一些基本原则越来越偏离，但是只要不是纯粹的个人统治，政府就仍然是立宪体制的，而且仍然有相当程度的自由裁量权以及存在议会辩论、制约与平衡，毕竟这是专政、专制与独裁统治的区别所在。在专制合法化之前，在各区域和省份，专制行为虽然存在但并不系统，在第七届议会之前还没有开

---

[1] [美]埃尔顿·丹尼尔：《伊朗史》，李铁匠，译，上海：东方出版中心，2016年，第140页。

[2] Stephanie Cronin, The Making of Modern Iran: State and society under Riza Shah.1921—1941, London: Routledge Curzon, 2003. p22.

始传播到中央。穆哈比尔·萨尔塔纳曾担任礼萨·沙的首相达六年之久,他绝不是一位怀有敌意的批评家,关于1929年后的那些年月,他在回忆录中写道:在巴列维的统治下,没有人拥有独立的权力。每笔生意都必须报告给国王,国王下达的每一项命令都必须执行。除非有某种程度的独立,否则责任将毫无意义……任何政治家都不能有自己的意志。[1]许多国家忠实的保卫者和巴列维政权的主要支柱被杀害、污辱、监禁或流放;伊朗陷入政治斗争与政治恐慌之中。

(二)军队的建设与控制

在第一次世界大战结束、外国军队撤出伊朗之后,伊朗的政治力量再次集结起来,完成了被中断的宪政时期的改革。在这方面,考虑到过去十年发生的事件和动乱,军队的现代化和中央政府对国家权力的重新建立优先于当时所有其他的同时期的问题。对战后的伊朗民族主义者来说,恢复中央政府对该国的权威是最重要的,首要任务是结束该国部落和地方势力的半独立和自治状态。礼萨·汗的主要政治支持来源和最初的受欢迎程度取决于他是否有能力建立和组织一支现代军队来执行这项任务。从1921年6月到1923年11月,礼萨·汗只用了两年零几个月的时间就成了首相、战争部长和军队总司令。他全身心地投入到军队的创建中,并使用越来越多的资金——无论是合法的还是非法的——来扩大和改进军队的数量、武器、组织和训练。1922年夏天西姆科的失败,次年军队在卢里斯坦的胜利以及1924年对恺加王朝的镇压,都是当时伊朗主要城镇广为庆祝的事情。在这一时期,战争为礼萨·沙提供了通往至高无上权力的途径与手段,礼萨·汗部落管制战略在他的国家构建中起到了不可或缺的作用。伊朗战后在短时间内从一个宪政政体转变为独裁政权与礼萨·沙专制的倾向息息相关。礼萨·沙的独裁被认为是伊朗的国家统一和领土完整能够得以保留的一个至关重要的和不可避免的因素。尽管在20世纪20年代初,许多反对礼萨·沙的人试图质疑他对选举的操纵,或对媒体施加的限制,然而在最能代表他专制的部落政策方面却从未受到批判。事实上,正是基于这一假定的征服部落和地方巨头的必要性,在伊朗城市政治精英中形成了一种普遍的共识,那就是独裁不可避免。在此基础上,

---

[1] H.E.Chehabi and Juan J.Linz, eds, Homa Katouzian, The Pahlavi Regime in Iran' in Sultanistic Regimes, Baltimore and London: The Johns Hopkins University Press, 1998. p402.

礼萨·沙建立了他的个人独裁统治,获得了合法性。他被描绘成伊朗维护其主权和独立的最后机会。"在礼萨·沙成为国王,也就是1925年至1941年期间,奉行威权主义统治政策,他致力于国家机器的强化,而军事力量的扩充是他实行威权统治和强化国家机器的首要条件。"[1]

礼萨·沙在伊朗建立一支现代化军队的目标,被视为这一时期整个国家建构方案的核心。伊朗军事现代化的需求确定了改革涵盖的范围以及国家发展方案的范围和性质。从新政权成立之初起,建设军队的需求就一直是礼萨汗的首要目标。1921年5月初出任军事大臣后,他立即提出了组建一支新军队的计划。他打算建立一支统一的、中央集权的、没有外国军官的全国性军队,他对这个新军队的核心将由他自己的老兵团哥萨克师组成这一事实十分明确和坦率。12月6日,他发布了一号军令,将宪兵和哥萨克师合并,并于1922年1月5日宣布,新军将分为五个师,其师总部设在德黑兰、大不里士、哈马丹、伊斯法罕和马什哈德,每个师约有10000人。1922年,礼萨汗为在欧洲购买步枪和弹药做了准备,从1923年夏天起,在欧洲购买的大量军火开始运抵伊朗。20世纪20年代初,伊朗军队也向机械化迈出了第一步,将欧洲作为装甲车、坦克和电机输送的来源。然而,这些武器大多具有更大的政治意义而不是军事意义。例如,1924年6月,在英国购买的四辆劳斯莱斯装甲车抵达德黑兰,在那里,它们构成了政治危机中的"有力论据"。1925年至1926年,当首都德黑兰处于戒严状态时,它们对德黑兰人民所施加的影响对于新国王开展他的王位争夺具有重大价值。事实上,在任何军事行动中都没有使用这些武器,部分原因是它们在首都是一种非常宝贵的政治资产,不会在与部落的战争中冒风险。在任何情况下,伊朗都不曾有准备使用这些武器所必需的条件。它的主要职责是在全国各地建立中央机构的权力,压制自治的地方统治者和部落首领等其他非正统的权力,解除平民的武装,镇压各地起义以及在掌权后维持国内安全。

(三)宗教界的支持与疏离

在1921—1942年之间,礼萨·沙对于宗教界的态度发生了一个从尊重与拉拢到限制与疏离的转变,也使得宗教界对于其政权由支持逐渐转向反对。

---

[1] 哈全安:《中东现代化进程中的世俗政治与宗教政治》,北京:中国社会科学出版社,2017年,第205页。

在伊斯兰世界中，乌莱玛担任着不同的地位，"他们并非联系上帝与信众之间的纽带，而是执行穆斯林法律，掌管教育和慈善机构，因此具有比西方教士更广泛的政治作用。"①早在恺加王朝时期。具有伊朗特色的什叶派教阶制度就已经形成，宗教领袖穆智台希德具有极高的宗教地位以及政治影响力，也是影响礼萨·沙获得权力的一支影响重大的力量，即使在前期礼萨·沙的政治目的，即建立世俗威权政府，与强大的宗教阶层的存在就存在冲突，其现代化与世俗化的改革目标更是与宗教本质对立。在伊朗，教会垄断学校教育，世俗法庭与宗教法庭长期对立，什叶派乌莱玛在司法、教育以及政界的传统影响巨大。"与恺加王朝相比，礼萨·沙时期所宣扬的民族主义以强调伊朗的历史传统来取代强调伊斯兰的历史传统，进而以强调国王的权力和尊严来取代强调安拉的权利和尊严，具有浓厚的世俗色彩，国王俨然成为伊朗民族的象征和国家的化身。"②但在前期，他刻意弱化这种对立，将自己树立成为一个宗教的坚定捍卫者，并以实际行动来证明自己确实如此，通过这些手段他获得了宗教主义者的支持。礼萨·沙首相任期内曾迫下野，在各方面对国王的压力之下才得以重返政坛，巧的是，被流放的大乌莱玛（穆罕默德·侯赛因·纳伊尼和赛义德·艾布·哈桑·伊斯法哈尼）当时被允许返回伊拉克。他专程赶往库姆为他们送行，他们建议他放弃共和国设想，因为他们对阿塔图克领导下的土耳其的事态发展感到恐慌。礼萨·沙听从了他们的建议，他也致力于通过组织官方的宗教集会，并在为卡尔巴拉殉道者举行的年度哀悼活动亲自领导各种游行，使自己看起来像宗教信仰的捍卫者。他得到了宗教机构信赖，他们不仅公开和隆重地向他赠送圣所的财富，而且在他争取成为国王并建立自己的王朝时，表示了默许。礼萨·沙成为国王后开始实行世俗化改革，这是他准备将曾经的宗教支持者抛在身后的开始。他奉行世俗主义政策，以政治改革、司法改革、教育改革和社会改革为主的世俗化改革构成了礼萨·沙排斥宗教传统势力实现世俗化的重要举措，改革同时带有西方化和民族主义性质。"他通过削减教界议员席位降低宗教人士在政治方面的影响。"③"引进西方法律，修改不合时宜的沙里亚法，颁布新的商业法和婚姻法，弱化宗教法庭

---

① Foran,J.,Fragile Resistance,Social Transformation in Iran from 1500 to the Revolution,London:Boulder,1993,pp.44-45.
② 哈全安：《中东现代化进程中的世俗政治与宗教政治》，北京：中国社会科学出版社，2017年，第207页。
③ Foran,J.,FragileResistance,Social Transformation in Iran from 1500 to the Revolution,London；Boulder,1993,p.223.

的影响力与权限,从而削弱什叶派乌莱玛的作用。"①"通过兴办世俗学校改变乌莱玛对教育的垄断地位,并于1934年在德黑兰设置教育部,作为掌管全国教育的最高机构。"②世俗学校的兴办使得大量现代化人才进入社会,他们接受的教育更多的是西方教育而不是传统宗教教育;除此之外,他还推广波斯语、用古代伊朗的历法取代伊斯兰历法,使之成为伊朗的官方历法。"禁止妇女在公众场合穿戴面纱和传统罩袍,以西式服装和欧洲礼帽取代巴列维帽等。"③都是针对国家的高度宗教化问题所做出的改革。他所实行的世俗化改革在很多方面限制了宗教的权力,损害了教会的利益,但在前期民族矛盾属于国家主要矛盾,礼萨·沙也没有公然明确的反对教界时,他们的关系处于一种微妙的平衡。礼萨·沙建立独裁之后,随着国际国内形势的愈发严峻以及礼萨·沙本人也被认作是资本主义的代理人时,礼萨·沙的合法性变弱。他们之间的矛盾浮出水面,宗教主义者开始以此为由谴责他的现代化与世俗化,认为他的改革使得伊朗社会风气败坏,他们提出回归伊斯兰传统、纯洁社会风气,并要求宗教界不应该将自身脱离政治之外,伊斯兰不只是一种信仰,还应是现实的社会法律与行为准则。他们更多地从礼萨·沙的西方化政策中寻找可攻击的因素,他们谴责他崇洋媚外,放弃本国传统,再加上礼萨·沙的一些社会改革政策推行的不得人心,民众的心理开始倒向代表了传统与习惯的宗教主义者。

(四)社会大众的支持与背离

恺加王朝末期,礼萨·沙走上政治舞台,他凭借过人的军事才能和外交手段赢得了人心,在镇压部落与各地叛乱中展示出卓著才能,在伊朗恺加王室面临外来侵略时一筹莫展、软弱无能时仿佛成为伊朗的希望,他众望所归,逐渐被推向权力的顶峰以及合法性的巅峰,但为了争取王位所达成的和各个阶层的和解具有脆弱性,他上台后开始了一步步实现自身政治理念的行为,逐渐强化专制权力的同时也将他推向了各个阶层的敌对面,也就是其合法性逐渐流失的过程。

对宗教团体的攻击,特别是强制将男子的帽子换成欧洲的圆顶礼帽,以

---

① Banani, A., The Modernization of iran:1921-1941, U.S.A:Stanford, 1961, pp.79-168.
② Kamrava, M., The modern Middle East: A Political History since the First World War, California: Berkeley, 2005, p.60.
③ Kamrava, M., The modern Middle East: A Political History since the First World War, California: Berkeley, 2005, p.60.

及强制禁止穿罩袍、戴面纱,在公众中引起了强烈的反感情绪。直到20世纪30年代末,无论是在公共场合,还是在室内的正式场合,都必须遮着头,这是严格的社会礼仪问题。在礼萨·沙(Riza Shah)统治初期,一项依照自己的军帽(由法国军帽和警察帽改编而来)制成的帽子在政治家和国家官员中流行起来,也就是巴列维帽,并在军官中强制推行。后来,所有的人都必须这样做,但总的来说,巴列维帽并没有受到人们强烈的抵制。官方登记认可的乌莱玛和毛拉仍然可以戴缠头。1935年夏天,国王突然命令所有的男人都戴欧洲圆顶礼帽,并认为那是欧洲最杰出的礼帽,这种帽子在伊朗也只有少数人才见过,人民对它存在反感情绪。在礼萨·沙所有的现代化政策中,20世纪30年代后半期禁止伊朗妇女戴面纱是导致他在普通伊朗人中不受欢迎的主要原因。伊朗延续了中东穆斯林的面纱传统,这是基于对头巾的宗教禁令。但是,头巾不仅仅是指一件保护女性免受男性凝视的衣服,它还包括两性间适当的互动模式,旨在尽量减少无血缘关系的男女之间的接触。当礼萨·汗担任首相时,他有意识地回避面纱的问题,因为在此时的他需要宗教界的支持。在礼萨·沙强迫大多数伊朗城市女性抛弃面纱之前,她们并没有这种想法。在受过教育的伊朗城市人口中,反对戴面纱的呼声不断增强,大多数媒体也鼓动人们接受这一想法。在20世纪20年代和30年代初,许多伊朗妇女从政治上努力结束这项传统习俗,但她们要求的是不戴面纱的自由,而不是强迫废除面纱。

从1936年1月到1941年国王退位,警察和宪兵动用武力强制执行禁令,侵犯了近一半人的隐私。大多数关于伊朗妇女历史的记载都提到了这一事件,但其中的细节描述并不准确。许多报道都提到了去除面纱的"法律",还有一些人断言,礼萨·沙是在模仿土耳其现代领导人穆斯塔法·凯末尔·阿塔图克。事实上废除面纱并没有被写入法律,因为这违背了礼萨·沙1926年就任伊朗国王时所宣誓要支持和宣传的宗教信条。在伊朗北部地区,通过与俄罗斯的接触,他们长期接触欧洲文化,没有遭到太多抵抗就被接受了;事实上,甚至一些神职人员也赞同它。在现代主义的各个阶层中,它被誉为妇女的解放。然而,对于绝大多数妇女来说,这是一场灾难,无论她们是否遵守都会遭到暴力与野蛮的对待,警察在政策驱使下执行手段趋于暴力,而那些遵守法令脱下罩袍与面纱的妇女则成为被普通人唾弃的对象。在礼萨·沙退位后不久,这一项政策就被废弃了。强制废除面纱的理由是希望把女性带进社会的主流,实际上是与开放齐头并进的,伊朗为妇女提供教育设施,扩大妇女的受教育机会,让妇女更多的参与到公共生活的做法是值得赞扬的。但这些可以以一些更温和、表现出更多同理心和更尊重传统的方式来执行,特别是传统的伊朗确实拥有可以为这些新政策谋求合法源头的传统文化。

三、礼萨·沙的合法性存续

礼萨·沙是立宪君主制下的独裁君主,代表新兴地主和新兴资产阶级的利益。他从掌权到下台都不只是单一因素决定的,对其应具体问题具体分析,与其将他称为独裁者,不如说他是一个传统国王与现代民族国家首脑的结合体,他的统治时期就像是伊朗发展道路的探索与过渡时期,他也是作为一种过渡角色存在,但他为之后建立一个强大的伊朗国家奠定了基础,而之后也证明他所选择的这条发展道路是当时伊朗最需要的,这背后也有着合法性的推动。

合法性包括两个部分:统治的正当性与对统治的认同。对于一种统治的认同取决于统治的正当性,而统治的正当性又植根于社会公众的心理情感之中,因此政权的存续就要求统治者为了维持统治而争取获得合法性。理性建构主义合法性理论家罗尔斯又加入了正义理论,他认为政权的正义建立在一种功利性的政策基础上。正当性是合法性存在发展的基础,"他们在系统中所引起的信仰使民众相信当局拥有的地位以及采取的行动具有正当性,是他们可以信任与依靠的。"[①]

首先,礼萨·沙维护了自身统治的正当性。这具体表现为:第一,他寻求历史上的王权合法性。礼萨·沙出生于伊朗北部里海南岸山区马赞德朗,这一地区交通不便,历史上素为抵抗外敌入侵的大本营及前朝势力的避难地,在阿拉伯人征服波斯之后的几个世纪,这里先后出现过许多独立或自治的小王朝,或为萨珊王室后裔,或为安息-巴列维的子孙,"巴列维"是安息王朝与萨珊王朝期间波斯传统的象征性名称,基于这样的渊源,礼萨·沙为恢复伊朗正统,便自托古老帝室后裔,打出"巴列维"[②]的旗号,这样礼萨·沙将王朝取名为巴列维,为其获得政权寻求了历史合法性。第二,他赢得了宗教界的支持

[①] 丁长艳:《现代化转型中伊朗小巴列维政权的合法性研究》,上海:华东师范大学,硕士学位论文,2009年,第11页。
[②] "巴列维",现代波斯语的拉丁转写为pahlavi,其他形式尚有pahlav/pahlaw等,汉译也作"钵罗婆""帕拉维"等,其来源同"帕提亚"(parthia)一词存在密切关系——"帕提亚"是"巴列维"在西方拉丁文史料中的拼法,"巴列维"则是其本地语文中的拼法。

和配合,伊朗是宗教国家,国内存在以伊斯兰教为主的多种宗教,获得宗教界的支持对他来说至关重要,总体看来,他的世俗化小心翼翼,宗教界对其的看法一直在他的在意范围内,他并未将宗教界当作反对势力而全力打压,而是作为可能存在的支持力量来拉拢,并在统治前期将自己塑造为宗教的捍卫者,给予宗教界尊重,听取他们对于现代化的建议就表明了这一点。第三,礼萨·沙对内维护了国家政治与社会稳定,对外维护国家主权独立。他先掌握军权再掌握政权,最终获得最高权力,军事合法性造就政治合法性,在伊朗当时面临内忧外患的情况下,抵抗外国侵略,荡平国内叛乱起义,维持伊朗国家独立和统一成为重中之重,此时,强硬的军事铁腕是人们所呼唤的,礼萨·沙应运而生。他建立起强大的政府和军队,虽然因1941年盟军进驻,他本人于之后死亡而失败,国家有退回之前的部落分离状态的趋势,但这种状况很快就得到改善;这些都为他的统治提供了一种正当前提。

其次,礼萨·沙的统治也符合正义理论,他的政权建立在一套较为先进的立宪政体之上。礼萨·沙在位期间,议会与首相尽管权力受到限制,但却一直存在,他们的存在是主权在民、民选政府的象征,人民以代表形式参与统治的体现,巴列维王朝沿用了1905—1911年伊朗立宪君主制的政治遗产、继续产生议会,虽然是控制下的选举,但毕竟形式上存在着民选机构选出的首相参政。这是其寻求合法性的标志所在,国家的政治框架也是相对先进的,立宪君主制在当时也符合世界发展的潮流。虽然在政权实际运作过程存在一定的缺陷,但伊朗的制度在形式上具有程序性和完整性。伊朗采取的道路,是后发国家发展并追赶西方发达国家的必经途径,亨廷顿认为:"在传统社会中,旧的社会势力、利益、习惯和制度根深蒂固。要改变或摧毁这些传统势力,须将权力集中于现代化的推行者手中。现代化与政治制度内权力的大幅度重新分配相关联:地方的、宗教的、种族的以及其他权力中心必须摧毁,权力要集中于全国性的政治机构。"[1]礼萨·汗的政治统治就是如此。他组建一个强有力的政府和军队的意识和行为也影响了后来的霍梅尼政府,"从某种意义上说,巴列维和霍梅尼都继承了礼萨的理念。"[2]伊朗自巴列维王朝以来连续性的建立立宪共和政体是一种发展趋势和潮流,他的合法性获取具有连

---

[1] [美]塞缪尔·P.亨廷顿:《变化社会中的政治秩序》,王冠华,等译,上海:上海人民出版社,2008年,第127-128页。
[2] 唐陆:部落、民族与现代国家建构:伊朗分离运动研究(1941—1946),长春:东北师范大学硕士学位论文,2018年,第114页。

贯性,从伊朗长远的历史来看,此时存在的这种过渡性的形式立宪政体,也推动了伊斯兰共和国的立宪政体的建立,这种立宪政体在当时依旧符合世界发展潮流,是一种被认可的政治秩序。"建设现代国家至少有两条途径,第一是通过军事竞争,第二是建立廉洁高效的强大政府机构。"[①]这两点显然礼萨·沙做到了,礼萨·沙的下台,很大一部分原因是伊朗国家的时代局限性和他本人的阶级局限性决定的,这些因素侵蚀了统治的合法性,削弱了统治基础。没有能够持续地为其政权存在提供支持与辩护,从合法性来说,是失去了人们对于其统治正当性的认可。

最后,人民对其统治的支持与认可是合法性的来源。在伊朗这样的后发型国家,统治者的个人魅力对于政权合法性的塑造至关重要,它来自普通民众以及社会各阶级对于对其统治正当性、合理性、正义性的认可。"[②]"在传统力量与统治者的较量中,如果统治者能够能构造一个获得大多数民众认可的意识形态体系,尤其是能够比较彻底削弱或控制传统力量,同时能够摧毁阻碍其权威和权力的传统力量及其意识形态传播系统,从而才能真正消除现代化的阻力,增强其自身的合法性。"[③]在礼萨·沙统治时期,他基本上完成国家统一,并致力于构建伊朗民族意识,在此期间,他获得了社会各阶层的支持,从政界、宗教界、军队到社会大众,可以说众望所归,即使是最有冲突的宗教界,他也并未实施极端的政策,只是寻求使其回归宗教领域。他在位期间推进了社会各方面的进步和发展,1921—1941年的伊朗需要摆脱殖民地半殖民地的现状、需要建立独立自主的国家、需要进行工业化、城市化、现代化、世俗化,这是世界历史的发展潮流,也是伊朗历史发展的趋势,礼萨·沙的做法正是顺应这种历史大势的表现。他借助国家力量发展资本主义,1925年通过的铁路法案规划了一条从波斯湾西南部胡齐斯坦省至里海东南部马赞德兰的跨伊朗铁路,后考虑到石油运输以及国际港口的建立,将南部的霍拉姆沙赫尔港作为这条铁路的重点,当时它有着极其重大的作用和意义。除了经济上的作用外,它还有着重大的政治意义,它的修建将胡齐斯坦纳入国家统一治理规划之中,在南部巩固了伊朗的主权。在巴列维政府看来,维持对胡齐斯坦的控制至关重要,除去其带来的巨额石油收益外,也是其民族主义战略的

---

① [美]弗朗西斯·福山:《政治秩序与政治衰败:从工业革命到民主全球化》,毛俊杰,译,桂林:广西师范大学出版社,2015年,第181—182页。
② 丁长艳:《现代化转型中伊朗小巴列维政权的合法性研究》,上海:华东师范大学硕士学位论文,2009年,第11页。
③ 丁长艳:《现代化转型中伊朗小巴列维政权的合法性研究》,上海:华东师范大学硕士学位论文,2009年,第58页。

一部分。长远来看，霍拉姆沙赫尔港成了伊朗最大的商业港口，不仅满足了伊朗国内对进口制成品和原材料的需求，也推动了伊朗的对外贸易。铁路系统为巴列维王朝的基础设施建设奠定了基石。随之而来的就是公路系统的建立，以及汽车制造业、钢铁工业等的繁荣。到20世纪30年代末，长达1.4万英里的公路网的建立以及随之而来的汽车、卡车和公共汽车等交通工具的出现开始改变人们的生活方式，进而推动城市化、工业化的发展，交通运输的发展也使得各省之间的联系愈发便捷，促使各省孤立主义的消亡，有利于国家的统一与民族的交流融合。城市化的发展推动了伊朗的城市建设、人口增长，生活方式变革，工业化推动资本主义经济的发展，推动旧生产关系的变革，新的阶级产生，改变社会结构以及阶级构成，伊朗开始走向封建君主领导下的追赶西方社会的先进发展模式。他还推动教育世俗化，将宗教与教育分离，推行公共教育政策，在礼萨·沙治下伊朗的公共教育取得了令人瞩目的成就。小学、中学和职业学校体系培养和培育了新的劳动力。他们成为经济进步的基础，成为社会和政治进步的标志。这些学校的早期学生涵盖社会各个阶层，甚至包括乌莱玛以及其他宗教少数派，他们通过接受现代教育，改变经济地位和社会地位。社会阶层开始流动，部落首领的子女及其政府要员也可以通过现代教育进入中央工作，这也逐渐减弱了他们对地方的影响力，有利于国家统一。通过语言改革、文学改革等方式重塑文化认同，以波斯语为官方语言，显著地提高了波斯语的书面语和口语的质量，并且提高了波斯语对新的教育、新闻和媒体以及科学需求的适应能力。语言改革以及之后的文学和编撰改革都对伊朗产生了深远的影响。

这些因素都表明，在礼萨·沙20年的统治中，其统治合法性的建构处于上升状态，后期虽然有所削弱，处于解构趋势中，应该承认的是他是一个有瑕疵的政治家，比如在统治后期逐渐成为残暴的独裁君主，在第二次世界大战期间和第三帝国德国仍保持密切的联系，这种政策虽然符合伊朗当时的利益，却不符合世界反法西斯同盟的正当利益。但总体而言他的合法性建构因素强于解构因素，礼萨·沙的垮台有其内因，但起决定性作用的还是外因，礼萨·沙统治时期的合法性有一定的减弱，统治基础一定程度被削弱，但并未从根本上解构。

开启福利国家之门

——美国《社会保障法》初探*

张庆熠①

摘　要：1935年《社会保障法》建立起养老保险、失业保险、社会救助和社会救济，搭建起美国社会保障和社会福利制度的基本框架，开启了美式福利国家之门，深刻地改变了美式资本主义制度。《社会保障法》出台的历史背景、具体过程集中反映了美国社会保障制度所蕴含的根本特征，即通过联邦政府协调和再分配，将所有参与日常经济活动的人与社会保障计划联结起来，将美国人的现在和未来建立在经济安全和社会保障基础之上。

关键词：社会保障；社会保障法；罗斯福新政

社会保障是民生之基，是建设中国特色社会主义市场经济体系的重要组成部分，是构建和谐社会、保障公民劳动权和生存权的重要手段，是国家长治久安、人民安居幸福的重要保证，不同层次、不同领域、不同类别、不同形式的社会保障项目的实施关乎民众的福祉、社会的安定，诚如习近平总书记指出："社会保障是保障和改善民生、维护社会公平、增进人民福祉的基本制度保障，是促进经济社会发展、实现广大人民群众共享改革发展成果的重要制度安排，是治国安邦的大问题。要加大再分配力度，强化互助共济功能，把更多人纳入社会保障体系，为广大人民群众提供更可靠、更充分的保障，不断满足

---

*基金项目：本研究是国家社会科学基金青年项目"美国宪法州际贸易条款研究"（立项编号：17CSS019）的阶段性研究成果。

① 作者简介：张庆熠，男，1983年生，山东济南人，浙江工商大学杭州商学院讲师，研究方向为美国宪法史、美国最高法院史。

人民群众多层次多样化需求,健全覆盖全民、统筹城乡、公平统一、可持续的多层次社会保障体系,进一步织密社会保障安全网,促进我国社会保障事业高质量发展、可持续发展。"①

纵观历史,保障社会成员劳有所得、老有所养、病有所医、幼有所依的社会保障制度在世界范围内的普及和完善是人类社会经济发展的一项重大成就。据世界劳工组织(ILO)统计,截至2012年,已有185个国家建立起多种形式的社会保障制度②。以政府为主体,以社会保障为核心,构建适合本国国情的社会福利体系已经成为当今世界各国政府共同努力的目标和方向。

美国作为经济总量最大、市场经济制度高度成熟的发达国家,其社会保障制度的创立、完善和不断发展的过程具有一定的代表性。美国现代社会保障制度发端于《社会保障法》③的制定、通过和实施。回顾历史追根溯源,重新审视《社会保障法》,了解法案诞生的时代背景,探究立法进程中的诸多细节,反思其中的经验和教训,对我们更好地通览当今美国社会保障体系会有所裨益。本文立足富兰克林·罗斯福总统档案文献、第七十四届国会辩论记录、美国联邦最高法院判决意见书、当事人回忆录等原始资料,参考国内外专家学者的研究成果④,对《社会保障法》出台的历史背景、具体过程和重大意义做一初步研究,不当之处,敬祈指正。

---

① 习近平:《习近平在中共中央政治局第二十八次集体学习时强调完善覆盖全民的社会保障体系 促进社会保障事业高质量发展可持续发展》,中国政府网,(2021-03-01)[2021-02-27], http://www.gov.cn/xinwen/2021/02/27/content_5589187.htm
② International Labor Organization, World Social Protection Report, 2014-2015, Building Economic Recovery, including development and social justice, Gevena: International Labour Organization, 2014, p.21.
③ U.S. Congress, The Social Security Act (August 14,1935), in Statutes at Large, vol. 49, pp..620-648.
④ 国内外学者对美国《1935年社会保障法》做了较为深入的研究:黄安年教授在《当代美国的社会保障政策(1945-1996)》一书考察了美国《1935年社会保障法》起草制定过程,强调该法对美国当代社会保障政策体系的重要奠基作用;作为历史的亲历者,经济保障委员会专家咨询组牵头人埃德温·E.韦特(Edwin E. Witte)1963年出版了专著《社会保障法的发展》(The Development of the Social Security Act),作者详细忆述了美国《1935年社会保障法》诞生发展的过程,作者多富兰克林·罗斯福总统发挥的关键领导作用评价甚高;安德鲁·E.杜贝尔斯坦(Andrew W. Dobelstein)教授在《理解社会保障法:面向二十一世纪的美国社会福利基石》(Understanding the Social Security: The Foundation of Social Welfare for American in the 21st Century)一书中从《社会保障法》文本结构分析的角度梳理了美国《1935年社会保障法》发展演变的过程;克莉丝汀·唐尼(Kirstin Downey)在《新政背后的女人:弗朗西斯·珀金斯的人生与遗产——社会保障与失业保险》(The Woman Behind the New Deal: The Life and Legacy of Frances Perkins, Social Security, Unemployment Insurance)细致考察了时任劳工部长弗朗西斯·珀金斯在美国《1935年社会保障法》立法过程中发挥的独特领导作用和大力推动作用;亨利·J.亚伦,巴里·P.博斯沃思和盖瑞·波利斯(Henry J. Aaron, Barry P. Bosworth & Gary Burtless)合著的《美国变老能否负担?为社会保障买单》(Can America Afford to Grow Old? Paying for Social Security)从美国社会保障体系的筹资方式和保障水平财务分析的角度对美国社会保障法律体系搭建起来的社会保障制度进行研究和剖析,并提出了相应的对策和建议。

一、《社会保障法》立法缘起

从殖民地时期到20世纪30年代之前,美国都不存在现代意义上的社会保障制度。所谓现代意义上的"社会保障"(Social Security)是指:"由国家通过立法和行政措施设立的保证社会成员基本经济生活安全项目的总和。社会保障存在于社会制度不同的国度里,它向公民提供各种形式补贴和津贴,用以补偿公民由于退休、失业、伤残、丧偶、生育等原因造成的工作收入损失,并在他们患病期间向他们提供医疗服务。"[1]

由于历史文化传统、经济发展水平和社会政策取向不同,世界各国对社会保障的理解和界定多种多样。就美国而言,现代社会保障"自1935年制定通过的《社会保障法》开始,该法创设了一系列社会保险、社会福利和社会救助制度,包括老年、遗属和残疾保险,联邦与州共同运作的失业保险,向老年人提供补助、向盲人提供补助、向养儿育女家庭提供补助的社会救助项目,儿童福利、残疾儿童照顾等社会福利项目,以及公共卫生事务等。随着时间推移,社会保险、社会福利和社会救助项目规模不断扩展,渐趋完善,以社会保险和公共援助为核心的社会保障制度惠及绝大部分美国人。"[2]结合上述两个定义,我们可以归纳出美国社会保障制度的四个基本特征:(1)社会保障是一系列经常性制度安排的集合,无论经济繁荣还是萧条,都能保证社会成员因年龄、身体健康、社会境遇、经济状况不能工作无法取得合法收入的情况下,能取得维持基本生活的费用;(2)社会保障待遇应以现金给付为主,同时也包括一定的实物(如食品券)和服务(如医疗、居家照顾);(3)社会保障项目应由政府主持运作,强制实施,在保障本国公民社会经济保障方面,政府应承担起更多的责任;(4)社会保障包含社会保险、社会福利和社会救助等内容,社会保险、社会福利和社会救助三者之间既有联系,又有区别。

如上所述,《社会保障法》是美国现代社会保障体系建立的标志。作为新政(New Deal)的重要组成部分,《社会保障法》的通过和实施被富兰克林·罗斯福总统视为最卓著的政绩,社会保障制度是他留给美国人民最重要的新政遗

---

[1] 董克恭等:《社会保障百科全书》,北京:中国社会出版社,1994年版,第248页。
[2] John M. Herrick & Paul H. Stuart eds., Encyclopedia of Social Welfare History in North America, California: Sage Publications, Inc., 2005, pp.355–356.

产[①]。罗斯福之所以如此看重《社会保障法》和社会保障制度,30年代大萧条引发的持续严重失业是重要因素。1929年10月,随着美国纽约股市崩溃,长达十年的经济大萧条骤然来临。如图一所示,美国国民生产总值(GNP)从1929年1050亿美元的最高点一路下滑到1932年550亿美元[②]。截至1933年,失业人口1283万,失业率高达24.9%[③]。能够幸运保住职位的在岗人员的薪金也一降再降,朝不保夕。失业导致的贫困、犯罪、离婚率飙升等社会问题愈演愈烈。罗斯福入主白宫后展开大刀阔斧的改革,由联邦政府投资兴建大规模公共工程,实施有针对性的社会救济项目来吸纳和消化庞大的失业人口。联邦政府通过以工代赈的方式帮助失业者渡过了眼前的难关,但失业率依旧居高不下。与1933年相比,1934年失业率为21.9%,仍有900多万人口处于失业状态。失业大军居无定所,四处游荡,危及社会稳定,严重打击民众对经济复苏前景的信心。

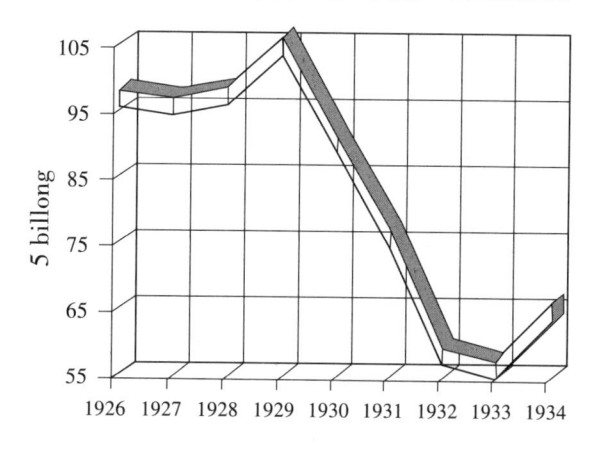

表I 1926年——1934年国民生产总值(GNP)变化趋势

资料来源:George T. Kurian & Barbara A.Chernow, eds., Datapedia of the United States: American History in Numbers,1776—2007, 4th edition, Maryland: Bernan Press, 2007, p.237.

面对严峻的现实,以罗斯福总统为首的奉行新政的当权者们在寻找治本

[①] Franklin D. Roosevelt, Presidential Statement upon Signing the Social Security Act, August 14, 1935, from The Public Papers and Addresses of Franklin D. Roosevelt, vol. 4, New York: Random House, Inc., 1938, p.324.
[②] George T. Kurian & Barbara A.Chernow, eds., Datapedia of the United States: American History in Numbers, 1776—2007, 4th edition, Maryland: Bernan Press, 2007, p.237.
[③] Vincent P. Barabba, eds., Historical Statistics of the United States, Colonial Times to 1970, part 1, Washington, D.C.: U.S. Bureau of the Census, 1975, p.185.

之策。早在1934年2月2日，由众议员欧内斯特·伦丁（Ernest Lundeen）向众议院提交了一份议案，建议国会授权联邦政府为工人和农民设立失业保险和其他社会保险，以纾解民困，稳定民心[①]。尽管这份草案过于简略，缺乏可操作性，遭到否决，但这是自1929年经济大萧条以来国会首次认真地讨论设立失业保险和其他社会保险事宜。4月17日，劳工部长弗朗西斯·珀金斯（Frances Perkins）向罗斯福总统提交了一份备忘录，珀金斯敦促罗斯福认真考虑以社会保险的方式而非直接救济救助的方式应对失业的可能性和可行性。随备忘录一起递交白宫的还有失业保险小组委员会（Unemployment Insurance Committee）提交给工业咨询委员会（Industrial Advisory Board）的一份研究报告，报告起草者评估了当时各州和美国以外其他国家失业保险制度的运作情况，并针对美国的实际情况，提出相应的政策建议。起草者认为联邦政府应当仿效英德等欧洲国家，尽快设立包括失业保险在内的社会保险项目，强制实施，覆盖全国各行各业[②]。6月，罗斯福的密友，联邦紧急救济署署长哈里·L.霍普金斯（Harry L. Hopkins）致信罗斯福，提请总统召集经济保障委员会（Committee on Economic Security），选派相关专家和政府官员一起全面归纳梳理国内外社会保险、社会福利和社会救助制度，研究、酝酿、起草建立经济保障（Economic Security）制度的具体实施方案。罗斯福多方权衡，终于采纳了霍普金斯的建议。6月8日，罗斯福向国会提交特别咨文，向国会议员通报行政分支在他的领导下取得的业绩和未来的计划和目标。在致国会的特别咨文中，罗斯福全面回顾了一年多来联邦政府应对经济大萧条的种种举措。罗斯福认为美国眼下的经济状况已经出现好转的迹象，在救济和复兴两个方面业绩突出，效果显著。联邦政府的种种努力初步稳定了大局，稳住了人心。

联邦政府要做的工作还有很多，其中头一件就是研究如何稳妥地创立美式经济保障制度。在罗斯福看来："我把我国男男女女的安全保障放在第一位。对于个人以及家庭的安全保障而言，主要涉及三个因素：第一，人们要居者有其屋；第二，人们在安家之后能够立业，从事生产劳动；第三，他们还要求某种保证，能够应付未来可能遭遇到的不幸事件。"在农业时代，"安全保障是通过家庭成员之间的血缘关系和社区邻里的互帮互助实现的。然而，进入工

[①] George McJimsey eds., *Documentary History of Franklin D. Roosevelt Presidency*, vol. 5, Washington D.C.: University Publications of America, 2001, pp.12-14.

[②] Ibid., pp.17-46.

业化时代以后,人们走出家庭,走入社会,大规模的社会组织取代了以往简单的家庭和社区邻里关系,各行各业,情况复杂。有鉴于此,以家庭为中心的安全保障不再适用于复杂的社会现实。我们不得不依靠政府的力量来增进每个公民个人的安全保障。"罗斯福坚信安身(居者有其屋)、立业(生活有指望)、未来充满希望(风险共担)"乃是我们能够向美国人民提出的最低限度的承诺。这三件事情构成了一切愿意劳动的个人和家庭的一种权利。"[1]

基于上述考虑,罗斯福宣布成立经济保障委员会,由内阁部长和社会保障专家组成工作班子,进行调查研究,草拟经济保障法案,提交来年的第74届国会讨论。6月28日,罗斯福发表炉边谈话,向国民讲解联邦政府近来的施政举措。面对广大美国民众,罗斯福再次强调需要"运用政府的力量提供一种手段,以作为防止现代生活兴衰多变可靠而充分的保障,换言之,即社会保障。"[2]

《社会保障法》的诞生和美国现代社会保障体系的建立离不开富兰克林·罗斯福的强力推动[3]。除了高层政治人物以外,还有多股力量参与社会保障制度的创建之中,如美国的本土经验、外来制度和知识工具的灌输、草根民众的自愿自发活动等都以不同渠道、不同方式、不同的力量分化组合为现代社会保障制度,这一源自欧洲的制度被打上了深深的美国烙印。

根据美国学者希达·斯科普尔(Theda Skocpol)的研究,从殖民地时期开始,受英国《济贫法》(Poor Law)和基督教慈善精神影响,各英属北美殖民地的居民逐步发展起一整套制度和习惯做法,通过开办济贫院、贫民所等方式照顾无法自谋生路的穷苦老人、孤儿、盲人、残疾人、精神病人以及丧失劳动能力者等弱势群体。到美国立宪建国之后,上述传统完整地保留了下来。在这一过程中,地方自治共同体和教会在维系家庭团结、邻里和睦、社区安宁方面发挥了重要的纽带作用。在此基础上,到19世纪后半叶,州和地方政府立法向特定穷困群体(如母亲、孤儿、寡妇、盲人等)发放金钱补贴和物质补助,帮助他们维持最低水平的生活[4]。虽然州和地方政府扩大了社会救助的责任,

---

[1] Franklin D. Roosevelt, Message to the Congress Reviewing the Broad Objectives and Accomplishments of the Administration, June 8, 1934, from the Public Papers and Addresses of Franklin D. Roosevelt, vol. 3, New York: Random House, Inc., 1938, p.287.
[2] Ibid., p.289.
[3] 黄安年:《富兰克林·罗斯福和1935年社会保障法》,《世界历史》1993年第5期。
[4] Theda Skocpol, Protecting Soldiers and Mothers: the origins of American Welfare State, Massachusetts: Harvard University Press, 1995, pp. 15–18.

但这与现代社会保障理念和实践迥然不同，美国早期州和地方政府、社会团体、地方自治共同体的社会救助行为体现的是帮扶，而非共济，社会救助的对象极其有限，社会救助的资金来源主要是税收、慈善捐助等，各个地方社会救助的方式、范围、程度、持续性等差别很大，很难做到全国统一。尽管如此，救助妇孺、关爱长者、扶持弱者的文化传统、基督新教悲悯的宗教情怀、悠久的传统习惯和富有地方特色的法律法规，这一切作为美国本土经验的一部分，被整合进入现代保障制度的制度设计之中，成为美式社会保障制度的源头之一。

此外，美国以外其他国家，特别是欧洲国家建立社会保障制度的成功经验和失败教训，对美国构建本国的社会保障制度起到了重要的推动作用。德国是世界上首个建立现代社会保障制度的资本主义工业国家，在铁血宰相奥托·冯·俾斯麦的推动下，德国帝国议会分别于1883年5月31日通过《疾病社会保险法》，1889年6月27日通过《工伤社会保险法》，1889年5月24日通过《老年和残疾社会保险法》，再加上魏玛共和国时期制定通过的《失业保险法》（1927年7月7日），德国率先在全世界构建起以社会保险为核心，涵盖失业、工伤、医疗、养老、助残等内容，体系完备、可操作性强、备受民众特别是工人阶级支持的现代社会保障制度。作为社会保险制度的发源地，德国对社会保障的理解主要基于社会市场经济理论，该理论强调社会平等和社会安全，社会保障的主要作用就是要为在市场经济竞争中的失败者们和失去竞争力能力的人提供最基本的生活保障。[1]

德国的经验很快跨越国界，传播到欧洲其他国家，进而跨越大西洋来到美国。1910年，哥伦比亚大学政治经济学教授亨利·罗杰斯·西格尔（Henry Rogers Seager）出版了《社会保险：一项社会改革计划》[2]，这是在美国出版的第一部专门介绍社会保险的书籍。西格尔指出与传统的社会救济和自愿互助模式不同，社会保险具有强制性，强制所有工人必须购买社会保险。考虑到劳动过程中出现的工伤、事故、疾病、失业、死亡等劳动风险无时不在，无处不有，为了扩大风险池，提高抗风险能力，最好的办法是由政府立法强制工人缴费参保。社会保险另外一项特别之处是雇主也要参加到社会保险体系中来，为雇员缴纳社保费。这样做的原因是工人的劳动风险与企业息息相关，雇主

---

[1] 有关德国社会保障制度建立的历史过程参见姚玲珍：《德国社会保障制度》，上海：上海人民出版社，2010年，第22-25页。

[2] Henry Rogers Seager, Social Insurance: A Program of Social Reform, New York: The Macmillan Company, 1910.

为雇员分担保费等同于分担了工人的劳动风险,雇主作为有权力确定工作条件的一方,也有责任承担工业生产过程中的风险[1]。西格尔的著作将德国社会保险制度介绍到美国,对进步时代社会政治经济改革产生了积极影响,从1907年到1919年,先后有39个州颁布了《雇员工伤补偿法》。[2]

尽管社会保障的理念和实践已在美国扎下了根基,然而,19世纪末20世纪初美国联邦和地方政府构建社会保障体系的尝试大都没有取得重大突破,究其原因有二:其一,社会保障制度缺乏联邦层面的顶层设计,各行各业、各州各地各自为政,就事论事,极大地分散了改革的力量;其二,企业等私营部门为雇员提供的老年津贴/补贴、商业医疗保险等在某种程度上起到了替代社会保险的作用,加之保险行业垄断经营,极力排斥社会保险,极大地增加了构建社会保障体系的阻力和难度。诚如美国学者丹尼尔·罗杰斯所言:"所有这些因素:雇主和保险公司对国家企图染指他们独占领域的抵制、劳工立法专家从原有立场退缩到更安全、更有美国特色的方式、大众缺乏对需要缴费的社会保险的支持,有效阻止了美国政策像海外那样转向更加体系化的社会保险。"[3]

当经济大萧条来临时,在德国行之有效的社会保险制度再次进入人们的视野,参与起草《社会保障法》的专家们比较一致的看法是要解决失业、养老等棘手问题,社会保险是可行之道。甚至有美国学者认为:"《社会保障法》起草者心里想的都是其他国家的经验,要把社会保险思想改造适用于美国。"[4]

综上所述,30年代大萧条引发的严重失业促使罗斯福认识到在美国建立社会保障制度已刻不容缓,而美国的本土经验同外国的先进制度结合在一起,为《社会保障法》的起草者们提供了丰富的政策选择。

二、经济保障委员会构建美式社保体系的初步探索

1935年6月29日,罗斯福颁布第6757号总统行政令,下令组建经济保障委员会(Committee on Economic Security,简称CES)。经济保障委员会是临时机构,由总统下令召集。经济保障委员会的任务是专门研究涉及个人经济保障的诸多问题,并于1934年12月1日之前向总统提交报告。经济保障委员会

---

[1] Ibid., p.53.
[2] John M. Herrick & Paul H. Stuart eds., Encyclopedia of Social Welfare History in North America, p.360.
[3] 丹尼尔·罗杰斯著:《大西洋的跨越:进步时代的社会政治》,吴万伟,译,南京:译林出版社,2011年,第449页。
[4] 丹尼尔·罗杰斯著:《大西洋的跨越:进步时代的社会政治》,吴万伟,译,南京:译林出版社,2011年,第458页。

提出的政策建议应当能更好地推进经济保障①。

经济保障委员会由四部分组成:第一部分为行政长官委员会,由劳工部长弗朗西斯·珀金斯、财政部长亨利·摩根索(Henry Morgenthau)、司法部长霍默·卡明斯(Homer Cummings)、农业部长亨利·华莱士(Henry Wallace)、联邦紧急救济署署长哈里·霍普金斯(Harry Hopkins)五位内阁成员组成,珀金斯担任主席。他们由罗斯福总统直接任命,握有最终拍板权和决定权;第二部分为顾问委员会,由23位专家和各界杰出人士组成,他们均不在联邦政府担任官职;第三部分为技术部门,由联邦政府相关部门抽调的21位官员组成。此外,为整个经济保障委员会运作服务的工作人员也受技术部门管辖。第四部分为行政主管领导的工作小组,由威斯康星大学经济学教授埃德温·韦特(Edwin Witte)担任行政主管。韦特曾经在威斯康星州政府任职,是社会保险领域的顶尖专家,也是美国劳工立法协会(American Association for Labor Legislation)的活跃成员。

经过半年的辛勤工作,经济保障委员会于1935年1月17日向罗斯福总统提交了《经济保障委员会报告》(下文简称报告)及其立法草案,供罗斯福总统审阅。罗斯福总统随后将《经济保障委员会报告》和立法草案提交国会讨论。报告共由两部分组成。第一部分是委员会提交给总统的报告正文,第二部分是委员会专家分门别类对社会保障制度方方面面进行的专题研究报告。后者多达十数卷,卷帙庞大,内容繁杂。

经济保障委员会行政主管韦特在他的回忆录里详细记述了委员会运作的细节。经济保障委员会面临最大的挑战是时间紧、任务重,据韦特回忆,直到1934年8月初,委员会全体工作人员才全部就位,全身心投入美国社会保障制度的政策设计工作,只用了短短4个月多月,就完成了罗斯福交办的任务。8月13日,罗斯福同珀金斯和韦特会面,指明了委员会工作的重点和方向。罗斯福认为未来社会保障制度应当包含失业保险和老年人养老保险等社会保险制度,最好有一个一篮子解决方案。罗斯福强调所有形式的社会保险筹资必须是以参保人缴费为基础的,不能单纯依靠政府拨款筹资。罗斯福要求"委员会将主要精力放到研究如何保护个人抵御失业、贫困、老无所依等

---

① Franklin D. Roosevelt, Executive Order of President No. 6757 for Establishing the Committee on Economic Security, June 29, 1934, from the Public Papers and Addresses of Franklin D. Roosevelt, vol. 3, New York: Random House, Inc., 1938, pp..321-322.

风险。所有形式的社会保险(事故保险、医疗保险、丧失工作能力保险、失业保险、退休年金、遗嘱保险、家庭成员领取的保险收益等)都要考虑在内。"[①] 根据上述指示,韦特将委员会专家分成四组,专题研究四个问题:第一组研究失业保险,第二组研究公共雇佣和救济问题,第三组研究医疗保险问题,第四组研究养老保险问题。

从现有的材料,我们可以看出经济保障委员会在罗斯福总统的领导下对社会保障制度进行了一个宏观的顶层设计,广泛收集和研究国内外现有的所有社会保险、社会救济和社会福利计划,综合考虑哪些既有的成功经验和现成的制度模式可以整合到美国未来的社会保障体系中来。尽管从社会保障专家的政策建议和宏伟蓝图到法律条款落地实施还有很漫长的路要走,不可能所有形式的社会保障项目都能得到国会的认可和公众的认同,但未雨绸缪走在前面,抓住经济大萧条这一难得的机会,为美国社会保障制度的体系化奠定最初的基石,是经济保障委员会专家们的理想和追求。

报告的起草者认为自1929年10月纽约股市崩溃引发经济萧条,迄今已五年有余,民众生活在水深火热之中。正是由于生活困苦,朝不保夕,人们才发现安全和保障的重要性。在报告的第一部分,报告起草者列举了大量事实和数据说明,这个国家的人民比以往任何时候都需要"防范人类社会种种不幸事件的机制和方法。"[②] 即便是回到平常年景,例如1922年到1929年经济繁荣时期,依旧有8%产业工人处于失业、半失业状态。除了失业之外,工伤事故、身故残疾、老无所养、幼无所依等等社会情态,在人生的每个阶段,人们都生活在不安定、不安全之中。联邦政府应承担起政治责任,尽快构建一整套健全的社会保障制度,为所有美国人,无论男女老幼,织就一张社会安全网,帮助他们在人生际遇步入低谷时能够维持基本的生存和体面的生活。

报告的第二部分主要从保障就业、失业补偿、退休与养老、儿童福利、医疗健康、社会保险与私营保之间关系、社会保险运作机制等七个方面逐一介绍了政策建议[③]。报告执笔者认为与德国、英国、法国、比利时、瑞典等欧洲国

[①] Edwin E. Witte, The Development of the Social Security Act: A Memorandum on the History of the Committee on Economic Security and Drafting and Legislative History of the Social Security Act, Wisconsin: The University of Wisconsin Press, 1963, p.125.

[②] Committee on Economic Security eds., Report to the President of the Committee on Economic Security, from Congressional Records of Social Security Act of 1935, 74th Congress 1st session, Appendix III, Washinton D.C., Government Printing Office, 1935, p.19.

[③] Ibid., pp..25–40.

家相比,美国的社会福利和社会保障体系发展滞后,存在系统性的缺陷和不足,需要进行体系性的改革和再造。尽管罗斯福总统领导的百日新政初步缓解了经济大萧条导致的就业不充分问题、失业严重问题和社会动荡问题,然而,百日新政只是治标之术,不是治本之策。要想真正摆脱经济危机,恢复经济健康增长,亟须补齐社会福利与社会保障的短板和不足,为调整经济结构和产业结构、重塑经济秩序和社会秩序提供保障和缓冲机制。

报告的第三部分,起草者结合国外社会保障制度运行的情况,向总统提出立法建议。作为重要的立法参考材料,经济保障委员会广泛搜集了主要工业先发国家业已建立的社会保障和社会福利项目,深入研究了德国、英国、法国、意大利、加拿大等国家在社会保障和社会福利领域行之有效的法律法规,形成了卷帙浩繁的国会立法参考资料。《社会保障法》通过之后,为帮助美国公众更快更好地了解和熟悉全新的社会保障制度和社会保障体系,将《社会保障法》的立法理念和制度设计尽快付诸实践,1937年社会保障署政策研究部门从经济保障委员会专家为国会立法撰写的数十卷研究报告中择其精要,编撰整理,出版了《社会保障在美国:社会保障法的事实背景》(下文简称《社会保障在美国》)一书供公众、企业界和政府官员参考①。作为经济保障委员会研究工作成果的全方位展现,《社会保障在美国》较详细地描述了德国、英国、法国、意大利、加拿大、比利时等国社会保障和社会福利制度发展情况。进入20世纪后,澳大利亚(1922)、奥地利(1920)、保加利亚(1925)、加拿大(1935)、德国(1927)、英国(1911)、爱尔兰(1920)、意大利(1919)、波兰(1924)、瑞士(1925)南斯拉夫(1935)、亚拉巴马州(1935)、加利福尼亚州(1935)、华盛顿哥伦比亚特区(1935)、马萨诸塞州(1935)、新罕布什维尔州(1935)、纽约州(1935)、俄勒冈州(1935)、犹他州(1935)、华盛顿州(1935)、威斯康星州(1935)等欧洲多个国家、美国多个州陆续建立了失业保险强制参保制度,将失业保险金缴费和给付制度以法律的制度确立下来,构建起失业保障制度②。

报告的第四部分主要关注在未来全国统一的社会保障体系中,州和地方政府应当扮演什么样的角色,发挥什么样的作用,在美国联邦制下,联邦和州应如何携手合作,为全体美国公民提供经济保障。报告的结论指出:"我们认

---

① Social Security Board eds., Social Security in America: The Factual Background of the Social Security Act, Washinton D. C.: Government Printing Office, 1937.

② Ibid., p.6.

识到上述政策措施和立法建议并不能给予公民个人百分之百的经济保障。正如总统在1934年6月8日致国会的特别咨文中指出的那样,美国人民的幸福包括安身、立业和为未来发生天灾人祸做好防备,该报告只涉及第三部分,即保护美国的男女老幼面对不幸和苦难时所应获取的最基本的保障和保护。我们也不把本报告和我们提出的建议当作构建经济保障体系的终极版本,建立健全美国经济保障制度将花费未来数代人的心血和努力,本报告只是一个开始。"[1]

经济保障委员会草拟的社会保障体系蓝本充分吸取了美国以往成功的经验和失败的教训,吸收了美国以外其他国家和地区社会保障方面先进经验和做法,并充分照顾到美国的国情以及当时经济深度衰退、百业萧条的特殊时代背景。更重要的是,经济保障委员会的专家们没有闭门造车、闭目塞听,而是充分接触社会,倾听劳苦大众的心声,了解普通美国人的需求。此外,经济保障委员会的成员还认识到社会保障制度不仅要考虑当下的紧迫需要,更要着眼未来,要充分估计到随着社会经济形势的变化、人口结构的变动对社会保障制度持久而深刻的影响。作为美国社会保障制度的主要设计者,经济保障委员会的成员为美国的社会保障制度的构建打下了良好的基础,诚如罗斯福总统在1935年1月17日提交给国会咨文中所言:"经济保障委员会在其详细报告中提出的一系列建议,一定会受到具有明智鉴别能力的美国人民的欢迎和支持。经济安全员会并不想尝试做不到的事情,他们审慎地考虑到下列相关因素:国民的承受力、各州的权利和义务、国家的财力以及不辜负社会各阶层公民热情支持的方式方法。"罗斯福总统敦促国会"尽快采取行动来达到此报告所要达到的目标。"[2]这一切都表明,以经济保障委员会提交的报告为蓝本讨论社会保障立法的时机已然成熟,美国离迈向现代福利国家又进了一大步。

尽管经济保障委员会的辛勤工作博得了罗斯福总统的好评,但他们还要经受国会和全国民众的严苛考验。罗斯福清醒地意识到对绝大部分美国人来说,社会保障、社会保险和社会救济还是新鲜事物。在美国利益多元、权力

---

[1] Committee on Economic Security eds., Report to the President of the Committee on Economic Security, from Congressional Records of Social Security Act of 1935,74th Congress 1st session, Appendix III, Washinton D.C., Government Printing Office,1935,p.64.

[2] Franklin D. Roosevelt, "A Greater Future Economic Security of the American People" — A Message to the Congress on Social Security. January 17,1935, from The Public Papers and Addresses of Franklin D. Roosevelt, vol. 4, New York: Random House,Inc.,1938, p.44.

分立与相互制衡的政治格局下,不同利益的集团有不同的利益诉求,七嘴八舌,众口难调,这将对谋求构建统一的社会保障制度的既定目标构成冲击和阻碍。因此,在1935年1月17日致国会的咨文中,罗斯福倡议:"先不使有关经济保障的联邦立法的使用范围过于宽广,以防这项健全而必需的政策将无可挽回地丧失信誉。"① 罗斯福的底线是养老保险和失业保险的筹资方式必须是政府强制缴费参保。罗斯福认为通过辛勤工作赚取薪水,从薪水中拿出一小笔钱以参加社会保险项目缴纳保费的形式强制储蓄起来,作为雨天基金(rain money)来应对年老、失业等人生不测,这是值得鼓励的,而通过社会救济方式被动等待领取政府的施舍,以全体纳税人的税金养活少数好吃懒做之徒,这将导致社会保障制度偏离它设立的初衷。按照罗斯福自己的话说:"从薪水中抽出一部钱来缴费参保,这给予参保人一项法律的、道德的和政治的权利去获取他们的养老金和失业补偿。以法定税收的形式将薪资税固定下来,就不怕什么可恶的政治家敢搞砸我的社会保障项目。"②

最先被牺牲掉的是医疗保险。当霍默·福尔克(Homer Folks)领衔起草的医疗保险方案陷入困境之际,美国医师协会站出来代表医生群体反对医疗保险社会化。③ 面对特殊利益集团的强大压力,罗斯福担心医疗保险项目面临的激烈反对可能会拖累养老、失业等其他社会保障项目在国会顺利过关。为了照顾全局利益,丢卒保帅无疑是最好的选择,就这样,《社会保障法》草案中医疗和健康保险部分消失得无影无踪。

1935年3月1日,在众议院拨款委员会审议经济保障委员会提交的立法草案文本时,来自加利福尼亚州的众议员弗兰克·巴克(Frank Buck)动议将经济保障法案(Economic Security Bill)更名为社会保障法案(Social Security Bill),获得多数支持。社会保障(Social Security)一词由此正式登上了历史舞台,广为人知④。

全盘反对社会保障制度的声音也不绝于耳。国会共和党人坚决反对社会保障法案,他们担心如果社会保障法得以通过,子女将不再赡养父母,征收

---

① Ibid., p.46.
② Arthur M. Schlesinger, Jr., Age of Roosevelt, vol. II, The Coming of New Deal, New York: Houghton Mifflin Company, 1986, pp. 308-309.
③ David Blumenthal & James A. Morone, The Heart of Power: Health and Politics in the Oval Office, California: University of California Press, 2009, p. 15.
④ Congressional Records of, Social Security Act of 1935, 74th Congress, 1st session, vol. 1, p.1935.

薪资税为养老保险和失业保险筹资的办法,使联邦政府有权侵犯雇主的私有财产权,肆意干涉保障雇主与雇员自愿订立劳动合同的契约自由。借助社会保障制度,联邦政府这只有形的手伸得过长,管得过宽,有社会主义劫富济贫、平均分配的嫌疑,以至于"人们挖空心思,想出种种理由来反对它。有人甚至气势汹汹地打断听证会。有一回,弗朗西斯·珀金斯在国会一个委员会为社会保障法案作证时,有个女人喊道:'主席先生,这个法案是从《共产党宣言》第18页逐字逐句抄来的,我这里有原书。'"①

经过激烈辩论,众议院以372票赞成,33票反对,25票弃权;参议院以77票赞成,6票反对,12票弃权,通过《社会保障法》。后经参众两院跨党派协商,对草案文本做了最终的修正后,于1935年8月14日,提交罗斯福总统签署生效。

三、《社会保障法》的主要内容和历史意义

《社会保障法》的制定和实施,是美国现代社会保障制度创立的标志。考察这段历史,我们发现社会保障制度的构建是一个涉及社会利益格局调整,社会政治稳定,经济发展,不同利益集团切身利益,继承过去、面对现实、谋划未来的十分复杂的系统工程。

19世纪末20世纪初,美国从农业国转变为工业国、人口从乡村迁徙到城市定居、国家经济结构从自由资本主义向垄断资本主义过渡,随着经济的发展,社会的变迁,在物质生活极大丰富的同时,失业、贫困、贫富差距过大等社会问题始终相伴相随。《社会保障法》的制定和实施,就是为了矫正和克服资本主义社会化大生产带来的种种弊病,人们在追求效率和自由的同时,更加注重社会公平公正,从公平公正中寻求社会的长治久安和可持续发展。如表Ⅱ显示,《社会保障法》是一项涵盖广泛的综合社会保障制度,有学者指出:"半个多世纪以来,美国社会保障制度的演变基本上是1935年社会保障法的延续、发展、扩大和调整。"②《社会保障法》奠定了美国社会保障制度的法律基础,开创了美式社会保障体系构建的先河,在美国现代历史上具有划时代的里程碑意义。

---

① 威廉·曼彻斯特:《光荣与梦想:1932—1972年美国实录》,第1分册,董乐山,等译,北京:商务印书馆,1988年,第150页。
② 黄安年:《当代美国的社会保障政策(1945—1996)》,北京:中国社会科学出版社,1998年,第22页。

表II 美国《社会保障法》内容概要

条款	标题	内容概要
前言		美国《社会保障法》立法目的、立法者
第一条	贫困老人援助计划给予各州之赠款	规定联邦政府对各州贫困老人援助项目的赠款方式、补贴范围、认定方式等,联邦政府以赠款等间接方式参与各州贫困老人救助项目的运作,对各州贫困老人援助项目予以支持。
第二条	联邦老年人养老金	老年人养老储备金账户、老年人养老金的支付、过世后养老金的发放、给予不符合养老保险参保条件的老年人的补助、财产少于500美元的老年人的补助、养老金的支付方式、惩罚机制等。
第三条	对各州失业补偿管理机构之赠款	联邦政府以赠款等间接方式引导各州建立失业补偿管理机构和管理机制,联邦和州携手合作,建立全国统一的失业保险体系,对各州失业补偿、失业保险和失业救济项目予以支持。
第四条	对各州援助养儿育女家庭之赠款	联邦政府以赠款等间接方式参与各州对养儿育女家庭之援助项目,对各州援助养儿育女家庭进行引导和规范,对养儿育女家庭援助项目予以支持。
第五条	对各州母亲和儿童福利之赠款	母子健康服务、残疾儿童服务、儿童福利服务等
第六条	公共卫生工作	引导和规范各州和地方公共卫生服务体系建设
第七条	社会保障委员会	社会保障委员会的设立、职责、权限、工作机制等
第八条	雇员所缴之税	雇员从薪资收入中扣缴薪资税划入养老储备金账户,薪资税的税基、税率、税则,薪资税的应税群体,薪资税对社会保障筹资的贡献率等。
第九条	雇佣八人以上之雇主所缴之税	雇佣八人以上之雇主所缴纳社保税和失业保障税的比例,社保税和失业保障税的税基、税率、税则,社保税和失业保障税的应税群体,社保税和失业保障税对社会保障筹资的贡献率,应税收入最高限额等。
第十条	对各州救助盲人之赠款	联邦政府以赠款等间接方式参与各州救助盲人项目,对各州救助盲人项目予以支持。
第十一条	总则	美国《社会保障法》涉及法律概念之定义、权利和义务关系等。

如表II所述,《社会保障法》共十一条,法律文本体现出立法者着力解决大

萧条时期的两大突出问题——失业与贫困。截至1935年8月，尽管罗斯福政府实施大刀阔斧、疾风暴雨式的改革，倡行新政两年有余，然而，美国宏观经济仅是趋于稳定，多项经济指标尚在低谷徘徊，消费低迷，投资者信心严重不足，由于各国抬高关税、货币贬值导致出口不畅，失业率居高不下。罗斯福深刻地认识到政府通过扩大公共开支拉动消费、促进就业的手段只能缓一时之急，不是推动经济发展、走向繁荣的长久之计。1935年的美国尚未从大萧条的沉重打击中完全恢复过来，失业与贫困，尤其是老年人的失业与贫困，始终是困扰美国政府和民众的两大难题。从《社会保障法》第二条和第八条可以看出，面对艰危时局，罗斯福政府着力于通过社会保障改革，督促联邦政府设立社会保障项目，将社会保障筹资建立在劳动者缴纳的工薪税基础之上，社会保障必须跟工作挂钩，将社会保障资金代际转移和分配建立在联邦政府的信用与行政效能基础之上，标本兼治，从根本上解决长期困扰美国民众的贫困与失业问题，保证美国社会的长治久安。

此外，《社会保障法》第一条和第三条统筹整合当时各州业已实施的失业保险制度，将登记失业、分配失业保险金的自由裁量权赋予州和地方政府，联邦政府通过给予各州赠款的方式，帮助各州建立起运作高效而又符合各州实际情况的失业保障和救济体系，缓解经济萧条对就业带来的严重冲击。在新的合作联邦制下，既明确规定联邦政府事权，又强调调动各州政府积极性，发挥各州属地管理职责，联邦政府事权+州政府属地管理的新模式在社会福利与社会保障领域广泛推行开来，极大地增强了政府构建和运作福利国家制度的能力和效率。

最后，为了维系种族歧视的根基，将黑人等有色人种排除在联邦政府新设立的社会保障体系之外，在国会辩论阶段，代表南方保守势力的民主党议员提出将在农场工作的雇佣工人、在家庭工作的家政服务人员等收入不固定、不稳定的劳动者排除在缴纳工薪税、领取养老金的社会保障体系之外，而生活在南方的广大黑人首当其冲，被挡在了社会保障体系的大门之外，《社会保障法》规定的种种社会保障与社会福利大部分与他们无缘。美国学者吉尔·卡德诺（Jill Quadagno）指出1935年制定的《社会保障法》不仅没有实现人人平等，促进黑白种族融合，反而进一步强化了特定区域、特定职业、特定历史时期黑白种族之间的隔离与对立[①]。简而言之,种族歧视及其背后根深蒂固的种族优越感所导致的制度设计缺失,是《社会保障法》的重大不足。随着时间的推移,特别是20世纪60年代民权运动兴起后,黑人等有色人种在社会保障与社会福利领域遭受到的差别对待才彻底打破。通过修正法律,修改制度,匡补缺失,社会保障制度逐步惠及全体美国民众。

四、美国联邦最高法院对《社会保障法》合宪性司法审查

鲜有论者涉及美国联邦最高法院对《社会保障法》合宪性进行的司法审查。在美国三权分立的政治运作模式中,手握司法审查权的美国联邦最高法院扮演着关键的角色。通过解释与适用宪法,最高法院有权宣布违反宪法的国会法律、各州法律和行政分支发布的行政法规无效。1935年8月14日,罗斯福总统在《社会保障法》文本上签字,标志着该法完成了全部立法程序,将于1937年1月1日正式生效。对《社会保障法》和社会保障制度不满的人将目光转向最高法院,寻求在司法战场上赢得胜利,废止《社会保障法》。

《社会保障法》极大地拓展了联邦政府管理公民个人事务、管理国家宏观经济、管理公共事务的权力和权限。联邦政府也通过赠款等方式,以前所未有的速度、深度和广度将权力的触角伸向传统上属于州和地方管辖的领域。在新的权力分配体系中,联邦政府的权力和责任无疑大大集中和加重了。根据美国宪法第十修正案:"宪法未授予合众国、也未禁止各州行使的权力,由各州各自保留,或由人民保留。"[②] 如果联邦政府想要拓展自身权力,必须要从宪法明文列举的权力中为权力扩张找到正当的宪法依据。

早在《社会保障法》起草阶段,经济保障委员会成员犹豫不决,游移不定,一直无法决定应选择宪法哪一条款作为《社会保障法》的宪法基础。随着法案起草工作进入尾声,这一问题变得愈来愈迫切。1935年前后,正是罗斯福总统与最高法院的对抗日趋升温的关键时期。从1935年1月起,最高法院内部保守派联合中间组成多数,开启司法能动主义的闸刀,宣布《全国工业复

[①] Jill Quadagno, The Color of Welfare: How Racism Undermined the War on Poverty, Oxford: Oxford University Press, 1994, p.20.
[②] U.S. Const. Amend. X 译文,参考王希著:《原则与妥协:美国宪法的精神与实践》(增订版),北京:北京大学出版社,2014年,第813页。

兴法》《铁路工人养老金法》《农场房屋贷款法》《农业调整法》《烟煤法》《城市破产法》等十多个对新政至关重要的法律违宪。罗斯福念念在兹的新政事业岌岌可危。其中,1936年1月6日,最高法院判决《农业调整法》违宪的合众国诉巴特勒案[1]与《社会保障法》的合宪性息息相关。《农业调整法》的基本运作方式是联邦政府向农产品加工和流通企业征收农产品加工税,以筹措资金,向自愿削减农产品产量的农场主发放种地补贴。通过削减农产品的总产量,达到量跌价升,恢复农业领域正常的价格秩序。这与《社会保障法》中规定向雇主和雇员开征薪资税以筹款支付养老金、失业补偿等社会保障项目几乎如出一辙。

法院多数意见的执笔者欧文·罗伯茨(Owen Roberts)大法官在本案中阐述了对国会行使征税权促进"公共福利"的基本看法。罗伯茨认为应对征税权采取文本主义的解释路径,反对任意扩大国会的征税权。巴特勒案的前车之鉴为《社会保障法》的前景蒙上了浓重的阴影。除此之外,判决《铁路工人养老金法》违宪的铁路工人退休委员会诉奥尔顿铁路公司案[2],也让《社会保障法》前景堪忧。

在最高法院保守派大法官敌视新政的大背景下,《社会保障法》的立法者们时刻担心最高法院司法审查违宪无效的判决结果会令新政立法功亏一篑。如何有效地应对保守派大法官们犀利的宪法目光,保护《社会保障法》不被司法审查废止,成为经济保障委员会成员考虑的头等大事。毕竟,无论是18世纪末制定宪法的年代,还是1860年代内战结束后的重建时代,参与制定宪法和修订宪法的人们都压根儿没有社会保障的概念,宪法中也没有任何只言片语涉及社会保障的理念和实践。如何找到一个恰当的宪法基础,将宪法中的微言大义与现实的大胆创新有理有据地联系起来,这是《社会保障法》起草者们无法回避的难题。

因缘际会,在一次社交活动中,经济保障委员会主席、劳工部长弗兰西斯·珀金斯(Frances Perkins)碰巧与最高法院大法官哈兰·斯通(Harlan Stone)同席而坐,看似繁难无比、毫无头绪的难题,霎时间出现了转机。斯通大法官的夫人长袖善舞,在华盛顿政治圈以善于交际闻名。每周三下午,斯通家高

---

[1] United States v. Bulter, 297 U.S. 1 (1936)
[2] Railroad Retirement Board v. Alton R. Company, 295 U.S.330 (1935)

朋满座,群贤毕至。某个周三下午五时许,珀金斯恰巧与男主人斯通大法官相邻而坐。寒暄过后,两人谈起了正在草拟中的社会保障法案。二十八年后,珀金斯依旧清晰地记得当她尝试着把《社会保障法》的宪法基础困惑和盘托出,用征询的目光望向斯通大法官的时候,他抬头环顾四周,确认没有其他人在场后,他贴近珀金斯耳边低声耳语道:"亲爱的,联邦政府的征税权,征税权就如你所愿了。"①珀金斯心领神会,赶忙道谢。她等不及下午茶结束,匆匆返回办公室下定决心将《社会保障法》的宪法基础确定为宪法第一条第八款第一段:"国会有权规定和征收直接税、进口税捐税和其他税,以偿付国债、提供合众国共同防务和公共福利,但一切进口税、捐税和其他税应全国统一。"②

尽管有斯通大法官暗中襄助,《社会保障法》的立法者们深知由联邦政府统筹管理的社会保障制度作为一项新生事物,是否属于宪法第一条第八款第一段述及的"公共福利(general welfare)"尚有很大的不确定性。

从立宪建国开始,国父们对联邦政府动用征税权(taxing power)促进"公共福利"存有很大的分歧。以亚历山大·汉密尔顿为首的联邦派主张从宽解释,即"公共福利"涵盖的范围很广,联邦政府的目标只要跟"公共福利"沾边,宪法就应当授权联邦政府采取大胆的行动,通过征税筹集资金。以詹姆斯·麦迪逊和托马斯·杰斐逊为首的反联邦派主张从严解释,即应从字面意思去理解"公共福利",征税的权力仅仅局限于某种特定性质的国家目的,不应无限度的扩展"公共福利"的内涵和外延。③历史地看,最高法院逐渐认同了汉密尔顿从宽解释的宪法观,联邦政府为促进"公共福利"举债和征税的行动在多数时候得到了最高法院大法官们默认和支持。

在1936年总统大选中,罗斯福取得压倒性优势,顺利连选连任。携胜选之余威,1937年2月,罗斯福提出填塞法院计划,用"甩石头,掺沙子"的办法向最高法院保守派大法官发起反击。填塞法院计划的主要内容是考虑到法官年事已高,力不能逮,联邦法院法官若已经在法院服务十年且年满七十岁者,如果在六个月内不自动退休,则由总统另外增派一名新法官进入法院。这不是代替老法官,而是增加法官名额。按照这计划,整个联邦司法机构将被指

---

① Frances Perkins, The Roots of Social Security: Speech Delivered at Social Security Administration Headquarters, October 23, 1962. 网页地址:https://www.ssa.gov/history/perkins5.html(2018-07-05)。
② U.S. Const. art I, §8, cl. 1 译文参考王希著《原则与妥协:美国宪法的精神与实践》(增订版),第802页。
③ 约瑟夫·斯托里:《美国宪法评注》,毛国权,译,上海:上海三联书店,2005年,第292页。

派额外大约50名联邦法官。具体到联邦最高法院,联邦最高法院将增派6名法官,连同原来的9名法官一共是15名。原来的9名法官中有3-4人对新政尚持同情态度,加上新增加的支持新政的6名法官就可以占据多数,扭转抵制新政立法的被动局面。

罗斯福"司法改组"方案是美国历史上唯一一次总统试图以法律的形式、通过改变最高法院人员组成,进而推动法官在司法实践中接受"新政"思想观念的勇猛行动。法院改组计划的结果令人出乎意料,在罗斯福法院填塞计划的攻势下和社会舆论的压力下,罗伯茨大法官转入同情新政的阵营,随后的司法判决开始出现变化,左右摇摆的中间派大法官们迅速地改变了先前的司法立场。罗斯福一手操持的最高法院改组计划,令一代伟人的政治声誉受损,罗斯福呵护新政的拳拳之心,竟无意间撼动了美国宪政民主制度的基础。罗斯福——国会——最高法院三方角力的大戏,把一向沉稳低调的联邦最高法院推到了政治风暴的风口浪尖。最高法院改组之争凸显出新政阵营的嫌隙,1933年罗斯福上台后"一边倒"的政治格局亦发生了显著的变化。罗斯福与国会之间亲密无间的关系已成明日黄花。新政以来,罗斯福与国会第一次就重大宪政问题出现严重分歧。国会山上的议员们不再翘望白宫,唯罗斯福马首是瞻,反之,无论是共和党议员,还是民主党议员,都发出了与罗斯福总统本人截然对立的声音。罗斯福时代的美国政治发生了新的变化。在罗斯福新政迎战大萧条的全新格局下,联邦行政分支,联邦立法分支,联邦司法分支——传统的三权分立与制衡宪政体制在党派政治的催化下,发生了新的重大变化:最高法院司法审查的重点从克制政府干预和规制经济的努力,转向切实保护公民的宪法权利和自由。1937年宪政危机后,最高法院体面而有尊严地从传统阵地中全身而退,又在另一个长久被忽视的领域涅槃重生。

就《社会保障法》而言,先后有三起案件上诉到最高法院[①],挑战《社会保障法》的合宪性。乔治·P·戴维斯是爱迪生电力照明公司的一名小股东。根据《社会保障法》的规定,爱迪生电力照明公司将从1937年1月开始为公司雇员缴纳工薪税。戴维斯认为缴纳工薪税增加了用人成本,导致公司经营利润下降,进而影响到股东权益,因此,他反对爱迪生公司为雇员缴纳工薪税。他

[①] Helvering v. Davis, 301 U.S. 619 (1937), Steward Mach. Co. v. Collector, 301 U.S. 548 (1937), Carmichael v. Southern Coal & Coke Co., 301 U.S. 495 (1937)

将爱迪生公司告上法庭，以此方式来阻止公司缴纳《社会保障法》规定的公司税。美国联邦行政分支与爱迪生公司司法立场一致，决定介入该案，由美国国内税收署(IRS)委员海沃恩代表联邦行政分支出庭应诉。戴维斯的律师认为工薪税是一种新税，宪法无明确授权联邦政府征收工薪税，因此它是违宪无效的，此外，为老年人提供公共福利是各州的职责，各州有权根据自身情况便宜行事。联邦政府认为如果不能与时俱进，从宽解释宪法条文，1789年生效的宪法将无法满足1935年美国的紧迫需求。斯图尔德机器公司诉征税员案挑战了《社会保障法》有关失业保险与失业补偿条款的合宪性。斯图尔德机器公司依照法律规定缴纳了第一笔失业保险税费46.14美元后立即以《社会保障法》违宪无效为由起诉联邦政府，要求联邦政府退回该笔税款。与戴维斯案一样，代表斯图尔德机器公司出庭的律师认为宪法涉及政府征税的条款不能为《社会保障法》的失业补偿金条款提供有力的法律依据，联邦政府征缴失业保险与失业补偿给付行为也与联邦政府"提供公共福利"没有什么直接关系。卡尔迈尔诉可口可乐公司案挑战的也是失业保险与失业补偿项目的合宪性。可口可乐公司设在亚拉巴马州的工厂已经缴纳了亚拉巴马州的失业保险金，根据《社会保障法》的新规定，可口可乐公司需要同时向联邦政府和亚拉巴马州政府分别缴纳失业保险金，联邦政府层的失业保险金体系和州政府层级的失业保险金体系互不兼容，在全国失业保险体系尚未建立健全的过渡阶段，不可避免地存在重复征缴加重企业负担的现象。《社会保障法》落实落地还有一个漫长的过程，联邦社会保障法与各州社会保障法之间的整合不尽如人意，让企业无所适从。可口可乐公司认为亚拉巴马州失业保险费率和失业补偿金给付方式比联邦政府的有关法律规定更合理、人力成本更低，可口可乐公司因此认为《社会保障法》违宪无效。上述三起挑战《社会保障法》合宪性的案件突出地反映出当时美国社会并未对《社会保障法》肇划的美国社会保障体系达成广泛共识，牵涉切身利益的公司所有者和经营者对《社会保障法》存有强烈怀疑和不满情绪，寄希望于美国联邦最高法院行使司法审查权判定《社会保障法》违宪无效。信心满满的挑战者们决心政治战场上失去的东西要从司法战场上夺回来。挑战《社会保障法》合宪性的三起案件攸关《社会保障法》的生死存亡，行政分支和司法分支闯关成功并不代表最终的成功，司法战场取得胜利才能确保《社会保障法》顺利落实落地，不至于半途而废，无果而终。

在填塞法院计划引发的宪政危机尚未平息之际，1937年5月24日，最高法院发布判决意见书，在三个案件中均判定《社会保障法》合宪。在海沃恩诉戴维斯案中，代表多数派撰写司法意见书的本杰明·卡多佐大法官认为缓解失业问题的社会保障立法是促进"公共福利"的应然之举，社会保障是"公共福利"的题中之义。随着时代的变迁，公共福利的含义也在发生变化。究竟应如何确定公共福利的内涵和外延，这是国会的责任，不应由最高法院来做出判断。卡多佐大法官明确指出："失业造成的危害人所共知。失业情况如此严重，以至于各州政府无法提供及时和必需社会救济。无论就地域范围而言，还是从严重程度而言，失业问题都是全国性问题，需要全国政府统筹协调解决……这部法律（《社会保障法》）背后蕴含的希望就是为了把人们从穷困潦倒的境地拯救出来，并让他们免于晚景凄凉、孤苦伶仃带来的恐惧。"[1] 最高法院一系列从宽解释"公共福利"、赋予联邦政府新征税权的司法先例为联邦政府未来行使该项权力，进一步扩展和完善社会保障体系扫清了法律障碍。正如斯通大法官在卡尔迈尔案多数意见中写道："各州政府和联邦政府应携手合作，共同促进公共福利。否则，如若各州政府和联邦政府相互拆台，不能精诚合作，则会导致两败俱伤的双输局面。宪法并不禁止（各州政府和联邦政府）之间这样的合作。"[2]

结　语

诚如中国学者黄安年教授所言："社会福利保障是一个涉及社会经济发展和持续发展，涉及社会政治稳定、进步和发展，涉及各个阶层的利益集团互动关系，涉及过去、现在和未来相互影响的十分复杂的系统工程。对它的政策的历史回顾、实施时面对的诸方面的矛盾，以及它的前瞻影响都是必须重视的……对于美国不同于西、北欧典型福利国家的社会福利保障机制的不足和优长，我们都需要加以研究。"[3] 二战后美式资本主义制度发生多重深刻变化，福利国家制度的构建和拓展是其中最重要的新变化，1935年制订和通

---

[1] Helvering v. Davis, 301 U.S. 619, 650 (1937).
[2] Carmichael v. Southern Coal & Coke Co., 301 U.S. 495, 526 (1937).
[3] 黄安年：《当代美国的社会保障政策(1945—1996)》，北京：中国社会科学出版社，1998年，第1—2页。

过的《社会保障法》奠定了美式福利国家的法律基础。

目前中外学界较为一致的看法是：1935年《社会保障法》开启了美国福利国家之门。通过进一步发掘新旧史料、转换研究视角和研究层面，更深入、更系统、更全面地研究1935年《社会保障法》，有助于研究者探索美国社会保障制度蕴含的根本特征及其规律性认识，即通过联邦政府协调和再分配，将所有参与日常经济活动的人与社会保障计划联结起来，将美国人的现在和未来建立在经济安全之上。在美国这样一个强调市场经济制度、自由交易和个人自由的国度，发挥联邦政府和州与地方政府的力量，将社会保障事务纳入国家事权，将此前业已存在的碎片化的社会福利制度整合在一起，通过法律的形式加以整合、拓展和完善，进而系统地构建起一套符合美国国情的社会保障制度是一项殊为不易的系统工程。

回望历史，思古鉴今，当代中国社会保障事业也处于承上启下、开拓创新、快速变革的关键时期。在以习近平同志为核心的党中央坚强领导下，如何吸收古今中外经验教训，从中国现实国情出发，以现实需要为导向，以满足人民群众对美好生活的追求为抓手，既着眼当下紧迫需要，又谋虑经济社会长远发展，进一步挖掘社会保障制度的巨大潜力，发挥社会保障"稳定器"和"安全网"的重要作用，不断构建和完善中国特色的社会保障体系，提升人民群众的满足感和获得感，是摆在社会保障研究者、从业者、决策者面前的重大时代课题。唯有解放思想，实事求是，务实奋进，砥砺前行，才能不负党和人民的期望和重托，为构建和完善中国特色社会保障体系而努力奋斗。

后记：本文是"2019年大数据在社会保障中的应用国际研讨会"参会论文，向与会专家提出的宝贵意见致以诚挚的感谢。

五 历史地理研究

论蜀道诗赋文献的整理及意义*

马 强[①]

提　要：蜀道是我国著名的线性历史文化遗产地带，历史文化积淀十分丰富。《历代蜀道诗赋汇编》作为国家社会科学基金重大项目子课题之一，以整理、汇编与蜀道交通相关的历代诗歌辞赋为主要目标。蜀道诗的整理时空范围上至秦汉，下迄民国，除了秦蜀古道诸栈外，还包括蜀道嘉陵江及其支流水道题咏。蜀道诗的汇编整理中，明清蜀道诗的文献来源散落庞杂，是整理工作研究的重点。历代蜀道诗的整理汇编对于进一步认知蜀道深厚的内涵，对研究蜀道的历史交通、文学、社会、地理、人文景观有重要意义，对川、陕、甘正在推进的蜀道"申遗"文化工程也可提供坚实的文学文献基础。

关键词：蜀道；蜀道诗赋；整理汇编

　　《历代蜀道诗赋汇编》作为国家社会科学基金重大项目"蜀道文献整理与研究"的子课题之一，以整理、汇编与蜀道交通相关的历代诗歌辞赋为主要目标，是国内第一个线性文化遗产地带诗歌文献整理汇编的尝试。蜀道是中国古代中原至西南交通主干线，也是一条著名的诗歌之路。从秦汉至晚清民国，历代诗人留下了大量有关蜀道交通行旅、题咏的诗篇。历史上围绕蜀道产生的诗歌数量之多，在中国古代诸条交通线路中实属罕见。蜀道诗的汇

---

*基金项目：本文系国家社会科学基金重大项目"蜀道文献整理与研究"（17ZDA190）的阶段性成果。
① 作者简介：马强，陕西汉中人，历史学博士，西南大学历史文化学院教授，博士生导师，研究方向为区域历史地理学、中古出土石刻文献、三国唐宋史、史学史及其史学理论（历史美学）。

编、整理与综合研究是一个前人未曾做过的工作,此前虽然有宋代袁说友《成都文类》、明代杨慎《全蜀艺文志》、费经虞《蜀诗》、清人张邦伸《全蜀诗汇》、李调元《蜀雅》、张沆《国朝蜀诗略》、孙桐生《国朝全蜀诗钞》及今人廖永祥《蜀诗总集》、四川社会科学院近代巴蜀诗钞编纂委员会《近代巴蜀诗钞》的编纂,但都是有关巴蜀诗歌的汇编,包括大量蜀地诗人的异地之作,虽然其中包含一些蜀道诗,但限于体例与收集地域范围,真正涉及蜀道描写、题咏的诗歌很多失收,可以说迄今为止尚未有人对历史上的蜀道诗赋文献进行过专门的整理、汇编,因而也没有一部全面系统的蜀道诗汇编总集问世。

一、关于蜀道诗收录的时空范围

蜀道的交通历史最早可以追溯到商周之际甚至更远,但蜀道诗的起源却相对较迟。先秦时期留下的诗歌,如《诗经》中是否包含有蜀道诗,目前尚有争议。徐中舒先生曾根据《诗经·大雅·崧高》中"申伯信迈,王饯于郿"[1]及《诗经·大雅·致常》中的"整我六师,以修我戎,既敬既戒,惠此南国"[2]等诗句推测周自迁岐以后,宗周因地近褒斜道北端,当由岐郿南下以经营江汉以东,收抚陈、蔡、淮夷,而并有吴地[3],如此则《诗经》中的个别诗篇带有某些蜀道诗的印痕。以此参之,《诗经》中其他某些篇章,如《诗经·大雅》中的《旱麓》、《诗经·国风》中的《汉广》、《诗经·小雅》中描写褒姒的诗篇也可以算是蜀道诗的萌芽。但如果仔细加以考量,其中并无秦蜀交通行旅的内容,因此尚不能断定先秦时期就有蜀道诗。笔者认为,目前可以认定的最早蜀道诗应该始于汉代,明代学者冯惟讷所编《古诗纪》是一部专门收集汇编上古至隋代的诗歌总集,其中所收汉代《三秦记》民谣曰:"武功太白,去天三百;孤云两角,去天一握。山水险阻,黄金子午。蛇盘乌栊,势与天通。"[4]这首民谣所言之太白、孤云、两角分别为秦岭北麓及大巴山之南的高险之山,"黄金子午"则指今日陕

---

[1] [春秋]孔丘者,程俊英,蒋见元注:《诗经注析》,北京:中华书局,1991年,第893页。
[2] [春秋]孔丘著,程俊英,蒋见元注:《诗经注析》,北京:中华书局,1991年,第915页。
[3] 徐中舒:《殷周之际史迹之检讨》,《国立中央研究院历史语言研究所集刊》第七本第二分册,1936年。
[4] 这首民谣唐宋明清典地方志引用颇多,明代学者冯惟讷所编《古诗纪》是一部网罗采撮汇编上古至隋代的诗歌总集,注曰此民谣来自汉代佚书《三秦记》。《三秦记》原书早佚,但《水经注》《初学记》《北堂书钞》《太平御览》《太平寰宇记》均有引用,盖失传于北宋。关于《三秦记》的成书年代,详见王谟《辛氏〈三秦记〉辑本》,《汉唐地理书钞》,北京:中华书局,1961年。

西汉中西乡、洋县境内的子午山与洋县、石泉之间汉水险滩黄金峡,涉及秦巴山地间蜀道交通线上的多个地理节点,应该是一首真正的蜀道民谣,着力表现的是蜀道的"险危"意象。西汉扬雄的《蜀都赋》虽然并非专题写蜀道交通的歌赋,但其中多处涉及了蜀道的人物、事件与交通。《蜀都赋》开篇所说"蜀都之地,古曰梁州。禹治其江,淳皋弥望"[1],即首先从地名学渊源上指出了蜀都与梁州的关系,梁州之称实则来源于《尚书》之《禹贡》"华阳、黑水为梁州"。[2]《禹贡》梁州地域广袤,自陕西华山之南跨越秦巴山地一直到今四川盆地包括云贵高原北部的一部分皆属于"梁州"范围。天下九州这种理想的行政区划演变成实际政区是在汉武帝时期,汉武帝元封五年(前106年)在全国划分十三个监察区,每区由朝廷派遣一刺史负责巡按监察,其监察区称刺史部。三国后期曹魏正式置梁州,治在汉中,梁州成为蜀道最重要的中途枢纽。"东有巴賨,绵亘百濮。铜梁金堂,火井龙湫"[3],则道出了蜀道东西交通的重要地理节点。"巴賨"在大巴山之南,今四川达州、巴中之间的渠县一带,"铜梁金堂"则以今川渝铜梁山与金堂山(云顶山)作为巴蜀交界线上的分界的标志,也是蜀道南线的重要节点。到了西晋左思的《蜀都赋》,则浓墨重彩地描写了蜀道北栈沿线的壮丽景观:"北指昆仑。缘以剑阁,阻以石门。流汉汤汤,惊浪雷奔。望之天回,即之云昏。水物殊品,鳞介异族。或藏蛟螭,或隐碧玉。嘉鱼出于丙穴,良木攒于褒谷。其树则有木兰梫桂,杞櫹椅桐,棕枒楔枞。梗楠幽蔼于谷底,松柏蓊郁于山峰。"[4]"丙穴"在今陕西汉中市略阳县嘉陵江边,地处古代陈仓嘉陵道中[5];褒谷即著名的褒斜道南端,在今汉中市北郊秦岭谷口及其纵深。汉晋时期的歌谣与扬雄、左思的同名《蜀都赋》,当为蜀道文学的滥觞,实际上开了中国古代蜀道诗的先河。

时下国内历史文献整理类课题取材时间范围多以先秦至晚清结束为时限,一般不涉及民国时期,但蜀道的历史有其特殊性,即传统蜀道交通的结束并非与清王朝结束的辛亥革命同步,而是一直延伸至1936年。抗日战争前夕,现代川陕公路建成通车,取代了数千年来艰险难行的栈道和碥路交通,也

---

[1] [汉]扬雄:《蜀都赋》,章樵《古文苑》卷4,守山阁丛书本。
[2] [清]胡渭著,邹毅麟整理:《禹贡锥指》卷9《梁州》,上海:上海古籍出版社,2006年,第261页。
[3] [清]严可均:《全上古三代秦汉三国六朝六》卷51《全汉文》,北京:中华书局,1958年,第803页。
[4] [清]严可均:《全上古三代秦汉三国六朝文》卷74《全晋文》,北京:中华书局,1958年,第3764页。
[5] [清]毕沅《关中胜迹图志》卷20《名山》:"大丙山在略阳县(陕西汉中府属)东南,《蜀都赋》:'嘉鱼出于丙穴'"。详见氏著:《关中胜迹图志》,西安:三秦出版社,2004年,第269页。

标志着传统蜀道交通时代的结束。因此根据高大伦、段渝等学者建议，蜀道诗歌文献收集汇编的断限应该是上自先秦，下止1936年。在1911年辛亥革命后至1936年，虽然只有短短二十多年时间，但仍然有不少政治文化名人行旅过境秦蜀古道，虽然这一阶段蜀道诗数量有限，但因于右任、章太炎、何庆云、李文一、黄炎培、林散之等名家履栈并皆留下诗篇，为传统蜀道诗留下最后的一抹耀眼的夕晖，同样在蜀道诗赋文献的整理范围。

蜀道的另一特别之处在于并非只有陆上交通，水道交通也是蜀道交通网络的重要组成部分。南北朝时期出现的以"蜀道难"为题的诗歌，有北宋郭茂倩《乐府诗集》所收录萧简、阴铿等人的《蜀道难》《蜀国弦》诗。这些诗中的"蜀道"明显指由鄂楚溯江入三峡至巴渝的水道，如梁简文帝萧纲的诗句"巫山七百里，巴水三回曲。笛声下复高，猿啼断还续"，明确指的是巫峡一线，可见南北朝时期人们是把长江三峡水道同时视为"蜀道"的。在蜀道交通体系中，水上交通运输是其中重要的"子系统"，嘉陵江、涪江、渠江甚至褒水、湑水、白龙江作为蜀道交通不可分割的一部分，在传统蜀道诗中描写嘉陵江、涪江等水上交通的诗歌占有相当比例，难分彼此，因而蜀道诗不仅仅是只是行旅秦、陇、蜀之间陆上所产生的诗歌，也包括历代的三峡诗、嘉陵江及其支流的诗歌，这些诗赋也在此次蜀道诗歌文献要整理与研究的范围。

由于蜀道中的故道、褒斜道、金牛剑阁道大部分路段循江而行，诗人行栈泛舟，每有吟哦，因此诸多蜀道行记同时也夹杂着诗人险江舟行的诗篇。唐宋及其以后的蜀道行旅，山间栈道与水上舟行往往交替使用，因此有关蜀道水上舟行题咏的诗篇有一定篇幅，如唐代张说、杜甫、元稹、裴度、于武陵，北宋石介、张方平、李新、吕陶，南宋陆游、吴咏等人的蜀道诗中，记录描写嘉陵江舟行景观及其感受的诗篇占据一定比例。

中国文学史上，铭、颂、赋等都是诗歌的变异形式，蜀道诗中也有不少赋、铭类作品，如西汉扬雄、西晋左思的同题《蜀都赋》、西晋张载的《剑阁铭》、唐代欧阳詹的《栈道赋》、李远的《提桥赋》、卢庚的《梓潼神鼎赋》、孙樵的《出蜀赋》、明代杨廷宣的《云栈赋》、清代梁清宽的《贾大司马修栈歌》等都属于这一类，皆以描写题咏蜀道交通而闻名，都不同程度地涉及了蜀道交通及其文化，是蜀道诗中的瑰丽奇葩，因此这次也一并在蜀道诗汇编中收录。

二、关于蜀道诗的文献来源

蜀道诗虽然数量繁多,但十分零散,散见于历代别集、类书、碑刻、游记、笔记、方志、石刻等,特别是明清诗文集数量繁多,卷帙浩繁,搜集起来并非易事,需要下大功夫收集。从蜀道诗的文献留存情况看,隋唐以前有关蜀道的诗歌词曲保存较少,只能从有限的正史、地记、别集中辑佚。

南朝萧统《文选》(又称《昭明文选》)、清人严可均《全上古三代秦汉三国六朝文》、今人逯钦立《先秦汉魏晋南北朝诗》都收录了先秦至南北朝时期大量诗赋,其中也有蜀道诗,只是数量甚少。一是魏晋南北朝战乱频仍,很少有诗人途经蜀道留下诗赋,二是这一时期文学作品散佚严重,无从收录。但汉魏南北朝时期的蜀道诗,不能忽略的有以"三颂一铭"为代表的蜀道颂体石刻,它们是以摩崖石刻形式保存下来的蜀道诗歌。"汉三颂"分别是陕西汉中褒谷口的《石门颂》、汉中略阳的《郙阁颂》和甘肃成县的《西狭颂》。这三方石刻分别与汉代褒斜道与陈仓嘉陵道相关。从文学文献学角度考察,也可以归类为蜀道诗[1]。《石门颂》全称为《汉故司隶校尉犍为杨君颂》,镌刻于东汉建和二年(148年),它记录了汉顺帝年间司隶校尉杨孟文上表修复褒斜道及其功德,还涉及了东汉时期穿越秦岭间四条道路的历史。《西狭颂》全称《汉武都太守汉阳阿阳李翕西狭颂》,位于甘肃成县天井山峡谷,镌刻于东汉建宁四年(171年),记述东汉武都太守李翕的生平,颂扬其开通西狭道造福一方的功绩。《郙阁颂》全称《汉武都太守李翕析里桥郙阁颂》,刻石于东汉建宁五年(172年),也是为纪念汉武都太守李翕重修郙阁栈道而书刻的铭功纪事摩崖石刻。"汉三颂"分别涉及东汉时期褒斜道、陇蜀古道、陈仓嘉陵道的交通建设,是秦(陇)蜀道早期十分重要的石刻文献,不仅具有重要的蜀道交通史及历史文献学价值,在中国书法史上也久负盛名。从文学史角度看,"汉三颂"四言为句,押韵、转韵十分流畅、修辞造句典雅华丽,既铭功纪事,又富于文采,也是罕见的汉代颂体诗歌珍品。

流传至今的南北朝时期蜀道诗数量寥寥,但以"蜀道难"为题的诗歌已经在南朝时出现。北宋郭茂倩编著之《乐府诗集》收录了大量汉、魏、南北朝乐

---

[1] 刘勰《文心雕龙》卷2《颂赞第九》云:"原夫颂惟典雅,辞必清铄,敷写似赋,而不入华侈之区;敬慎如铭,而异乎规戒之域。揄扬以发藻,汪洋以树义,惟纤曲巧致,与情而变,其大体所底如斯而已"。详见氏著:《文心雕龙》,北京:人民文学出版社,1982年,第126页。

府诗与民间歌谣,其中就有南朝梁简文帝萧纲、刘孝威、阴铿等人的《蜀道难》。虽然萧纲等人《蜀道难》中的"蜀道"指的是自荆楚溯长江的三峡水道,却毕竟开辟了"蜀道难"这一乐府诗题的先河,其流风余韵涉及唐代,也催生了李白、张说等人《蜀道难》诗篇的不断问世,就"蜀道难"这一蜀道诗主题而言,在蜀道诗歌史上有奠基意义。

蜀道诗的整理与研究大体上以唐代为分界线。唐代之前,蜀道诗数量较少,主要散见于南朝萧统编《昭明文选》及少量别集。唐宋时期随着蜀道交通的繁荣,蜀道诗大量涌现,数量剧增,唐代几乎绝大部分诗人都有入蜀经历并有蜀道诗传世,收载于唐宋人别集,保存较好,线索清楚,其中不乏名篇佳作学界研究较多,搜集难度不大。除了唐人别集外,唐宋时期编纂的唐诗选集如高仲武《中兴正气集》、殷璠《河岳英灵集》、宋人洪迈《万首唐人绝句》、元人方回《瀛奎律髓》、明人高棅编《唐诗品汇》、清人沈德潜《唐诗别裁集》都是重要的参考文献。当然汇编唐诗集大成者是清康熙年间彭定求等编纂的《全唐诗》,收唐、五代诗近五万首,唐人蜀道诗绝大部分包含其中,无疑是汇编唐代蜀道诗的最主要文献来源。当然《全唐诗》就唐诗而言仍然有所遗漏,今人陈尚君辑校《全唐诗补编》新增佚诗四千六百六十三首,句一千一百九十九条,诗人一千一百九十一人,为当代最重要的唐诗辑佚文献,但蜀道诗在《全唐诗补编》中数量很少,要了解唐代蜀道诗仍然主要依赖《全唐诗》。对宋代蜀道诗的汇编主要来源是宋人别集,其中收录蜀道诗较多的有赵抃《清献集》、张泳《乖崖集》、文同《丹渊集》及其苏洵、苏轼、苏辙、范祖禹、吕陶、陆游、范成大、李复、李新、郑刚中、吴泳、汪元量等人的诗集。北京大学古文献研究所编《全宋诗》当然也是汇集宋人蜀道诗的一个重要来源,但因《全宋诗》所收并未超出宋人别集范围,且遗漏较多,因此我们在汇编宋代蜀道诗部分时只是将《全宋诗》作为宋人行旅蜀道诗核对与拾遗补阙的重要资料。

汇编整理数量最大、难度也最大的是明清时期的蜀道诗,因传世的各类诗文集卷帙浩繁,到底有多少诗人行旅过蜀道并留下蜀道诗?至今尚难统计出来一个确切的数字。明代的蜀道诗虽然没有唐宋时期的繁荣与盛名,但行旅蜀道的诗人仍然不少,方孝孺、高启、薛瑄、程本立、童轩、何景明、李梦阳、杨廷宣、孙一元、周是修、解缙、王鏊、王绂、杨士奇、李贤、邱浚、何乔新、李东阳、程敏政、王世贞、赵贞吉等文集中都曾收录有其蜀道诗,其中曾经亲历蜀道并留下较多篇章的有方孝孺、薛瑄、程本立、童轩、何景明、王绂等人,曹学佺《石仓历代诗选》就选编了多首明人蜀道诗。明代蜀道诗在艺术形式上具有较为明显的复古主义倾向,但内容上以纪实为主,对研究蜀道沿线秦巴山地而言有较多的社会生活与历史地理信息[1]。清代诗歌虽从艺术成就看,学界的总体评价不高,但清人诗歌数量巨大,诗集繁多,所蕴含的社会历史信息之丰富、内容之纷繁却毋庸置疑。清诗的整理至今不尽如人意,目前只有国家清史编纂委员会影印出版的《清人诗文集汇编》[2]出版,收录清代诗文集四千余种,虽有文献保存汇录之功,但系影印出版,没有标点、校注,一般读者阅读与购买仍然较难。《全清诗》的编修尽管议论多年,但迄今尚未见修罄出版的讯息,这与清人诗歌数量浩繁不无关系。据杨忠、李灵年主编的《清人别集总目》[3]和柯愈春所著《清人诗文集总目提要》[4],保存至今的清代诗文集在两万部左右,有刻本流传的,也有稿本收藏的,还有不少收录在大量地方志中,这些诗歌文献绝大多数尚未得到整理出版。清代诗人行旅蜀道者同样不少,沈德潜编《清人别裁集》、徐世昌编《晚晴簃诗汇》是两部规模较大的清诗汇编,前者选编主要是清初至乾隆年间诗作,后者则是有清一代诗歌的重点汇编,保存了许多流传不广、难得一见的清诗,其中就有不少蜀道诗散见其中。除此而外,明清以降几部蜀地艺文汇编及诗钞大致属于蜀人所作或蜀地诗文汇集,是整理搜集蜀道诗的重点。明代杨慎《全蜀艺文志》、明末清初人费经虞《蜀诗》、清人乾隆时张邦伸《全蜀诗汇》、李调元《蜀雅》、晚清孙桐生《国朝全蜀诗钞》在巴蜀诗歌文献的保存与汇集编纂方面都有开拓之功,都收录保存有一定数量明清蜀道诗。及今人廖永祥《蜀诗总集》、四川省社会科学院《近代巴蜀诗钞》编委会汇编的《近代巴蜀诗钞》算是继明清蜀诗汇编之后踵,但收录范围比较庞杂,作者从知名诗人到封疆大吏,从基层胥吏至游学文人都有,因戍边、宦游、出使、贬谪、征旅、游学、省亲等,由于二书收集的原则是以蜀籍诗人描写整个四川的诗歌为主,又包括本土诗人在外地的诗作,内容庞杂,蜀道诗收录反而不多。

实际上清人履栈者很多,行旅蜀道,沿途每有吟哦题诗者。有清一代,诸

---

[1] 马强:《以诗证地:论元明时期的蜀道诗及历史地理价值》,《中华文化论坛》2021年第3期。
[2] 《清代诗文集汇编》编纂委员会编:《清代诗文集汇编》,上海:上海古籍出版社,2010年。
[3] 杨忠、李灵年:《清人别集总目》,合肥:安徽教育出版社,2008年。该书著录近两万清人约四万部诗文集。
[4] 柯愈春:《清人诗文集总目提要》,北京:北京古籍出版社,2001年。该书收录著录清代一万九千七百余人的别集。

多著名诗人或亲身旅历蜀道,或者有蜀道送别或题咏诗。清代的蜀道诗数量虽然尚难精确统计,但也可了解其大概。清初吴伟业(梅村)的《圆圆曲》即涉及蜀道,"专征箫鼓向秦川,金牛道上车千乘。斜谷云深起画楼,散关月落开妆镜"①,写圆圆伴随吴三桂入川征战事,就明确提及褒斜道与金牛道。此后蜀道诗渐多,王士禛、施润章、宋琬、陈廷敬、毛奇龄、张鹏翮、常纪、高其倬、张问安、张问陶、陈维崧、李调元、松筠、沈廉、严如熤、魏源、曾国藩、林则徐、张之洞等都有数量不等的蜀道诗。

巴蜀诗并不能等同于蜀道诗,从地域范围说,蜀道诗的题材与内容主要以秦蜀古道交通线为主,也包括川、陕、甘诸地支线,如陇蜀古道、阴平古道,主要内容还是蜀道及其沿线的交通路线、栈道形制、自然与人文景观及其发生在蜀道线上的历史事件、历史人物等,包括从中折射的社会风貌与文化特征,史料价值之重要是不言而喻的。清代的蜀道诗只是清代巴蜀诗中的一部分,要在浩如烟海的清人诗文中寻找、汇编蜀道诗,必须要有科学的方法和下苦功夫。清人诗文集自然是蜀道诗最重要的文献来源,与清代四川关系较为密切的诗人如王士禛、宋琬、陈廷敬、毛奇龄、张鹏翮、张问陶、常纪、沈廉、陈维崧、李调元、松筠、严如熤等人的诗文集中蜀道诗相对集中,成为首选重点辑录重点文献来源。我们对清代蜀道诗的搜集整理的方法与步骤大体为三:一是首选选择与蜀道关系密切、留下蜀道诗歌较多的诗人文集,如康熙年间著名诗人王士禛(渔洋)一生著述十分丰富,有《蜀道集》《渔洋山人精华录》《蚕尾集》《池北偶谈》《香祖笔记》《居易录》《渔洋文略》《渔洋诗集》《带经堂集》《感旧集》《五代诗话》《精华录训纂》等数十种,就蜀道诗而言,王士禛绝对是不可或缺的。王士禛曾分别在康熙十一年(1672年)与康熙三十五年(1696年)两度因公入川,宦游巴蜀,三履栈道,生前将入川出蜀沿途吟哦诗作汇辑有专门诗集《蜀道集》,另有《蜀道驿程记》《蜀道驿程后记》《陇蜀馀闻》等相关随笔著作,其现存《渔洋精华录》中即收录一百余首蜀道诗。张问陶(1764—1814年)为四川遂州人,系清代乾隆后期至嘉庆初与袁枚齐名的诗人,一生三次往返秦蜀,六经栈道,著有诗集《船山诗草》,其中有近百首与蜀道相关的诗作。特别是其《戊午二月九日出栈宿宝鸡县题壁十八首》更是久负盛名,时人评价极高,称之可与杜甫《诸将五首》相提并论。

---

① 钱钟联:《清诗纪事·顺治朝卷》,南京:凤凰出版社,2004年,第367页。

除了这些名家而外,清代大凡宦蜀官员多留有履栈诗篇,从《晚晴簃诗汇》《清诗别裁集》及蜀道沿线大量的清代地方志来看,清代非知名诗人的蜀道诗数量巨繁,需要艰苦采撷。从目前已经接触到的这方面诗歌情况看,虽然作者大多为普通官员甚至是处士隐逸一类,但其蜀道诗的价值却是多方面的,可谓全方位反映了清王朝与西部地区的政治、军事、文化的关系,历史地理价值尤其突出,并不亚于唐宋名篇,如允礼的《奉使纪行诗》、余甸的《冒雨过连云栈道》、高其倬的《剑门》、方殿元的《褒斜道》、李化楠的《五丁关》《七盘关》、李重华的《乌龙行》诸诗,不仅描写蜀道途中的惊险之状生动逼真,而且往往抒发了深沉的历史沧桑感与忧患意识。如果我们把整理蜀道的下限延伸至传统蜀道告终时期的民国抗战前夕,还可以收入章太炎、张澜、黄炎培、吴宓、于右任、吴芳吉、梁漱溟、赵祖康等人的蜀道诗。当然,民国时期的蜀道诗多为政治文化名人途经过境的写景抒情,少有专集,十分零散,但时代特色鲜明,弥足珍贵。

三、蜀道诗汇编及研究的多维价值

蜀道是我国七条线性文化遗产(Lineal or Serial Cultural Heritage)地带之一,历代蜀道诗不仅是中国交通文学史一个特色组成部分,其学术价值与现代社会价值是多方面的,具有历史地理、文化思想及其艺术审美多重意义,也使得蜀道成为中国文学史上一条著名的诗歌走廊。从以诗证史的角度看,这些不同时期的蜀道行旅诗歌折射了政治事件的发生、历史人物的行踪、西南交通的变迁,特别是蕴含有丰富的历史地理信息和社会生活风俗画面,蜀道作为我国一条著名的线性历史文化通道,其文化衍生物蜀道诗,不仅是蜀道文化中重要的诗歌文献,对于当今川、陕、甘蜀道沿线的历史文化遗迹的复原与保护、旅游资源开发、对于三省联合申报世界文化遗产等,都有重要意义。在蜀道文献中,诗歌文献不仅占有很大的比重,而且有其特殊的文化意义,历代官宦文人蜀道行旅的见闻及其心灵记录大多以诗歌为主要表现形式,因此可以说,历代蜀道诗不仅记录了历史上不同时期蜀道沿线自然风光、城乡民俗、物产经济、历史风云,具有重要的历史地理、山地路桥科学技术研究价值,同时蜀道诗也真实记录了古代行旅者的心态、思想、情感,忧患意识与克难跋涉精神,蜀道的惊险曲折与人生的艰难困苦交相体验,奏响的是先民顽强的开拓精神与苍凉奋斗的悲歌。

历代蜀道诗赋有重要的学术价值与现实经世意义。首先,历代蜀道诗赋的汇编开创我国古代线性文化遗产交通地带诗歌总集的探索。蜀道是我国古代最重要的交通线之一,也是我国七大线性文化遗产地带之一,但目前尚未有一部蜀道诗赋全集出版问世,《历代蜀道诗赋汇编》的完成将会是第一部交通干线诗歌文献的总集。对于从诗歌文学角度研究历史时期中国交通发展与文学盛衰的关系、研究古代交通文学的时代特征与文学特色、中国古代诗人的行旅心态与创作的现场情景,特别是从"蜀道难"到"蜀道易"文学主题思想的变迁及其所折射的古代西部交通、政治、战争、经济的历史演变都有重要意义。近年来,我国多地兴起了研究唐诗之路的热潮,以浙江绍兴、宁波等地浙东剡溪唐诗之路的研究投入力度最大,影响所及渐次播远。实际上无论就唐代交通道路上诗人行旅之多、诗歌数量之巨,还是以李白《蜀道难》为代表的蜀道诗影响传播的广远程度而言,蜀道都是当之无愧的第一唐诗之路,《历代蜀道诗赋总集》的编纂,将对蜀道作为第一唐诗之路提供最有力的实证文献集成。

其次,蜀道诗具有重要的历史地理学价值。从历史地理学角度看,历代蜀道诗不仅反映了蜀道交通路线的变迁、栈道建筑的形制技术、蜀道与历史事件、历史人物的关系,也多角度折射了蜀道及其沿线的生态环境、山地经济、山地聚落、社会风俗等,具有以诗证地的历史地理学价值。蜀道穿越我国秦岭、大巴山两大山系,沿途生态的多样性、气候的垂直性特征明显,历史时期森林植被茂盛、野生动物众多,蜀道诗则从不同角度与诗人的体验反映了蜀道沿线秦巴山地的历史地理风貌[①]。李白是否亲历蜀道学界尚有争议,但其名篇《蜀道难》却以诗化语言真实描绘了剑阁道、褒斜道、青泥道沿途惊心动魄的交通险状与雄奇瑰丽的自然景观;天梯石栈、枯木悲鸟、悬崖绝壁、山高泥淖、险关如剑,将蜀道的交通难行描绘得生动逼真,使人如临其境。因此,《蜀道难》的写作尽管有作者人生困顿时期政治心态的讽喻与寄托,却是基于唐代蜀道交通地理的真实状况而写,诗中剑中道上剑门关的险危、陇蜀道上青泥岭的曲折难行、金牛道上五丁关的历史传说、褒斜道沿线的原始森林的荒古雄奇,唐代都有舆地文献的记载可作印证,具有很大的写实性。除

---

① 马强:《唐宋诗所反映的蜀道历史地理》,《文博》1994年第2期。

了李白诗而外，岑参的蜀道诗写秦巴山地也具有物候史价值，《酬成少尹骆谷行见》诗提及经过骆谷道时的寒冷气候："层冰滑征轮，密竹碍隼旟。深林迷昏旦，栈道凌空虚。飞雪缩马毛，烈风擘我肤。咖攒望天小，亭午见日初。"[1]岑参这首诗作于永泰元年（760年）初冬，秦岭骆谷道上已经结冰封冻，车马行走困难，倒也不足为奇，但暮春时节秦岭依然积雪如冬，则说明秦岭高山地段的气候特征。元稹《使东川南秦雪》："帝城寒尽临寒食，骆谷春深未有春。才见岭头云似盖，已惊岩下雪如尘。"[2]秦岭以北的长安已是仲春花开寒食季节，而秦岭骆谷道中却依然皑皑积雪，俨若寒冬，这是唐代平原气候与山地气候差异明显的重要例证，岑参、元稹的蜀道诗是研究唐代秦岭气候史的重要史料。

诗歌长于见闻纪事，大到历史风云，小到关隘津渡、驿馆桥阁，大多都会在蜀道诗中有题咏，于是蜀道诗对于复原蜀道交通地理的若干节点就可以提供重要证据。虽然不能完全解决所有驿馆名称、地点及其不同时期的分布，但据此则至少可以尽可能地复原蜀道沿线驿馆大致的分布、数量及其排列顺序。如唐代褒斜道上有多少个驿馆？刘禹锡在《山南新修驿路记》说"自散关抵褒城，次舍十有五"[3]，晚唐诗人薛能也有诗句曰"十驿褒斜到处慵，眼前常似接灵踪"[4]。可见唐代褒斜道上有十至十五馆驿并非虚指，至于其馆驿名称及其地望，严耕望根据《唐要会》《旧唐书·敬宗纪》及孙樵《兴元新路记》等文献载梳理考证，中晚唐褒斜道计有渭阳驿、过蜀驿、安途驿、悬泉驿、武兴驿、右界驿、甘亭驿、褒城驿八驿，褒斜道支线文川道上有临溪驿、松岭驿、连云驿、平川驿、白云驿、芝田驿、青松驿、山辉驿、回雪驿、双溪驿、文川驿、灵泉驿十三驿，虽不能与刘禹锡所说完全吻合，但馆驿数字已经大体接近，并且地望明确具体化[5]，也说明薛能"十驿褒斜"并非虚言。

蜀道诗还为确定蜀道上一些重要驿馆及环境美化与具体位置提供了非常有价值的信息。褒城驿是唐代斜谷道上最为著名的驿馆，有"天下第一"的美誉，元稹、薛能、孙樵等都有题咏褒城驿的诗作。其中元稹曾经二次往返褒斜，均有褒城驿的题咏，"严秦修此驿，兼涨驿前池。已种千竿竹，又栽千树

---

[1] 岑参：《酬成少尹骆谷行见呈》，彭定求等编：《全唐诗》卷198，北京：中华书局，1960年，第2031页。
[2] [清]彭定求等：《全唐诗》卷412，北京：中华书局，1960年，第4568页。
[3] [唐]刘禹锡撰，瞿蜕园笺注：《刘禹锡集笺证》卷8《山南新修驿路记》，上海：上海古籍出版社，1989年，第210页。
[4] 薛能：《褒斜道中》，彭定求等编：《全唐诗》卷560，北京：中华书局，1960年，第6501页。
[5] 严耕望：《汉唐褒斜道》，《唐代交通图考》（三），上海：上海古籍出版社，2007年，第716—722页。

梨""忆昔万株梨映竹,遇逢黄令醉残春"①。驿前有水池,栽种有修竹与梨树,此诗可见唐人很注重美化驿馆环境,而并非单纯提供宿舍功用,这也为我们认知唐代驿馆环境及其审美趣味提供了难得的诗歌材料,如此细微具体的描写,也是其他舆地文献所不曾记载的。元稹以监察御史身份奉使东川查办严砺擅赋贪渎案,循傥骆道经兴元府(汉中)西去梓州,曾在汉中褒城游历,受到多年前故人、黄姓褒城县令的热情接待,因赋诗数首,他在《黄明府诗序》中说:"十六日,至褒城东数里,遥望驿亭,前有大池,楼榭甚盛。"②这不仅描绘了褒城驿的真实风貌,更重要的是为唐代褒城驿的地望定位提供了具体的诗证。笔者多年前曾经根据元稹这一诗序,推断褒城驿在今汉中市勉县褒河西岸长林乡一带,而否定了清代地方志所说在龙江乡打钟寺一带的错误记述③。刘禹锡《送赵中丞自司金郎转官参山南令狐仆射幕府》诗有"绿树满褒斜,西南蜀路赊。驿门临白草,县道入黄花。"④其中后二句实际上包含了褒斜道、傥骆道上两个驿站:白草驿与黄花驿。白草驿在傥骆道南段,今陕西洋县白石乡白草村,黄花驿在今陕西凤县黄花川。唐代诗人薛逢有《题黄花驿》诗:"孤戍迢迢蜀路长,鸟鸣山馆客思乡。更看绝顶烟霞外,数树岩花照夕阳"。可见黄花驿在秦岭万山围中,夕照孤驿,山路漫长,诗人羁旅于此,生发强烈的怀乡思亲的孤寂感。再如蜀道上的百牢关曾经在唐代舆地文献与唐诗中多次出现,但关在何处却互有歧义。现代注家及地名辞典一类工具书一般都依照李吉甫《元和郡县图志》记载认为在西县城西不远处⑤,但唐诗提供的信息却与此抵牾,常使学者困惑不解。杜甫《夔州歌十绝句》有"白帝高为三峡镇,瞿塘险过百牢关"⑥,既然能与瞿塘关相提并论,说明唐代百牢关以险要著称。但西县(今陕西汉中勉县老城)西郊地形为普通入山口,并无险要可言,不符合杜诗所写,说明杜诗当另有所指。此外,郑余庆、元稹、武元衡、李商隐、于邺等诗人均有诗涉及百牢关,诗句所状描百牢关及其周边地形环境与人文景

---

① 元稹:《褒城驿二首》,彭定求、曹寅等编:《全唐诗》卷403,北京:中华书局,1960年,第4503页。
② 计有功《唐诗纪事》卷137:"元和四年三月,奉使东川。十六日,至褒城驿东数里,遥望驿亭前有大池,楼榭甚盛。逶巡,有黄明府见迎"。参见氏著:《唐诗纪事》,上海:上海古籍出版社,1987年,第297页。
③ 马强:《唐代诗人汉中诗考略(下)》,《汉中师范学院学报》2000年第1期。
④ [清]彭定求等:《全唐诗》卷357,北京:中华书局,1960年,第4568页。
⑤ 李吉甫《元和郡县图志》卷22《山南道三·兴元府·西县》:"百牢关,在县西南三十步。隋置白马关,后以黎阳有白马关,改名百牢关。自京师趣剑南,达淮左,皆由此也"。详见氏著:《元和郡县图志》,北京:中华书局,1983年,第560-561页。
⑥ 彭定求等编:《全唐诗》卷229,北京:中华书局,1960年,第2507页。

观也明显与西县百牢关不同①,汉中档案馆孙启祥先生通过对大量唐宋舆地文献与唐人蜀道诗结合实地考察,提出百牢关已从唐开元天宝年间移至三泉县西南四十里之嘉陵江畔的新观点②,使这一历史地理疑惑问题有了突破性进展。再如筹笔驿地望问题,一般认为在广元境内,但因舆地文献记载语焉未详,具体位置难以说清。唐代李商隐、罗隐等诗人都有《筹笔驿》诗,特别是晚唐罗隐《筹笔驿》诗有"唯馀岩下多情水,犹解年年傍驿流"③,表明筹笔驿临近嘉陵江,而且所处地势较高,结合利州(今广元)之北蜀道所经路线,这个"筹笔驿"应该在今广元朝天关附近。以上两例说明蜀道诗在研究蜀道历史地理方面有特殊意义。

此外,汇编蜀道诗总集对于一定程度上恢复古代蜀道及其沿线自然与人文景观、促进今日蜀道沿线历史文化旅游资源的开发,对于复原蜀道唐诗之路的历史风貌,特别是对川、陕、甘三省蜀道申请世界文化遗产工作等都有十分重要的意义。限于篇幅,当另文论证。

---

① 元稹《百牢关》诗云:"嘉陵江上万重山,何事临江一破颜?自笑只缘叙述敬仲,闲身度百牢关",明言百牢关在嘉陵江畔,显然与西县无涉;杜甫于乾元二年(759)由同谷(今甘肃成县)西南入蜀行,越兴州(今陕西略阳)西南飞仙岭,经金牛县(今陕西宁强县东北大安镇),沿金牛道西南行,并未经过西县,可证他所看见的"百牢关"并非《元和郡县图志》所记载的西县"百牢关";唐宪宗时名臣武元衡元和八年(813)由蜀返长安,有《元和癸巳余领蜀之七年奉诏征还二月二十八日清明途经百牢关因题石门洞》(《全唐诗》卷316,第3551页)诗,题注为"途经百牢关因题石门洞",说明百牢关附近有石门洞,此石门洞即龙门洞,在唐代三泉县西二里许之嘉陵江边,进一步说明唐代后期"百牢关"在三泉县(治在今陕西汉中宁强县阳平关镇唐渡乡擂鼓台村)附近。此段参考了孙启祥先生的考证,详见孙启祥:《蜀道"百牢关"位置考》,《陕西理工大学学报》(哲社版)2019年第1期。
② 孙启祥:《蜀道"百牢关"位置考》,《陕西理工大学学报》(哲社版)2019年第1期。
③ [清]彭定求等:《全唐诗》卷657,北京:中华书局,第7550页。

历史时期小川北路与四川盆地地缘格局演变

蓝 勇[①]

摘 要：汉晋时期的四川盆地的金牛道、长江水路是联系四川盆地与外界交通的要道，唐宋时期，四川盆地东西交通形成南北两道，由于整个中国政治经济的格局北部发达和四川盆地中成都独大的形势，北道的地位更为重要。唐宋北道从万州到梁山军的驿道路线已经较为稳定，但梁山军以西进入成都的路线散漫而并不固定。元代站赤建设奠定了明代小川北路的基础。明代的川北路西段往往借用金牛道南段东线的部分路线，中线则从顺庆府经广安州绕行渠县，路线仍较为曲折。明代由于重庆的地位上升，成渝间东大路的地位上升，川北路的地位与唐宋比相对下降。清中叶以后，小川北路的路线开始大量取直，成为出入四川盆地到成都的最近捷的通道，清末社会上开始有了"小川北路""北大路""中大路"等称呼，小川北路的地位仍较高。清末由于轮船入川后，可直达重庆，加上重庆开埠后重庆地位本身上升，成都重庆间的"东大路"地位更加重要，"东大路"的称法才开始流行起来，而北大路地位相对下降，但民间小川北路仍然是重要的取行道路。整体上看，历史时期小川北路的地位由唐宋高到清末民国低的变化趋势与地缘格局下整个中国政治经济文化重心的东移南迁和四川盆地内经济文化东南推移相关。

关键词：北道；小川北路；东大路；地缘格局

目前，学术界对线性文化遗产越来越关注，历史通道研究方兴未艾，特别

[①] 作者简介：蓝勇，男，1962年生，四川泸州人，西南大学历史文化学院教授，研究方向为历史地理学。

是蜀道申遗工作对蜀道的研究产生了极大的推动作用。不过,对于蜀道的研究人们更多关注狭义的川陕蜀道,而对其他四川盆地对外交通的整体关注并不够。在对四川盆地内古代交通路线的研究中,人们更多关注明清成渝东大路,但是对于历史时期可能比东大路历史更悠久,影响可能一度比东大路更大的小川北路的关注却远远不够。故本文拟在实地考察的基础上对历史时期的小川北路作一系统研究,并以此讨论四川盆地各交通通道地位升降与四川盆地历史时期的地缘格局变化的关系。

一、元以前四川盆地内的东西交通通道变迁

四川盆地内的交通路线空间地位变化可能与整个四川盆地政治经济格局变化和交通运输形式的更替变化相关。在先秦时代,盆地内巴蜀先民更多地利用长江水系的舟楫之利进行交通往来。到了汉晋时,水路仍是最重要的交通路线,如岑彭、吴汉攻公孙述,三国吴使张温使蜀和蜀使费祎使吴,晋桓温灭李哲,朱龄石灭谯纵都是取水路出入。到了唐宋时,从成都合江亭(今南河口)东下扬州的水路仍是重要交通要道,从成都顺水而下恭州(重庆)需11日程。[①]所以,唐宋的许多文人都沿水路出入四川盆地,如李白、杜甫、苏东坡、范成大、陆游等。

唐宋时期,随着四川盆地间经济的不断发展,城镇贸易交流的加强,陆路交通也发展起来。当时,盆地内官路私路纵横,如渠州到蓬州官路220里,私路190里,[②]而许多往往水路陆路相间,如果州到合州水陆相兼300里,[③]其中盆地内有两条最重要的主干道,即北道和南道。

北道从成都出发,160里(一作155里、120里、150里)到怀安军,经梓州飞乌县(中江仓山镇)290里(其中飞乌县到遂州95里)到遂州,119里(一作205里、175里、170里)到果州,163里(一作280里)到渠州,190里到梁山军,141里到万州,为从成都向东出入四川盆地最直的一条路线,约1000里,当然,也可以分别从遂州240(一作260里,水路380里)里、果州185里(一作200里,水陆相兼300里)到合州,再120里(一作200里、205里、300里)到渝州,但一般取

[①] 蓝勇:《四川古代交通路线史》,重庆:西南师范大学出版社,1989年,第164-175页。
[②] 乐史:《太平寰宇记》卷138《渠州》,中华书局,2008年,第2694页。
[③] 乐史:《太平寰宇记》卷86《果州》,中华书局,2008年,第1709页。

用较少。①据考证,唐宋时期此线曾设有怀安军灵鼋驿、梁山军三龟驿、梁山驿、万州高梁驿、羊渠驿。②据《太平广记》引《云溪友议》记载:"后廖君自西方蜀回,取东川路,至灵鼋驿,驿将迎归私第,及见其妻,素衣再拜。"③因廖氏老家在交州,驿将亲自迎回的灵鼋驿,说明灵鼋驿应该近交州,故此道是否在东川路的地界上还需要再深考。

南道从成都东南出灵泉县(今龙泉镇)150里到简州,226里(一作220里、155里)到资州,228里(一作210里、230里、260里、300里、410里)到昌州,180里(一作185、165里、390里)到合州,约800里。或从昌州510里(一作720里,应误)到渝州,合计约1100里左右。或从合州到渝州,合计也是1100—1200里。此道也可从简州220里(一作180、240)到普州,220里到合州,更为近捷。④其间有昌州龙尾驿、合州什邡驿。⑤在唐代北宋时期可能更多取用北道,故此道相对清冷。

同时,南北道可以通过普州、广安军、合州相连,如普州可以向西南连资州170里(一作175里、378里),北连遂州100里(一作96里),东南与昌州145里(一作150里)相连。再如广安军可以向东120或东北190里(一作180里)与渠州相连,向西方北200里与果州相连,南120里(一作200里)与合州相连。再如合州可以向南120里(一作180里、160里,水路200里,一作410里,应误)到渝州,北260里(一作280里)到果州。⑥同时,当时,合州水陆相兼到果州300里,合州水路到遂州380里,陆路为260里,合州水路到渝州200里,渠州水路到合州400里,水路到蓬州250里,已经有了官路与私路的概念。另蓬州官路到渠州210里(一作220里),私路为190里。⑦从取用南北二道的案例来看,人们为了取直省时或为了具体目前的,并不一定取行州治所在县,如后来我们谈到范成大、陆游等人的行程来看,取行的飞鸟县、灵泉县、垫江县、邻山

---

① 以上里程据王存:《元丰九域志》有关州县至"本州界"和"界首"至他州距离的地理记载,据《元和郡县志》中的"八到"、《太平寰宇记》中的"四至"、"八到"作修正补充。因个别州之间记载有出入,故只形成一个略数。
② 蓝勇:《唐宋四川馆驿汇考》,《成都大学学报》1990年4期。严耕望:《唐代交通图考》第四卷,《山剑黔滇》,上海:上海古籍出版社,2007年,第1169页。
③ 李昉:《太平广记》卷167引《云溪友议》,《笔记小说大观本》第3册,扬州:江苏广陵古籍出版社,1995年,第337页。
④ 以上里程据王存《元丰九域志》有关州县至"本州界"和"界首"至他州距离的地理记载,据《元和郡县志》中的"八到"、《太平寰宇记》中的"四至"、"八到"作修正补充。因个别州之间记载有出入,故只形成一个略数。
⑤ 蓝勇:《唐宋四川馆驿汇考》,《成都大学学报》1990年第4期。
⑥ 以上里程据王存:《元丰九域志》有关州县至"本州界"和"界首"至他州距离的地理记载,据《元和郡县志》《太平寰宇记》的"四至""八到"作修正补充。因个别州之间记载有出入,故只形成一个略数。
⑦ 据乐史:《太平寰宇记》(中华书局,2008年)版有卷次"四至""八到"资料整理研究。

县、邻水县、汉初县、遂宁县、岳池县都不在州治上。

唐宋时,南北二道都多为人们取用。南道灵泉县"商贾轮蹄,往来憧憧,不减大都",[1]而资州"北通普、遂,南接荣嘉,西达隆、简,东抵昌、泸"。[2]不过,相比之下,唐宋人们更多取北道。为什么人们多取北道呢？这主要是北道地区经济更发达,政治地位更重要所致。当时,北道遂州有称"四达之区,西接成都,东连巴蜀",[3]号称"剑南大镇"[4]和"东蜀之都会",[5]又是当时中国西南糖业中心。唐代遂州设有总管府、都督府,宋建炎时又设四川都转运使,政治、军事、经济地位十分重要。果州顺庆府"民喜商贾""号小成都"。[6]相反,南道资州却是"地狭民贫,无土以耕,在蜀为穷僻之邑,江山瑰杰",[7]仍是夷汉杂居之地。而普州是"介万山间,无土地肥饶之产,无舟车货利之聚"。[8]昌州也是"居万山之间,地独宜海棠",[9]人"不事燕游"。[10]

北宋刘光义、曹彬平蜀便是到万州后舍舟取陆到成都。郭允蹈《蜀鉴》卷八"(刘)光义、曹彬自夔门会王全斌等于成都。光义等发夔门,万、施、开、忠等刺史皆迎降,至遂州,知州陈愈亦降。"[11]可见宋初刘光义、曹彬破蜀之路便是在万州一带舍舟从陆从遂州到成都的。范成大在《入蜀记》中谈道:"然溯江入蜀者到此,即舍船而徒,不两旬可至成都,舟行即需十旬,"[12]并谈到万州舍舟到成都取成渝线(北道)仅20天,而若乘舟而上需要100天。而范成大自己也确实是在万州舍舟从陆而步行的。我们以《石湖诗集》卷16的记载来看,当时从万州出发经过横溪驿、蟠山、峡石铺、馒头山蟠龙瀑布、峰门岭、梁山、可巨驿、垫江县、巾子山、邻山县、没冰铺、金山岭、邻水县、望乡如、广安军、萍池、汉初县、小溪县、茸山、遂宁。[13]南宋陆游的《剑南诗稿》卷三中也记载了陆

---

[1] 袁辉:《通惠桥记》,《全蜀艺文志》卷33,线装书局,2003年,第897页。
[2] 王象之:《舆地纪胜》卷157《资州》引《图经·驿铺序》,成都:四川大学出版社,2005年,第4738页。
[3] 祝穆:《方舆胜览》卷63《遂宁府》引《图经》,北京:中华书局,2003年,第1100页。
[4] 祝穆:《方舆胜览》卷63《遂宁府》引《曲阜行李延制》,北京:中华书局,2003年,第1100页。
[5] 王象之:《舆地纪胜》卷155《遂宁府》引刘仪凤《南楼记》,成都:四川大学出版社,2005年,第4668页。
[6] 祝穆:《方舆胜览》卷63《遂宁府》引《图经》,北京:中华书局,2003年,第1103页。
[7] 王象之:《舆地纪胜》卷157《资州》引宋京《得道山至道记》,成都:四川大学出版社,2005年,第4739页。
[8] 王象之:《舆地纪胜》卷158《普州》引《普慈志序》,成都:四川大学出版社,2005年,第4779页。
[9] 王象之:《舆地纪胜》卷161《昌州》引《香亭记》,成都:四川大学出版社,2005年,第4878页。
[10] 王象之:《舆地纪胜》卷161《昌州》引《静南志》,成都:四川大学出版社,2005年,第4879页。
[11] 郭允蹈:《蜀鉴》卷8,成都:巴蜀书社,1985年,第435页。
[12] 范成大:《吴船录》卷下,《宋人长江游记》,沈阳:春风文艺出版社,1987年,第254页。
[13] 范成大:《石湖诗集》卷16《四部丛刊》,景清爱汝堂本。

游在万州舍舟从陆西行的行程,从万州经过三折铺、都梁山、蟠龙瀑布、梁山军、邻山县、岳池、广安、果州驿。[1]从范成大、陆游的行程来看,从万州向西的路程前半段是一样的,只是范成大到遂州后进入成都的行程缺乏记载,而陆游到果州后了好似向北经阆中、到广元,并没有直接进入成都。魏了翁《飞雪亭》诗云:"自荆入蜀路险绝,黑猿声中胆欲折。万州江头舍舟楫,又趣担簦穷岌嶪。危磴连云如积铁,乱石硋足十九跌。仆夫流汗马止舌,遥望蟠龙挂天胁。悬瀑落岩喷霁屑,中间有亭曰飞雪。十里阴风寒入发,人言此地无六月。呼取大斗酌甘洁,一饮令君消内热。"[2]显然,宋代魏了翁是在万州舍舟从陆经蟋龙瀑布到梁山入蜀的。宋代袁说友《东塘集》卷二记载有《渡嘉陵江宿什邡驿》诗称:"山程十日不见江,前日初逢黎渡水。牵车又到渠江畔,漾漾翻波意尤美。今朝嘉陵江水宽,危峰大石更巉岘。棹儿艇子呼晚渡,亦刺钲鼓推标竿。渡头枫绿蔷薇密,我宿山南雍城侧。细思青史什邡侯,君恩何似嗟来食。"[3]另有《过渠江渡》及相关的峡中马肝石咏叹,可以肯定袁说友入蜀也是取此道路而行的。

现将以上范成大、陆游、魏了翁所经的地名部分做一些考证:

峡石铺,据《舆地纪胜》卷179《梁山军》:"书院峡,距军东五十里,在峡石市之北。每风雨冥冥,如闻读书声。其中有坐卧石塔,名夫子崖,过此十五里,有子贡坝,其间有山,名拜相台。"[4]《方舆胜览》卷六十:"书院峡,在军东五十里峡石市之北,每风雨冥冥如闻读书声,故其中有夫子崖、子贡坝"[5],但书院峡在元明的文献中少有记载,明代仅正德《四川志》中记载:"书院峡,在治东五十里,风雨时如读卡书声,中有夫子崖。"[6]后来清初《读史方舆纪要》卷记载:"峡石市,县东五十里,其北有书院峡,市因以名。"[7]在光绪《梁山县志》卷2中有记载书院峡,仅是沿用前人的记载,并不能定位。记载峡石市是作为古迹来记载了,方位也不明确。在清中后期的文献中已经没有有关峡石市的地名传承信息,我们只能根据方位里程推测可能在今天梁平区书字铺到银河桥一带。据曹烨《曹司马集》卷六《星焰书》记载:"(银河)桥边有塔而下于桥,塔

---

[1] 陆游:《陆放翁全集》中《剑南诗稿》卷3,北京:中国书店,1986年,第39—57页。
[2] 鹤了翁:《鹤山先生大全文集》卷3《古诗集部集成》,《四部丛刊初编·集部》。
[3] 袁说友:《东塘集》卷2,《文渊阁四库全书本》。
[4] 王象之:《舆地纪胜》卷179《梁山军》,成都:四川大学出版社,2005年,第5215页。
[5] 祝穆:《方舆胜览》60,北京:中华书局,2003年,第1049页。
[6] 正德《四川志》卷17《夔州府》,正德十三年刻本。
[7] 顾祖禹:《读史方舆纪要》卷69《夔州府》,北京:中华书局,2005年,第3265页。

边有庵而上于塔也。次小坡,次书字铺。"与上面宋人记载的书院峡有坐卧石塔景观相似。据光绪《梁山县志》卷二《舆地志·形胜》:"银河桥铺,在县东四十五里"的位置来看,[1]今天银河桥一带也与宋代记载的书院峡位置相似,这样,今银河桥一带可能就是宋代的峡石市,而从银河桥到书字铺一线为书院峡,而书字铺上一带的山崖可能就是夫子崖。

梁山驿,《舆地纪胜》卷179《碑记》记载:"旧梁山驿碑,驿在军之东四十里",[2]以四十里度之,驿并不在的梁山军城内,应该在今书字铺一带,当古代高梁山之麓,为古代进入梁山的第一驿站,故名。同时,宋代梁山城内有三龟驿,参后。

蟠龙岭,据《舆地纪胜》卷179《梁山军》记载:"飞练亭,蟠龙飞瀑,去军东二十里,水自洞中流出,注于崖下,约高二百余丈。"[3]《方舆胜览》卷60:"蟠龙山,距梁山军东二十里,孤峙秀桀,突出众山之上。下有二洞,洞中有二石,龙状,首尾相蟠,故名。"[4]《大元混一方舆胜览》卷中记载有蟠龙山。[5]明代正德《四川志》嘉靖《四川总志》万历《四川总志》《蜀中广记》《读史方舆纪要》中都有相关记载。今天,蟠龙山上的蟠龙老街仍然存在,位置较为明确,蟠龙瀑布在其东南,紧邻百步梯碥路,下为白兔亭。

峰门岭,据《舆地纪胜》卷179《梁山军》:"峰门山,距梁山军东一十五里,其山高大,顶有寒泉,崖峻险,群峰对峙如门因以名之。"[6]《方舆胜览》卷60:"峰门山,在军东十五里,其山高大,顶有寒泉,两崖相对如门,故名。"[7]《大元混一方舆胜览》卷中记载有峰门山。[8]明代嘉靖《四川总志》卷10、万历《四川总志》卷14、《读史方舆纪要》卷69、光绪《梁山县志》卷2都中记载有峰门山,但今位置并不明确。今天,梁平东面大山已经没有峰门山的名称对应,以路程方位来看,应该在今凉风垭附近。另正德《四川志》卷17记载梁山县有峰门铺,但位置并不明确,如果是今垫江县之峰门铺,但位置与宋代的峰门岭位置大相径庭。

---

[1] 光绪《梁山县志》卷2《舆地志·形胜》,光绪二十年刻本。
[2] 王象之:《舆地纪胜》卷179《梁山军》,成都:四川大学出版社,2005年,第5217页。
[3] 王象之:《舆地纪胜》卷179《梁山军》,成都:四川大学出版社,2005年,第5212页。
[4] 祝穆:《方舆胜览》卷60,北京:中华书局,2003年,第1049页。
[5] 刘应李:《大元混一方舆胜览》卷中,成都:四川大学出版社,2003年,第289页。
[6] 王象之:《舆地纪胜》卷179《梁山军》,成都:四川大学出版社,2005年,第5213页。
[7] 祝穆:《方舆胜览》卷60,北京:中华书局,2003年,第1049页。
[8] 刘应李:《大元混一方舆胜览》卷中,成都:四川大学出版社,2003年,第289页。

三龟驿,据《舆地纪胜》卷179记载梁山县南门有三龟驿,[1]因梁山驿并不在军城内,此驿可能就是军城内的驿站。

可邓驿,据《石湖诗集》卷16谈到了峰门岭与垫江县之间有可邓驿,有的写作可巨驿,[2]清沈钦韩《范石湖诗集注》卷十六注中认为:"什邡驿,什邡县属成都府,在府东一百七十里,错置于此。"[3]实际上上面两字可能并不与成都附近的什邡县同,但可邓县具体在何处也难以说清。我们发现《新定九域志》卷7、《舆地纪胜》卷159中记载合州有什邡侯城。可见,雍齿封什邡侯的故事在巴蜀传说较多。特别宋代袁说友《东塘集》卷二记载有《渡嘉陵江宿什邡驿》诗的也记载了什邡驿,[4]也表明什邡驿确实是在嘉陵江与渠江附近,但位置可能并不明确。以宋《庆元二年修路碑》中有"东至梁山军接本县可邓界"之句来看,可邓驿应在今梁平区与垫江县交界的普顺、沙坪一带。

巾子山,《舆地纪胜》卷174记载:"在乐温县北一百里",[5]《嘉庆一统志》和雍正《四川通志》只是沿引《舆地纪胜》的相关记载,认为在今长寿区西北地区,不能确定具体地点。一般认为巾子山为垫江县峰门铺,据《垫江县创立峰门铺碑记》记载垫江县治距离长寿160里来看,光绪《垫江县志》又记载风(峰)门铺在垫江县西南三十里之远,峰门铺在宋乐温县(今长寿湖水中灌滩寺位置)确实在一百里左右位置上,特别是《庆元二年修路碑》有"西至巾子山接渠州邻山县界"之称,加上峰门铺《建炎三年告示碑》中有"巾子山之隘"之称,可以肯定巾子山即指今垫江、邻水交界之峰门铺之山。而据《垫江县创立峰门铺碑记》记载是明代"新取名曰峰门铺",显然,明代巾子山垭口新取名为峰门铺,后来巾子山之名反而无人知晓了。

仅从以上考证可知,宋代从梁山向盆地腹部的路程多有回曲散漫绕行,可能一可以从梁平直接向西翻今明月山佛耳岩西进,也可以先向南到垫江然后从垫江西南经黄泥坡、王家场、塔坝到峰门铺翻明月山西进。

邻山县,《太平寰宇记》卷138记载:"邻山县,(渠州)东南一百里……县城南西北三百有池围绕,东阻湟水,甚险固,俗号为金城。"[6]《读史方舆纪要》卷

---

[1] 王象之:《舆地纪胜》卷179《梁山军》,成都:四川大学出版社,2005年,第5213页。
[2] 范成大:《石湖诗集》卷16《四部丛刊》,景清爱汝堂本。
[3] 沈钦韩:《范石湖诗集注》卷16,光绪刻功顺堂丛书本。
[4] 袁说友:《东塘集》卷2,《文渊阁四库全书》。
[5] 王象之:《舆地纪胜》卷174《涪州》,成都:四川大学出版社,2005年,第5087页。
[6] 乐史:《太平寰宇记》卷138,第2695页。

68:"邻山城,(邻水)县东南五十里……今为邻山镇。"①今天有认为邻山县在大竹县清水镇南牌坊坝、四合镇、邻水县兴仁镇的几种说法,但从以上记载和三地的区位形势看,宋邻山县在今邻水县兴仁镇更妥当。

金山岭,沈钦韩《范石湖诗集注》卷十六引《读史方舆纪要》卷68:"金城山,在顺庆府仪陇县北。"但金城山与金山岭位置、名称都出入较大。清代今蓬安县兴隆镇南也有金城山,不知是否此山?因邻山县的邻山即今铜锣山,邻山县号金城,或金山岭即邻山上的一别称,故存疑待考。

其他,在范成大、陆游的行程中还经过了邻水县,一般认为唐宋代邻水县在今邻水县鼎屏镇。广安军,宋代广安军在今天广安市。唐宋岳池县,在今天岳池县顾县镇。汉初县,宋代汉初县在今岳池县西关一带汉初村(一说烈面镇)。果州驿,在今南充市顺庆区。小溪县,今遂宁市。飞乌县,在中江县仓山镇。而横溪驿、蟠山、三折铺、没冰铺、薄池、茸山、望乡如地名无考。

从以上行程的地名来看,可以发现有以下两点:1.从路线上来看,唐宋时期四川盆地东西方交通的北道从万州段到梁平段路线较为清晰,一直是从万州沿苎溪河行走,经今天的曲水、福禄、银河桥、蟠龙、凉风垭到梁平,与后来明清时期的小川北道万梁段南线路线完全一致。但从梁平向西到成都的路线走向相当混乱,或南或北,不论是地理总志的四至八到,还是文人们的行旅记载,都有表明并没有形成一条固定的北道路线,与明清时期相对固定的小川北道路线差异较大。2.从范成大、陆游的行程路线来看,主要所经地都是在唐宋四川盆地的北道,南面的南道路线相对较为冷清,但南道合州称"巴蜀要津",控扼三江,宋代又是转糟川米的起点,成为东面重要的城市结点,地位远比南面的渝州重要。而由于唐代渝州和宋恭州(重庆府)的地位还较低下,即使宋人沿江行经渝州多是一晃而过,留下的记述较少,故《元和郡县志》《太平寰宇记》在渝州处只列有到北到合州、东北到渠州的路程,没有列任何向西、西北方向的路程,只是到后来《元丰九域志》才列有渝州到昌州510里的路程,而且还很不精准,所以,今天的"成渝通道"的概念在唐宋时期根本不存在。

值得一提的是宋的摆铺建设对于唐宋四川盆地北道的建设有较大的影响。唐宋时期,万州本有"峡中天下最穷处"之称,经济整体并不发达,但由于区位和水运的重要性,在交通运输上的重要性在唐宋以来开始显现了出现。据宋李昉《太平广记》卷433《虎》8周雄条引五代《北梦琐言》:"景福乾宁之时,

---

①顾祖禹:《读史方舆纪要》卷68《顺庆府》,北京:中华书局,2005年,第3243页。

三川兵革,虎豹昼行,任上贡输,梗于前迈,西川奏章,多取巫峡",①显然,从五代以来四川盆地的政治信息的交流开始以长江水路为主线的趋势,万州以下水路虽然险恶但线路较为平直,而万州以上水路回曲绕行,万州连水接陆的区位优势自然也显现出来。李心传《建炎以来朝野杂记》乙集卷九:"绍兴末邱宗卿为蜀帅,始创摆铺,以健步四十人为之,岁增给钱八十余缗,以初三、十八两遣平安报,至行在率一月而达。蜀去朝廷远,始时四川事朝廷多不尽知,自创摆递以来,蜀中动摇靡所不闻,凡宗卿劾疏中所言皆摆递之报也。"②另《舆地纪胜》卷177记载:"摆铺递,绍熙三年制置丘公崈所置也。自成都至行在凡四千二百余里,公谓边防军政事体甚重,军期摆递,事多稽迟,恐缓急之际有误机会。于是奏摆递三,自成都至万州以四日二时五刻,从铺兵递传。自万州至应城县九日,应城至行在十四日,则以制司承局承传,回程如之。惟应城回至万州又加四日。每月初三、十八日,两次排发。若有急切军期即不拘此。行在都进奏院排发亦如之,自万州下水于峡州出陆,至荆门计一千一百里程,以六日半,回程加四日,荆门至湖口一千八十里往回各九日。湖口至行在九百里,往回各七日半。"③显然,从成都到万州只需要四天多时间的行程,必须有较好交通通道设施体系来保障,这对于唐宋四川盆地东西交通北道成为主线又起了促进作用。整体来看,唐宋四川盆地东西交通体系中,在四川盆地的东部,万州和合州才是最重要的交通节点,而不是渝州。

到了元代,从成都本府水站沿岷江而下的水路到重庆三十站,仍十分通畅。同时,盆地陆路也发展成四条干线,第一条是广元陆站沿嘉陵江到古渝陆站,第二条宝峰陆站(阆中市)、蓬安、渠县、大竹、岳池到广安。此路可从大竹荣城站东到梁山在城站(梁平)、高梁站(万州高梁镇)到万州。第三条成都本府陆站经中江、三台县、射洪县、遂宁、南充、合川到重庆。第四条是从成都本府陆站经眉山、青神、乐川、犍为到宜宾。④

在以上第一条道路上的顺庆陆站(又叫东夔站,今南充市),第二条上的义陆站(渠县东六十里礼义城)、荣城陆站(大竹县城东)、皇华陆站(今邻水

---

① 李昉:《太平广记》卷433《虎》8周雄条引五代《北梦琐言》,《笔记小说大观》第5册,扬州:江苏广陵古籍出版社,1983年,209页。
② 李心传:《建炎以来朝野杂记》乙集卷9《金字牌》,清武英殿聚珍版丛书本。
③ 王象之:《舆地纪胜》卷177《万州》,成都:四川大学出版社,2005年,第5178页。
④ 以上四条陆道资料来自《经世大典》和《析津志·天下站名》,参蓝勇:《元代四川站赤汇考》,《成都大学学报》1991年第4期。

县)、故县陆站(岳池顾县镇)、梁山在城站(梁平)、高梁站(万州高梁镇)、万州水站,第三条上的成都本府陆站(成都市)、中江陆站(又称中汜站,今中江县)、潼川陆站(今三台县)、金华陆站(今射洪县治)的设立对后来的小川北道的形成奠定了基础,也可以说元代的站赤建设已经构建出了明清小川北道的部分路段雏形,但元代文献中并无小川北道路线的具体描述。

二、明代川北路的线路走向研究

明代成都重庆间川江水路仍十分通畅,但由于其行程较长,故重要性相对不及陆站。总体上来看,明代四川盆地内陆路驿站林立,交通十分方便。特别是由于明代四川盆地经济重心相对向东南推移,重庆府的地位日渐高涨,成渝通道的概念才开始逐渐显现出来。在明代,在四川盆地内部东西交通主干道开始由唐宋北道转为南道,即我们后来称的东路、东大路正式形成。东路的形成使现在的成渝大道路线主线最终固定了下来。但在北线,由于北面大片区域仍然需要西与成都联系,东与四川盆地外界沟通。而通过峡路进入四川盆地到成都的水路漫长的局面仍然没的改变,所以从万州舍舟从陆步行成都仍然是最好的选择。因到了万州又绕行重庆走东大路自然回曲绕行,所以,在元代四川盆地站赤建设的基础上,明代形成了一条明清时期的相对固定走向的川北路,路线虽然与唐宋的北道大致走向一致,但在具体的路线上多有差异,且线路相对稳定。

明代较早记载川北道的是明万历年间的张瀚《松窗梦语》卷二收录的《西游记》中,其记载:"自巴阳峡乘小舟沿江而抵万县,复从陆行,盘旋山谷中水田村舍之间,竹木萧疏,间以青石,石砌平坦,路甚清幽,入蜀以来仅见。且山气清凉,非复沿江上下风景。将至蟠龙,遥见飞泉数十道从空而下,山崖草树翠青而泉白真如垂练。且两山高峙,流泉平平低下,不知所从来。及登白兔亭,入蟠龙洞洞口,垂乳乱杂,稍入便暗,列炬以进,内有石笋、龙床,约半里许,渐不可入,唯闻水从中出而渊深莫测也。梁山、垫江以西,上一高山,名张冲槽,甚为危峻,自此皆上下山坡,至镇山始为平地,渡巴江为重庆城。城临江而倚山,历壁山、永川、荣昌、内江、资县皆面江流,而资阳之觉林寺,在四围山色之中,可以南眺大江,寺后有水月阁,遍植桂树,树甚高大,时正芳香可爱。自简州诣龙泉,即蜀中会城。"①显然,这里只记载了川北道东段的路线,而且好像是从垫江南下循东大路西入成都。

在明代对川北道记载较为详细而全面的是明末曹烨《星轺书》,其记载明末小川北道从万县出发经过天生桥、西溪铺、普庵铺、佛寺铺、分水、白洋、江家嘴、曲水、胡庐山、银河桥、书字铺、白兔亭、蟠龙山、龙行岩、陡磴子、梁山。②从以上两则记载来看,当时从万州舍舟从陆而行到梁平后往往分成两路而行,向西经达大竹、渠县、蓬安、顺庆府、遂州、中江达成都,在清代称为小川北路,而从梁平南下垫江可达重庆,当时民间称为川东路。③即我们现在习惯称的渝万大道。不过,明代的成都到万县的通道可能与清代的小川北路在路线上有较大的差异,据明隆庆间形成《一统路程图记》记载:"成都府,五十里新都县,五十里汉州,五十里古店、五十里中江县、五十里建宁驿,六十里潼川州,四十里射洪县、三十里广寒公馆,七十里蓬溪县、九十里顺庆府,五十里清溪公馆,六十里岳池县,南六十里广安州,八十里琅琊公馆,三十里渠县,六十里大竹县,八十里袁坝公馆,五十里梁山县,九十里公水驿,八十里万县。"④其中广寒公馆在位于今射洪县金山场,即当家铺。清溪公馆在今岳池县秦溪镇,琅琊公馆在渠县琅琊镇。从明代的路线来看,我们还能看到一点唐宋的影子,如经过广安州、岳池县治地,与唐宋文人经过梁山后的路线多有相似之处。

具体讲明代这条路线在许多地方也与后来的清代小川北路有以下三点较大的差异:

1.《一统路程图记》记载的成都府到潼川府的路线实际上是明代金牛道南段东线的路线,与清代文献中记载的小川北道从成都府北二台子、龙佛寺、金堂县姚渡、赵家渡、中江县兴隆镇、三台县龙台镇、观桥镇、射洪县陈古镇到射洪县的路线不同。据正德《四川志》和嘉靖《潼川志》的记载来看,这条道路从汉州广汉驿、总铺出发沿线设立了石佛铺、白云铺(广汉市金鱼镇白云村)、连山铺(广汉连山镇)、石潭铺(连山镇定双泉)、皂角铺(中江县集凤镇皂角村)、古店驿(中江古店)、西城铺(集凤镇西城村)、走马铺(中江集凤镇)、芳基铺、飞黄铺、双鱼铺、五城驿和总铺(中江县)、牟台铺(清牟谷,中江牟公村)、回水

---

① 张瀚:《松窗梦语》卷2收录的《西游记》,北京:中华书局,1985年,第39页。
② 曹烨:《星轺书》下,《曹司马集》卷6,明代崇祯年间刻本。
③ 曹学佺:《石仓诗稿》卷19《巴草》,乾隆十九年刻本。
④ 黄汴:《一统路程图记》,杨正泰:《明代驿站考》附录,上海:上海古籍出版社,2006年,第254页。

铺(回龙镇)、朝宗铺(回龙镇朝中)、怀安铺(三台西平镇怀安铺)、银杏铺、建宁驿的建德铺(三台西平镇建宁)、思贤铺(建平镇红星附近)、乐安铺(三台乐安镇)、永宁铺、清平铺、皇华驿、总铺。①其中,从三台总铺可以经柑子铺、武南铺(射洪市武南坝)到明代射洪县治(今金华镇),南到清代太和镇(今射洪市),就可沿清代的路线行进。②相对来说,明代的路线相对偏北,清代的路线更为偏南,为取直省时而绕开了金堂县治、新都县治、汉州治、中江县治、三台县治,显现了一条长距离大通道的性质。但有意思的是在顺庆府到渠县之间,明代实际上仍是借用了宋元时代的路线的,往往多绕行岳池、广安州到渠县,经过了岳池、广安的治城,又没有奉行当时小川北路西线的直线取行绕开县治方针,原因值得进一步研究。

2.《一统路程图记》记载顺庆府到渠州的路线是向东南到岳池、广安后再东北到渠县,明显较为绕道。但据明末《星轺书》谈到当时路线已经从渠县直接经蓬安到顺庆府,并不经过广安州、岳池县绕行,可能明末清初才改为从顺庆府向东经蓬安县南境直接到渠县,路线也更为近捷。不过,在清代这条道路仍然存在并时被人取用,即从顺庆府经宣门铺(明代为宣明铺)、小佛(高坪小佛)、浸水(高坪浸水乡)、佛门坎(金华村佛门坎)、③晴溪场(一作清溪场,明代设立清溪公馆,也设有清溪铺,今岳池县秦溪镇)、旧县铺(明置,岳池铺芽周家坝)、梅子铺(明置,今兴隆镇)、高歇铺(明置,老高升场)、鲁斑迹、蒙垭铺(明置,蒙垭子)、千佛铺(今千佛岩)、岳池底铺、营山铺(大石乡)、周罗铺(明置,今周锣铺村)、广门铺(或明土门铺,在今广安广门乡岳门村)、枣山铺(或明云山铺,在今枣山乡东)、西溪铺(广福乡治北)、广安州、甘棠铺(护安乡甘棠铺一带)、石泉铺(石泉村)、观音塘(观塘镇)、三溪铺(虎城乡西北)、道人铺(梭罗乡东岳庙)、岭南铺(大良乡南)、观澜铺(观阁场北)、广兴场(明置望溪铺,今望溪铺)、琅琊铺(明置,今渠县琅琊镇)④、李渡镇到渠县。⑤明人确实也多是这样行走的,如曹学佺《石仓诗稿》中记载他出入四川经过了琅琊馆。⑥但是可能是到了清末,人们更多人渠县经鲜渡、肖溪到广安州。我们注意到

①参见蓝勇等:《金牛道南段东线考察记》,《中国人文田野》第10辑,成都:巴蜀书社,2021年。
②正德《四川志》卷12《成都府》、卷18《潼川府》,嘉靖《潼川志》卷2《建置志》,民国抄本。
③正德《四川志》卷15《顺庆府》下记载宣门至晴溪之间有新胜、石禹庙、望江铺,位置无考。
④据正德《四川志》卷15《顺庆府》记载,琅琊铺至渠县间有起仙、清渠铺,位置不明。
⑤参见蓝勇等:《明清小川北道考察记》,《中国人文田野》第10辑,成都:巴蜀书社,2021年。
⑥曹学佺:《石仓诗稿》卷19《巴草》,乾隆十九年刻本。

20世纪初日本东亚同文会编的《支那省别全志》第五卷《四川》中路线是从梁山经过垫江、邻水、广安、岳池到南充,具体路线是梁山、青龙街、胡蝶铺、凉水井、沙河铺、黄土坎、七里河、平锦场、面龙场、沙坪关、母安场、新场、垫江、新白坊、黄地坡、答坝、峰龙埠、毛水、刘九桥、兴仁场、东岳庙、石稻场、右路口、金坪场、长安桥、邻水、麦加山、朱家坝、罗铅铺、天池、威寨、乾启场、落洪渡、官溪场、广安县、西溪河、广门铺、周罗铺、尺右桥、土门铺、造甲堰、安公桥、岳池县、千佛铺、蒙芽铺、高升场、陆场、旧县铺、清溪场、佛门坎、浸水场、真武宫、小佛场、顺庆府。①

　　值得注意的是我们在田野考察中发现因是明代旧线,由于岁月的风蚀和社会动荡的破坏,这个路段的碥路、桥梁保留较好的不多,但当地百姓仍有"中大路"概念的历史记忆。

　　3.从后面的记载可以看出,梁山到分水的路线明代仍然是从曲水、福禄、蟠龙山的路线,只是在清末才改行孙家花岩的路线的。《重庆市第三次文物普查重要新发现》认为孙家花岩碥路首开于明代,乾隆二年(1737年)辟为驿路,②缺乏直接的史料支持。首先,德心桥由分水曹元敦建成于光绪初年,花岩碥路应该同时开辟。在清末以前的所有游记中都没有经过孙家花岩路段的记载。倒是我们发现了光绪五年(1879年)新修的花岩北线刚刚才修通的记载,光绪五年,方浚颐的《出蜀记》游记在记载分水时说:"是日误会行旧路,未行新修路,以至多涉陡坡,较新路增十里程。"③所以,新编《梁平县志》也认为此路开修于清末,而不是清代前期。④小川北路上保存了一些明代的历史遗迹,也主要在梁万之间的蟠龙山一带,如蟠龙山下的白兔亭遗址、百步梯嘉靖年间石刻"天子万年"等。

　　明代的许多文人出入蜀都大多从万州舍舟从陆而从万州开始顺水而下三峡出蜀,如黄克缵《数马集》中记载有《过分水驿有怀胡观察》《白兔亭》《将至万县》《建平驿》《万县途中即事》《垫江道中微雨》《梁山候代》《万县公署夜坐咏竹》《夜宿广寒馆》《登邓余垭憩龙泉馆》等诗,显现了黄克缵可能取行川北道的经历。⑤赵世显《芝园集》中也记载了《佛寺馆观海芋》《宿分水馆》《重经白兔亭》《雪过高梁之万》《过白兔亭遇雨》《垫江道中》《曲水道中有怀周明

---

① 东亚同文会:《支那省别全志》第5卷《四川》,1917年,第514—528页。
② 重庆市文物局:《重庆市第三次文物普查重要发现》,重庆:重庆出版社,2011年,第51页。
③ 方浚颐:《方忍斋所著书》,《明清未刊稿汇编》第5册《出蜀记》,台湾:联经出版事业公司影印,1976年,第2978页。
④ 梁平县志编纂委员会:《梁平志》,北京:方志出版社,1995年,第294页。
⑤ 黄克缵:《数马集》卷13,明刻本。

府》《宿万州江署》等。①明代曹学佺的《石仓诗稿》中也谈到《再发万县寄题太白岩》《再宿分水驿》《蟠龙山看瀑布》《发梁山至袁坝》《再上笔峰》《大竹县》《琅琊馆》《广安黄州寺》《岳池县》《岳池旧县》《三月晦日到嘉陵》《武担署中书怀》等，②表明曹学佺的行程完全是取小川北道经过梁山、袁驿、大竹县、顺庆府到成都的。其他明代邵经济《泉崖诗集》卷七、谢士章《谢石渠先生诗集·巴音集》、杜应芳《补续全蜀艺文志》卷十二范涞、张佳胤诗中分别有关于白兔亭、飞练亭的记载，表明这些文人都经过了小川北路。

我们也注意到明代许多人都关注到这条道路，如何宇度《益部谈资》卷下记载："梁山亦汉朐䏰县地，东九十里有泉自山巅下注，东坡昔以飞练名其亭。嘉靖间，守臣献白兔，至此而毙瘗之，因更建亭字故，今称之曰白兔亭，行山路既疲，泉复飞泉百丈十里，声不绝，诚长途一快事胜览也。又闻山上有洞，惜未及登。"③这是对蟠龙山有关景观较为早且详细地记载。明代朱孟震《河上楮谈》卷二也谈道："今天梁山官道，亦有白兔亭，"已经将小川北道的梁万间通道直接称为"梁山官道"。④王士性《广志绎》上谈道："川北保宁、顺庆二府，不论乡村城市，咸石板甃地，当时垫石之初，人力何以至此。天下道路之饬无逾此者。"⑤虽然不是具体谈川北路的，但其对整个川北路地区的碥路设施完备的记载，相当精准，因为从我们现在对小川北路的田野调查也可以看出，小川北路上的碥路遗址遗留在整个巴蜀地区来看都是较为丰富的。另明代吴伯通《渠县重修琅琊四桥记》称："渠，古邑也，地介夔、梓之间而隶于果，凡溯沿三峡往来于蜀者，或舍棹于万而西上，或振策自益而东下，必道渠，渠亦蜀中要冲也。"同治《渠县志》卷十二《津梁》谈到琅琊桥是成化间重修，但清代同治年间已经荒废。⑥我们考察发现，渠县琅琊桥和琅琊庙已经被破坏而不复存在了。

明代川北路上也设置了一些驿站。据《寰宇通志》《寰宇通衢》等记载夔州府万县治南有集贤驿，顺庆府有嘉陵驿、蓬州龙溪驿，成都府有锦官驿、新都驿、广汉驿，潼川州皇华驿、建宁驿、古店驿、五城驿，在这条道路上。⑦弘治

---

① 赵世显：《芝园集》卷8，万历年间刻本。
② 曹学佺：《石仓诗稿》卷19《巴草》，乾隆十九年刻本。
③ 何宇度：《益部谈资》卷下，北京：中华书局，1985年，第27页。
④ 朱孟震：《河上楮谈》卷2，万历刻本。
⑤ 《广志绎》卷5《西南诸省》，北京：中华书局，1981年，第111页。
⑥ 杨慎：《全蜀艺文志》卷33吴伯通《渠县重修琅琊四桥梁记》，北京：线装书局，2003年，第905页。同治《渠县志》卷12《津梁》，同治三年刻本。
⑦ 陈循：《寰宇通志》卷65、卷64、卷61，玄览堂丛书续集本。《寰宇通衢》，杨正泰：《明代驿站考》，上海：上海古籍出版社，2006年，第177页。

年间,还曾在万县西建佛寺公馆、分水公馆。①嘉靖三十六年,曾将四川一些地位下降的水驿改设属于川北道的陆驿上。据《明实录》记载:"巡按四川御史宋贤奏:'蜀中驿传,先年因陆路不通,多在水次,今陆路通达,宜裁水次。夫增编陆路夫马,移偏僻水驿于冲繁州县。诏从其言。于是以朝天驿改隶蓬溪县,九井驿改隶射洪县,盘龙驿改隶广安州,龙溪驿改隶大竹县,太平驿改隶梁山县"。②再据《大明会典》记载,南充有嘉陵水驿,嘉靖三十六年大竹县从蓬州改属了龙溪水驿,万县有集贤水驿、分水马驿(嘉靖九年设)、梁山有太平水驿(嘉靖三十六年从定远改属)、射洪县有九井马驿(嘉靖三十六年从广元改属)、蓬溪县的朝天马驿(嘉靖三十六年年从广元改属)、广安州的盘龙驿(嘉靖三十六年从南部县改属)。③据正德《四川志》卷十五《顺庆府》记载,嘉陵驿在治内,蓬州龙溪驿在治前,景泰间移龙西水浒。同时,正德《四川志》卷十七记载夔州府万县集贤驿在治东,治西的西溪铺、高梁铺、普庵铺(石马山)、佛寺铺、七里铺、三真铺(今三正)、观音铺路线较为明确。正德时梁山无驿站之设,但铺递设置较为完备,东有观音铺、杨店铺(今良天铺)、蟠龙铺(蟠龙)、书字铺(书字铺)、双池铺、双庙铺、曲水铺(曲水镇)、分水铺(分水镇),西有福德铺(今蝴蝶铺)、沙河铺傅(今沙河铺)、碧山铺(今碧山镇)。④但我们发现川北路中线的道路上设立的铺递相当少,可能与多数并不经过县治而取直有关。

估计《大明会典》的站驿的水马记载上有误,大竹县与蓬州并无水运,只能是马驿,梁山太平水驿也应该是马驿。以《读史方舆纪要》的有关记载来看,南充县下为嘉陵驿,没言水陆。蓬州旧有龙溪驿,在城南,后移城西水浒,后嘉靖三十六年移大竹县也应该是马驿。万州的集贤驿是为水驿,弘治末建置有分水公馆。嘉靖三十六年从定远县改属的太平驿在梁山应该是马驿。九井驿在广元原为水驿,嘉靖中改属射洪县应变成马驿了。嘉靖中一度将朝天水驿从广元改设置于蓬溪,称朝天驿。⑤

总的来看明代的川北路驿站设置并不完善,川北路西线主要借用金牛道南段东线的驿站,而中线顺府庆有到梁山之间只有公馆之设,主要的驿站设置在东部梁山万州一线,所以当时只有"梁山官道"之称。据明王九思《明故

---

① 正德《夔州府志》卷2《邮驿》,正德八年刻本。
② 《明世宗实录》卷448"嘉靖三十六年六月乙巳"条,《明实录》,台湾"中央研究"院历史语言所,1985年,第8176页。
③ 《大明会典》146《兵部》29《驿传》2《水马驿》下,万历年间刻本。
④ 正德《四川志》卷15《顺庆府》、卷17《夔州府》,正德十三年刻本。
⑤ 顾祖禹:《读史方舆纪要》卷68《保宁府》《顺庆府》、卷69《夔州府》,北京:中华书局,2005年,第3201—3236页。

文林郎四川中江县知县张君震夫墓志铭》有"中江,川北路冲,水陆将迓,殆无虚日,四方商旅丛聚"的记载,[1]较为模糊,虽然出现了川北路的提法,但并没有小川北路的称呼,而小川北路中西部的驿站设置稀少且设置多在明后期,有的驿站是从其他驿站裁减而来的。所以,明代顾炎武《天下郡国利病书·四川备录》上《道路》中记载了多条四川的驿道,并没有此道的存在。[2]其他有关明代商人路书中记载此道也并不多。

我们注意到明代一些行人从万州到了梁山后并不继续向西经过大竹县、渠县、广安州、顺庆府、潼川府到成都,而是取行"川东路"经垫江到重庆,然后取东大路到成都,如明代张翰、曹烨、黄克缵等都是如此,可能只有曹学佺是完全沿着小川北路的路线行走的。

三、清代小川北路的路线的定型

清代较早全面记载小川北路线路的是清乾隆年间的汪绂的《戊笈谈兵》,书中记载有"自省东走潼川顺庆至夔州陆路",其路程:"汉州一百二十里至中江县,一百一十里至潼川府,一百里至蓬溪县,九十里至顺庆府,一百三十里至岳池县,今废。五十里广安州,九十里至渠县,八十里至大竹县,一百二十里至邻水,一百二十里至梁山县,一百二十里至万县,二百四十里由水道至夔州府。"[3]此路线西段有明代金牛道南段东线的影子,而从岳池、广安州到渠县的路线也有明代路线的影子,说明清代前期明代路线的影响还较大。需要说明的是这个路线到了大竹后绕行邻水再到梁山不可理解。清代较早记载小川北路的游记为乾隆三十五年间孟超然的《使蜀日记》,其记载了从万州到梁山的行程为:万县皇华馆、佛寺铺(50里)、分水铺、葫芦坝(40里)、银河桥(10里)、白兔亭(10余里)、蟠龙山、梁山县,然后从高都铺上达州路。后经达州、渠县、营山、蓬安到顺庆府,再经保宁府、潼川府、绵州、江油到成都。[4]另同治七年郭尚先《使蜀日记》也记载他从万县经过佛寺铺、分水岭、葫芦坝、梁山岭(索岭)、白兔亭、梁山,然后北经三汇、营山、顺庆、阆中到绵州。[5]清代较早且较全面详细记载小川北道的是同治年间孙毓汶的《蜀游日记》,其记载的路程

---

[1] 王九思:《渼陂续集》卷下《明故文林郎四川中江县知县张君震夫墓志铭》,明嘉靖刻崇祯补修本。
[2] 顾炎武:《天下郡国利病书·四川备录》上《道路》,上海:上海古籍出版社,2012年,第2190-2192页。
[3] 汪绂:《戊笈谈兵》卷6下,光绪刻本。
[4] 孟超然:《使蜀日记》,《蜀藏·巴蜀珍稀交通文献汇刊》第3册,成都:成都时代出版社,2016年。
[5] 郭尚先:《使蜀日记》,《蜀藏·巴蜀珍稀交通文献汇刊》第7册,成都:成都时代出版社,2016年。

是从宜昌取陆路到万县后取小川北路到成都,其中记载:"由小川北一路赴成都,只十四站,尚可加站行走,川东正道须十八站也,"也是我们见到最早称此路为"小川北路"的文献。其记载的行程从万县经过佛寺铺、文武宫、分水铺、胡卢坝、梁山县、老鹰场、北渡亭、佛尔岩、袁坝、黄泥扁、清水铺、大竹县、九盘山、卷洞门、李渡河、吴家场、青石镇、罗家场、跳登坝、东关场、南充、五龙场、蓬溪县、槐花铺、太和场、高坎嘴、观音桥、景福院、鲁船桥、大磙墩、兴隆场、赵家渡、新店子、成都。①这条路线明显与明代的路线不一样,表明同治年小川北路的路线走向已经固定下来。

清代末年有关小川北路的行程记载较为全面起来,如傅崇矩《江程蜀道现势书》中记载从《由万县到成都之陆程》就相当详细,从万县经过三河池、西溪埠、高梁铺、石马山、黄泥牏、佛寺铺、磙等铺、苟耳坝、望平垭、三正埠、张家坎、靳家河、分水岭、大坪、孙家曹、平脊、响鼓岭、金竹林、辽叶河(乐善场)、伍家垭口、凉水井、松林坪、梁山县、青龙街、蝴蝶铺、凉水井、沙河铺、老鹰场、石了子、佛耳岩顶、丰胜场(新加坝)、赛别渡、少沟、陈家垭口、元坝驿、黄泥坝、王家桥、石桥铺、麻柳店、黄泥牏、老塘房、柳树垭、清溪铺、双龙场、东柳桥、大竹县、竹林湾、双碑、凤洞、陡嘴岩、九盘寺、杨柳坝、卷洞塘、双土地、丁家岭、李渡河、五龙桥、中滩桥、吴家场、沙石坡、谷马山、新市镇、界牌、杜家岩、滥元子、罗家场、红土地、济渡镇、断石桥、韩家店、兴隆场、楠木岭、跳灯场、石垭子、东观场、观音桥、老君场、一碗水、石子岭、东兴场、望城坡、河边、顺庆府、燕子坎、八角铺、乌龙场、甘草岭、新场、黄栗垭、李坝铺、蓬溪县(明代有唐兴铺)、板桥、槐花铺、界牌、观音店、档家铺(明代有党家铺)、哨楼口、太和镇(射洪县)、文聚场、界牌、城古塘、景福院、吊嘴、凉水井、观音桥、鱼班桥、白马庙、白树桠、断桥、牛场、饽饽店、大磙磴、龙安坝、清河桥、磨子场、兴隆场、界牌、山王庙、凤洞子、赵家渡(金堂)、姚家渡、红瓦店、新店子、黄泥木贡、二台子、将军碑、欢喜庵、驷马桥、成都。②另外孙海环《夔车酉日记》也对此路有较详的记载,与上面的记载互有出入。其记载从万县经过西溪埠、高梁铺、石马山、佛寺铺、高止堡、三正埠、张家嘴、镜家河、分水岭、孙家曹、亭子凹、饷鼓岭、血叶河、吴家垭口、松林坪、梁山县、兴龙街、福德埠、沙河埠、老营场、佛耳

---

① 孙毓汶:《蜀游日记》,《孙毓汶日记信稿奏折》,南京:凤凰出版社,2018年,《中国近现代稀见史料丛刊》第5册,第17页。
② 傅崇矩:《最新川汉水陆程程途》,孙锦序,清末刻本,贵州省图书馆藏。另有《江程蜀道现势书》,《蜀藏:巴蜀珍稀交通文献汇刊》第9册,成都:成都时代出版社,2016年。

岩、石凹子、文家坝、肇沟、袁坝驿、王家桥、石桥埠、锁石桥、黄泥楄、清溪铺、双龙场、东柳桥、大竹县、凤灯埠、九盘寺、卷洞门、双土地、李渡河(从观音寺可水路逆行十里到李渡河)、观音寺、钟滩桥、吴家场、甘坝子、角马山、新市镇、杜家岩、难凹子、罗家场、小曲槽、鸡头南、济渡镇、兴隆场、楠木岭、跳灯坝、石垭口、东观场、老君桥、凉水井、黄岭场、金城坡、顺庆府、大老君、小老君（茨巴门）、八角铺、牛栏口、五龙场、甘草岭、新场(集凤场)、里坝、江田铺、蓬溪县、凉风垭、石门垭、板桥、槐花铺、凉水井、官升店、老林垭、金山场(当家铺)、哨楼口、大榆渡、太和镇(射洪县)、白鹿垭、高逢嘴、城古塘、景福院、新冈垭、吊嘴、观音桥、四方井、罗板桥、白马庙、柏树桠、牛场、模模店、大礳磴、龙安坝、清溪河、磨子桥、刘家湾、兴隆场、界牌、观音庙、山王庙、凤洞子、赵家渡（金堂）、扬柳桥、姚家渡、镇江桥、红花店、新店子(泰兴场)、黄泥店、龙佛寺、二台子、将军碑、欢喜庵、驷马桥到成都。

  从以上记载可以看出，从李渡河到观音寺可以走一段十里长的水路。[1] 光绪五年，方浚颐的《出蜀记》也记载了他取小川北路从成都到万县的行程，从成都出发经欢喜庵、二台子、泰兴场(新店子)、红花店、合兴场(姚家渡)、圣灯、山王山、赵家渡(三江镇)、凤洞子、山王庙、兴隆场、三义阁、大礳磴、牛场、柏树垭、鱼般桥、观音桥、景福院、太平场、太和镇、荡家桥、凉水井、槐花铺、板桥子、蓬溪县、李坝铺、多龙场、八角铺、顺庆府、看山坡、黄连场、老君场、中户场、跳磴场、兴隆场、罗家场、南雁子、兴云观、新市镇、吴家场、李渡河、观音院（卷硐门）、九盘山、大竹县、石桥铺、袁坝、赛北兔、佛尔岩、老营场、沙河铺、梁山县、凉风垭、杨店铺、高梁山(蟠龙山)、白兔亭、福禄场、曲水场、梯子坡、分水场、三墩铺、望牛垭、佛寺铺、金凤山、天成山到万县。这里，我们注意到光绪五年间新修的花岩北线刚修通，所以，游记在记载到了分水时说："是日误会行旧路，未行新修路，以至多涉陡坡，较新路增十里程。"[2]我们也注意到日本人山川早水的《巴蜀》、中野孤山的《横跨中国大陆：游蜀杂俎》和英国人伊莎贝拉·伯德《1898：一个英国女人眼中的中国》中也记载了他们本人经过此

---

[1] 孙海环：《夔辀日记》，《蜀藏：巴蜀珍稀交通文献汇刊》第9册，成都：成都时代出版社，2016年。
[2] 方浚颐：《方忍斋所著书》，《明清未刊稿汇编》第5册《出蜀记》，联经出版事业公司影印，1976年，第2978页。

道出入四川的行程,可以相互比校。①20世纪初日本东亚同文会编的《支那省别全志》(19卷本)40年代编的《支那省别全志》(9卷本)都对小川北道有详细的记载,只是20世纪初编的19卷本中记载的小川北道路线是从梁山经垫江、邻水、广安、岳池到顺庆,为清代以前的旧路,而20世纪40年代的9卷本记载的是从梁山经大竹、渠县、蓬安境到顺庆。

在清代末年,开始有了整个小川北路行程的记录,而且人们眼中已经开始出现了小川北路、小川北道、北大路、北路、小北路、老大路等概念。如徐心余《蜀游闻见录》在目录中称"小川北道",但在行文中记载:"由万县陆行赴省,为小川北路,计十四程,中途须放棚两日,放棚者休息也。倘无风雨阻碍,按站前行,非十六日不可。出行第一站为分水驿,系梁山县辖境……中途至顺庆、蓬溪两处,须各放棚一日……系往来大道,沿途旅馆阔大不殊衙署。"②周洵《蜀海丛谈》中也记载:"在川江未行轮之前,由鄂至川省者,皆溯流至万县,即循小北路陆行入省。"③光绪《蓬安旧志》中也记载:"罗家场……小北路通衢也。"④在我们这些年的多次实地考察中,当地百姓中仍多有老大路、北大路、北路名称的民间记忆,显现了这条道路对当地社会影响的深刻。

清末的小川北路从路线来看,整体较为平直近捷,虽然经过许多县境,但多次入县境而绕过了县城,如经过中江、三台、渠县、蓬安的县境但都不经过县城。同时,清代一改明代从顺庆府经岳池县、广安州而达渠县的绕行路线,直接从顺庆府经蓬安县南境到渠县,都是为的尽可能取直近便直通成都,显现了小川北路的大道功能的特征。同时,清代在梁万之间有一个重要的改道,即从唐宋以来传统的蟠龙山南道改由孙家槽花岩路的北道,主要是在光绪年间,分水人曹元敦开修北道,较南道更为平直。清代小川北路在金堂县赵家渡、射洪县城、南充县城、渠县李渡分别渡过沱江、涪江、嘉陵江、渠江,同时在渠县观音寺后既可沿渠江陆路到李渡坝渡江到李渡镇,也可以沿渠江行十里水路到李渡镇,所以,清代小川北路也是水陆并行。同时,在一些区间还存在正道与僻径之差异,如方浚颐谈到射洪县大小金台间有正道与僻径这种

---

① [日]山川早水:《巴蜀》,见李密等译、蓝勇审校:《巴蜀旧影》本,成都:四川人民出版社,2005年第1版,2019年第2版。[日]中野孤山:《横跨中国大陆·游蜀杂俎》,敦举昆译,北京:中华书局,2007年,第90页。[英]伊莎贝拉·伯德:《1898:一个英国女人眼中的中国》,武汉:湖北人民出版社,2007年,第160-223页。
② 徐心余:《蜀游闻见录》,成都:四川人民出版社,1985年,第43、65页。
③ 周洵:《蜀海丛谈·制度类上》,成都:巴蜀书社,1986年,第87页。
④ 光绪《蓬安旧志·邑聚篇》第4,民国二十四年石印本。

差异,而我们在实地考察梁平区佛耳岩、渠县陡嘴时、金堂风洞子至观音桥时也发现多道并行的情况。

四、历史时期小川北路的地位变迁与四川盆地的地缘格局演变

历史时期交通路线地位的升降与区域的政治经济格局变迁的关系密切,自然历史时期小川北道在历史上的地位变化与四川盆地政治经济格局变化关系密切。

汉晋时期,四川盆地的政治经济文化中心在成都平原,成都平原在四川盆地内形成一方独大的格局,而中国的政治经济中心在北方黄河流域的关中地区,这样,四川盆地地区的交通格局就成了成都平原北通过金牛道与关中平原联系,东南通过长江水路与长江中下游相交的大格局。到了唐宋时期,在中国政治经济文化重心东移南迁的背景下,长江中下游的区域地位提高,出入四川盆地更多取长江水路。同样,唐宋时期,四川盆地北部阆中、南充一线发展较快,嘉陵江中游地区成为四川盆地内的第二个经济文化发达的地区,成都独大的格局有所改变,整体上四川盆地的北部地位更高,故四川盆地东西方交通的南北二道中,北道的地位相对更高。所以,唐宋时期当时人们多取北道行进,从成都向东行经遂州、果州、梁山军到万州。我们知道,唐代渝州在四川盆地的地位并不高,北面合州的地位都远比渝州高。到北宋时期,恭州的地位仍不及合州,这种状况到了南宋重庆府的设立后才有所改变。所以,唐代北宋时期,出入巴蜀到成都的行人如果取陆路而行,并不取南道经过今天合州,更不可能取道今重庆主城。换句话说唐宋时,重庆主城的地位还远不足以与成都相提并论而成为支撑东西大道的东站,四川盆地内根本不存在"成渝通道"的概念。不过,唐宋时期的梁山至万州的道路路线已经较为稳定,但梁山军以西的交通路线呈现为散漫状态,出入人士往往随意在行走,并不是像后来明清时期的较为固定取直而行。如从梁山可南下垫江再向西翻巾子山(今明月山峰门铺)到邻水,也可从梁山向西方翻今明月山佛耳岩段到大竹。而从大竹、邻水向西到成都的路线更是随意行取,时而从渠州经广安军、岳池县到果州,时而从垫江县、邻水县到广安军,时而从遂州到梓州、从果州到阆州,路线并不固定。

到了明代,中国政治经济文化的重心东移南迁已经成定局,四川盆地的政治经济文化重心也不断向东南推移,成都府东南方的简州、资阳、资州、内

江,叙州府的隆昌、重庆府的荣昌、永川、巴县、涪州的地位大大上升,重庆府巴县地位上升,地位和声名上已经开始出现与成都并称的趋势,许多人出入巴蜀往往都要经过重庆主城,成渝东大路的格局才开始逐步形成,而此时小川北路也只有"梁山官道"的名称,人们开始时有从梁山向南经垫江、长寿到重庆,故出现了"川东路"(即后来渝万大道)的说法。不过,我们还没有发现明代就有"东大路"话语的说法,在嘉靖《四川总志》卷十六《经略志·驿传》《天下郡国利病书》上《四川备录》中,从成都到重庆的东大路只是作为当直通往贵州的四川"东南路"的一段出现的。①明代路书《天下水陆路程》中记载了"重庆府西北至成都府路程",但也没有称为"东大路"。②即使是在清代中前期,明确称"东大路"的提法也并不多见,如康熙《成都府志》卷33《驿传》中也只有"东路"驿站之说,③嘉庆《资阳县志》中只提到"东路通衢",④道光《重庆府志》卷五《驿传》中也是只提"西路"的驿传,⑤光绪《永川县志》中只提到"东西冲路"。⑥而即使是在清末傅崇矩《成都通览》中谈到东大路也是称"自成都至重庆之路程",而没有用"东大路"之名相称。⑦我们据同治《新宁县志》中记载县城"由川北路至省一千三百里,由川东路至省一千七百里",⑧可见清代人们更多用川东路指东大路。目前晚们能看到文献中明确提"东大路"的是在清末,如《申报》1898年就谈到"东大路邮亭铺",⑨到了民国时期的二三十年代"东大路"的称法才开始流行起来。看来,清中叶人们才将小川北路称为"川北路",将后来的东大路多称为"川东路""东路"。整体上看,虽然明代"川东路"的地位上升,但与"川北路"的地位并不相上下,只是到了清代中后期以后成渝东大路地位上升,小川北路地位才开始明显下降。

之前张颖曾引20世纪40年代白虹认为"小川北"的地域是指介于成都平原与川北山区的第十二行政区的丘陵地区,⑩实际上"小川北"的地域概念在清末就多有出现,如清末《中江县舆图》中标注此路"通太和镇,为小川北要

---

① 嘉靖《四川总志》卷16《经略志·驿传》,嘉靖二十四年刻本。顾炎武:《天下郡国利病书·四川备录》上《道路》,上海:上海古籍出版社,2012年,第2190-2191页。
② 黄汴:《天下水陆路程》卷之3,太原:山西人民出版社,1992年,第76页。
③ 康熙《成都府志》卷33《驿传》,《成都旧志》,成都:成都时代出版社,2007年,第187页。
④ 嘉庆《资阳县志》卷1《关隘》,嘉庆二十二年刻本。
⑤ 道光《重庆府志》卷5《驿传》,《稀见重庆地方文献汇点》下册,重庆:重庆大学出版社,2014年,第633页。
⑥ 光绪《永川县志》卷3《建置》,光绪二十年刻本。
⑦ 傅崇矩:《成都通览》下册,成都:巴蜀书社,1987年,第436-437页。
⑧ 同治《新宁县志》卷1《疆域志》,同治八年刻本。
⑨《川乱述闻》,《申报》1998年10月19日。
⑩ 张颖:《万梁古道:历史、线路与遗产》,《中国人文田野》第九辑,成都:巴蜀书社,2020年,第32页。

路""赴省要路"。清末盛宣怀就谈到"小川北顺庆、潼川一带",[1]1902年《大公报》中也有"双流、中江等县及小川北、小东路"的说法。[2]1904年《东方杂志》中也谈道:"然往者帆樯直趋于巴渝行旅之取道路小川北者尚少"之称。[3]丁宝桢也谈道:"由湖南来川取道小川北晋省沿途"。[4]特别是1923年《申报》称"大川北者,保宁、绵州也。小川北者,潼川、顺庆也",[5]就说得较为清楚明确。

几乎是在同时,即清后期至清末民国,"川北路"道路概念才开始加上"小"字,同时"小川北"的区域概念后也才加上"路""道",出现了"小川北路""小北路"的提法,如前面谈到的孙毓汶的《蜀游日记》、徐心余《蜀游闻见录》中。在民国时期,小川北道又同时有"川中大路""中大路"的称呼,[6]在民国时期的一些报刊中,往往用"小川北道""小川北路""川中大路"并称。近些年我们在小川北路沿线考察过程中,当地人的记忆中仍保存有"北大道""北大路""北路""老大路""川北大道"等称法,一些七八十岁的居民仍然对老大路路线、繁荣情况有较多的历史记忆,反映了小川北路历史记忆的影响深刻。民国时期的一些县志、地图对此也有记载和标注,但名目繁多而不统一,如民国《新修南充县志》卷三《舆地志·道路》中记载了这条道路详细路线,分别是治东大道和治西大道,统称"小北路",认为东线为"顺渠大道""渝轮未通之前,此为川楚通衢,舆马喧阗,商旅络绎者数百年,近虽就衰,犹为米粮竹纸诸小贩往来要道。"而西线"旧为铺递繁冲,石道修广,路店相续,满清末年,商旅辐凑,极盛一时。"[7]民国《射洪县全县地舆图》中标注此道为"成万大道"。

需要说明的是,到了民国时期,东大路的话语充斥于社会各领域,民国文献中"东大路"的频率使用就相当频繁,远远超过了小川北路的使用频率,如民国时期有记载:"川东晋省大道,夙有两线,一由万县晋省,名曰小川北路,途中需十三四日,如旅人于重庆无重要事务时,由此道行则费省而路捷矣……由重庆晋省之路曰东大路……重庆至成都分为十站"。[8]但当时有时也将小川北路

---

[1] 盛宣怀:《愚斋存稿》卷86《电报》63,民国刻本。
[2] 《时事要闻》,《大公报》1902年12月9日(176卷)。
[3] 《署四川总督锡奏请将万县、清溪县两缺繁简互换折》,《东方杂志》1904年11月2日第9卷。
[4] 丁宝桢:《丁文诚公奏稿》卷13《查办东乡县案折》,光绪三年九月初六日,光绪十九年刻本。
[5] 《重庆通信:二军新变更作战计划》,《申报》1923年8月18日。
[6] 郑励俭:《四川新地志》,南京:正中书局,1947年,第285页。
[7] 民国《新修南充县志》卷3《舆地志·道路》,《中国地方志集成·四川府县志辑》55册,成都:巴蜀书社等1992年,第89-98页。
[8] 张仲和:《巴蜀旅程谈》,《新游记汇概续编》卷28《四川游记》,1923年。

称为"大川北路""川北路",①所以,至今天民间仍有称"北大路"之称。在了民国时期,由于重庆地区在开埠以后本身经济地位在大大上升,长江上现代机动船的运输大量出现,万县的舍舟从陆的交通方式地位相对下降,再加民国时期重庆特殊的政治地位影响,东大路的开始地位远远高于小川北路,在近百年的时间尺度上小川北路地位逐渐下降。所以,清后期到民国时期这近百年的时间内在"川北路"前加上"小"字既是与"大川北"区域概述的区别,也是与"川东路"加上"大"字东大路地位上升趋势几乎同步,正也显现了两条道路地位的升降趋势,也同时显现了四川盆地近两千年来地缘政治与区域经济发展的格局演变趋势。②

不过,由于小川北道所处的地区在近代往往经济没有东大路所经地区经济发达,人口相对稀少,反而使传统交通遗址保留得比东大路的更好一些。我们在近几年田野考察中发现这条道路虽然经过几十年荒废,但仍然存在大量古代交通设施遗址,如金堂县醪糟店段碥路、三台县留使坡石碑和碥路、南充檬子垭到牌坊湾碥路、会仙桥、永安桥(西桥)、南充高坪楠木岭段碥路、蓬安县兴隆场桥和石刻、蓬安县杜家岩基岩碥路、渠县双土地高拱桥、卷硐百步梯石刻、渠县陡嘴碥路与七块碑、大竹县柳树垭段碥路、梁平区黄泥坝段碥路、佛耳岩段碥路、赛北渡段碥路、伍家垭口段碥路、陡梯子段碥路、蟠龙百步梯碥路与石刻、白兔亭遗址、孙家花岩段碥路与德心桥、银河桥、万县乘驷桥、石马山碥路与石碑、垫江县峰门铺碥路与石刻、广安州佛门坎遗址、渠县望溪铺桥等都是重要交通线性文化遗产。特别是蓬安县杜家岩基岩型碥路,是我国目前发现规模最大的基岩型碥路遗址,历史价值相当高。而渠县陡嘴碥路、梁平区黄泥坝段碥路、佛耳岩段碥路、赛北渡段碥路、伍家垭口段碥路、陡梯子段碥路、蟠龙百步梯碥路、孙家花岩段碥路可能在中国交通碥路遗址上也是规模较大的古代碥路的遗址,正好印证了明代王士绎《广志译》中谈到的"川北保宁、顺庆二府,不论乡村城市,咸石板凳地"的记载,③故在中国交通史的研究上有较大的参考价值。同时,我们通过采访,获取了大量这条道路上的不见于文献记载的许多历史小地名,为完整复原这条道路的具体走向和历史乡村地名保护和传承做了有益的工作。④

---

① 周传儒:《四川省一瞥》,上海:商务印书馆,1926年,第20、97页。
② 欧沧《川二军巩固后方之计划》认为"从万县入成都有两条大路,一由梁山、大竹、广安、射洪入省,为大川北,一由重庆、铜梁、大足、安岳入省,为小川。"(《申报》1923年8月18日),可见民国时期的地域名称认知也较混乱。
③《广志绎》卷5《西南诸省》,北京:中华书局,1981年,第111页。
④ 蓝勇等:《小川北路考察记》,《中国人文田野》第10辑,成都:巴蜀书社,2021年。

西部史学

六 经典译文

伊壁鸠鲁文本译注

崔延强[1]

译者按：第欧根尼在《名哲言行录》第十卷用了相当的篇幅（约汉字3.3万余字）记述了伊壁鸠鲁的生平、著作和学说要义。最宝贵的是留下了今天我们研读伊壁鸠鲁哲学的唯一真实文本：完整的三封书信。第一封是写给希罗多德的，实际是伊壁鸠鲁的物理学大纲，精辟阐释了原子以及原子在虚空中的运动方式。第二封是致彼多克勒斯的，涉及对诸多天象问题的解释。第三封是致美诺伊凯俄斯的，阐释了快乐是德性唯一标志的幸福观。在全书的最后附加了伊壁鸠鲁《主要原理》（*Kuriai doxai*）的基本条目，即"黄金格言"，总计40条。这些条目内容丰富，精要表达了伊壁鸠鲁或伊壁鸠鲁主义对快乐、欲望、幸福、死亡、公正、友爱等问题的基本认识。与第欧根尼辑录的《主要原理》相呼应的是近世发现的梵蒂冈馆藏本《梵蒂冈伊壁鸠鲁语录》（*Gnomologium Vantican Epicureum*），总计81条，其中有少数条目与《主要原理》略有重复，也是我们研读伊壁鸠鲁哲学富有价值的参考文献。我们这里将上述文献完整译出，并加详细评注。译文属首发，如有引用须标注本辑出处。涉及主要文献缩写如下：

M=Sextus Epiricus, *Adversus Mathematicos*

PH= Sextus Epiricus, *Pyrroneioi Hypotiposeis*

DL=Diogenes Laertius

DK=*Die Fragmente der Vorsokratiker*

---

[1] 作者简介：崔延强，男，西南大学国家治理学院哲学系教授，西南大学希腊文明研究中心研究员，博士生导师，研究方向为希腊哲学、西方古典大学思想与制度。

一、伊壁鸠鲁评传

[1]正如美特洛多鲁斯在其《论高贵出身》中所说,伊壁鸠鲁,尼奥科勒斯(Neocles)和卡勒斯特拉忒(Chaerestrate)之子,是伽尔哥提斯街区(Gargettus)菲莱德家族的雅典人。另外一些人以及赫拉克利德斯在其《苏提翁(Sotion)摘要》中说,当雅典人在萨摩斯(Samos)殖民时他在那里长大,十八岁时来到雅典,此时色诺格拉底执掌学园派,亚里士多德则在卡尔西斯(Chalcis)寓居。当马其顿的亚历山大死后,雅典移民被波狄卡斯逐出萨摩斯时,伊壁鸠鲁投奔他在科勒丰(Colophon)的父亲。[2]他在那里度过一段时光并集聚门生,之后返回阿那克西格拉底(Anaxicrates)统治时期的雅典。有一段时间他同别人混杂一起从事哲学,后来发表独立见解,建立以自己命名的学派。他自己称,他在十四岁时就初识(ephapsasthai)哲学。伊壁鸠鲁派的阿波罗多鲁斯在其《关于伊壁鸠鲁的生活》第一卷说,他诉诸哲学,是因为他瞧不起自己的文法老师,不能给他解释(hermēneusai)关于赫西俄德"混沌"(chaos)一词的含义。据赫尔米普斯(Hermippus)的说法,伊壁鸠鲁曾是文法教师,当他一接触德谟克里特的著述,便迅速奔向哲学。[3]因此,提蒙谈到了这点:

> 有一个最新出现的和最无耻的物理学家,来自萨摩斯的文法教师之子,自身就是一个最无知的动物。

按照伊壁鸠鲁派的费罗德穆在其十卷本《论哲学家》一书中的说法,伊壁鸠鲁共有三个兄弟,尼奥克勒斯(Neokles)、卡尔德谟斯(Chaeredemus)和亚里斯多布罗斯(Aristobulus),在他的鼓噪下他们也一起从事哲学。此外,据谬罗尼阿诺斯(Myronianus)在其《历史类似典故精选》(Homoiois historikois kephalaiois)中记载,共同从事哲学的还有一个名叫弥斯(Mus)的奴隶。斯多亚派的第奥提莫斯(Diotimus),一个对他抱有敌意的人,通过引述五十封伊壁鸠鲁写的放荡下流的信,竭尽攻击之能事。还有那位将通常属于科律西波的信归在伊壁鸠鲁名下的作者也是如此。[4]另有斯多亚派的波西多尼俄斯(Posidonius)一伙人,尼科拉俄斯(Nicolaus)以及苏提翁(Sotion)在其命名为《第奥科勒斯辩》一书的第十二卷(由二十四卷构成),还有哈利卡尔纳索斯(Halicarnassus)的狄奥尼修斯(Dionysius)等,无不如此。他们声称,他跟着其母走街串户诵读净化诗(katharmos),他随同其父为了一点可怜的小费教授文法。他的一个兄弟做皮条生意(proagōgeuein),与妓女莱恩提昂(Leontion)生活在一起。他把德谟克里特的原子论和亚里斯提波的快乐论当成自己的东西宣讲。如提摩格拉底和希罗多德在其《论伊壁鸠鲁的男人气》一书所说,他不是真正的城邦公民。他恬不知耻地奉承吕西马科斯(Lysimachus)的统治者米杜拉斯(Mithras),在写给他的信里称其为"我的主人,药神派安(Paiana)"。[5]另外,他对伊多美纽斯(Idomeneus)、希罗多德和提摩格拉底,这些使其隐秘学说(ta kruphia)广为人知的人多有溢美之词(egkōmiazein),为此大加吹捧。在致莱恩提昂(Leontion)的信中也是如此:"我的主人,药神派安,可爱的莱恩提昂,当读到你的信时我们充满何等的欢欣鼓舞。"另外,在致忒弥斯塔(Themista),莱昂修斯(Leonteus)之妻的信中他说:"如果你不到我这里来,我会随时准备以三倍的车速,飞奔到你和忒弥斯塔召唤我去的任何地方。"在致花季少女彼多克勒斯(Pythocles)的信中说:"我将坐在那儿,静静地等候心中渴望的女神一样的你移步走来。"又据第奥多洛斯(Diodorus)在其《驳伊壁鸠鲁》一书的第四卷中说,还有一封写给忒弥斯塔的信,他认为伊壁鸠鲁在向她布道说教。[6]另外,他还和许多妓女保持书信往来,尤其是莱恩提昂,此人也被美特洛多鲁斯爱上。在其《论目的》一书中他这样写道:"对我而言,我不知道如何去想象善,如果剥夺了口腹之乐、性爱之乐、声色之乐和形体之乐。"在他致彼多克勒斯的信中写道:"祝福你我的孩子,升起轻帆,逃离所有的教化(paideian)。"爱毕克泰德称他为"淫秽术士",给予猛烈抨击。

那位提摩格拉底,美特洛多鲁斯之兄,曾是他的学生而后离开学校,在其命名为《愉悦》(euphrantos)一书中说,伊壁鸠鲁由于身体孱弱一天呕吐两次,接着谈到,他几乎难以逃离那些"夜半(nukterinas)哲学家"和那些"神秘社团"(mustikē sundiagōgē)。[7]再者,伊壁鸠鲁在论证上(kata ton logon)知道的不多,在生活上知道的更少。其身体状况极为悲惨,以至于多年不能从椅子上站起,把大把的光阴消耗在桌子上,正像他本人在致莱恩提昂和致米提林(Mytilene)的哲学家的信里所写到的那样。另外一些妓女,玛玛丽昂、赫狄亚、厄洛提昂、尼奇狄昂同他和美特洛多鲁斯一起厮混。他还提到,伊壁鸠鲁在其三十七卷的《论自然》一书中谈了很多重复性的东西,并大肆攻评他人,尤其针对瑙西法奈斯,这里是他自己的原话:"让他们滚吧!当他辛苦了半天,竟也习得了智者的信口乱吹,就像许多另类奴隶。"[8]此外,伊壁鸠鲁本人在书信中谈及瑙西法奈斯说,"这让他疯狂之极,以至于污蔑我,称我为教师(didaskalon)。"伊壁鸠鲁常称瑙西法奈斯为"章鱼"、"文盲"、"骗子"和"荡妇"。称柏拉图学派的人为"第奥尼修斯的马屁精"(Dionusokolakas),称柏拉图本人为"金子做的柏拉图"。称亚里士多德为"败家子",把老子的财产挥霍殆尽之后,便去当兵和卖药。称普罗塔戈拉为"脚夫""德谟克里特的速记员""乡下教书匠"。称赫拉克利特是"搅粥的勺子",称德谟克里特(Dēmokriton)为"无稽之谈的贩子"(Lerokriton),称安提多鲁斯(Antidoron)为"滑稽可笑的礼物"(Sannidoron)。称犬儒派为"希腊的敌人",称辩证法家为"彻底毁坏者"(poluphthorous),称皮浪为"不学无术、缺少教养的人"。

[9]这些人的确疯了。而对于我们的这位哲学家却有足够的证据证明他对一切人的那种无与伦比的善意。他的家乡通过树立铜像给了他无上荣光。他的朋友如此之多,乃至不得不以整个城邦计。所有追随者无不为其美妙动人的说教心醉神迷,除了斯特拉托尼斯(Stratonica)的美特洛多鲁斯,或许因为他的这份无与伦比的善意过于沉重,离他而去,跑到卡尔内亚德那里;当几乎所有其他学派都烟消云散,他的传人却总是连绵不绝,在数不胜数的领袖人物的序列中其追随者一代又一代薪火相传:[10]对父母之感恩,对兄弟之善待,对家奴之大度,这点从他留下的遗愿和他们随他一起从事哲学这一事实来看是显而易见的,最出名的是前面提到的那个奴隶弥斯。一言以蔽之,他的这份仁爱(philanthōrpia)是对所有人的。对神明之虔敬,对城邦之热爱,这种境界无以言表。其公正平和的天性无以复加,以至于拒绝参加城邦政治生活。尽管那时巨大灾难降落到了希腊,但他却一直在那里生活了下来,除了两三回远赴伊奥尼亚看望那里的朋友。朋友们自四面八方云集而来,与之共同生活在花园里。据阿波罗多鲁斯说,他花了80迈那购置了这个花园。[11]第奥克勒斯在其《摘要》的第三卷中声称他们过着极为简单(eutelestata)和节约的(litotata)生活。他说:"无论怎样,他们满足于一小杯薄酒,一般说来水就是他们的饮料。"他还说,伊壁鸠鲁并不主张财产共有,像毕达戈拉那样声称朋友所具有的东西是公共的。因为这种事情是不信任的表现,如果没有信任就没有友爱。他本人在书信中也表明,仅仅一块面包和水就会让他心满意足,他说:"给我一壶奶酪,只要我原意,就能够奢华地饱餐一顿。"这就是那个主张(dogmatizōn)快乐即目的的人。在一段铭文中雅典尼阿斯(Athenaeus)

这样吟唱:

> [12]人们啊,碌碌于不足挂齿的琐事,因利益难以满足
> 开始争吵,开始血流漂杵。
> 自然的财富占据某个狭小的疆域,
> 虚幻的判断却通向无限之路。
> 这就是尼奥科勒斯聪明的儿子从缪斯
> 或从德尔菲神庙那神圣的三脚祭坛听到的神谕。

当我们继续下去,会从他的原理和他说的东西中知道得更多。

第奥克勒斯声称,在早期哲学家当中他最能接受的是阿那克萨戈拉(Anaxagoras)(尽管在某些问题上持相反观点)和苏格拉底的老师阿尔克劳斯(Archelaus)。另外第奥克勒斯还说,他经常训练他的追随者强记自己的著作。

[13]阿波罗多鲁斯在《编年史》中声称伊壁鸠鲁曾在瑙西法奈斯和普拉克西法奈斯门下学习。但在致尤瑞洛科斯(Eurylocus)的信中,他本人否认这点,说是自己学的。另外,他还否认曾经存在着一位哲学家留基伯(Leucippus),赫尔马尔科斯也否认这点,而某些人,包括伊壁鸠鲁派的阿波罗多鲁斯声称,留基伯曾是德谟克里特的老师。马哥尼西亚(Magnesia)的德谟特里奥斯(Demetrius)说伊壁鸠鲁也曾听过色诺格拉底的课。

他以中规中矩的字面意义(leksei kuriai)谈论事物,对此文法家阿里斯多芬(Aristophanes)指责他,因为这是一种粗鄙不雅的风格(idiōtate)。其文风如此直白,以至于在《论修辞》中强调语词所需要的不过是它的清晰性。[14]在书信中他用"祝顺利"(Eu prattein)和"愿过得好"(Spoudaiōs zēn)来代替书面敬语。

阿里斯同(Ariston)在《伊壁鸠鲁的生活》中说,伊壁鸠鲁自瑙西法奈斯的《三角祭坛》一书直接抄写了《准则学》,他曾在这个人门下,还在萨莫斯岛的柏拉图主义者帕穆费洛斯(Pamphilus)门下学习。他自十二岁开始研习哲学,在三十二岁时开办自己的学校。

根据阿波罗多鲁斯《编年史》一书的说法,伊壁鸠鲁出生于索西根尼(Sosigenes)统治时期,第109次奥林匹亚赛会的第三年,"伽麦利翁月"的第七天,也即柏拉图死后的第七年。[15]在他三十二岁那年,先在米提林和拉姆普萨

卡(Lampsacus)建立学校(scholēn)达五年之久,后移至雅典,终老于彼塔拉图斯(Pytharetus)执政时期,第127次奥林匹亚赛会的第二年,享年七十二岁。学校为米提林人阿伽摩尔图斯(Agemortus)之子赫尔马科斯(Hermarchus)所继承。如赫尔马科斯在其书信中所说,伊壁鸠鲁死于肾结石,在病痛持续了十四天之后死去。赫尔米普斯(Hermippus)说他跳进一个掺有热水的铜制浴盆,要了一杯醇酒一饮而尽,[16]让朋友们熟记他的原理(dogmatōn)之后撒手人寰。

这里是我自己写的有关他的一段话:

> 再见了! 要把我的原理牢记。
> 伊壁鸠鲁对朋友说了这句话,咽下最后一口气。
> 他坐入温暖的浴盆,喝下一杯醇酒,
> 直到冰冷的死神哈德斯把他带去。

这就是这个人的生与死。他留下了这样的遗嘱:

> 在此,按照在麦特洛昂签署的有关遗赠的契约条文,我把名下的所有财产分别赠予巴特(Bate)的菲洛格拉底(Philocrates)之子阿弥诺马科斯(Amynomachus)和波塔米斯(Potamus)的德谟特瑞奥斯之子提摩格拉底(Timocrates),[17]条件是他们向米提林的阿格摩尔忒斯之子赫尔马科斯和那些同他一起从事哲学的人以及赫尔马科斯留下的哲学传承人提供花园及其所属物品,以便他们依据哲学共度时光(endiatribein kata philosophin)。我永久性地委托追随我的哲学同仁帮助阿弥诺马科斯和提摩格拉底以及他们指定的继承人,尽可能以最稳定可靠的(asphalestaton)方式维系花园里的生活,而花园的继承人也要协助照料好(diatērosin)花园,正像追随我的哲学同仁所托付的传承者那样。阿弥诺马科斯和提摩格拉底要允许赫尔马科斯和他的哲学同仁居住位于米利泰的房屋,只要赫尔马科斯健在。

> [18]从我遗赠给阿弥诺马科斯和提摩格拉底的财产收入中,他们要会同赫尔马科斯尽可能地配给份额(merizesthosan),以料理我父母和兄弟们的祭品,每年"伽麦利翁月"前十天习惯举办的生日庆典,以及每月第二十天举行的按既有规定纪念我和美特洛多鲁的哲学同仁们的聚会。他们还要共同负担(sunteleitōsan)海神节那天纪

念我兄弟的活动,当然也要共同负担"麦塔斋特尼昂月"纪念波吕阿诺斯的活动,正像我现在做的那样。

[19]阿弥诺马科斯和提摩格拉底要照顾好美特洛多鲁斯的儿子伊壁鸠鲁和波吕阿诺斯的儿子,只要他们与赫尔马科斯一起生活和研习哲学。同样他们也要对美特洛多鲁斯的女儿尽心呵护(epimeleia),如果她端庄得体(eutaktou),顺从赫尔马科斯,待成人后把她许配给赫尔马科斯从自己的哲学同仁中选中的那一位。阿弥诺马科斯和提摩格拉底还要会同赫尔马科斯,每年从我遗赠的财产收入中拿出一笔他们认为恰当的抚养费以照料这些人的生活。

[20]要让赫尔马科斯和他们一起作为财产收入的拥有者,以便事事都可以与这个在哲学上和我一起变老,被留下来为我的哲学同仁之领袖的人共同商量从而处理得当。当我女儿成人后,阿弥诺马科斯和提摩格拉底要在赫尔马科斯认为满意(gnōmēs)的前提下,从财产中拿出条件所允许的足够的费用为她置办嫁妆。他们要像我那样照料尼卡诺尔(Nicanor),以便我的哲学同仁中的任何一位对我的个人生活提供服务的人,那些在各方面给予关爱的人,以及那些选拔出来与我在哲学中一起变老的人,尽量不至于陷入生活必需品的困乏状态。

[21]把我所拥有的所有书籍赠予赫尔马科斯。

如果在美特洛多鲁斯的孩子们成人之前赫尔马科斯发生任何天灾人祸,阿弥诺马科斯和提摩格拉底要尽其所能地从我留下的财产收入中给予每人生活必需,只要他们的行为端正得体。他们还要如我所安排的那样照料所有其他人,尽可能地处理好每件事情。我给奴隶弥斯、尼奇阿斯、吕康以自由,也给女奴菲德瑞姆以自由。

[22]在临终之际,他给伊多美纽斯(Idomeneus)写下了这封信:

"在这个进行祈祷,同时也是我的生命行将结束的日子里,给你写下这几行字。持续的尿淋漓和痢疾痛苦之极、无以复加。与所有这些病痛对抗的是把灵魂的愉悦寄托在对我们往昔会话的回忆上。鉴于从孩提起你对我和哲学的一贯表现(parastasis),我恳请你多加关照美特洛多鲁斯的孩子们。"

这就是他的遗嘱。

他有许多学生,其中非常著名的是美特洛多鲁斯,雅典尼阿斯或提摩格拉底与姗德(Sande)之子,拉姆普萨卡人。此人与他相识之后,再也没有离开过他,除了有六个月的回乡往返。[23]此人各个方面都很优秀,正如伊壁鸠鲁在其著作的导言和《提摩格拉底》的第三卷所证实的那样。他是这样一个人:将其妹巴蒂丝嫁给伊多美纽斯为妻,自己纳阿提卡名妓莱恩提昂为妾。他从不畏惧困难和死亡,如伊壁鸠鲁在其《美特洛多鲁斯》第一卷所说。据说,他先于伊壁鸠鲁七年,在其五十三岁的那年死去。伊壁鸠鲁本人在前面提到的遗嘱中也表明他已亡故,并责成受托人照料他的子女。上面提到的提摩格拉底,美特洛多鲁斯的兄弟,一个草率的家伙,也是他的学生。

[24]美特洛多鲁斯的著述如下:

《驳医生》三卷

《论感觉》

《驳提摩格拉底》

《论宽容》

《关于伊壁鸠鲁的体弱多病》

《驳辩证法家》

《驳智者》九卷

《关于智慧之路》

《论变化》

《论财富》

《驳德谟克里特》

《论高贵出身》

另一个是拉姆普萨卡的波吕阿诺斯,雅典诺多鲁斯(Athenodorus)之子,一个公正友善的人,正如费罗德穆及其门生所说。然后是伊壁鸠鲁的传承人赫尔马科斯,阿伽摩尔图斯之子,米提林人,一个穷苦人家的孩子,起初用心于修辞术。

可以找到的其最好的著作如下:

[25]《关于恩培多克勒的通信》二十二卷

《论数学》

《驳柏拉图》

《驳亚里士多德》

他死于麻痹症,是一个极有能力的人。

还有同样来自拉姆普萨卡的莱昂修斯和他的妻子忒弥斯塔,伊壁鸠鲁曾给后者写过信。接下来的是克罗特斯和伊多美纽斯,他们也是拉姆普萨卡人。这些人都很有名气,他们当中有位波吕斯特拉图斯(Polystratus),赫尔马科斯的传承人。波吕斯特拉图斯又传狄奥尼修斯,狄奥尼修斯再传巴西里德斯(Basilides)。阿波罗多鲁斯,这位写了超过四百卷著作的"花园之王"(Kēpsturannos),也是闻名遐迩的人物。还有两位来自亚历山大利亚的托勒密王朝的学生,一个黑人一个白人;西顿(Sidon)的芝诺,阿波罗多鲁斯的学生,多产作家;[26]被称作拉哥尼亚人的德谟特里奥斯;塔尔索斯(Tarsus)的第欧根尼,他选编了讲演集;奥利翁(Orion)以及其他一些被正宗的伊壁鸠鲁主义者称作智者的人。

还有另外三个叫伊壁鸠鲁的人。一个是莱昂修斯和忒弥斯塔的儿子,另一个是马格尼西亚人,第三个是重甲兵教官(hoplomachos)。

伊壁鸠鲁是一位多产作家,就其著述的数量而言无人能望其项背。因为总数达三百卷,其中没有一个证据(marturion)自外面引述,而是通篇出自伊壁鸠鲁一人之口。据卡尔内亚德称,在著述的多产上科律西波试图与之一比高低,因此卡尔内亚德称之为伊壁鸠鲁著作的寄生虫(parasiton)。因为,如果伊壁鸠鲁写了什么东西,科律西波则出于好斗(philoneikei)也要写出同样多的东西。[27]由于这个原因,他写了大量重复性的和即兴发挥的东西(to epelthon),把未经检验的东西(adiorthōta)付之匆匆。这样的引证如此之多,以至于只是用它们充数而已,正像在芝诺和亚里士多德那里所发现的一样。伊壁鸠鲁名下的著述卷帙浩繁,其中最好的如下:

《论自然》三十七卷

《论原子与虚空》

《论爱欲》

《驳物理学家节选》

《驳麦加拉学派》

《问题集》

《主要原理》(Kuriai doxai)

《论选择与规避》

《论目的》

《论标准》或《准则》(Kanōn)

《凯莱德谟斯》

《论神》

《论虔敬》

[28]《赫哲西阿那克斯》

《论生活》四卷

《论公正的行为》

《尼奥克勒斯——答忒弥斯塔》

《会饮》

《尤瑞洛科斯——答美特洛多鲁斯》

《论视觉》

《论原子中的角》

《论接触》

《论命运》

《论感受的观念——驳提摩格拉底》

《预见》(Prognōstikon)

《劝进篇》(Protreptikos)

《论幻象》

《论表象》

《亚里士托布罗斯》

《论音乐》

《论正义和其他德性》

《论礼物与敬意》

《波吕谟德斯》

《提摩格拉底》三卷

《美特洛多鲁斯》五卷

《安提多鲁斯》二卷

《论疾病的观念——答米图拉斯》

《卡里斯托拉斯》

《论王政》

《阿那克西美尼》

《书信集》

他的这些著作中的观点,我想通过引述三封信予以提出,因为在这些信里浓缩了(epitetmētai)他自己的全部哲学。[29]当然我还将给出他的《主要观念》和其他似乎值得引用的表述,便于你全面认识这个人,知道如何做出判断。

第一封信写给希罗多德,是关于物理学的。第二封信致彼多克勒斯,是关于天象学的。第三封信致美诺伊凯俄斯(Menoeceus),内容是围绕生活方面的。我们必须首先就其本人关于哲学的划分稍作介绍,然后再从第一封信讲起。

哲学分为三个部分,准则学(kanonikon)、物理学和伦理学。[30]准则学是通向整个课业(pragmateia)的入门或方法(ephodos),它收录在名为《准则》的一部单一的(heni)著作中。物理学则包括一切有关自然的思辨(theōria),它收录在三十七卷本的《论自然》一书中,并以摘要的方式保存在书信里。伦理学则涉及选择和规避之物,它包含在《论生活》、书信和《论目的》中。他们习惯于把准则学和物理学安排在一起,称前者为关乎标准(kritēriou)、本原(arches)和元素(stoicheiōtikon)的知识,而物理学则关乎生成、毁灭和自然,伦理学关乎选择与规避之物以及生活和目的。

[31]他们把辩证法作为多余之物加以否弃,认为对于物理学家来说,根据有关事物的一般词语足以取得进展。因此在《准则》中伊壁鸠鲁声称感觉、"前识"和感受是真理的标准,伊壁鸠鲁主义者又加上了心灵的生成表象的能力。他在致希罗多德的缩写本和《主要原理》中也谈到了这点。他说:"所有感觉都是非理性的和无记忆能力的,既不能自我运动,也不能由他者推动从而增加或减少什么。不存在任何能够反驳感觉的东西,[32]同类(homogeneia)感觉不能反驳同类感觉,因为其效力均等(isostheneia)。异类感觉也不能反驳异类感觉,因为它们判断的不是同一个对象。理性也无法反驳感觉,

因为所有理性都依赖于感觉。任何一种感觉也不能反驳另一种感觉,因为我们诉诸于(prosechomen)一切感觉。感知活动的实在性(huphestanai)使感觉的真理性得以确信。我们看和我们听,正像我们感到痛苦一样,都是实在的(huphestēke)。因此我们必须通过现象(phainomenōn)表明(sēmeiousthai)非显明之物(adēlōn)。因为所有思想,或根据直接作用(periptōsin),或根据类比,或根据相似,或根据组合,或通过推理的某种协助,由感觉生成。疯子和睡梦中形成的表象都是真的,因为它们引起运动,而非存在的东西(to mē on)是不会引起运动的。"

[33]他们声称,"前识"类似于一种理解,或一种正确的观念,或一种概念,或一种储存于心灵中的(enapokeimenen)普遍思想,也就是经常自外部向我们显现的东西的记忆,比如,如此这般的东西是"人"。因为一旦说出"人"字,人们马上就会根据"前识",随着感觉的引导,想象出人的形状。因此,被每个名称所最初指示的东西是清楚明白的。我们无法研究所研究的对象,除非之前对它已有所知。比如,站在远处的那个东西是马还是牛,[在做出这个判断之前]我们必须在某个时候根据"前识"知道了马和牛的形状。我们也无法命名某种东西,除非我们之前根据"前识"已知道它的形式。因此,"前识"是清楚明白的。观念的对象(to doxaston)来自之前某种清楚明白的东西,通过与之参照我们谈论这个对象,比如,"我们如何知道这是不是一个人?" [34]他们把观念称为假设(hupolēpsis),说它或真或假。如被确证(epimarturētai)或未被否证(mē antimarturētai)则为真,如未被确证或被否证则为假。因此,这就引入"等候"或"有待"(prosmenon)确证这一条件。比如,有待走近一座塔从而知道塔自近处显得如何。

他们说,发生在所有动物身上的感受有两种:快乐与痛苦,前者是亲和的(hoikeion),后者是疏离的(allotrion),选择与规避由之得以确断。之于研究,一种是涉及事物的,一种则是有关纯粹语词的。这就是关于哲学的划分和标准的基本解释。

我们必须回到书信上了。

【以下是致希罗多德和彼多克勒斯的信(略)】

[117]关于天象他所主张的就是这些。

关于生活原则以及我们何以应当选择这些和规避那些,他写了下列东西。首先让我们讨论一下他和他的学派有关智者所主张的观点。

来自人类之间的伤害,或因仇恨,或因嫉妒,或因鄙视而起,这些东西智者用理性加以克服。再者,一旦成为智者他将永远不会具有相反的状态,不会刻意伪装。他将更加敏于感受(pathesi),但却无碍于智慧。智慧并非生自每种肉体习性(hexeōs),也并非生自所有种群部族。[118]即使智者饱受痛苦,也是幸福快乐的。唯有智者才会对朋友〈用言语和行动〉表达感激之情,无论在场或不在场并无二致。当他受到折磨,也会呻吟和呼喊。正如第欧根尼在其《伊壁鸠鲁伦理学原理摘要》所说,智者不会与那些法律所禁止染指的妇女发生关系。他不会惩罚家奴,而会怜悯和宽恕那些品性优良者。他们认为智者不会身陷爱河,不会忧虑丧葬,爱不是神指派的(theopempton),正如第欧根尼在〈……〉所说。他也不会优雅地(kalōs)演说。他们说性交永远无益,如果他没有为其所害就应该心满意足了。

[119]正像伊壁鸠鲁在《问题集》和《论自然》中所说,智者不会娶妻生子,但在生活的某种环境下也会偶尔为之。他应把自己的念头从某些人身上转移出来(diatrapēsesthai)。伊壁鸠鲁在《会饮》中说,他不会醉中失态妄言。他不会参与城邦政治生活(politeusesthai),如在《论生活》第一卷所说。他不会成为暴君(turanneusein),也不会去做犬儒(kuniein),如在《论生活》第二卷所说。他不会去做乞丐。他即便双目致残也不会弃绝生活,如在上述同一部著述中所说。智者也会感到悲伤,如第欧根尼在《选集》第十五卷所说。[120a]他会参与讼事。他会留下著述,但不会做集会颂词。他会关心财产和未来。他会热爱乡间生活。他将与命运抗争(tuchei t' antitaxesthai),不会背叛任何一个朋友。他会如此关心自己的声誉,以至仅限不被蔑视的程度。在沉思中(en tais theōriais)他会比其他人得到更多快乐。

[121b]他会树立雕像,但好坏与否并不在意(adiaphorōs)。只有智者才会正确地讨论乐与诗,但的确不会去创制这些作品。一个智者不会比另一个更加智慧。当生活拮据,他会去赚钱,但仅仅以智慧获取。他有时会侍奉宫廷。他会闻过则喜。他会建立学校,但不至于从者如流。他会当众诵读,但并非有意为之(ouk hekonta)。他会持有观念(dogmatiein),而不会犹疑不决(aporēsein)。他在梦中也会保持自己。他有时会为朋友而死。

[120b]他们认为恶并非相等(anisa)。健康对某些人是好的,对另一些人则是无所谓的(adiaphoron)。勇敢并非出于本性,而是来自利益的计算(logismōi)。友爱因为有用(dia tas chreias)。应当贡献头份利益(prokatarchesthai),因为我们必须为大地播种,友爱通过对快乐的共同分享来维系。

[121a]幸福可以从两个方面来思考,一是最高幸福,这是神的幸福,它不具有增量(epitasin)。另一种是有增有减的幸福。

现在我们必须转到这封信上来。

【以下接致美诺伊凯俄斯的信(略)】

[135]【以上接接致美诺伊凯俄斯的信】在其他地方他还否弃了神谕的全部内容。正如他在《小简写本》中说:"神谕(mantikē)并不存在,如果存在,我们也必须认为按照它所发生的事情(ginomena)与我们毫不相干。"

这些就是他有关生活事宜的观点。在别处也做过详尽的讨论。

[136]在有关快乐的问题上,他有别于居勒尼派的观点。因为他们不承认静态的(katastēmatiken)快乐,只承认处于运动中(en kinēsin)的快乐。而伊壁鸠鲁承认在灵魂和肉体中两种快乐都有,正像他在《论选择和规避》、《论目的》、《论生活》第一卷和《致米提林的哲学家的信》中所说的那样。同样,第欧根尼在其《选集》的第十七卷,美特洛多鲁斯在其《提摩格拉底》一书表达了这种观点:快乐被认为包含着运动的和静态的两种。伊壁鸠鲁在《论选择》这样说:"宁静(ataraxia)和无痛苦(aponia)是静态的快乐,而欢乐(chara)和愉快(euphrosunē)被视为包含着运动和活动(energeiai)。"

[137]另与居勒尼派的区别还在于,他们认为肉体的痛苦甚于灵魂,作恶者因此要受到肉体上的惩罚;伊壁鸠鲁则认为灵魂的痛苦更坏。皮肉之苦只是苦在当下,而灵魂之痛却痛在过去、现在和将来。同样灵魂的快乐也远大于肉体。他把这个事实用作"快乐即目的"的证据:动物一生下来就自然地和非理性(chōris logou)地喜欢快乐、抵触痛苦。因此,我们本能地逃避不快。为此,当赫拉克勒斯被涂上毒药的罩衫吞噬时发出咆哮:

> 噬咬,嚎叫,回荡在岩石间,
> 罗克里斯的海角,优卑亚的山巅。

[138]德性因为快乐,并非因为自身而被选择,正像药物因为健康而被选

择,正像第欧根尼在其《选集》第二十卷所说,这个人还说教育(agōgē)是生活经历或方式(diagōgē)。伊壁鸠鲁声称,唯有德性与快乐不可分离,其他东西都可分离,如食物。

来吧,现在让我通过引述《主要原理》,正如有人会说,为全书和这个哲学家的生平画上句号,结束整个写作,以幸福的起点(arhēi)作为全书的终点(telei)。

【以下接《主要原理》(略)】

二、伊壁鸠鲁的三封信

(一)致希罗多德的信

伊壁鸠鲁向希罗多德致以问候:

[35]希罗多德啊,对于那些不能精研我的每部物理学著作的人,或无法饱览我的鸿篇巨制的人,我自己准备了这份有关整个课业的概论(epitomē),为了他们可以把这些普遍性的观念充分保留在记忆中,以便在每个合适的机会,在最重要的问题上能对自己有所帮助,从而牢固掌握有关自然的思辨。即使在对我的整个著述的研究上取得长足进展的人,也应牢记这个被归为基本原则的(katestoicheiōmenon)整个课业的纲要(tupos)。因为集中性的思考(tēs athroas epibolē)是通常所需要的,而具体细节上的思考则并非同样如此。

[36]我们要不断回到这些要点,必须记住足够的数量,以便由之对事物做出最重要的考量(kuriōtatē epibolē),由之发现所有具体细节上的精确解释,如果我们能充分理解和牢记这个普遍性纲要的话。即使对于已完全入门的研究者,一切精确解释的首要条件依然在于能够通过把他的每种思考诉诸基本原则(stoicheiōmata)和简单语词来灵活运用它们。因为,如果我们不能通过简短的要语把所有在具体细节上被精确判断的东西(exakribōthen)涵盖于内,要洞悉(eidenai)那些对整个课业的不断勤奋研习所集中呈现的结果(puknōma)是不可能的。

[37]这个路径(hodos)对所有置身自然研究的人是有用的。我劝勉人们在自然研究上要持之以恒,尤其这种活动使我生活静好,因此我为你准备了

这个概要和整个学说的基础讲义(stoicheiōsis)。

希罗多德啊,你必须首先理解语词所指示的对象(hupotetagmena),因此你可以通过诉诸这个东西,对所持有的观念、所研究的问题和所产生的疑惑做出判断,以免我们给出的证明直至无限(eis apeiron)从而使所有这些东西成为不可判定的,或使语词流于空洞无物。[38]因为洞察与每个语词相关的原初概念(to protōn ennoēma)而毋需给出证明是必然的。如果这样,我们将得到某种可以把我们所研究的问题、所产生的疑惑和所持有的观念诉诸其上的东西。再者我们必须根据感觉,简单说来也即根据当下的理解(parousas epibolas),无论它是心灵的还是其他什么标准的,来观察一切事物。同样,我们也必须观察真实的感受(ta huparchonta pathē),以便我们可以得到某种东西,由之来表明(semeiōsometha)"有待确证之物"和非显明之物。

在理解这些东西之后,我们必须一并考察非显明之物。首先,无物由"无"(tou mē ontous)生成。因为如果那样,所有事物就会由所有事物生成,不需要任何种子。[39]如果消失之物消亡于"无",则所有事物将毁灭殆尽,因为它分解成的那个东西是"无"(ouk ontōn)。再者,万物(to pan)过去每每如其现在所"是",也将永远如其现在所"是"。因为没有任何它能变成的东西(eis ho metabalei)。万物之外,无物能进入其中并引起变化。

再者[他在《大概论》开篇和《论自然》第一卷谈到这点],万物由物体和虚空构成。物体之为存在,无论如何感觉本身可以证实,也必然基于感觉,我们凭借理性由某种显明表征推证非显明之物,正如以前我所说的那样。[40]如果没有我们称之为虚空、空间(kōran)和不可触的本性(anaphē phusin)这样的东西,物体将不会有存在其中和从中运动的场所,就像它们明显在做运动那样。除了物体和虚空,无物能被想象,无论通过普遍理解(perileptōs)还是通过与普遍理解相类似的东西,如果仅当它们作为整个本性被理解,而非作为其所谓的偶性(sumpōtmata)或属性(sumbebēkota)被理解的话。

再者[他在《论自然》第一卷、第十四卷和第十五卷以及在《大概论》中谈到],物体中一些是组合物(sugkriseis),一些是组合物由之构成的东西。[41]后者是不可分的(atoma)和不变的,如果万物不想消亡于非存在,而是在组合物的解体过程中保持足够强力的话,因为这种东西本性上是充实的,不可能在任何地方或以任何方式发生解体。因此,物体的本原(tas archas)其本性必然是不可分割的。

再者，万物是无限的。因为被限定的东西（peperasmenon）有极点（akron），而极点是相较于他者被观察到的。因此既然宇宙没有极点它就不会有界限（peras），既然没有界限它就是无限的，就不是被限定的。

再者，万物是无限的在于物体的数量和虚空的大小。[42]因为如果虚空是无限的而物体是有限的，物体就不会停留在任何地方，而会散乱无序地（diesparmena）穿行于无限的虚空，没有任何东西通过碰撞反弹（tas anakopas）来支撑和控制它们。如果虚空是有限的，无限的物体将不会有任何立锥之地。

此外，不可分的和充实的物体，即组合物生成之所出（ex hon）和解体之所归（eis ha），其形状的差异是无法把握的（aperilēpta），因为事物如此众多的差异不可能由为数有限的同一形状的物体生成，每种形状相同的物体是绝对无限的。而形状的差异不是绝对无限的，仅仅是无法把握的（aperilēptoi）。[43]〔稍后他说，分割不会直至无限。又说，既然性质是变化的，除非有人只是打算在它的大小上无限扩充下去。〕

原子每时每刻持续运动。〔以下他说，原子等速（isotachōs）运动，因为虚空给最轻的和最重的原子让出（eixin）相同的空间。〕一些原子相互之间被远远地分离开来，而另一些原子，一旦碰巧陷入纠缠（tēi periplokēi），或被原子纠缠物（tōn plektikōn）所裹挟，则停在原地自我震动（ton palmon）。[44]正是虚空通过自身分离每种原子的本性带来了这种结果，因为它不可能提供任何支撑作用（hupereisin）。而原子自身所固有的坚韧性在其碰撞过程中产生反弹（apopalmon），其反弹的距离，以原子纠缠（hē periplokē）所允许它们从碰撞中得以复原（apokatastasin）的距离为限。这些东西没有本原（archē），因为原子和虚空是永恒存在的。〔以下他说，除了形状、大小和重量，原子没有任何性质（poiotēta）。但在《基本原理十二条》中他说，颜色是根据原子的排列状况发生变化的。原子不存在一切大小。没有任何原子可以为视觉所感知。〕

[45]这些要义（phōnē），如果全部记住，就可以为有关事物的本性的概念奠定（hupoballei）合适的框架（tupon）。

再者，宇宙或世界（kosmoi）是无限多的，一些与这个宇宙相似，一些并非相似。作为无限多的原子，如前所述，它们可以运行极其遥远的距离。这种原子,宇宙由之所生和为之所造的东西,既不会为一个宇宙也不会为数量有限的宇宙所耗尽,不管这些宇宙与我们的这个相似还是不相似。因此,在通向宇宙无限性的道路上不存在任何障碍。

[46]存在着与固体的形状相同,但远比现象(phainomenōn)更为精细的印迹(tupoi)。这种东西的构成(sustaseis)发生在周围的环境中不是不可能的,这种条件适合于空心物(koilōmatōn)和精细物的制作也不是不可能的,流射物(aporroiai)保留着它们在固体中所具有的顺序安排和位置移动也不是不可能的。我们把这种印迹称作"影像"(eidōla)。它们穿越虚空的运行,如果没有遭遇任何抗力,可以在无法想象的瞬间完成任何可以想象的距离。抗力(antikopē)和抗力的缺失同慢和快具有同比关系。

[47]在理性所思量(theōrētous)的时间中,同一个运行的物体不可能同时到达多个场所,因为这是无法想象的。然而当这个物体在可感知的(aisthētōi)时间内,和其他物体一起从无限多的任何场所同时到达(sunaphiknoumenon),其离开的就不会是我们所理解的那个其运行所由之出发的场所。因为这似乎像是遭遇抗力(antikopēi)的结果,即便在这点上我们不允许任何东西阻碍(antikopton)其运行的速度。牢牢掌握这些基本原理是有用的。再者,"影像"表现出无与伦比的精细性,任何现象都不否证(antimsarturei)这点。同时它们还有无法超越的速度,因为它们可以找到所有适合于自己的恰当通道(poron),使持续不断的流射无一受阻或很少受阻,尽管诸多的乃至无限多的原子直接遇到抗力。

[48]此外,"影像"的生成如思想般迅捷(hama noēmati)。从物体的表面持续不断地发出一种物质流(hreusis),而物体似乎并没有变小,因为它会得到补足。流射物相当一段时间保留着原子在固体中所具有的位置和顺序,尽管有时也会处于无序。"影像"在周边环境的形成速度很快,因为不需要在"高"或"深度"上(kata bathos)填充任何东西(to sumplērōma)。还有其他一些方式生成这种东西的本性。这种东西并不为感觉所否证(antimartureitai),如果人们注意到它是如何把经验事实(enargeias)和相应影响(sumpatheias)自外部对象传回给我们的。

[49]我们必须认识到,正是当某种东西自外部对象进入,我们才"看见"和"思考"它们的形状。因为外部对象不是通过介于我们与它们之间的空气,

也不是通过我们向它们发送的光线或任何什么流射物,给我们印上(enaposphragisaito)它们自己的颜色和形状的本性的,而是通过某种由对象进入我们的"印迹"(tupōn)导致的,这种东西与对象本身颜色相同、形状相同,按恰当尺寸进入眼睛和心灵,运动速度极快,[50]因此它呈现出同一而连续的表象,保存着某种源于本体的(apo tou hupokeimenou)近似性或共同感应(sumpatheian),因为它对我们感官的同比例的冲击(summetron epereismon)来自固体深处原子的震动。无论我们运用什么获得表象,是心灵还是感官,不管获得的是形状还是属性,这个形状是固体本身的形状,由影像的连续挤压或残余形成。"假"与"错误"永远在于我们所附加的观念。[当表象有待于确证或不被否证,但后来根据某种发生我们身上的,同对表象的理解活动相关但又有区别的运动,实际上并未确证或已被否证,正是据此生成错误。]

[51]那些类似于从画像中所获得的,或在梦中所生成的,或来自心灵的另外某种理解或其他判断标准的表象,永远不会与被称作本质的(ousi)和真的(alēthesi)东西之间存在着相似性,除非我们与之接触的(paraballkomen)正是这样一些东西本身。错误是不会发生的,除非在我们自身中获得另外一种运动,这种运动同对表象的理解活动(epibolēi)发生关联但又有区别,正是基于这种运动,如果它未被确证或已被否证则为假,如果已被确证或未被否证则为真。

[52]必须牢牢掌握这些观点,以免建立在清楚经验上的标准被否弃,以免错误被同样当作确切可靠的东西,从而使一切陷入混乱。

再者当流射物从说话的人,或从发出声响或噪声的东西,或从以任何方式产生听觉的对象那里传送过来,"听"就会生成。这种流射物分离为同质的微粒(homoiomereis ogkous),它们相互间同时保持着某种共同感应(sumpatheian)和特有的同一性(henotēta idiotropon),这种同一性延伸至发送它们的源头(to aposteilan),多数情况下引起与这种源头相契合的(ep ekeinou)感知,否则,只是把外部对象显示出来。[53]如果没有某种共同感应(sumpatheias)从源头那里传送给我们,这样的感知是不会发生的。因此,我们不应认为空气为发出的声音或同类东西所形塑(schēmatizesthai),因为空气远远不是以这种方式受其作用的,而是当我们发出声音时,在我们体内产生的敲击作用(tēn plegēn)直接导致由某气息状的(pneumatodous)流射物所形成的微粒发生挤压

(ekthlipsin)，这种挤压引起我们听的感受。再者我们还应相信，"嗅"和"听"一样，如果没有某些微粒自对象传送过来，并适合于刺激这种感官运动，一些以纷乱和异己的方式，一些以平静和熟悉的方式，则永远不会产生这种感受。

[54]再者我们必须相信，除了形状、重量、大小和那些必然与形状生为一体(schēmatos sumphuē)的东西，原子不带有任何显明之物的性质。因为所有性质是变化的(mataballe)，原子是不变的。在组合物的解体过程中，应有某些坚实的和不可分解的东西保留下来，以确保变化既不会归于"无"(to mē on)也不会由"无"产生，但多数情况基于这些东西的重置(kata metatheseis)，有些则通过其数量的增减引起变化。因此凡〈不〉可被重置的东西(ta metatithemena)必然是不朽的，不具有变化的本性，而具有自身的特殊体量(ogkous)和形状，这些东西必然应当存留下来。

[55]对于我们经验中的那些因物质的消除(kata ten periairesin)而改变形状的东西(metaschēmatizomenoi)，其形状可被理解为内在于变化之物，而性质则并非内在的，它不像形状那样存留下来，而是从整个物体中消失殆尽。保留下来的这个东西足以造成组合物的种种差异，因为某些东西必然保留下来，以免组合物消亡于"无"。

再者，不应当认为原子中存在着所有大小，以免为现象所否证。但原子有大小上的某些差异是必须承认的。补充这点，可以更容易地解释那些基于遭受和感觉所生成的东西。[56]原子存在着所有大小，无助于解释性质的差异，同时某些原子会必然达致我们的视觉，但这种情况没有见过发生，也不可能想象原子是如何成为可视的。

此外，我们不应认为在有限的物体中存在着无限的微粒，无论这些微粒有多小。因此，我们不仅必须否弃无穷小的分割，以免我们使一切变得虚弱无力(asthenē)，被迫在对组合物的普遍把握中使存在消磨耗尽、终归于"无"，而且我们还必须否认在有限的物体中存在着通向无限的位移运动(matabasin)，甚至通过越来越小的部分的位移运动。[57]因为一旦有人说某物中存在着无限的微粒，不管它们有多小，那么无论如何这是无法想象的。何以该物在大小上还会是有限的？因为显然无限的微粒本身是有某种尺寸的，无论它们多小，其总体的大小就会是无限的。另外，有限的东西具有某种能区分开来的端点(akron)，尽管这个端点基于自身是不可思想的(theōrēton)，但我们不可能不去思想另外一个这样的东西与之相邻,因此基于这种相邻性依序(kata to hexēs)前行,以至于在概念上(tēi ennoiai)由这种方式直至无限也是可能的。

[58]我们必须认识到,感觉范围内的最小单元(to elachiston)既不像是那种能做位移的东西(tas matabaseis),也不是完全绝对不像,而是与位移者(matabatōn)具有某种共同点,尽管它没有相互区分开来的构成部分。每当考虑因这种共同的相似性而将要对它进行区分,这一部分在这里,那一部分在那里,我们所遇到的一定是大小相等的单元(to ison)。我们可以看到这些东西自第一个开始一个挨着一个,既非处于同一位置,也非以部分接触部分,而是以自身所特有的方式度量大小,数目多者为大,少者为小。

[59]我们还必须认识到,原子中的最小单元也表现出这种类比关系。只是在微小方面,它明显有别于根据感觉所观察到的东西,但具有同样的可类比性(analogiai)。正是根据眼下这一类比关系我们做出了"原子具有大小"这一陈述,但这仅仅是把小的东西放大而已。再者,当我们用理性去沉思不可见之物时,必须把最小单元和单一性的东西(amigē)视为一种"限"(perat),由它们本身为"大的"和"小的"提供其长度的原初量度(to katametrēma prōtōn)。它们同〈不〉能位移的东西之间所拥有的共同点足以建立更多的此类结论。但由这些最小单元自身的运动来产生聚合(sumphorēsin)则是不可能的。

[60]再者,对于无限的东西,我们一定不要在"最高点"和"最低点"这种绝对意义上说"上"或"下"。我们知道,从我们所站立的任何位置的头上方,或从我们所任意想象的脚下方,如果可能无穷延伸下去,这两个方位相对于同一个点将永远不会对我们显得同时既是"上"又是"下",因为这是无法想象的。因此把所想象的向上直至无限理解成一种(mian)运动,把向下直至无限也理解成一种(mian)运动是可能的,尽管从我们出发往头顶方向的运动会千万次地抵达在我们上面的那些人的脚下,而从我们出发朝脚下方向的运动会千万次地抵达在我们下面的那些人的头上。因为无论如何,在这两种情况下,整个运动被想象成以相反方向做出的无限延伸。

[61]原子必然是等速的(isotacheis),仅当它在虚空中穿行时没有遇到任何阻力。重的原子,只要没有任何东西阻碍它,不会比小而轻的原子运动得更快。小的原子,假如没有东西对它形成阻碍,也不会比大的更快,因为它们都有尺寸合适的通道。向上的运动,因受到撞击而发生偏斜的运动,因自身

的重量而往下的运动都不会更快。无论每种原子沿轨道运行(katistēi)得多远,都会保持像思想一样快的速度,直至遇到阻力,这种阻力或来自外部,或来自原子自身对抗撞击力的重量。

[62]再者,就组合物(sugkrisis)而言,尽管其构成的原子是等速的,但一些组合物比另一些运动得更快。这是因为聚合物中的原子在最短的连续的时间内朝一个位置(eph'hena topon)运动,尽管它们在理性所能思量的(theōrētous)时间内是无法趋向一个位置的。但它们以频繁剧烈的方式(puknon)发生碰撞,直至运动的连续性成为可感的。因为附加给不可感之物的观念(prosdoxazomenon)——也即,为理性所能思量的时间会承认运动的连续性——在这个事情上并非为真。因为所有被观察到的东西(theōroumenon),或在心灵的直接活动中(kata epibolēn)为其把握的东西为真。

[63]接下来,通过诉诸感觉和感受(因为最为确切的信念将系于这些东西),我们必须看到灵魂是一种散布于整个聚合体的精细物质(soma),与混合着热的(thermou)气息(pneumati)极为相似,一方面像热,一方面又像气息。灵魂还有一个〈第三个〉部分远远超过前两者的精细程度,因而与聚合体的其余部分保持着更为紧密的"共同感应"(sumpathes)关系。灵魂的功能、感受、易动(eukinēsiai)、思想活动以及那些失去它就会死亡的东西完全可以表明这点。再者,我们还必须牢记灵魂是感觉的最主要的原因。[64]如果灵魂不被聚合体的其余部分以某种方式包裹或防护起来(estegazeto),它就不会拥有这种感觉能力。聚合体的其余部分尽管为灵魂提供生成感觉的原因,自身也分享了这种来自灵魂的偶性(sumptōmatos),但并非分享灵魂所拥有的所有偶性。因此一旦灵魂离开,它便丧失感觉,因为它自身不具备这种能力,而是某种与之共生的(suggenēmenon)他者为其提供了这种能力。这个他者在聚合体中通过运动使自身的潜能得以实现,从而自己直接形成能感觉的偶性,并根据"相近性"(homourēsin)和"共同感应"(sumpatheian),如我所讲,把这种偶性赋予聚合体。

[65]因此,灵魂只要在聚合体中存在就永远不会没有感觉,尽管聚合体的其他某些部分或许会丧失。伴随灵魂的包裹者或防护者的解体,无论全部还是某个部分,灵魂的一部分或许会毁坏,但只要灵魂依然存在,它就会有感觉。然而,维系(sunteinon)灵魂本性的原子的数目无论多少,一旦它们离去,

聚合体的其余部分,不管全部还是部分,即使幸存下来也不会有感觉。再者,当整个聚合体解体,灵魂便四处散落,不再具有同样的能力,不能运动,因此也就不会有感觉。

[66]如果灵魂不在这个组合物中(sustenati),没有引起这些运动,也即当它的保护者(stegazonta)和容纳者(periechonta)与当下它所位于其中并从中完成这些运动的东西不是同一个东西,那么把它想象为有感觉的则是不可能的。[他在其他地方说道,灵魂是由最光滑的、最圆的原子构成的,远不同于火的原子。它的一部分是非理性的,分布于肉体的其他地方,而位于胸部的那一部分是理性的,这点由恐惧和愉悦来看是显而易见的。当分布于整个组合物的一部分灵魂固定于某一位置或四处散落,而后发生强烈撞击,便生成了梦境。精子则来自整个肌体。]

[67]此外必须考虑到,"无形物"(to asomaton)一词在通常意义上是指那种"被思想为独立存在的东西"。然而,除了虚空,任何无形物都不可能被思想为独立存在的东西。虚空既不能作用(poiēsai)也不能被作用(pathein),而是仅仅为物体提供穿过自身的运动。因此,那些声称灵魂是无形物的人荒谬之极。因为如果这样的话,灵魂则既不能作用又不能被作用。然而这两种偶性清楚明白地属于灵魂。

[68]当我们把所有关于灵魂的推论诉诸感受和感觉,并记住开始所讲的东西,就会看到,这些在概要中已被充分理解的原理足以让我们由之对细节问题做出确切判定。

再者,形状、颜色、大小、重量和表述(katēgoreitai)物体的(无论是所有物体还是可见物体的)其他任何属性(sumbebēkota),以及通过感觉本身所认识的东西,我们一定不要认为它们具有独立存在的本性,因为这是无法想象的。[69]也不要把它们视为完全不存在的东西,或是依存于(prosuparchonta)物体的另外某种无形的东西,或是物体的一部分,而应当认为整个物体普遍说来是由所有这些属性获得自己的永恒本性的,但不是被挤压成的(sumpephorēmenon),就像当较大的聚合体由自身的部分构成那样,无论这些部分是原初物质还是某种小于整个体积的东西,而是仅仅通过所有这些属性获得自己的永恒本性,正如我说的那样。所有这些属性都有某种特殊的可感知的(epibolas)和可辨识的(dialēpseis)方式,总是伴随整个物体,永远无分与之法离。正是基于整个聚合体的概念(ennoian),物体方可得以表述(katēgorian)。

[70]还有一些东西通常偶然发生(sumpiptei)在物体身上,但并非永远伴随物体,它们既不属于不可见之物,也不属于无形之物。因此,当我们以最常认,在这个问题上不存在以多种方式或以另外方式解释的可能性,而是纯粹认为任何预设(hupoballontōn)分歧或不宁的东西同不朽和福祉的本性是不相容的。通过心灵是能够把握这个绝对真理的。

[79]然而,被归于有关沉落、升起、(冬或夏)至、(日或月)食以及所有同类现象研究领域的东西,却无助于我们达致源于知识的福祉。相反,那些尽管对此有所思考,但并不知道它们的本性是什么,最主要的原因是什么的人,会感到同样的恐惧,就像那些一无所知的人一样,或许比他们的恐惧程度更大,一旦来自先前对这些东西的思考(proskatanoēseōs)所产生的惊异(thambos)无法得到解释,不能把握其最主要的支配原则的话。

因此,如果我们发现有关(冬或夏)至、降落、升起、(日或月)食以及类似天象的多种原因,就像在具体事物上所发现的那样,[80]我们一定不要认为我们无法获得所需要的那种足以达致宁静和我们的福祉的精确程度。因此,我们必须通过观察比较(paratheōrountas)同样的现象以多少种方式在我们的经验中发生,从而对天象和所有非显明之物做出原因解释(aitiologēteon);我们必须蔑视那些不能辨识以一种方式存在或生成之物和以多种方式发生之物的人,因为他们忽视了对象由一定的距离呈现表象,他们不知道人们处于其中的那种不可能不胜其烦的环境。〈同样,也不知道人们处于其中的那种可能不胜其烦的环境。〉如果我们认为一种天象可能会以某种方式(hōdi pōs)发生,那么一旦我们承认它的确以多种方式(pleonachōs)发生,就像我们知道它以某种方发式生一样,我们将不会遭受烦扰。

[81]除了所有这些总体性的观点,我们必须认识到人类灵魂的最主要的烦扰或不宁(tarachos)源于相信(doxazein)天体是有福的和不朽的,同时相信它们还有与这个信念相矛盾的意愿、活动和因果性;灵魂的不宁还源于对某种持续不断的神奇可怕的力量(deinon)的永久期待(prosdokan)或怀疑(hupopteuein),这点或基于神话传说,或基于对死亡状态下感觉缺失的恐惧,就好像与我们相关一样;另外,灵魂的不宁源于人们对这种东西的感受(paschein)并非出于观念,而是出于某种非理性的态度。因此,如果不对这种神奇可怕

的力量加以限定,他们得到的烦扰就会和那些对天象随便持什么观念的人得到的一样大,或者比他们的更大。[82]宁静(ataraxia)在于从所有这些东西中解脱出来,不断记住总体性的和最重要的原则。

因此,我们必须诉诸于当下的感受和感觉,共同的东西诉诸于共同的感觉,特殊的东西诉诸于特殊的感觉,依据每种标准诉诸于所有当下的清楚经验。因为如果我们诉诸于这些东西,通过对天象和其他那些每每发生的最让别人害怕的东西做出原因分析,我们就会正确地解释烦扰和恐惧因何而生并由此得以解脱(apolusomen)。

希罗多德啊,这就是为你以概论形式(epitetmēmena)呈现的有关整个自然的最重要的观点。[83]因此我认为,如果这个论述被准确地把握,就能使人具备他人所无法超越的坚实基础(hadrotēta),即使他尚未涉足所有具体细节。因为他会就我的整个课业(pragmateian)中的诸多具体细节自己做出澄清,只要把这个概论本身牢记于心,就会源源不断地得到帮助。

这个概论在于,那些对具体细节有所充分(ikanōs)研究或臻于完备(teleiōs)的人,可以通过分析这些集中思考的(epibolas)观点,对整个自然进行大量的系统研究(periodeia)。而那些没有全部完成课业的人,也可以由此以默读的方式(aneu phthoggōn)快速浏览那些对心灵的安宁(galēnismon)最为重要的观点。

(二)伊壁鸠鲁致彼多克勒斯的信

伊壁鸠鲁向彼多克勒斯致以问候:

[84]克莱翁捎回你的来信,信中不断洋溢出你对我的拳拳之心,一如我对你寄予的殷殷之情,你还不无信服地(ouk apithanōs)试着回忆那些有助于达致(teinontōn)生活福祉的推证。为了便于记忆,你要求我给你一个有关天象的简明而精练的推证。因为在这个话题上我的其他著述是难以记住的,尽管,如你所说,你一直把它们带在身边。我很高兴接受你的这个请求,并充满快乐的期待。[85]完成所有其他著作之后我将满足你的要求,因为这些推证对许多其他人是有用的,尤其对那些尝试真正的(gnēsiou)自然哲学的新手和那些置身于比任何普通教育更加纵深的专业领域的人。因此要很好地掌握它们,一旦灵活地记住它们,就可将之与另外一些我写给希罗多德的《小概

论》中的推证一并浏览。

首先，我们应当认为来自有关天象的认识，无论以结合方式论述的还是独立论述的，和其他认识一样，除了获致心灵的宁静和确切的可信性之外不会有任何其他目的。[86]我们不应强求(parabiazesthai)不可能的东西，也不应使我们的思辨(theōrian)在各个方面或与有关生活的论证相同，或与有关物理学的其他问题的澄清(katharsin)相同，比如，万物是由物体和不可触的本性(anaphēs phusis)构成的，存在着不可分的(atoma)元素，所有这些东西与现象之间具有唯一的(monachēn)一致性。有关天象则并非如此，其生成的原因和对其存在的解释是多种多样的(pleonachēn)，而这些都与感觉一致。

从事自然研究不应基于空洞的命题(axiōmata kena)和武断的法则(nomothesias)，而应以一种为现象所要求的方式。[87]因为我们的生活不需要非理性和空洞的观念，而是需要我们安宁地(athorubōs)活着。如果一切都按多种方式得以澄清，那么一旦我们恰当地理解了什么是有关它们的可信的说法(pithanologoumenon)，一切都将波澜不惊地(aseistōs)发生，都将与现象一致。当有人接受一种解释而摒弃另一种同样与现象一致的解释，那么他显然完全出离了自然研究，倒向神话。我们经验中的某些现象可以提供一种天体发生活动的显明的记号或表征(sēmeia)，这些现象如何存在(hēi huparchei)是可以看到的，但天体中的现象是看不到的，因为它们可能以多种方式发生。[88]我们必须观察每种东西的表象(phantasma)，辨别与之相关联的东西，那种以多种方式形成，但不为发生在我们经验领域的事实所否证(antimartureitai)的东西。

宇宙是天的某个四周环绕的(periochē)部分，环抱着(periechousa)星星、地球和所有现象，它由无限分离而来，终结于(lēgousa)或薄或厚的边界(en perati)，其边界的解体将导致所有内在之物的混乱；它或是转动的或是静止的，或是圆形的或是三角形的或是其他什么图形的；所有这些东西皆有可能，因为在这样一个其终极(lēgon)是不可能把握的宇宙中，任何现象都不否证(antimarturi)这些可能性。

[89]可以理解，这样的宇宙的数目是无限的，这样的宇宙能在宇宙中或在"宇宙间"(metakosmiōi)，我们称之为"宇宙之间隔"的东西中生成，一种包含多个虚空的(polukenōi)场所，并非像某些人所说的那种纯粹空洞的广袤场域。宇宙生成，仅当某些合适的种子从一个或多个宇宙或"宇宙间"流出，经

过渐增、接合、向他处移动，如果碰巧的话，经过来自合适源头的种子浇灌（epardeuseis），直到它们完成活动、获得恒定性，即仅以前面所确立的基础能够接受为限。[90]因为这并不仅仅需要一种聚合或虚空中的涡旋（dinos），按某种观点，从中宇宙会必然生成，不断增大，直到与其他宇宙碰撞，就像某个所谓的物理学家所说的那样。因为这是与现象相矛盾的。

太阳、月亮和其他星球并非自我独立生成，而后被宇宙吸纳囊括，而是通过某种或是气状的（pneumatikōn），或是火状的，或是两者兼有的，本性极为精细的东西的渐增（proskrisis）和涡旋直接得以形塑、获得增长［大地和海洋同样如此］。因为感觉表明了这个结果。

[91]太阳以及其他星球的尺寸相对于我们而言，正像它所显现的那样大。[他在《论自然》的第十一卷也谈到了这点。他说，如果由于间距的原因其尺寸缩小，那么其光亮就会更小。因为没有另外的间距可与这种光亮程度更相匹配（summetroteron）。]然而实际上就其自身而言，它或比眼前看到的大点，或略微小点，或恰好一样大。因为我们经验中的火，当从远距离观察时，也是这样为感官所感知的。正如我们在《论自然》一书中指出的那样，只要人们诉诸清楚的经验事实（tois enargēmasi），对这一部分原理的所有反对观点将会迎刃而解。[92]太阳、月亮及其他星球的上升和沉落能够通过点燃和熄灭生成，只要它们所在的每个场所存在着这种条件，以至于可以导致上述结果。因为没有任何现象否证（antimarturei）这点。上述情况也可因位于大地之上的星球的影像（emphaneia）造成，反过来，也可因地球的遮挡（epiprosthetēsin）造成，因为这不为任何现象所否证。它们的运动不是不可能根据宇宙生成之初星球开始升起时的那种必然性，或由整个天的旋转，或由天的静止而星球自身的旋转所致。[93]〈……〉这是由某种每每作用于一系列比邻场所的火的漫延所形成的极大热量引起的。

太阳和月亮的"至"或"至日"（tropē）可能因天的倾斜所致，在一定的时间必然如此发生。同样，也可能因气的反作用（antexōsin），或因每每必需的质料已燃尽或匮缺，或因宇宙形成之初这种旋转就被赋予这些星球，因此能驱使这样一种圆圈运动（helika）。所有这些及其类似的解释同清楚的经验不无一致，只要人们在这些特殊问题上永远牢牢抓住可能之物（tou dunatou），能把每种解释归于同现象相一致的东西（to sumphonōn tois phainomenois），毋需恐惧星象术士们的奴颜婢膝的(andrapodōdeis)伎俩。

[94]月亮的盈亏交替,可能由这个星体的转动生成,同样也可能由气的形状,还可能由某个其他星球的插入,以及可能由我们经验中的现象要求(ekkaleitai)我们对这种天象做出解释的所有方式生成,只要人们不醉心于(katēgapēkōs)唯一的解释方式而虚妄地贬斥其他解释方式,没有因为对什么是人类所能理解的和不能理解的东西的无知而渴望理解不能理解的东西。月亮可能自身发光,也可能由太阳获取光亮。[95]因为在我们经验中可以看到许多东西自身发光,许多东西由他物获取光亮。没有任何天象构成障碍(empodostatei),只要人们永远记住有多种不同的解释方式,系统思考(sunthōrēi)与它们相融贯的(tas akolouthous autois)假设和原因,不要因为关注不融贯的东西(ta analoloutha)而无根据地吹捧鼓噪(ogkoi),不管任何场合、任何方式,总是陷入单一的解释。月亮的表面外观可能由其构成部分的变化生成,也可能由其他星球的插入,以及可能由任何一种人们所见到的与现象一致的方式生成。[96]对所有天象人们一定不要放弃这种寻觅(ichneusin),因为如果有人与清楚的经验发生冲突,他将永远不可能获得真正的宁静(ataraxias gnēsiou)。

日食和月食(ekleipsis)可能因光的消逝发生,如在我们的经验中也会看到这种情况的发生,也可能因其他东西的插入所致,不管是地球还是其他某种看不见的星球(aoratou)。因此我们必须一并思考那些相近相容的(oikeious)发生方式,认识到有些东西同时一起发生不是不可能的。[在《论自然》第十二卷他谈到了这点,此外还说当月亮遮蔽太阳则发生日食,月食是因地球的阴影所致,[97]"食"还有可能是因为月亮自身的退避(anachōrēsin)。伊壁鸠鲁主义者第欧根尼在其《选集》的第一卷中也提到这点。]

一定要像把握某种我们经验中所发生的东西那样去把握天体的运行规则(taxis)。不要把神圣的本性引入对这些东西的解释,而要使之摆脱任何负担(aleitourgtēos)、保持完全的福祉。如果无法践行这点,则所有关于天象的原因解释将流于虚妄,这正像在某些人身上发生的那样,他们没有牢牢抓住可能的解释方式因而陷入愚妄,因为他们认为只有一种解释方式而排斥所有其他同样可能的解释方式,因此把自己带进非理智状态(adianoēton),未能系统思考(suntheōrein)那些必须作为记号(sēmeia)接受的现象。

[98]夜和昼的长度变化可能由大地之上太阳运动的快与慢生成,〈因为其场所的长度不一,在某个场所穿行得较快,在某个场所较慢。〉正像在我们经验中所看到的那样。我们对于这些天象的解释,必须同现象一致。那些只采取一种解释方式的人,他们与现象冲突,错失了(diapeptōkasin)能为人类所理解的东西。

物候或征兆(episēmasiai)可能由季节性的东西的偶然巧合(kata sugkurēseis kairōn)生成,就像在我们身边动物身上所看到的,也可能由气的更替和变化引起。因为这两种解释都不与现象冲突,[99]至于在什么情况下由这个原因或那个原因生成,则是不可能看到的。

云的生成和聚集,可能因为在风的压力下气的浓缩,也可能因为勾连在一起的并适合于产生这种结果的原子的纠缠(periplokas),还可能因为来自大地和水体的气流的汇集。再者,这种聚合物由其他多种方式产生也不是不可能的。雨可能在云受到压力或经过变化时由之生成。[100]再者,也可能由起于合适方位、通过气运动的风生成,仅当较强的气流来自某种适合这种排放的集聚物。雷可能因为风困于云的空心部分所致,就像发生在我们容器里的现象,或因为云中被风煽动的火的轰鸣,或因为云的爆裂和断开,或因为被冻如坚冰般的云的相互摩擦和破碎引起。现象要求(ekkaleitai)我们表明,整个天象及其特殊部分是以多种方式生成的。[101]闪电同样也以多种方式生成。因为当云相互摩擦和碰撞,那些能产生火的原子(schēmatismos)脱落滑出(exolisthainōn),从而生成闪电;也可能因为风把那些能够提供光亮的物体自云中吹出;或因为当云受到压力,不管是它们相互之间的还是来自风的压力,这些发光物被挤出云外(ekpiasmon);或因为来自星球的散乱弥漫之光囿于(emperilēpsin)云中,然后受到云和风的运动的共同驱策,最终被排出云外;或因为最精细的光透过云层的过滤(diēthēsin)[由之云被燃烧,雷得以形成],并由这种光的运动生成;或因为风的剧烈运动和严重受限所产生的风的燃烧所致;[102]或因为当云被风吹裂,能产生火的原子喷出(ekptōsin),从而产生闪电这种现象。闪电以多种方式发生是很容易看到的,只要我们每每诉诸现象,并能系统思考(suntheōrein)与这些现象相似的东西。当云以上述方式构成,闪电则先于雷发生,因为在风击打云的同时那些能产生闪电的原子(schēmatoismon)被逐出云外,然后被困的风产生这种轰鸣。如果两者同时发生,闪电也会以更加迅猛的速度达致我们,[103]雷声则到的较迟,这点正像自远处看到一个正在击打某物的人那样。

霹雳可能因为风的大量聚集、受困和剧烈燃烧所致,当一部分云层破裂,便强力向下面的空间喷出,而发生断裂的原因在于云的挤压使一系列相邻部位较厚;或霹雳正像雷可能发生的那样,仅仅因受困的火本身喷出所致,当火焰高涨,疾风劲吹,便撕裂云层,因为云总是相互挤压,火无法退至任何临近的场所[通常在某些高山附近,此处霹雳最易发生]。[104]霹雳可能会以多种方式产生。但只是要远离神话!只要人们好好地跟随现象(tois phainomenois akolouthōn),以之为记号表明(sēmeiōtai)晦暗之物,就会远离这种东西。

旋风的生成可能是云受到集聚起来的风的推动,通过风的旋转驱策,与此同时云被外面的风往一侧推动,因此以圆柱状向下面场所沉降的结果;也可能因为当某些云从上面施加压力形成风的旋转状态;或可能由风的强烈流动所致,因为周围的气的挤压而无法向一侧分流。[105]当旋风降至地面则引起龙卷风(strobiloi),根据风的运动其结果可以任何方式生成。当旋风接触海面便产生水龙卷(dinoi)。

地震可能因大地里面的风受困,与其小板块并行分布(parathesin)和持续运动,由此引起大地的震颤。大地或从外部吸纳这种风,或因地基(edaphē)朝地心里面的空穴塌陷,把被困的气激荡为风。地震还可能由地基大量塌陷所产生的运动的传导(diadosin)本身以及当这种传导遇到地球更加坚硬的版块碰撞所产生的反弹所致。[106]大地的这种运动还可根据其他多种方式发生。

当某种异质的东西(allophulos)一点一点持续进入空气时,风则每每发生,风也可能由大量的水体集结而生;当少量的风陷入许多空洞场域(koilōmata)并发生力量的分布传递时(diadoseōs),便生成其余形态的风。

冰雹由某些环绕集聚而又分化的气态微粒(pneumatōdōn)的强力冻结形成;或由某些液态微粒(hudatoeidōn)的较为适度的冻结和并行排列(homourēsin)形成,在使之凝结的同时又使之分裂,从而导致这种冻结物(pēgnumena)在部分和整体上得以构成。[107]冰雹的圆形表面因其所有的边缘的融化所致,或因为在冰雹的冻结过程中,如我们所说,这些微粒,不管是液态的还是气态的,一部分一部分地全方位对称聚成,这些不是不可能的。

雪的形成可能是当精细的雨由于合适的云每每受到劲风的挤压,由恰当的通道自云中洒落,接着在运动中因云端低处的强冷环境而被冻结。或是由于在具有对称而稀松质地的云里的冻结作用所致,当包含水分的云相互挤压、紧密排列,降雪也可能发生。这些云经受一定的压力,则生成冰雹——这种情况在春天里最易发生。[108]当冰冻的云相互摩擦,就会使这种雪的集聚震颤松动(apopalsin)。雪还可能以其他方式形成。

露的生成是因为来自那些能产生这种潮湿物的气的汇聚,再者是因为来自那些潮湿的或有水体的地方的气的蒸腾(在这些区域露最易形成),然后聚为一体,形成潮湿物,再落到低矮处。如在我们经验中经常见到此类现象的发生。[109]再者,雾的生成与露没有区别,这种类型的东西因某种冷空气的环境,以某种方式冻结。

冰的形成是因为圆形的原子被挤出水外、水中存在的不规则的和尖角的原子进行挤压,再者是因这种不规则的原子自外部积聚,通过共同发力,挤出一定数量的圆形原子之后,使水结冰。

虹是由太阳照射含有水分的气生成的。或是由光与气的某种特殊混合(kata krasin idian)所致,这种混合将产生这些颜色的特性,有时全部有时仅有一种。或是通过这种光的反射(apolampontos),周边区域的气着上了我们所看到的这种颜色,因为光照在它的一部分上面。[110]圆形的表象是因为其每个点的距离相对于我们的视觉看起来是相等的,或因为气中的原子,或因为来自同样性质的气的云中的原子受到挤压,以致使这种聚合呈现一种圆形的表象。

环绕月亮的晕圈是因为气从每个方位朝月亮云集而生,或因为月亮均匀地抑制了(homalōs anastellontos)由它自身发出的气流,以至于足以使这种云状物以环状形成,并丝毫不会离散;或因为月亮从各个方位对称地抑制了它周围的气,从而使环绕它的东西呈现圆状的和有厚度的(pachumeres)样式。[111]这种现象的发生,其部分原因还在于某种气流从外部强力侵入(biasamenou),或在于热量占据了某种合适的通道,以便造成这种结果。

彗星的生成是因为在某种条件下,火在天宇的某个区域、某段时间的滚动集聚(sustrephomenou);或是因为我们头顶上的天有时获取某种特殊的运动,因此使这样的星体得以显现;或是因为这种星体本身在某个时间、由于某种条件开始启动(hormēsai),冲入我们所在的区域,成为显著可见的东西。其消失则出于相反的原因。[112]某些星球自己原地旋转,这种现象的发生不仅在于它们所在的宇宙这一部分自身是固定不动的（estanai），而其他部分则绕之转动，正如某些人所说的那样，还在于有一种环绕这个部分的气的涡旋（dinēn），阻碍它们像其他星球那样游走（peripolein）。或因为附近区域没有适合于它们燃烧的物质，而在那个发现它们从中存在的场所有这种合适的东西。这种天象还可能以其他多种方式形成，只要人们能够推出与现象一致的东西。

某些星球四处游弋（planasthai），如果它们的确发生这种运动的话，[113] 而另一些星球对称规则地（homalōs）运动，可能是因为它们期初都做圆周运动，后来以至于一些被迫按均匀同一的轨迹旋转，一些则按其他某种不规则的轨迹（anōmaliais）旋转；或可能因为在它们所运行的场域，一些地方的气均匀铺展（parektaseis），迫使它们沿同一方向有序运行和均匀燃烧，其他一些地方的气如此不规则，以至形成我们所看到的复杂多变的形式。当现象表明（ekkaloumrnōn）这些东西存在着多种发生方式，但却给出唯一一种原因的解释，是那些热衷于虚妄的星象术的人和某些给出空洞理由的人做出的荒唐愚蠢和不负责任的行为（ou kathēkontōs prattomenon），因为他们根本没有把神圣的本性从繁重的劳役中（leitourgiōn）解放出来。[114] 可以看到某些星球落在另一些星球的后面，这种情况的发生是因为尽管它们和其他星球围绕同一圆周转动，但它们的确运行得较慢；或是因为它们受到同一旋转力的后拉作用（antispōmana）而发生反向运动；或是因为当它们做相同的旋转时，一些经由较大的场域运行，一些经由较小的场域。简单绝对地（haplōs）解释这些东西，是那些试图在大众面前故弄玄虚（terateuesthai）之辈的分内之事（kathēkon）。

所谓流星，可能一方面是由于星球自身的相互摩擦，一方面是由于在风集中爆发的区域星球碎片的陨落形成，如我们就闪电所说的那样；[115] 也可能是由于那些能产生火的原子的集聚，因为同类物质的集聚足以导致这种结果，以及在原子最初集聚生成冲击力（hormē）的区域所发生的运动所致；还可能是因风在某种稠密的雾状物中的集结产生，风因受限开始燃烧，然后烧破包围物，达致其运动驱迫它达致的地方。另外，关于这种现象的发生还有其他非神话的（amuthētoi）方式。

那些发生在动物身上的征兆是由季节性的事件的偶然相遇形成的（kata sugkurēma ginontai tou kairou），因为动物不会给冬季暴风雪行将结束提供任何必然性,也没有某种神圣的本性坐在那里观察什么时候这些动物走出,然后使这些征兆得以应验(epitelei)。[116]此种愚蠢不会落到任何普通动物身上,如果它们还尚存一丝灵性的话,更不用说那个享有绝对幸福的存在。

彼多克勒斯,你要记住所有这些。这样你将会远离神话,就能看到与之相同的东西。你自己尤其要对本原(archōn)、无限者(apeirias)和与之相近的东西,进而要对标准(kritēriōn)和感受(pathōn)以及我们何以推证这些东西的目的进行沉思。因为如果这些问题首先得以系统思考,就会很容易使你理解有关具体细节的原因。而那些不满足于这些东西的人,既不会很好地系统思考这些东西本身,也不会把握之所以要思考它们的目的。

(三)伊壁鸠鲁致美诺伊凯俄斯的信

伊壁鸠鲁向美诺伊凯俄斯致以问候:

[122]让我们年轻时不要耽误学习哲学,年老时也不要厌倦学习哲学。因为对于灵魂的健康没有过早也没有太迟。凡声称学习哲学的时机尚不存在或已溜走的人就等于说,对于幸福的追求时机到来或已不复存在。因此无论少者还是老者都应学习哲学。对于后者,以至于尽管上了年纪,也会因为对往昔岁月的感激而年轻地活在美好的事物之中;对于前者,以至于尽管年轻,也会同时老成持重,因为他们无惧于未来。因此我们必须践行(meletan)那些能产生幸福的事情。因为如已习得,我们则拥有一切;如有缺失,我们当尽全力以求所获。

[123]那些我不断向你建议的东西,你要身体力行、付诸实践,将之理解为美好生活的基本要素(stoicheia)。首先相信神是不朽的和有福的动物,正像通常所描绘的神的一般概念那样,不把任何与不朽相异的(allotrion)和与有福不相容(anoikeion)的东西强加给它,而是相信它所有能守护其永生的福祉的东西。神是存在的,对它的认识是显而易见的。但神并非像众人所认为的那样,因为他们不坚持有关神的一致性观点。不虔敬的(asebēs)不是否弃众人之神的人,而是把众人的意见强加给神的人。[124]因为众人有关神的言论不是普遍的常识而是错误的假定(hupolēpseis),由这种观点,最大的不幸从神那里落到坏人头上,最大的好处则降临在好人身上。神接受像自己的人,因为他们总是与自己的德性亲近(oikeioumenoi),而把一切不像自己的东西视为

异类（hōs allotrion）。

要习惯于相信死亡与我们毫不相干。因为一切善恶系于感觉，而死亡就是感觉的剥离（sterēsis）。因此，关于死亡与我们无关这一事实的正确的认识，使生命的有死性成为一件快事（apolauston），这点不是通过赋予生命无限的时间，而是通过剥夺对永生的渴望。[125]对于一个已真正理解了生命结束并没什么可怕的人，活着也就没任何可怕的东西了。因此，凡声称怕死的人是愚蠢的，不是因为当死亡出现时（parōn）它将使人痛苦，而是因为对死亡的预期（mellōn）使人痛苦。这种当出现时不会带来任何烦恼的东西，却使人在期待中虚妄地（kenōs）痛苦。因此，死亡这种最可怕的恶对我们毫无关系，因为当我们存在时，死亡并未出现；当死亡出现时，我们并不存在。因此，死亡对于生者和死者都没有关系，因为对于生者死亡并不存在，对于死者已不复存在。然而众人有时逃避死亡如逃避万恶之最，有时选择死亡以了断生命中的罪恶。[126]而智者则既不厌生也不畏死。因为活着，并没有冒犯他什么；不活，也不会被认为是不好的事。正像他不会绝对地选择数量最多而是最可口的食物一样，因此他品味的不是最长而是最快乐的时光。那些劝诫少者要乐生（kalōs zēn），老者要善终（kalōs katastrephein）的人头脑单一，这不仅因为生活是愉快的，而且还在于乐生与善终是同一种践行（meletēn）。更糟糕的是那种声称人们最好不要出生，"一生下来就飞速穿过哈德斯的大门"的人。[127]如果他相信自己所说的东西，为何不了结自己的生命？对他来说这是易如反掌的事，只要他的确愿意这么做。如果他只是在开玩笑，那么对根本不接受他的这种玩笑的人来说则是荒唐的。

必须记住，未来的东西既非完全属于我们，也并非完全不属于我们。因此，我们既不要绝对地期望（prosmenōmen）它将会发生，也不要把它视为绝对不会发生的东西而陷入绝望（apelpizōmen）。

应当分析，欲望（tōn epithumiōn）当中一些是自然的，一些是空洞的（kenai）。在自然的欲望当中，一些是必需的（anagkaiai），一些仅仅是自然的（phusikai monon）。在必需的欲望当中，一些对幸福是必需的，一些对解除肉体的烦扰是必需的，还有一些对活着本身是必需的。[128]对这些东西的确切的沉思，能使我们把所有的选择和规避引向肉体的健康和灵魂的宁静（ataraxian），因为这就是有福地活着（tou makariōs zēn）的目的。我们做一切事情正是为了既没有痛苦也没有恐惧。一旦这些东西在我们身上完全实现,所有灵魂的风暴就会平息,因为动物不需要再去为某种短缺之物奔走,也不需要发现另外什么东西可以由之满足灵魂和肉体的善。我们需要快乐,仅当我们由于快乐的缺失而痛苦;一旦我们没有痛苦,我们也就不再需要快乐。由于这个原因,我们把快乐称为有福地活着的本源(archēn)和归宿(telos)。[129]我们认为快乐是最初的和天生的善。我们由之出发,开始所有的选择和规避活动;我们回归于它,把感受作为判断一切善的准则。既然快乐是最初的和与生俱来的善,因此我们并非选择所有快乐,而是有时会放弃不少快乐,一旦大量的烦扰随之而来的话。我们认为许多痛苦比快乐好,每当较大的快乐伴随长时间忍受这些痛苦而来。因此所有快乐都是善的,因为它们具有与我们相亲近的(oikeian)本性,但并非所有快乐都是值得选择的,正像所有痛苦都是恶的,但并非所有痛苦本性上永远都是要规避的。[130]然而对所有这些东西,通过比较(summetrēsei)和检视(blepsei)其利弊得失做出判断是恰当的。有时我们把好东西当成坏东西,反过来,有时也把坏东西当成好东西。

再者,我们把自足视为最大的善,不是为了在所有情况下都要占用少的东西,而是如果没有多的可用,就应满足于少的,因为的确使人相信,那些对奢华需求最低的人享受最快乐的奢华,再者所有自然之需易于满足,虚妄之欲难以填饱。因为一旦需求之苦完全解除,清汤寡水与奢华大餐可以带来同等的快乐。[131]面包与水,当拿给一个饥肠辘辘的人会给他带来极度的快乐。习惯于简单而非奢华的生活方式(diatia)有助于健康,能使人面对生活必需毫不迟疑(akonos),使我们面对间或一遇的奢华处于较好的状态,使我们面对运气无所畏惧。当我们说快乐是目的时,并非像某些无知者、持不同意见者或恶意误解者所认为的那样,意味着挥霍无度之快和声色犬马之乐,而是肉体上的无痛苦和灵魂上的无烦扰。[132]因为不是毫无休止的宴乐与狂欢,不是迷恋娈童和女人,不是享受鱼肉及其他奢华美味构成快乐的生活,而是清醒的理性活动(nēphpōn logismos),由之发现所有选择和规避的原因,驱逐那些使灵魂最为躁动不安的观念。

所有这些理性活动的本原和最大的善是明智(phronēsis)。所以,明智比爱智价值更大,所有其他德性由之自然衍生(pephukasin),因为它教导我们,离开明智地、美好地和公正地活着,就不可能快乐地活着;离开快乐地活着也就不可能明智地、美好地和公正地活着。因为德性与快乐地活着天然一体(sumpephukasi)，快乐地活着与德性不可分离。

[133]你认为，谁会比这样的人更好？——对神持有圣洁的观念，对死全然无所畏惧，深思自然之目的，把善的东西的限度理解为完全可以满足的和容易供给的，把恶的东西的限度理解为或在持续时间上或在痛苦程度上是微不足道的。他嘲笑为某些人引入的主宰万物的〈命运(eimarmenēn)，声称一些事物是根据必然性(kata anagkēn)生成的〉，一些是由运气(apo tuchēs)生成的，一些则是通过我们自己的力量(par hēmas)生成的。因为他看到，必然性对任何人是无责任关系的(anupeuthunon)，运气是不确定的(astaton)，而来自我们自身的力量是自由的，指责与赞誉也就自然随之而来。[134]事实上，信从有关神的传说也比受物理学家的命运奴役好。因为，前者至少描绘了通过敬神就即可到宽恕的希望(elpida paraitēseōs)，而后者则是逃脱不了、无法宽恕的(aparaitēton)必然性。他不相信运气是神，像某些人所认为的那样，因为神不会杂乱无章地(ataktōs)做任何事情；他也不相信运气是确定的(abebaion)原因，因为他并不认为善或恶是由运气分配给人们以便有福地活着的，尽管最大的善或恶的起点(archas)是由运气提供的。他认为，有充分理据的(eulogistōs)不幸比没有理据的(alogistōs)好运更好，[135]在行动中一个好的决定没有因运气而成功比一个糟糕的决定因运气而成功更好。

对于你自己和那些与你相似的人，要夜以继日地练习这些以及同类的东西，这样无论你是醒着还是睡着，将永远不会受到烦扰，你在人群中就会像神一样活着，因为一个活在不朽的善之中的人无论如何都不会像一个要死的动物。

三、伊壁鸠鲁《基本原理》

1.有福的和不朽的东西自身没有麻烦，也不给他者带来麻烦，因此它不受制于愤怒和感激，因为所有这些东西系于软弱。[在其他地方他还说，神是通过理性得以沉思的，一方面在数目上是独立存在的，另一方面在形状上是相同的，由于相似的影像朝同一位置持续性的流射，并且它们是有人形的。]

2.死亡与我们无关。因为已解体的东西没有感觉，而没有感觉的东西与我们无关。

3.快乐的最大限度(horos)在于所有痛苦的解除。无论快乐存在于何处,不管时间多长,都不会有痛苦。不会有悲伤,也不会两者兼有。

4.在肉体上痛苦不会长久持续。而是极度之痛呈现的时间最短,稍感不适的皮毛之痒也不过数日。久病在肉体上可滋生远大于痛苦的快乐。

5.离开明智地、美好地、公正地活着就不可能快乐地活着,而离开快乐地活着也就不可能明智地、美好地和公正地活着。对于任何缺乏这些条件的人,快乐地活着是不可能的。

6.〈有关执政的与王治的〉自然的善(kata phusin agathon)是为了从他人那里获得勇气或自信(to tharrein),至少从那些能够由其提供这个东西的人那里获得。

7.某些人渴望成名和受人敬仰,认为这样就可以获得一种来自他人的安全(asphaleian)。因此,如果这种生活是安全的,他们就把握了自然的善(to tēs phuseōs agathon);如果不是安全的,就没有得到他们一开始根据自然本身的特性(kata to tes phuseos oikeion)所为之寻找的东西。

8.没有任何一种快乐本身是恶的,但产生某些快乐的手段却带来数倍于快乐本身的烦恼。

9.如果所有的快乐能够积聚(katepuknouto),并充斥于时间和整个有机体中,或我们本性的最重要的部分中,那么快乐将永远不会相互有别。

10.如果那些能为放荡不羁之徒带来快乐的东西确可以消除有关天象、死亡和痛苦方面的心灵恐惧,如果这些东西可以教给他们欲望的限度,我们就不会有任何谴责他们的理由,因为他们会到处充满快乐,不会有任何痛苦和悲伤,这些不好的东西。

11.如果有关天象和死亡的疑虑(hupopsiai)不会烦扰我们,与我们永不相干,如果认识不到痛苦和欲望的限度也不会使我们烦扰,那么我们将不再需要自然的研究。

12.如果某个不知道整个宇宙的本性,而对神话所描述的东西于心惴惴(hupopteuomanon)的人,要解除他对最重要的事情的恐惧是不可能的。因此,离开自然的研究是不可能获得纯粹(akeraious)快乐的。

13.只要天上和地下,或一般说来,无限宇宙中的事物仍属于可疑之物(hupoptōn),要建立人们之间的安全是徒劳无益的。

14.尽管通过某种反抗(exereistikē)能力和财富可以从他人那里得到一定程度的安全,但最纯粹的是那种来自沉静的(hēsuchias)和从人群中退隐的(ekchōrēseōs)安全。

15.自然的财富有限而易得,空想的财富不可穷极。

16.运气很少光顾智者,理性活动终其一生已经支配(diōikēke)、正在支配(dioikei)、将要支配(dioikēsei)其最大和最重要的事情。

17.公正者最为宁静(ataraktotatos),不公正者不胜烦扰。

18.一旦需求之苦完全消除,肉体的快乐将不复增加,只会变得复杂多样(poikilletai)。通过对肉体的快乐本身和那些与之相似的,可导致心灵最大恐惧的东西的估算(eklogēsis),心灵的快乐的限度即可达致。

19.如果有人以理性衡量快乐的限度,则有限的时间和无限的时间包含相等的快乐。

20.肉体把快乐的限度当成是无限的,需要向它提供无限的时间。而心灵,由于获得了有关肉体的目的和限度的理性认识,解除了对于永生的恐惧,因此可以提供完美的生活,不再需要无限的时间。然而心灵不会逃避快乐,甚至当世事导致生命离去时,它也不会死得好像缺乏最好的生活一样。

21.凡认识生命限度的人,知道解除需求之苦、使整个生活完美无缺是何等容易。因此,他不再需要那些通过争斗得到的东西。

22.我们必须深思真实存在的目的和所有清楚的经验(enargeia),这些我们将意见或观念(ta doxazomena)诉诸其上的东西。如果没有这些东西,一切将充满不可判定性(akrisias)和紊乱性(tarachēs)。

23.如果你同一切感觉发生冲突(machēi),你将不会拥有任何可以诉诸的标准来判断那些你声称为假的感觉。

24.如果你绝对否弃任何感觉,无法辨别有待确证的意见和已经存在于感觉、感受和心灵对表象的一切作用中的东西,你将会以虚妄的意见搅乱其余的感觉,由此而否弃一切标准。另一方面,如果在由意见所形成的概念中,你对一切有待确证的和未被确证的东西(to mē tēn epimarturēsin)确信无疑,你将无法避免错误,将会在一切有关正确的或不正确的判断上坚持一切似是而非的东西。

25.如果你没有在所有的时候把自己的一切所作所为诉诸于自然的目的,

而是无论在做出规避还是选择上都服从于(prokatastrepseis)其他某种目的,这样的行动将不会与你的理性融贯一致(akolouthoi)。

26. 那些如果满足不了也不会导致痛苦的欲望不是必需的。然而当这种东西似乎难以获得,或可能产生痛苦,对它的渴求则容易解除。

27. 在智慧为整个生活的福祉所提供的所有东西当中,最重要的是对友爱的拥有。

28. 使我们对任何可怕的东西并非永恒和长久充满自信的同一种认识,也能使我们意识到在我们有限的生命中,没有任何东西可以比友爱提供更大的安全。

29. 欲望中一些是自然而必需的,一些是自然但并非必需的,一些是既非自然又非必需的,而是由空洞的观念生成的。[伊壁鸠鲁把那些由痛苦解脱出来的欲望归为自然而必需的,如喝之于渴;而把那些仅仅使快乐复杂多样,并未解除痛苦的欲望归为自然但并非必需的,如昂贵的食物;既非自然又非必需的,如荣誉桂冠和树碑立传。]

30. 在自然的欲望当中,那些即使满足不了也不会带来痛苦,但还是被强烈追求的,是由空洞的观念生成的,它们之所以难以消解不是因为它们自己的本性,而是因为人类的虚幻观念(kenodoxian)。

31. 自然的正义是一种"共同利益的象征或约定",以免人们伤害他人和被他人伤害。

32. 那些不能制定有关不伤害和不被伤害的契约(sunthēkas)的动物,对于它们来说既没有正义也没有不正义。同样,那些不能或不愿意制定有关不伤害和不被伤害的契约的族群也是如此。

33. 正义不是一种根据自身存在(kath'eauto)的东西,而是在相互交往中(sustrophais),为了不伤害和不被伤害,在任何地方和时间所达成的某种契约(sunthēkē)。

34. 不正义并非本身就是恶的,而是在于某种由怀疑所引起的恐惧,害怕自己将无法逃脱那些受命惩罚这种行为的人的注意。

35. 对于那个偷偷地侵犯了(kinounta)人们相互间为避免伤害与被伤害所达成的某项协议(sunethento)的人来说,相信自己可以逃脱是不可能的,尽管到目前为止他成千上万次地溜掉。因为他一直到死也搞不清楚自己是否可以逃脱。

36. 一般说来正义对所有人是一样的，因为它是人们相互交往中的(en tēi pros allēlous koinōniai)的某种共同利益(sumpheron)。但基于某些地域的特殊性以及相关原因，则得不出(sunepetai)同样的东西对所有人都是正义的这一结论。

37. 在被认为是正义的东西当中，那种被证实有利于人们相互交往活动的，则具有正义的品质(charaktēra)，不管它是否对所有人都是一样的；如果有人制定法律，但并未表明它有利于人们的相互交往，则它不再具有正义的本性；如果合乎正义的利益发生变化，但在某段时间内适用于(enarmottēi)人们的一般常识(prolēpsin)，则无论如何它在这段时间内，对于自身不为空洞的言辞所惑，而是纯粹关注事实的人是正义的。

38. 如果客观环境没有发生新的变化，而被认为是正义的东西表明在现实活动中与人们的一般常识(prolēpsin)不相适应，那么这些东西就不是正义的；如果客观环境的确发生变化，曾是正义的相同的东西不再有利，那么这些东西仅当在有利于城邦公民相互交往的这段时间内是正义的，之后当它们不再有利时，就不是正义的。

39. 最善应对由外部环境所引起的不安的人，是尽可能使事物与自己亲近(homophula)的人，对于无能为力的东西至少也不视为异己(allophula)。如果这也是不可能的，那就避免接触，祛除一切只要这样做对他是有利的东西。

40. 那些最善从邻人那里获得自信(to tharrein)的人，因拥有最可靠的信任(to bebaiotaton pistōma)而彼此间过着最为快乐的日子；他们饱尝过最为亲密无间的时光(oikeiotēta)，因此不会对逝者的提前离去而感到悲伤，好像需要怜悯似的。

四、梵蒂冈伊壁鸠鲁语录

1. 有福的和不朽的东西自身没有麻烦，也不给他者带来麻烦，因此它不受制于愤怒和感激，因为所有这些东西系于软弱。

2. 死亡与我们无关。因为已解体的东西没有感觉，而没有感觉的东西与我们无关。

3.在肉体上痛苦不会长久持续。而是极度的痛苦呈现时间最短,稍感不适的皮毛之痒也不过数日。久病在肉体上可滋生远大于痛苦的快乐。

4.一切痛苦微不足道。因为剧烈的痛苦时间短暂,而肉体上长久持续的痛苦程度微弱。

5.离开明智地、美好地、公正地活着就不可能快乐地活着。对于任何缺乏这些条件的人,快乐地活着是不可能的。

6.对于那个偷偷地侵犯了人们相互间为避免伤害与被伤害所达成的某项协议的人来说,相信自己可以逃脱是不可能的,尽管到目前为止他成千上万次地溜掉。因为他一直到死也搞不清楚自己是否可以逃脱。

7.做出不义之举(adikounta)而逃脱(lathein)是困难的,而相信可以逃脱是不可能的。

8.自然的财富有限而易得,空想的财富不可穷极,难以满足。

9.必然性是恶的东西,而活在必然性之中(zēn meta anagkēs)不存在任何必然性。

10.你要记住,你在本性上是要死的,拥有有限的时间,但却涉足于(anebēs)有关无限与永恒的本性的论辩,沉思"所有现在、未来和以前的东西"。

11.在多数人当中,静则麻木(narkai),动辄疯狂(luttai)。

12.公正者的生活最为宁静,不公正者不胜烦扰。

13.在智慧为整个生活的福祉所提供的所有东西当中,最重要的是对友爱的拥有。

14.我们只生一次,不可能生两次。今生永不再现。你不是明天的主人,然却耽搁(anaballēi)享受快乐。生活毁于拖延(mellēsmoi),我们每个人在无闲暇中(ascholoumenos)死去。

15.我们以自己的个性为荣(timōmen),好像它们专属我们自己一样,不管它们是不是好的和让人羡慕的。因此我们对于邻人也应当如此,如果他们是温良谦和的(epieikeis)。

16.没有一个看到坏东西的人对它做出选择,而是因受到某种与更坏的东西相比好像是"好"东西的引诱而被猎获(ethēreuthē)。

17.不是少者被说成是有福的(makaristos),而是过得好的老者。因为少者血气方刚之时往往受运气影响而心绪不定(heterophronōn)、困顿徘徊

（plazetai）。而老者年迈之时犹如船靠码头（kathōrmiken），他已把自己早年所无法希冀的善的东西以一种安全踏实的感激之情牢牢地关闭起来（asphalei katakleisas chariti）。

18. 一旦消除了见面、交往和共同生活，爱欲便偃旗息鼓。

19. 忘记过去的善，他就会成为天今的老者。

20. 欲望中一些是自然而必需的，一些是自然但并非必需的，一些是既非自然又非必需的，而是由空洞的观念生成的。

21. 不要强迫（biasteon）本性，而要劝服（peisteon）本性。我们将通过满足必需的以及自然的欲望，只要它们是无害的，来劝服本性，严格摈弃那些有害的欲望。

22. 如果有人以理性衡量快乐的限度，则有限的时间和无限的时间包含相等的快乐。

23. 一切友爱皆因自身而被选择，尽管最初来自有利可得。

24. 梦不具有神圣的本性和预言的能力（mantikēn dunamin），而是根据影像的作用（kata emptōsin eidōlōn）生成的。

25. 贫穷，以自然的目的来量度就是最大的财富；财富，如果没有限度则是最大的贫穷。

26. 必须明白，长篇大论与言简意赅达致同一目的。

27. 对于其他事务，经由艰难的成熟方可结出硕果；对于哲学，则愉悦与认知共生（suntrechei）。不是学而后乐，而是且学且乐。

28. 应赞赏的不是急于（procheirous）友爱的人，也不是迟疑于（oknērous）友爱的人，而是为了友爱之故而乐于冒险的人。

29. 坦白地讲，在自然研究上我宁愿以神谕的方式（chrēsmōidein）说出对人们有益的东西，即使没任何人会明白，也不愿意赞同人云亦云的观念而享受来自众人的好评如潮。

30. 有的人终其一生为自己准备适合于活着的东西，却没有认识到我们每个人一出生注定被灌进（egkechutai）要死的苦药。

31. 对其他事情提供安全是可能的，但对死亡而言我们所有人都住在不设防的（ateichiston）卫城里面。

32. 在示敬的人当中（tōi sebomenōi），智者的尊敬（sebasmos）是最大的善。

33.肉体的呼唤:不饿、不渴、不冷。如果有人具备或期望将来具备这些条件,就可以为了幸福向宙斯挑战。

34.与其说我们需要朋友的有用之处,不如说我们需要相信他们会提供这样的用处。

35.不要因渴求空乏缺失之物(tōn apontōn)而败坏当下现存之物(ta paronta),要认识到这些正是我们所祈求的东西(tōn euktaiōn)。

36.伊壁鸠鲁的生活与其他人的相比,可以被认为是一个有关教养(hēmerotētos)和自足的(autarkeias)神话。

37.本性面对恶是软弱的,面对善则并非如此。因为它为快乐所拯救,为痛苦所毁灭。

38.他完全是个心胸狭窄的小人(mikros),因为对他来说存在着种种可信服的理由(eulogoi)以解脱生命。

39.总是寻求用处的(chreian)人根本不是朋友,而永远不与用处相结合的人也不是朋友。因为前者以恩情为交易,后者则切断关乎未来的希望。

40.凡声称一切按必然性发生的人不可能指责那个说一切并非按必然性发生的人。因为他得承认"一切并非按必然性发生"这句话本身也按必然性发生。

41.我们必须一边欢笑(gelan)一边从事哲学(philosophin)、照料家务(oikonomein)以及处理其他私事(oikeiōmasi),永不放弃发出来自正确的(tēs orthēs)哲学的声音。

42.最大的善的生成时间和享受快乐的时间是同一的。

43.贪恋不义之财是不虔敬的,贪恋正当的财富是可耻的。因为尽管取财有道,但吝啬得龌龊卑污终非得体(aprepes)。

44.限于(sugkleistheis)必需之物的智者深知给予(matadidonai)胜于索取(metalambanein)。他发现了如此巨大的自足的宝库。

45.自然的研究既不造就自吹自擂、夸夸其谈之徒,也不造就那些显摆为群氓所拼命追逐的文化教养(paideian)的人,而是造就无所畏惧、知足常乐的人,他们以个人自身而非外在状态的善为傲。

46.让我们彻底赶走愚蠢的习惯(sunētheias),正像赶走那些长时间给我们带来极大痛苦的坏人。

47.运气(Tuchē)啊,早就料到你已关闭所有进入你的门路。但我们绝不会把自己作为牺牲品献给你和任何一个其他外在条件。而是一旦受到命运必然性(to chreōn)的驱迫,我们将离生命而去,藐视生命和那些无谓地纠缠依附于它的人,以优雅而庄严的曲调(paiōnos)述说我们过得如何美好。

48.应试图把后半生过得比前半生更好,只要我们还在路上。当我们到达生命的终点,就会沉静而愉悦(euphrainesthai)。

49.如果某个不知道整个宇宙的本性,而对神话所描述的东西于心惴惴的人,要解除他对最重要的事情的恐惧是不可能的。因此,离开自然的研究是不可能获得纯粹快乐的。

50.没有任何一种快乐本身是恶的,但产生某些快乐的手段却带来数倍于快乐本身的烦恼。

51.我听说你的肉体蠢蠢欲动,驱使你急于性爱之乐。只要你不破坏法律,不动摇既定的习俗,不打扰周边的邻人,不磨碎你的肌肤,不挥霍生活之必需,那就如已所愿地去选择。然而,不受制于这些因素的任何一种是不可能的。因为性爱永远无益,如果不被伤害你就该满足。

52.友爱围着我们的居所起舞(perichoreuei),唤醒我们所有人起来祝福感恩(epi ton makarismon)。

53.不要妒忌任何人。因为好人不应受到妒忌,而坏人得到的好运(eu-tuchōsi)越多,对自己的伤害越大。

54.不要假装做哲学(prospoieisthai dei philosophein),而要实际上(onōts)做哲学。因为我们需要的不是貌似健康,而是真正健康。

55.我们必须通过对往事的感激,通过认识已经发生的事情是不可能被解除的来治疗不幸(therapeuteon tas sumphoras)。

56.智者自己受折磨时所感受到的痛苦远不如他看到朋友受折磨时所感受到的痛苦。

57.他(智者)的整个生活会因信任的缺失而困顿和苦恼。

58.人们必须把自己从普通教育(ta egkuklia)和政治的(politika)牢狱中解放出来。

59.正如许多人所说,不满足的不是胃口,而是关于胃口需要无限量的满足的错误观念。

60. 每个人离别生命就好像刚刚出生。

61. 当亲属同心(homonoousēs),或至少非常渴望实现这一目标时,近邻的眼神是最美的。

62. 如果父母对孩子理所当然地发火,那么孩子进行反抗,不请求原谅是愚蠢的。如果并非正当,而是不太理智地发火,那么对孩子来说,因愤懑不快而煽起(prosekkaiein)父母的非理性之火,不以其他方式和颜悦色地寻求转移其父母的愤怒,是绝对荒唐可笑的。

63. 节俭有度。认识不到这点的人同过度放纵者遭受相近的苦果。

64. 来自别人的赞誉必须随人所愿(automaton),我们则应当关心自身的治疗(iatreian)。

65. 向神询问谁能够自我满足是愚蠢的。

66. 我们不要通过伤心(thrēnoutes)而要通过关心(phrontizontes)同情朋友。

67. 自由的生活不可能占有大量财富,因为离开供奉(thēteias)群氓和权势占有大量财富是不易做到的。然而自由的生活源源不断地拥有一切。即便碰巧获得大量财富,也很容易量出分配(diametrēsai),以便赢得邻人的善意。

68. 对于"够"(to ikanon)总觉太少的人,没有任何东西是"够的"(ikanon)。

69. 灵魂的感恩缺失(achariston)使动物对生活方式中的雕琢虚饰之物贪得无厌。

70. 生活中你不要做那些如果被邻居发现会让你害怕的事情。

71. 必须对所有欲望提出这个问题:如果为欲望所渴求的东西实现对我会发生什么,如果不能实现会发生什么?

72. 只要天上和地下,或一般说来,无限宇宙中的事物仍属于可疑之物(hupoptōn),要建立人们之间的安全是徒劳无益的。

73. 肉体上发生的某些痛苦有利于防范同类事情的发生。

74. 在哲学的共同探究中失败者(ho hēttētheis)收获更大,仅就他所学到的东西之外(prosemathen)而言。

75. 对过去的善不怀感激的话是说:"眺望漫长生命的终点"。

76. 当变老时你正是我所赞扬的那种人,你已经能辨识什么是为自己做哲学,什么是为希腊做哲学。我向你祝贺!

77. 自足的(autarkeias)最大成果就是自由(eleutheria)。

78.高贵者(ho gennaios)最关心智慧和友爱,其中一个是有死的善,另一个是不朽的善。

79.宁静者(atarachos)既不打扰(aochlētos)自己也不打扰别人。

80.对于高贵者来说,自我拯救的命数(sōtērias moira)在于看护好自己的生命力(tēs hēlikias tērēsis),防范那些通过疯狂的欲望败坏一切的力量。

81.巨大财富的占有既不会解除灵魂的不安(atarachēn),也不会产生值得一提的(axiologon)快乐,来自众人的荣誉和仰慕以及其他一些来自不定的原因的东西也都不会。

百年后的俄国革命历史编纂学*

[英]S.A.史密斯(S.A.Smith)著　王子晖 译[①]

摘　要：自苏联解体到21世纪初，无论在俄罗斯还是西方国家，史学界有关俄国革命的辩论趋于缓和，但绝对没有消失。在专业历史学家翔实的研究中，新文献的运用方兴未艾，所探讨主题的范围逐步扩大，并且学术交流的氛围也变得更加温和。在后现代主义的影响下，有关俄国革命的研究中出现了一些值得注意的转向，诸如将革命作为社会文化现象进行研究的"文化转向"，把焦点从革命活动家、党派、意识形态转向日常生活和普通人的"人类学转向"，将苏维埃政权解释为欧洲现代性变体之一的"现代性学派"等等。此外，史学界对革命叙事的多元化重构，还体现在将研究视野拓展至各省的革命行动及革命中的精英、农民、教会等领域并取得了新的进展。

关键词：俄国革命；历史编纂学；后现代主义；"文化转向"；"人类学转向"

俄国革命百年纪念逐渐临近，对于思考近些年历史编纂学如何塑造我们对这一重大历史事件的理解可谓恰逢其时。我们当下的时代对于革命的理念并不十分友好。随着20世纪70年代以来新自由主义的进击、共产主义的挫败以及人权意识的高涨，政治的范围在西方已经缩小，并且由自由市场、善治及个人权利所界定。尽管关于"革命"的探讨并未完全消失，但这种探讨是

---

*基金项目：国家社科基金青年项目"十月革命历史书写百年流变的比较研究"（项目编号：17CSS003）的阶段性成果。
① 作者简介：S.A.史密斯，男，1952年生，牛津万灵学院研究员，牛津大学历史系教授，研究方向为现代俄罗斯历史；译者王子晖，男，1984年生，河南郑州人，西北大学历史学院副教授，研究方向为俄国史。

阿尔诺·迈耶所说的那种"对于有关人权、私有财产及市场资本主义的本质上不流血的革命的庆祝。"①有人也许补充说,东欧和高加索地区的颜色革命或者类似"阿拉伯之春"的事件,对于那些要以暴力手段影响政治变革的人来讲都不是好的范例。以下对历史编纂学的综述正是基于这一视角。笔者的意思是,尽管我们的有关俄国革命和内战的知识有了显著增加,但在关键的方面,我们理解1917年的抱负即与之产生共鸣的能力却减弱了。

本文旨在归纳出大致自21世纪初以来的学科趋势,以及那些曾引发历史学家们探讨的分析性问题。主要聚焦1914年至1922年即新生的苏维埃政权得以巩固的这一阶段,而不仅仅是1917年的两次革命。文章开头会简述在近来的历史编纂学中有影响力的一些解释性趋势,继而将梳理吸引了最多学术兴趣的一些主题。本文并不追求全面性:特别是并不试图涵盖有关帝国非俄罗斯地区的大量学术成果,或探讨尤其在俄罗斯出现的许多高质量的原始文献资料集。②

后苏联时代的第一个十年——20世纪90年代,档案得以开放,在俄罗斯联邦还展开了有关苏联时代对于俄罗斯未来意义的激烈公开辩论。专业的历史学家们对曾在苏联时代以伟大十月社会主义革命神话为中心构建的历史编纂学思维模式予以否定,并试图研究一直被禁止的主题以填补"空白点"。自世纪之交以来,俄罗斯联邦有关苏联时代的辩论有所缓和,但绝对没有消失。在专业历史学家翔实的研究中,新文献的运用方兴未艾,所探讨主题的范围逐步扩大,并且学术交流的氛围也变得更加温和。在主要集中于美国、德国和英国的西方学者中,这一时期有关革命和内战的史学研究成果量相比70和80年代有所下降。90年代初档案的开放导致他们转向研究历史学家知之甚少的斯大林时代,从而减弱了研究革命的精力,当然有关这一领域的资料也从未像有关1921年以后时期的那样稀少。此外,西方学术界对于社会史尤其劳工史的兴趣下降,也对1917年革命研究成果量减少有着影响,因为其中多数都是因对"自下而上的革命"有兴趣而展开的。最后,政治左翼在国际范围的被边缘化,随后共产主义的崩溃和新自由主义的勃兴,造成了这

---

① Arno Mayer, The Furies: Violence and Terror in the French and Russian Revolutions, Princeton, NJ: Princeton University Press, 2001, p.3.
② 关于1917年政治的重要文献仍然有待被发现。参见:Semion Lyandres, The Fall of Tsarism: Untold Stories of the February 1917 Revolution, Oxford: Oxford University Press, 2013.

样一种氛围：革命不再被报以同情的目光，历史学家逐渐较少地关注于布尔什维克革命"哪里走错了"，而较多地致力于证明少数人的革命必将导致极权专政的命题。尽管如此，西方有关革命的学术成果却并未完全枯竭，下文会提及一些最优秀的作品。

新世纪历史编纂学最重要的趋势之一，是将1917年革命明确地放置在始于1914年一战爆发并终于1922年苏联建立的叙事框架内。① 当然，历史学家一向将军事失利、对战争的厌倦以及国内供应的日益匮乏作为沙皇被推翻以及后来临时政府失败的主要原因。但是，苏联历史学家尤其将一战仅仅作为革命的开场白，而很少对战争本身投以关注。近来俄罗斯和西方的历史编纂学，特别是将俄国史置于帝国框架的著作，探索了战争所引发的震动如何在1917到1923年间改变了欧洲大部分地区的政治面貌，以及总体战怎样造就了后来恰恰被苏维埃政权所借鉴采纳的制度和政治行为。②

1994年时笔者发表了一篇略带悲观的文章，哀叹俄罗斯历史学家们不愿面对后现代主义的理论挑战和"文化转向"，认为仅仅将大批最新解密的档案材料纳入原有研究范式并不足以复兴学术。③ 笔者认为，应该重视被简单地归结为"后现代"的各种方法，以促进反思新的话语实践如何在革命中被社会运动、政党、基层组织、魅力领袖及激进意识形态所传播推广，其影响是说服数以百万计的普通百姓以新的方式认识他们自己、他们的利益、他们的困境——也就是强调特定的认同并排斥他者。④ 从这个角度来说，俄国革命的政治所涉及的不仅是谁得到了什么和怎样得到的，而且还有人们在极度动乱不定的时代如何理解自己及寻求自我定位。尽管直接运用社会理论对俄

---

① Peter Holquist, Making War, Forging Revolution: Russia's Continuum of Crisis, 1914 – 1921, Cambridge, MA: Harvard University Press, 2002; Joshua A. Sanborn, Drafting the Russian Nation: Military Conscription, Total War, and Mass Politics, 1905—1925, DeKalb: Northern Illinois University Press, 2003. 另参见持续推出中的"俄国的大战和革命，1914-22"系列。目前已出版以下三卷：Eric Lohr, Vera Tolz, Alexander Semyonov, and Mark von Hagen, eds., The Empire and Nationalism at War, Bloomington, IN: Slavica Publishers, 2014; Murray Frame, Boris Kolonitskii, Steven G. Marks, and Melissa K. Stockdale, eds., Russian Culture in War and Revolution, 1914 - 22, 2 vols., Bloomington, IN: Slavica Publishers, 2014, 1: Popular Culture, the Arts, and Institutions, and 2: Political Culture. 其余五卷正准备出版。
② 一个有趣的论点是：战争最主要的影响是带来了"俄罗斯帝国的非殖民化"，参见：Joshua A. Sanborn, Imperial Apocalypse: The Great War and the Destruction of the Russian Empire, Oxford: Oxford University Press, 2014.
③ S. A. Smith, "Writing the History of the Russian Revolution after the Fall of Communism," Europe – Asia Studies, vol.4, no.4, 1994, pp.563 – 78.
④ S. A. Smith, Revolution and the People in Russia and China: A Comparative History, Cambridge: Cambridge University Press, 2008.

国革命进行研究的历史学家仍然较少,但"文化转向"的影响一直都很重要,即使这并不是完全成熟的后现代主义。鲍里斯·科洛尼茨基研究了双头鹰、马赛曲还有红旗等标志物如何充当政治争论的对象以有助于确定政治斗争的分野。[1]最近,在一部极佳的原创著作中,他通过探讨沙皇与人民之间的联结如何在各个社会层次迅速瓦解,展现出一个详尽的社会文化分析。[2]他的调查思路之一是指出皇室家族的神圣权威如何被谣言所削弱,尤其是那些有关末代皇后亚历山德拉·费奥多萝芙娜(Александра Фёдоровна)的谣言。对后苏联时代的俄罗斯学者来说,谣言事实上一直是成果最高产的领域之一,文化历史学家及人类学家和社会心理学家都对此有所研究。[3]马克·斯坦伯格也许是最乐于接受后现代主义方法的历史学家之一,他在一篇有关革命话语的开创性文章中阐明了社会经验、写作策略及著者声音之间的关系,从而展示1917年时普通民众如何通过一种充满情感与道德激情的语言将他们的战争经历与革命链接在一起。[4]

在俄罗斯,同时还存在着一种有时被称为"人类学转向"的趋势,即把焦点从革命活动家、党派、意识形态转向日常生活和普通人。谢尔盖·亚罗夫通过着眼于辩论的形式、演讲和休闲的政治化、知识分子与政府之间的合作、劳工抗议的衰退等几个方面,探索了人们怎样接受了新生苏维埃政权的语言、思维模式及游戏规则。[5]奥克萨纳·纳戈尔娜娅叙述了曾沦为战俘的俄军官兵如何建立有限的自治空间,从而重构了他们在德国的经历,尽管他们被同

---

[1] Колоницкий Б. И. Символы власти и борьба за власть: К изучению политической культуры российской революции 1917 года. - СПб: Дмитрии Буланин, 2001; Orlando Figes and Boris Kolonitskii, Interpreting the Russian Revolution: The Language and Symbols of 1917, New Haven: Yale University Press, 1999, p.30.

[2] Колоницкий Б. И. 《Трагическая эротика》: Образы императорской семьи в годы Первой мировой войны. - СПб: Новое литературное обозрение, 2010.

[3] Слухи в истории России XIX - XX веков. Неформальная коммуникация и крутые повороты российской истории. Сб. статей / под ред. И. В. Нарского и др. - Челябинск: Каменный пояс, 2011. 关于叛国行为的谣言,参见: William C. Fuller, Jr., The Foe Within: Fantasies of Treason and the End of Imperial Russia, Ithaca, NY: Cornell University Press, 2006, pp.43 - 48.

[4] Mark D. Steinberg, Voices of Revolution, 1917, documents trans. Marian Schwartz, New Haven: Yale University Press, 2001.

[5] Яров С. В. Конформизм в Советской России:. Петроград 1917 - 1920-х годов. - СПб: Европейский дом, 2006.

平民社会接触的程度、民族、政治及不同的特权等因素所区分。①类似的还有对日常生活经历的关注，莫罗佐娃有关内战期间的红军战士和红色游击队员的研究显然属于此类。②她的著作利用了1920到1935年间老兵们为申请退休金所写的个人履历材料，从而考察他们如何借自己的战时经历对福利待遇提出要求。在一个更广泛的研究中，她探讨了人性构成和心理在内战时期如何塑造了红军与白军的结构及行为，尽管有些她所概括的引起革命骚乱和转型的心理过程的意义似乎存在争议。③由此可见，借助社会心理学开展研究是近来俄罗斯历史编纂学的特征。

对群众心理的关注，基于一个苏联时代晚期发展起来的、对该主题的兴趣之上，而西方社会历史学家则依据理性的计算和自觉的规范分析群众运动，因此没有与之相似的兴趣。布尔达科夫眼中的"心理-精神"过程是事态被刺激转向革命性的混乱。他将1914到1921年间这个时段解释为第二个"混乱时期"，这源于一战在推翻皇权的同时使暴力神圣化。二月革命的爆发冲破了所有的道德约束，并且最具攻击性的无业游民力量逐渐抬头。④布尔达科夫认为，在社会各阶层普遍存在着社群主义（общинность）复兴对布尔什维克党是有利的，他们的成功不是因为表现出拥护人民利益，而是由于树立了一个符合大众心理的形象。这是个令人耳目一新的认识，但是他关于大众心理的概括是笼统的，并且他的"群众就是渴望政治掌控的暴民"观念与伊波利特·泰纳就法国革命提出的看法极其相似。

在美国，后现代主义一个显著的运用，见诸一批有时被称为"现代性学

---

① Нагорная О. С. Другой военный опыт: российские военнопленные Первой мировой войны в Германии (1914—1922). – М.: Новый хронограф, 2010. 以下一篇极佳的书评，主要针对近年出版的一些关于在俄国的奥地利、德国及其他国家战俘经历的著作，Peter Gatrell, "Prisoners of War on the Eastern Front during World War I," Kritika, vol.6, no.3, 2005, pp.557-66.

② Морозова О. М. Два акта драмы: боевое прошлое и послевоенная повседневность ветеранов Гражданской войны. – Ростов-на-Дону: Издательство ЮНЦ РАН, 2010.

③ Морозова О. М. Антропология Гражданской войны. – Ростов-на-Дону: Издательство ЮНЦ РАН, 2012. 武装部队的日常生活一直是特别热门的主题，大概是因为它比平民生活更有节制和有规律。参见：Бажанов Д. А. Щит Петрограда: Служебные будни балтийских дредноутов в 1914—1917 гг. – СПб: Изд-во РГПУ им. А. И. Герцена, 2007.

④ Булдаков В. П. Красная смута: Природа и последствия революционного насилия. – М.: РОССПЭН, 2010. 以下两部专著也涉及这一主题：Булдаков В. П. Хаос и этнос: Этнические конфликты в России, 1917 - 1918 гг.: Условия возникновения, хроника, комментарий, анализ. – М.: Новый хронограф, 2010; and Булдаков В. П. Quo vadis? Кризисы в России: Пути переосмысления. – М.: РОССПЭН, 2007.

派"的学者研究中,他们借鉴了米歇尔·福柯关于治理术和生命政治的研究。他们将苏维埃政权解释为欧洲现代性的一个变体,着重关注诸如计划、福利国家、科学稳定物价、社会监督形式、治理术及"自我克制"等要素,这些要素可能对于苏维埃政权及两次大战之间欧洲其他与之根本不同的政权来说是都有的。①他们倾向于将苏维埃政权的特征描述为把肆意撒谎和全面使用暴力作为统治的手段。这种对暴力的强调在近来关于俄国革命的研究中成了一个核心关注点。在极权主义的经典理论家看来,布尔什维克的暴力源于意识形态及其政权缺乏政治合法性。相比之下,现代性学派则将根源归结到划分类别、情报收集、维持治安、监禁和驱逐出境这些其他现代化欧洲国家也会采取的行为上。②从这个角度来看,一战是一个分水岭,导致了起源于19世纪、旨在塑造"社会机体"的实践的大规模扩张和军事化。例如,彼得·霍尔奎斯特有关顿河地区革命和内战的研究令人印象深刻,他认为布尔什维克的暴力不仅源于镇压政敌,而且还源于渴望建立一个清除了污秽的新社会,这在作为短暂插曲的"去哥萨克化"中尤为明显。③然而他强调,旨在从社会机体中清除被认为是对社会有害或政治上危险的特定群体的"清洗性"暴力,似乎更适用于斯大林时期而非布尔什维克竭力创建暴力垄断的时期。本着类似的精神,乔舒亚·桑伯恩声称暴力的表现是1905到1925年间"成为一个公民和一个男人的主要先决条件",然而他从未解决自己提出的这样一个问题:如何调和布尔什维克准备使用恐怖与他们同时又要遏制暴力两者间的关系。④

德国学者也一直倾向于将暴力视为苏维埃政权得以建立所借助的主要手段,然而他们往往对现代性学派将政治暴力理解为广义"现代性"模型中的

---

① David L. Hoffmann and Yanni Kotsonis, eds., Russian Modernity: Politics, Knowledge, Practices, Basingstoke, UK: Macmillan, 2000; Hoffmann, Cultivating the Masses: Modern State Practices and Soviet Socialism, 1914—1939, Ithaca, NY: Cornell University Press, 2011.
② Peter Holquist, "Violent Russia, Deadly Marxism? Russia in the Epoch of Violence, 1905-21," Kritika, vol.4, no.3, 2003, pp.627-52.
③ Peter Holquist, Making War, Forging Revolution: Russia's Continuum of Crisis, 1914—1921, chap.6.
④ Joshua A. Sanborn, Drafting the Russian Nation: Military Conscription, Total War, and Mass Politics, 1905 – 1925, p.200, 他从1918年出版的《红军战士手册》中引用了一段话来支持自己的主张,即布尔什维克认为暴力有理是"颂扬流血"。然而《手册》开头用常规术语辩解暴力是为创造一个更好的世界所必需的:"同志,你是谁?…'我是全世界劳苦大众和穷人的保卫者。'你为什么而战? …'为了正义。即土地和工厂、河流和森林、所有的财富都属于劳动人民。'"参见:Партийно-политическая работа в Красной Армии (апрель 1918 – февраль 1919): документы. – М.: Военное издательство, 1961, C.44.

一个构成要素持怀疑态度。约尔格·巴贝罗斯基不相信意识形态与驱动暴力有很大关系,他认为暴力之所以发生是因为当它出现的时候人们抓住机会利用暴力实现其目标,而一旦暴力发挥作用人们就别无选择,只有使用暴力生存或向暴力屈服。① 德国学界坚决主张对暴力类型予以区分,即注重暴力的不同形式及其意义和社会影响的差别。这一灵感来自德国社会学家和哲学家的研究,他们将对人身伤害赋予意义的方式进行了分类。例如,费利克斯·施内尔强调暴力的联系和身份塑造功能,认为在乌克兰的军阀集体暴力是一种交际行为,它既可恐吓敌人又可建立行凶者之间的联系。② 总之,德国历史学家们不仅是从工具主义层面将暴力看作巩固权力的手段,而且还将其视为一种创建、异化和挑战权力层次的机制。③

乔舒亚·桑伯恩对于俄国征兵制的研究探讨了兵役如何变成国民义务及民族认同本身如何变得军事化。它代表着一种将俄国革命定位于国家和帝国而非阶级框架的趋势。埃里克·洛尔在其关于德国商人和农场主、犹太人、穆斯林等"外敌"怎样遭受驱逐出境、拘留和没收财产的研究中也强调战争的国家化影响。他认为现代性学派所强调的治理行为的战时扩张,尤其是将少数民族从政治体中去除的企图,实际上反映了俄罗斯民族主义的虚弱。④ 关于民族与帝国之间关联的讨论,最先于20世纪90年代由杰弗里·霍斯金等历史学家所开启,卓有成效地推进了在帝国框架下的战争与革命的研究。⑤ 当前,除非结合一个多民族帝国极力寻求在东线和高加索战线同其他三个帝国一较高低的背景,否则无法理解俄国革命。再者,自二月革命后,革命的进程与波罗的海、西部边疆、高加索及中亚等地区非俄罗斯人为实现不同程度国家或民族自决的斗争紧密相连。然而,就所被关注的1917年政治而言,我们可能忽视这样一个事实:与后来中国、南斯拉夫、越南或古巴的革命相比,俄国革命的特点是将阶级至上作为政治斗争的主导框架,而这并不否认经常由

---

① Jörg Baberowski, Verbrannte Erde: Stalins Herrschaft der Gewalt, Munich: Beck, 2012, S.476.
② Felix Schnell, Räume des Schreckens: Gewalt und Gruppenmilitanz in der Ukraine, 1905－1933, Hamburg: Hamburger Edition, 2012.
③ Dietrich Beyrau, "Der Erste Weltkrieg als Bewährungsprobe: Bolschewistische Lernprozesse aud dem 'imperialistischen' Krieg," Journal for Modern European History, vol.1, no.1, 2003, pp.96－123; Stefan Plaggenborg, "Gewalt und Militanz in Sowjetrußland 1917－1930," Jahrbücher für Geschichte Osteuropas, vol.44, no.3, 1996, pp.409－30.
④ Eric Lohr, Nationalizing the Russian Empire: The Campaign against Enemy Aliens during World War I, Cambridge MA: Harvard University Press, 2003.
⑤ Geoffrey Hosking, Russia: People and Empire, 1552—1917, London: Harper Collins, 1997.

阶级决定的民族认同越来越有影响力。①

近些年出现了有关各省革命的研究成果。首先应该提及的是亚历山大·拉比诺维奇对布尔什维克在彼得格勒执政第一年的研究,那可以说是他的有关十月夺权经典阐释的一个很好的续篇。他的研究记录了1918年政治、军事和经济危机使苏维埃制变为一党制的情况,是对意识形态决定论或组织决定论复兴倾向的挑战。②就各省的革命而言,苏联历史学家曾面临这一压力:证明它们本质上都是作为"苏维埃权力"必然增长的统一革命进程的变体,不过这并未有损诸如格伦特就莫斯科的研究或格拉西缅科就下伏尔加的研究等最优秀成果的质量。③然而,近来有关各省革命的研究挑战着这一概念,并对"布尔什维克在彼得格勒夺取政权是与旧秩序的决裂"这一见解提出疑问。实际上,在欧俄和西伯利亚各城镇建立苏维埃政权的斗争在十月以后才开始,并且在很多地区断断续续地拖到1920年。萨拉·巴德科克关于下诺夫哥罗德和喀山这两个伏尔加地区省份(前者俄罗斯人聚居且工业化程度相对较高,后者多民族杂居且经济欠发达)的比较研究,证明了地方性社会联系对于这两个有组织的政党实力薄弱的地方确定政治模式的重要性。④唐纳德·罗利在其关于萨拉托夫省内战的一系列研究中,展示了苏维埃及政党组织如何从一开始就具有腐败和违法的特点。⑤而以彼得格勒为中心的叙述则强调了布尔什维克党与激进的士兵和工人运动之间的极大关联,这种关联被证明在首都以外包括莫斯科的地方都极其脆弱。在各省,革命的意义和结果是由各种各样的生态、社会经济、民族及政治因素所塑造的。⑥然而,这是否足以证

---

① S. A. Smith, "The Revolutions of 1917 – 18," in The Cambridge History of Russia, 3: The Twentieth Century, ed. Ronald Grigor Suny, Cambridge: Cambridge University Press, 2006, pp.114 – 39.

② Alexander Rabinowitch, The Bolsheviks in Power: The First Year of Soviet Rule in Petrograd, Bloomington: Indiana University Press, 2007.

③ Грунт А. Я. Москва, 1917-й: Революция и контрреволюция. - М.: Академия наук СССР, 1976; Герасименко Г. А. Советы Нижнего Поволжья в Октябрьской революции. - Саратов: Издательство Саратовского университета, 1972.

④ Sarah Badcock, Politics and the People in Revolutionary Russia: A Provincial History, Cambridge: Cambridge University Press, 2007.

⑤ Donald J. Raleigh, Experiencing Russia's Civil War: Politics, Society, and Revolutionary Culture in Saratov, 1917 – 1922, Princeton, NJ: Princeton University Press, 2002; Donald J. Raleigh, Revolution on the Volga: 1917 in Saratov, Ithaca, NY: Cornell University Press, 1986.

⑥ Нарский И. В. Жизнь в катастрофе: Будни населения Урала в 1917—1922 гг. - М.: РОССПЭН, 2001; Посадский А. От Царицына до Сызрани: очерки Гражданской войны на Волге. - М.: АИРО - XXI, 2010; Tanja Penter, Odessa 1917: Revolution an der Peripherie, Cologne: Böhlau, 2000.

明"革命千变万化"的想法合理,仍然是一个悬而未决的问题。①俄国革命的区域差异在很大程度上弱于墨西哥或中国的革命这一观点也是值得商榷的。

当然,彼得格勒的运动缺乏农村群众的参与,造成了首都发生的事件在作为整体的革命中并不那么典型。另一方面,近来的研究对农村的革命进行了细致入微的描写。在中央黑土区,村社是发起从地主以及脱离村社的农民手中夺取土地运动的驱动力,而其他地方的土地重分则是一个通常由县、乡苏维埃土地部门协调的过程。阿龙·雷蒂什叙述了在维亚特卡这样一个战争期间村社复苏的地方,新的农业人民委员部和乡苏维埃土地部门的干预措施如何遏制了个别村社的自发土地分配。②在阿尔汉格尔斯克省,截至1918年11月该省沦陷到白军手中之前,只有不到四分之一的村社实施了土地重分。③在莫斯科,根据《1918年1月17日土地社会化基本法》,大部分土地被省苏维埃土地部门"登记"(на учет),并且在当地苏维埃的参与下重新分配。④然而,一般而言,由于乡苏维埃的形成是缓慢的,县级和省级苏维埃通常不能对基层施加很大影响。例如,在斯摩棱斯克,到1918年4月,239个乡苏维埃中只有33个建立了土地部门。⑤如果作为一场自发运动的土地革命的标准图景仍然是正确的,那么土地重新分配与新兴国家构建之间的动态关系就迫切需要进一步去研究。

关于俄国精英的命运,我们的了解仍然远比对其民众阶层的了解要少。苏联及后苏联时代的俄国历史学家们都对有关土地贵族的社会经济财富及其在沙俄晚期的政治取向等问题做了很好的研究。⑥但是,有关他们在1917年的命运的研究却很少。两部西方学者的著作填补了这一空白。马修·伦德尔对地主、贵族和军官做了一个细微描述,指出尽管身份特权丧失和财产被

---

① 参见:Aaron Retish, Sarah Badcock, and Liudmila Novikova, eds., Russia's Home Front in War and Revolution, 1914—1922, bk. 1: Russia's Revolution in Regional Perspective, Bloomington, IN: Slavica Publishers, 2015.
② Aaron Retish, Russia's Peasants in Revolution and Civil War: Citizenship, Identity, and the Creation of the Soviet State, 1914-22, Cambridge: Cambridge University Press, 2008, p.161.
③ Саблин В. А. Крестьянское хозяйство на Европейском Севере России (1917—1920). - М.: "Academia", 2009.
④ Ковалев Д. В. Социализация земли и крестьянское землепользование (по материалам Подмосковья). // Отечественная история. 2007, № 5: 98.
⑤ Michael C. Hickey, "Peasant Autonomy, Soviet Power, and Land Redistribution in Smolensk Province, November 1917 - May 1918," Revolutionary Russia, vol.9, no.1, 1996, p.22.
⑥ Бибин М. А. Дворянство накануне падения царизма в России. - Саранск: Саранский кооперативный институт, 2000; Кирьянов Ю. И. Правые партии в России 1911—1917 гг. - М.: РОССПЭН, 2001.

没收加剧了他们政治和社会的无序状态,但他们在革命动乱期间绝不是一支消极的力量。①道格拉斯·史密斯强调"贵族中曾产生了几代作家、艺术家、思想家、学者、科学家、改革家及革命者",他所做的有关戈利岑家族和舍列梅捷夫家族的研究是那种将贵族视为布尔什维克政权无辜受害者的流行史学的典型。但是,至于地主如何在1917年为保护财产而重整旗鼓以及农民为什么起来反抗他们的问题,他却没有做出回答。②他告诉我们:"贵族命运的悲剧预示了20世纪后来的暴行……从德国的希特勒到柬埔寨的波尔布特",这个关于俄国革命的观点现在已经变得众所周知,即布尔什维克党要单独为后来的悲剧性事件负责。③

针对内战期间农民反抗的学术兴趣,在20世纪90年代变成后苏联历史编纂学的重要主题,直到现在也没有太大变化。④于1920年秋天到1921年春天期间发生在坦波夫的安东诺夫叛乱,是埃里克·兰迪斯研究的对象,他将社会运动理论与实证研究相结合。⑤虽然最广为人知,但安东诺夫叛乱只是诸多叛乱之一。1920年冬天白军威胁的消除和粮食征集的收紧,促使小规模的骚乱演变为大规模的暴动,在顿河、库班河、乌克兰、北高加索、中亚、白俄罗斯及卡累利阿等偏远地区爆发了超过50场叛乱。就数量和地理范围来说,最大的叛乱发生在西西伯利亚,那里的农民们在反白军运动的背景下于1920年夏天粮食征集制开始施行后转而对抗红军。在其鼎盛时期,起义卷入的人数至少10万——这几乎是整个高尔察克军的规模,波及的区域达到150万平方公里。⑥所有这些叛乱都源于经济上的剥夺,并且它们被对政权的深深敌视

---

① Matthew Rendle, Defenders of the Motherland: The Tsarist Elite in Revolutionary Russia, Oxford: Oxford University Press, 2009.

② Douglas Smith, Former People: The Last Days of the Russian Aristocracy, Basingstoke, UK: Palgrave Macmillan, 2012, p.7.

③ Ibid., p.8.

④ Фатуева Н. В. Противостояние: кризис власти – трагедия народа. – Рязань: Русь, 1996; Яров С. В. Крестьянин как политик. Крестьянство Северо-Запада России в 1918—1919 гг. – СПб.: Дмитрий Буланин, 1999; Кондрашин В. В. Крестьянское движение в Поволжье в 1918—1922 гг. – М.: Янус-К, 2001.

⑤ Erik Landis, Bandits and Partisans: The Antonov Movement in the Russian Civil War, Pittsburgh: University of Pittsburgh Press, 2008; Delano DuGarm, "Local Politics and the Struggle for Grain in Tambov, 1918—1921," in Provincial Landscapes: Local Dimensions of Soviet Power, 1917—1953, ed. Donald J. Raleigh, Pittsburgh: University of Pittsburgh Press, 2001, pp.59 – 81.

⑥ Сибирская Вандея. Документы. В 2-хт. / Под ред. акад. А. Н. Яковлева; сост. В. И. Шишкин. Том 1 (1919—1920). – М.: Международный фонд《Демократия》, 2000.

而激发,该政权不仅残暴而且在地方一级比估计的更加腐败。然而,在那些叛乱者中,除了希望保留清洗共产党后的"苏维埃权力"之外并没有统一的计划——或者在西西伯利亚也不存在统一的指挥。就这个程度而言,尽管那些叛乱无疑是反布尔什维克的,但并非反革命的。

由于其庞大的规模,农民叛乱对布尔什维克政权构成的威胁超过了喀琅施塔得叛乱。然而后者引起了几代人渴望了解1917年光辉岁月以后"什么地方出了问题"的好奇。叛乱者顽抗到底是为了维护革命的理想,还是威胁推翻代表着维护革命的政权?与档案的开放不相称的是,这一问题在很大程度上并未得以解决。最重要的文件在1991年之后被公布,那是一份由契卡特派员阿格拉诺夫(Я. С. Агранов)于1921年4月5日所做的报告,它将叛乱描绘成"一次水兵和工人群众的无组织暴动"并否认叛乱者与白色势力有任何的联系。正是这份文件确认了叶利钦于1994年1月10日对叛乱者予以总统特赦具有合法性。有关喀琅施塔得事件的第一部文献集收录了这份文件,它还强调了叛乱与发生在首都的经济罢工之间的联系,并且似乎推翻了布尔什维克对叛乱者的所谓"反革命分子"的指控。[1]然而,于1999年出版、收录了超过800份文件的第二部文献集,则提供了尽管效力有限但内容丰富的有关反革命分子参与叛乱的材料,意在表明由塔甘采夫(В. Н. Таганцев)教授领导的彼得格勒军事组织所发挥的关键作用。对于该组织的镇压,伴随着的是833人被捕,其中96人被处决或死于监禁。[2]引言模糊地暗示了水兵的领导人彼得里琴科(С. М. Петриченко)从一开始就与白军相勾结。讽刺的是,大量的材料被披露,只是引发了更多争论而非探明真相。

20世纪90年代以来的另一条研究路径,是关于内战期间工人对布尔什维克的反抗。众所周知,在1918年春天工人对布尔什维克的支持骤然减少,并且孟什维克和社会革命党因主张在苏维埃和工会进行民主选举而得以复

---

[1] Кронштадт 1921. Документы о событиях в Кронштадте весной 1921 г. / Составление, введение и примечания В. П. Наумова, А. А. Косаковского. - М.: Международный фонд 《Демократия》, 1997.

[2] Виноградов В. К., Козлов В. П. Кронштадтская трагедия 1921 года: документы в двух книгах. - М.: РОССПЭН, 1999.

兴。[1]随着全面内战的爆发,工人阶级对布尔什维克的支持再次上升,尽管这并未杜绝因配给不足和劳动纪律所引发的频繁抗议。[2]然而,近来的研究探索了在苏联时期的一个禁忌主题:工人支持白军的程度。在乌拉尔,那里冶金业和金属加工业的工人们构成了俄国工人阶级的雏形,1917年12月到1918年7月间爆发了37场反对布尔什维克的暴动。[3]最为重要的暴动发生于1918年秋天,是在一共雇用了超过30000名工人的伊热夫斯克和沃特金斯克兵工厂里。在伊热夫斯克,当地赤卫军在社会革命党最高纲领派的控制下,由于严苛的征用、任意的逮捕以及阻止人们利用机会赚钱而失去了工人的支持。8月5日,在乌拉尔只有8%的工人自愿参加红军之后,布尔什维克宣布征兵,导致社会革命党所主导的退伍军人联盟在工人的支持下取得了对城镇的控制。[4]数千工人加入了人民军,这支军队于11月中旬被红军所击溃。早在1982年,伯恩施塔姆就出版了关于暴动的文献,但是近来的研究就兵工厂工人被划分为世袭无产阶级与战争期间入厂人员的程度这一问题,给出了更

---

[1] 本文并未调查关于社会主义者和无政府主义者反对布尔什维克党的近期成果。然而,应该提到РОССПЭН在持续出版"俄国政党系列丛书"方面的杰出倡议,它提供了大量的文献。(下列所有书籍由莫斯科РОССПЭН出版,并且大部分在一个评论笔谈中被探讨,参见:"Documentary History and Political Parties," Kritika, vol.5, no.1, 2004, pp.107–232) Меньшевики в 1918 году / Отв.ред. Галили З., Ненароков А.; Отв.сост. Павлов Д. – М., 1999; Меньшевики в 1919—1920 гг. / Ответ. ред. Галили З., Ненароков А.; Отв. сост. Павлов Д. – М., 2000; Меньшевики в 1921—1922 гг. / Ответ. ред. Галили З., Ненароков А.; Отв. сост. Павлов Д. – М., 2002; Меньшевики в 1922—1924 гг. / Ответ. ред.: Галили З., Ненароков А.; Сост. Ненароков А. – М., 2004. 这一系列丛书其他各卷分别为Партия социалистов – революционеров: Документы и материалы, 1900—1925 гг.: В 3-х т. Т. 3. Ч. 1: Февраль – октябрь 1917 г. / Сост., авт. предисл., введ. и коммент. Ерофеев Н. Д. – М., 2000; Партия левых социалистов-революционеров. Документы и материалы. 1917—1925. В 3-х т. Т. 1. Июль 1917 г. – май 1918 г. / Сост., Леонтьев Я. В. – М., 2000; Анархисты: Документы и материалы 1883—1935 гг. В 2-х т. Т. 2. 1917—1935 гг. / Сборник под ред. В. В. Кривенького. – М., 1999; Союз эсеров-максималистов, 1906 – 1924 гг.: Документы, публицистика / ред. Андерсон К. М.; сост., вступ. ст. и коммент.Павлов Д. Б. – М., 2002. 两部间接关于社会革命党的有趣的著作为Scott B. Smith, Captives of Revolution: The Socialist Revolutionaries and the Bolshevik Dictatorship, 1918—1923, Pittsburgh: University of Pittsburgh Press, 2011; Добровольский А. В. Эсеры Сибири во власти и в оппозиции (1917—1923 гг.). – Новосибирск: Наука, 2002.

[2] Чураков Д. О. Революция, государство, рабочий протест: формы, динамика и природа массовых выступлений рабочих в советской россии, 1917—1918 годы. – М.: РОССПЭН, 2004.

[3] Поршнева О. С. Власть и рабочие Урала: эволюция взаимоотношений в условиях Гражданской войны. // Российская история. 2013, № 1: 49.

[4] Постников С. П., Фельдман М. А. Социокультурный облик промышленных рабочих России в 1900—1941 гг. – М.: РОССПЭН, 2009, С.313. 作者认为,乌拉尔国有企业中至少有1/4的工人支持白军。

多的细节和更深的理解。①

俄罗斯历史学家对白色运动的兴趣也持续有增无减。"俄国的白色运动"系列迄今已出版了17卷,这一课题的设立是为了要克服苏联历史编纂学的原有偏见从而公正客观地探讨白色势力。②但并非其中所有的研究都可以说是公正客观的:受当前民族主义高涨影响的一些学者,将白色势力视为俄罗斯国家地位的崇高守护者,却被秉承世界主义的布尔什维克和无政府主义的群众所背叛。更严肃的研究则揭示了一度在其哥萨克核心区之外的"志愿军"是如何受制于调动人力物力等问题的,这些问题同样困扰着其敌人。③"志愿军"与社会革命党寻求恢复立宪会议的"民主反革命"运动没有任何关系,反之在乌拉尔和西伯利亚,白军转而反对其较为温和的盟友则花了几乎一年时间。④

总之,近来的研究强调了卷入内战斗争的各个势力之间关系的错综复杂,布尔什维克及其对手白军、各种民族主义的武装、绿党、无政府主义者等都在竞相控制领土和人力物力资源。在乌克兰,民族、阶级和意识形态因素相互缠绕尤为难解,而在索尔达坚科的详尽研究中则被清晰地展示出来。⑤斯蒂芬·韦利琴科比较了相互敌对的力量在乌克兰如何为建立一个国家而斗争。⑥柳德米拉·诺维科娃在其关于俄罗斯北部内战的精彩叙述中,分析了民众对白军管理领土的尝试和协约国远征军的行动给予怎样的回应。⑦基本上很清楚的是,相互竞争的势力都面临着同样的问题:在基层针对征兵和征用

---

① Народное сопротивление коммунизму в России. Урал и Прикамье. ноябрь 1917 – январь 1919. Документы и материалы / Под ред. М. С. Бернштама. – Париж: ИМКА-Пресс, 1982; Фельдман М. А. Ижевско-воткинское рабочее восстание сквозь призму социальной истории россии. //Российская история. 2012, № 3: 12 – 20; Коробейников А. В. Воткинская народная армия в 1918 г. Часть I. Людской состав. – Ижевск: Иднакар, 2013.

② Белое движение в России – М.: Центрполиграф. 还有至少四部著作即将出版。当前已出书目,参见:http://www.cnpol.ru/series.php? page=204。

③ Гагкуев Р. Г. Белое движение на Юге России. Военное строительство, источники комплектования, социальный состав. 1917—1920 гг. – М.: Посев, 2012.

④ Временное Сибирское правительство. 26 мая – 3 ноября 1918 г. Сборник документов и материалов / Сост. и науч. ред. Шишкин В. И. – Новосибирск: Сова, 2007.

⑤ Солдатенко В. Ф. Гражданская война в Украине, 1917—1920 гг. – М.: Центрполиграф, 2012.

⑥ Stephen Velychenko, State Building in Revolutionary Ukraine: A Comparative Study of Government and Bureaucrats, 1917‑22, Toronto: University of Toronto Press, 2010.

⑦ Новикова Л. Г. Провинциальная "контрреволюция": Белое движение и гражданская война на русском Севере 1917—1920. – М.: Новое литературное обозрение, 2011.

发起抵抗以及战士不愿在其直接领土之外作战的情况下,如何调动资源维持军事行动并建立一个持久的行政机构。①尽管研究发现了包括普通民众及中产阶级都支持白军的证据等丰富的新细节,但内战所呈现的总体形象与20世纪八九十年代西方历史学家的描绘没有本质区别。

最后,关于东正教会的研究也在继续。在20世纪90年代,这类研究的大部分思路属于圣徒传记性质:教会完全被描绘为无神论政权的受害者,面对着不间断的攻击努力保持中立。进入21世纪以来,最佳的研究是在语气上更为冷静客观的那些成果。巴布金探讨了二月革命以及随之发生的权力迷失、分裂、分散之后教会对君主制的迅速抛弃。②罗戈兹内考察了主教以及为实现从各个级别选拔神职人员的"教会革命"的作用。③教会对白军支持的程度仍然不清楚。涅恰耶夫在其有关乌拉尔这一主要的内战冲突区域的教会的叙述中,统计了78起对政教分离法令的抵抗案例、4起拒绝交出教会花名册的案例、18起神职人员为反对布尔什维克政权的武装行动祈福的案例以及4起神职人员参与地下活动的案例。④他还表达了红色恐怖在乌拉尔地区是如何凶残。彼尔姆主教区大主教安德罗尼克(Андроник)在1918年6月20日就目睹了契卡为命令神职人员暂停所有宗教仪式而制造的一场尤为可怕的流血事件。与此同时,尽管在乌拉尔对于涉嫌参与白色运动的神职人员的镇压程度要高于其他地方,但人员伤亡仍远不及20世纪90年代的许多估计值。在1918年,看来在彼尔姆主教区有101名神职人员、在奥伦堡有15名神职人员以及在叶卡捷琳堡主教区至少有44名神职人员,被布尔什维克军队所杀。⑤1919年,在与教会的冲突也很激烈的沃罗涅日,有160名神职人员被杀。⑥对

---

① Бутаков Я. А. Белое движение на юге России: концепция и практика государственного строительства (конец 1917 - начало 1920 г.). - М.: РУДН, 2000.

② Бабкин М. А. Духовенство Русской православной церкви и свержение монархии (начало XX в. конец 1917 г.). - М.: ГПИБ России, 2007.

③ Рогозный П. Г. Церковная революция 1917 года. - СПб.: Лики России, 2008.

④ Нечаев М. Г. Церковь на Урале в период великих потрясений: 1917—1922. - Пермь: Уральский государственный университет, 2004. С.204.

⑤ Костогрызов П. И. Участие Православной Церкви в антибольшевистском сопротивлении в 1917—1918 гг. (на материалах Урала) http://www.dk1868.ru/statii/pavel/Pravosl.htm.

⑥ Вяткин В. В. Первый период действия административно - силовой модели государственно - церковных отношений на Урале (октябрь 1917 — первая половина 1919 г.) https://www.permgaspi.ru/publikatsii/konferentsii/grazhdanskaya-vojna-na-vostoke-rossii/v-v-vyatkin-pervyj-period-dejstviya-administrativno-silovoj-modeli-gosudarst-venno-tserkovnyh-otnoshenij-na-urale.html.

全俄被杀神职人员数量的估计如下：最少1918年有827人及1919年有19人被射杀，同时有69人被监禁；最多1918年有3000人被射杀、1500人受到惩罚及1919年有1000人被射杀、800人受到惩罚。①

  正如我希望这项调查所展示的，新的世纪之交以来的史学研究已经极大拓展了我们的有关革命许多方面的知识。知识的增长是否带来了理解的增长则更具争议。今天的历史学家们更有可能将革命视为一个必然导致斯大林主义和纳粹主义恐怖的暴力循环的开始，而非一个为创造更美好世界的有瑕疵的尝试。他们更有可能将群众动员视为由非理性主义和攻击性而非对不公正的愤慨或对自由的渴望所激发的东西。这样的看法当然源于以下观念：俄国革命是一个失败以及20世纪的革命大体上倾向于建立比它们推翻的政权更为糟糕的政权。但是当代世界其他更加微妙的因素也塑造着我们对于革命的看法。我们生活在这样一个世界：在各个方面都值得赞扬的人权话语，使诸如分配正义、社会经济平等或共同利益等价值观被边缘化，假如冷战还持续，那些价值观至少在欧洲仍会是政治主流的一部分，并且尽管年代久远但似乎还会与1917年一致。我们也幸运地生活在这样一个（西方的）世界：很大程度上与暴力绝缘，这可以说在历史上前所未有。②这些因素在潜意识里塑造着我们在21世纪理解俄国革命的方式：一方面，它们使我们对于革命性变革的可怕代价十分敏感；另一方面，它们限制了我们对一些问题给予理智、创造性的思考，即革命为什么会发生以及具体就俄国革命而言什么使社会主义社会的理想吸引了数以百万计的民众等。我们很容易看到暴力和流血，但我们很难发现理想主义、希望及自我牺牲也是革命的关键成分。诚然，历史学家们有责任注意到暴力、侵害及苦难，但仅将俄国革命概括为这些东西则是在书写毫无创造性的历史。③随着时间迈向俄国革命一百周年，我们应该寻求理解贫穷、经济落后、特权阶层的冷漠以及国家时刻准备动用强力是怎样催生了我们所谴责的暴力。我们的责任在于捕捉俄国革命的矛盾，并以一个悲剧而非道德的叙事模式来书写这段历史。

---

① Дмитрий Соколов Русская Православная Церковь в период гонений（1917—1937 гг.）http://rusk.ru/st.php? idar =112187.
② Richard Bessel, Violence: A Modern Obsession, New York: Simon and Schuster, 2015.
③ 这与西蒙·沙玛关于法国革命的论调相似："从某种令人沮丧又不可避免的意义上说，暴力就是革命"。参见：Simon Schama, Citizens: A Chronicle of the French Revolution, New York: Knopf, 1989, p.xv.